On
Retailing
Internationalization
and Industrial Security

零售企业国际化与产业安全

樊秀峰 著

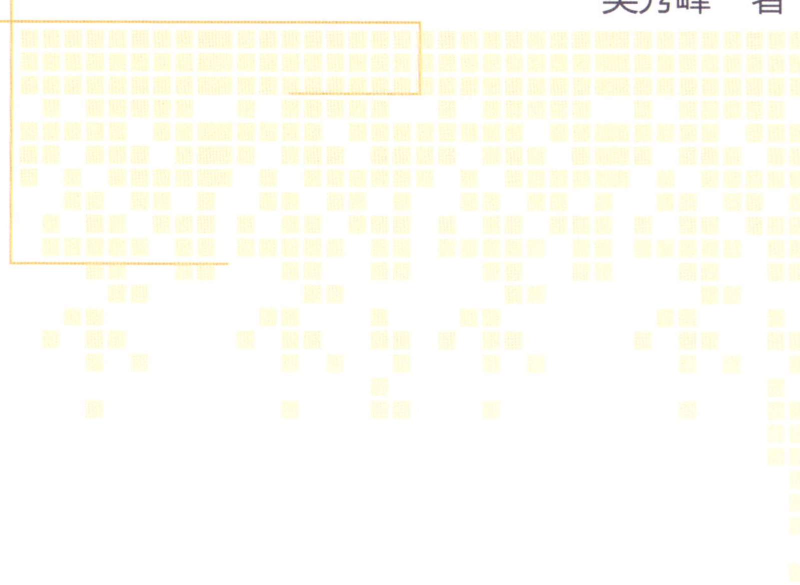

社会科学文献出版社
SOCIAL SCIENCES ACADEMIC PRESS (CHINA)

目　录

第一章　绪论 …… 1

第一节　研究背景和研究意义 …… 1

第二节　相关概念界定 …… 12

第三节　研究思路、方法与结构 …… 18

第二章　相关文献综述 …… 24

第一节　企业国际化行为决定的相关研究 …… 24

第二节　企业国际化市场进入的相关研究 …… 34

第三节　零售企业国际化及其影响的相关研究 …… 40

第四节　零售产业安全及其评价与预警的相关研究 …… 51

第五节　评述 …… 58

上篇　零售企业国际化

第三章　零售企业国际化经营环境 …… 63

第一节　零售企业国际化经营的历史环境 …… 63

第二节　零售企业国际化经营的产业环境 …… 77

第三节　本章小结 …………………………………………………… 83

第四章　零售企业国际化经营动因 ……………………………… 85

第一节　零售企业所有权特定优势的内容与属性 ………………… 85

第二节　零售企业所有权特定优势形成机理 ……………………… 95

第三节　企业所有权特定优势内部化的路径与特征 ……………… 102

第四节　本章小结 …………………………………………………… 108

第五章　零售企业国际化经营边界 ……………………………… 110

第一节　国际化经营边界制约因素之一：扩张支撑力 …………… 110

第二节　国际化经营边界制约因素之二：本土化压力 …………… 117

第三节　跨国零售企业在我国市场经营中的全球化与本土化 ……… 131

第四节　本章小结 …………………………………………………… 136

第六章　零售企业国际化市场进入模式 ………………………… 137

第一节　国际化市场进入模式及其分析框架 ……………………… 137

第二节　市场进入模式独资化倾向的客观必然性 ………………… 144

第三节　独资倾向的约束条件及其多元实现路径 ………………… 153

第四节　本章小结 …………………………………………………… 160

第七章　零售企业国际化市场进入模式例证 …………………… 162

第一节　例证 1：外资零售企业在我国的市场进入模式 ………… 162

第二节　例证 2：7 – ELEVEN 在日美市场相向进入模式比较 …… 170

第三节　本章小结 …………………………………………………… 179

第八章 综合案例分析：沃尔玛的国际化经营 …… 180
第一节 发展历程 …… 180
第二节 讨论与分析 …… 186
第三节 本章小结 …… 200

下篇 零售企业国际化影响与我国零售业安全

第九章 零售企业国际化影响与产业安全的相关性 …… 205
第一节 相关性微观基础 …… 205
第二节 相关性及其机理 …… 216
第三节 本章小结 …… 230

第十章 零售企业国际化影响与产业集聚及绩效 …… 232
第一节 零售企业国际化影响与我国零售产业集聚 …… 232
第二节 零售企业国际化影响与我国零售业市场绩效 …… 243
第三节 本章小结 …… 252

第十一章 零售企业国际化影响与零售业竞争力 …… 254
第一节 外资进入对我国零售业竞争力影响分析 …… 254
第二节 外资进入对我国零售业竞争力影响实证 …… 268
第三节 本章小结 …… 280

第十二章 零售企业国际化影响与产业安全关系实证 …… 282
第一节 跨国企业行为视角：零售产业安全评估指标设计 …… 282
第二节 跨国企业行为视角：零售产业安全评估实证 …… 285

第三节　本章小结 …………………………………………………………… 295

第十三章　我国零售产业保护政策及其国际比较 ………… 297

第一节　我国零售产业政策历史沿革及面临的困境 ……………… 297

第二节　主要西方国家零售产业政策及其产业保护效果 ………… 316

第三节　中西零售产业保护政策比较与启示 ………………………… 321

第四节　本章小结 …………………………………………………………… 329

第十四章　结语 ……………………………………………………… 331

第一节　主要结论 …………………………………………………………… 331

第二节　研究展望和有待进一步研究的问题 ………………………… 341

参考文献 ……………………………………………………………… 343

后记 ……………………………………………………………………… 358

图目录

图 2 – 1　零售企业国际化动因的两个学派 …… 41
图 3 – 1　全球销售额最高的 200 家零售商所在国家（销售额比例） … 72
图 3 – 2　2003 年全球食品杂货领域发生收购兼并地区分布（交易数） …… 73
图 4 – 1　知识转换螺旋 …… 93
图 4 – 2　7 – ELEVEN 知识转换螺旋 …… 94
图 4 – 3　组织知识创造螺旋 …… 95
图 4 – 4　CIS 的运作机制 …… 98
图 4 – 5　商业圈分片示意图 …… 104
图 6 – 1　零售企业国际化过程的影响因素模型 …… 140
图 6 – 2　跨国零售商选择海外市场进入模式的影响因素 …… 140
图 6 – 3　零售企业国际化市场进入模式分析技术路线 …… 141
图 6 – 4　企业知识发展的路径 …… 146
图 6 – 5　根据文化距离与市场进入难度确定进入模式 …… 156
图 6 – 6　主要因素对零售企业独资倾向的影响 …… 157
图 6 – 7　跨国零售企业海外市场进入模式决策的一般分析模型 …… 158
图 7 – 1　本案例研究的概念分析框架 …… 171
图 9 – 1　跨国零售企业对外直接投资行为一般分析框架 …… 216

图 9－2　零售企业国际化影响与我国零售产业安全相关性静态分析 …… 219
图 9－3　零售企业国际化影响与我国零售产业安全相关性动态分析 …… 222
图 9－4　无约束条件下零售产业安全形成机理 …… 225
图 9－5　约束条件下零售产业安全形成机理 …… 228
图 9－6　零售企业国际化影响与东道国零售业安全相关性分析框架 …… 229
图 10－1　1999～2008 年我国限额以上零售业综合效率趋势 …… 249
图 10－2　1999～2008 年我国限额以上零售业纯技术效率趋势 …… 250
图 10－3　1999～2008 年我国限额以上零售业规模效率趋势 …… 250
图 11－1　零售业竞争力评价指标体系 …… 266
图 11－2　我国零售业竞争力变化趋势 …… 277
图 12－1　零售产业安全评估指标体系 …… 285

表目录

表 1－1　250 强零售商中已进入中国内地市场的名单 …………………… 7
表 2－1　直接投资流出流入与经济发展阶段 …………………………… 32
表 2－2　中国的内向 FDI 和外向 FDI ………………………………… 33
表 2－3　一体化的三种基本类型 ………………………………………… 37
表 2－4　Alexander 对进入海外市场原因的整理 ……………………… 42
表 3－1　国际环境、国际竞争及多国企业的战略响应 ………………… 67
表 3－2　全球食品杂货领域十大收购兼并案（2003 年） ……………… 74
表 3－3　在美国经营的十大国外零售企业（2001 年） ………………… 75
表 3－4　2001 年全球零售商 500 强地区分布情况 …………………… 76
表 3－5　美国 Food Marketing Institute 食品杂货领域业态分类 ………… 77
表 4－1　零售营销组合 …………………………………………………… 89
表 6－1　《跨国零售企业进入海外市场方式主要指标的比较》问卷调查 …………………………………………………………… 147
表 6－2　Tests of Normality …………………………………………… 148
表 6－3　Multivariate Tests …………………………………………… 148
表 6－4　Tests of Between－Subjects Effects ………………………… 149
表 6－5　Contrast Results（K Matrix） ……………………………… 150
表 6－6　Multivariate Test Results …………………………………… 151

表 6 - 7　Correlation Matrix …………………………………………………… 152
表 6 - 8　Communalities ………………………………………………………… 152
表 6 - 9　Total Variance Explained ………………………………………… 152
表 7 - 1　1992 ~ 1997 年首批国务院批准的中外合资零售企业 ………… 163
表 7 - 2　中外合资零售企业的差别化待遇 ………………………………… 164
表 7 - 3　进入中国市场主要外资零售企业情况（2004 年）……………… 166
表 8 - 1　沃尔玛的国内—海外市场店铺发展动向（按业态分类）……… 181
表 8 - 2　2003 年沃尔玛全球店铺分布情况……………………………… 181
表 8 - 3　沃尔玛国内一体化（1962 ~ 1991 年）经营历程情况 ………… 185
表 10 - 1　2000 ~ 2007 年我国零售产业赫芬达尔指数 ………………… 237
表 10 - 2　1999 ~ 2007 年我国零售产业的空间基尼系数 ……………… 238
表 10 - 3　2002 ~ 2007 年我国连锁零售企业的基尼系数 ……………… 239
表 10 - 4　2002 ~ 2007 年外资连锁零售企业所占比值 ………………… 240
表 10 - 5　2002 ~ 2007 年间外资零售企业国际化行为与
我国零售产业集聚度的相关系数 ……………………………… 241
表 10 - 6　输入输出指标 ………………………………………………… 246
表 10 - 7　按照注册类型划分我国限额以上零售业效率值 ……………… 248
表 10 - 8　我国限额以上零售业冗余投资情况分析 ……………………… 251
表 11 - 1　我国零售业 2003 ~ 2008 年发展规模数据…………………… 258
表 11 - 2　FDI 与我国零售业的发展状况 ……………………………… 259
表 11 - 3　FDI 与我国零售业人均营业额 ……………………………… 262
表 11 - 4　15 家连锁零售上市公司平均存货周转率 …………………… 264
表 11 - 5　外资进入和我国零售业竞争力 1996 ~ 2008 年具体数值 ……… 268
表 11 - 6　1996 ~ 2008 年我国“批发和零售业”发展指标（一） ……… 269
表 11 - 7　1996 ~ 2008 年我国“批发和零售业”发展指标（二） ……… 270
表 11 - 8　标准化数据（一） ……………………………………………… 272

表 11－9　标准化数据（二）…… 272
表 11－10　主成分提取 …… 273
表 11－11　旋转成分矩阵 …… 274
表 11－12　成分得分矩阵 …… 274
表 11－13　两个主成分所对应的每一指标的系数（特征向量）…… 275
表 11－14　我国零售业竞争力 1996～2008 年具体数值 …… 276
表 11－15　一次模型汇总 …… 277
表 11－16　ANOVA …… 278
表 11－17　一次模型系数 …… 278
表 11－18　二次模型汇总 …… 278
表 11－19　ANOVA …… 279
表 11－20　二次模型系数 …… 279
表 11－21　三次模型汇总 …… 279
表 11－22　ANOVA …… 279
表 11－23　三元模型系数 …… 280
表 12－1　“扩张内驱力”下各评估指标数值 …… 288
表 12－2　“扩张支撑力”下各评估指标相对值 …… 288
表 12－3　“本土化适应力”下各评估指标相对值 …… 288
表 12－4　“外部吸引力”下各评估指标数值 …… 289
表 12－5　各评估指标得分统计 …… 289
表 12－6　中国零售产业安全度综合测算 …… 290
表 12－7　单评价指标的模糊评价矩阵 …… 291
表 12－8　判断矩阵 B …… 293
表 12－9　2003～2009 年中国零售产业安全度统计 …… 294

第一章
绪论

第一节　研究背景和研究意义

一　研究背景

自2004年底我国零售市场对外全面开放以来，外资零售企业在我国不仅加快了扩张步伐，且全面调整了在我国的国际化战略部署，显示出全方位的战略扩张势头，从而使我国零售市场竞争更趋激烈，零售产业安全问题凸显。

1. 外资零售企业扩张全方位提速

2004年底之后，随着对外资零售企业市场准入限制的逐步消除，外资零售企业在我国呈现全方位加速扩张的态势。所谓全方位扩张态势，其主要表现在以下几方面：

（1）新设与并购多头并举。由于零售网络资源的稀缺性，外资零售企业为了抢占这一稀缺性的优质店铺地址资源，2004年及其之后，无不纷纷加快了资源获取的速度与力度。一方面，继续运用连锁分店复制/粘贴方式开设新店，以保证其稳步推进；而另一方面，则纷纷拿起兼并与收购这一锐器，希望通过兼并与收购，快速实现规模效应以获取竞争优势。

在外资零售企业的连锁分店新设方面，其不仅与内资企业之间的竞争日趋激烈，就是在外资企业之间的较量也日益白热化。仅以沃尔玛与家乐福之间的竞争为例即可见一斑。沃尔玛，这个全球最大的零售商，自1996年通过成立合资公司进入中国以来，一直稳扎稳打，谨慎低调行事。但在2004年底之后其扩张开始提速，仅2007年一年即在华新增连锁分店29家，从而使其在我国门店总数达到100家（截至2007年12月31日）。其中沃尔玛购物广场95家，山姆会员商店3家，社区店2家。家乐福，这个欧洲第一大、世界第二大的零售商，于1995年成功打入北京市场以来，一直是咄咄逼人的扩张态势。1996年成功进入上海和深圳，1997年进入天津市场。2004年之后，其开设新店的速度就更如雨后春笋般。仅2007年一年就新增门店19家，从而使其门店总数达到109家。沃尔玛虽在分店扩张方面逊家乐福一筹，但其分外重视企业在中国的形象。据截至2008年2月6日的中国红十字会南方雪灾企业捐赠榜显示，沃尔玛（中国）捐款720万元，捐赠物资折合100万美元，在所有捐赠企业中名列第一。显然，这是在为其大规模扩张做政府与社会方面的公关工作。

除沃尔玛与家乐福之外，其他外资企业也不甘落后，也都于2004年之后加快了新设分店的步伐。比如，麦德龙是第一家获得中国政府批准在中国多个主要城市建立连锁商场的合资企业。仅2007年一年就新开门店4家（我国加入世贸组织之后，麦德龙的扩张情况如下：2001年7家，2002年1家，2003年2家，2004年5家，2005年4家，2006年6家）。① 据我国连锁经营协会的最新报告，2010年，店铺增幅超过20%的外资企业达到6家（2009年为2家）。至2011年，在我国全国范围，外资超市的市场份额已经逼近47%。②

在外资并购方面，率先打响外资并购中国超市第一枪的是英国最大、排名全球第三的零售商TESCO，其分别于2004年7月和2006年12月两次收购乐购的股份，最终以90%的股份取得了对乐购的绝对控股地位，并将乐购更名为Tesco乐购。从此，外资零售企业在华并购案就接二连三地频频发生，且在并购的方式方法以及地域上都充分显示出了扩张的雄心与战略意图。在并购的方式方法上，从全盘收购到合资合作等多种方式方法灵活运用不拘一格；在并购目标的地域上，采取了由东到西全面铺开的战略，一方面继续向东部沿海的二三四线城市纵深扩张，另一方面开始向我国中西部的二三线城市布点扩张，试图迅速完成全国网络布局。据中投顾问发布的《2010～2015年中国零售业投资分析及前景预测报告》显示，仅2010年3月，就发生并购案例42起，涉及金额8.63亿美元，其中零售业并购居于首位，并购案例和

① 数据源于：Deloitte Touche Tohmatsu 德勤、《STORES》杂志、联商网 linkshop.cn。

② 宋则：《“入世”十年：零售业对外开放初步考察》，（中国商业经济）《学会通讯》2012年第1期。

涉及金额分别占到了50%和62.9%。[1] 若从外资零售企业并购扩张的个案来看，其并购扩张的力度与特点就更为明显。例如，2010年7月16日，家乐福和河北保龙仓商业连锁经营有限公司共同对外宣布：双方通过股权合作形式，其中家乐福持股51%、保龙仓持股49%，共同组建全新的合资公司——河北保龙仓家乐福商业有限公司。家乐福通过这种“合作”，既控股了保龙仓，又避免了舆论压力。[2] 再如，麦德龙注资万得城电器一案，采取的就是迂回战略。首先在2009年3月与中国富士康公司签署了建立一家合资企业的意向性协议，麦德龙在合资公司中持有75%的股份，富士康持有25%的股份。然后，这家新的合资企业再向万得城电器投入2亿美元。计划于2012年前，仅在上海就开出10家万得城门店。显然，麦德龙注资万得城电器一案，在很大程度上掩盖了其外资扩张的逼人锋芒，更容易使其成功。

（2）发展模式多元并举。从外资零售企业在我国的发展模式来看，2004年底之前，其发展模式都相对比较单一，经营业态或大型超市、标准超市，或便利店、百货店等，尚未有跨多种业态经营的现象，集餐饮、购物、休闲等为一身的大型购物中心就更未涉足。但近年来，外资在我国的发展模式正悄然发生变化，不仅竞相发展大型购物中心，而且发展模式灵活多样，呈现多元化发展态势。早在2009年6月，沃尔玛“惠选”便利店就悄然现身深圳社区，并计划5年内开出1000家店。同年，宜家也宣布投资数亿美元在无锡和北京大兴区兴建大型区域性购物中心，试图改变单一的宜家家居卖场业态。到2010年，全球第三大零售商TESCO集团下的“乐都汇购物广场”也于1月9日在青岛开业，青岛乐都汇购物广场经营面积7.6万平方米，是TESCO集团在中国经营的第一个购地自建的综合性购物中心，也是外资零售商在中国投入运营的第一个商业地产项目。与此同时，还有两家购地自建的大型购物中心即将在秦皇岛和抚顺开业，另外还有20家也被纳入规划当中。家乐福继北京中关村试水“疑似”购物中心业态之后，又于2010年1月12日在成都武侯区再次试水购物中心。其在北京中关村店就集纳了数十家百货、餐饮与大卖场并存，发挥着购物中心的综合功能。这次位于成都侯武区

---

① 来源：《借道并购　外资加紧包抄国内零售业》，http：//www. linkshop. com. cn/web/archives/2010/141453. shtml，2010－08－28。

② 来源：《外资零售借并购曲线入局　加速扩张在华版图》，新浪乐居商业地产频道，2010－08－19。

门店，则除了地下有8000平方米的最大卖场面积之外，在楼上还有四层面积约2万平方米的大规模购物中心，可以容纳近百家商铺。① 其积极试水新业态的雄心可见一斑。

外资零售企业在我国发展模式的多元化趋向，显然意味着新一轮中国零售格局改变的开始。因为，外资零售企业发展模式的多元化，尤其是竞相发展大型购物中心这种体量大、聚集能力强、辐射面宽的零售业态，会使其在很短的时间内迅速做大体量，占领市场制高点，从而不仅会在其企业内部产生不同业态的集聚效应，而且还会使地区性乃至全国性的零售市场集聚产生马太效应，即出现外资零售企业因势力较强而愈强、本土零售企业因势力较弱而愈弱的趋向。因此，不乏业内人士为此担忧。他们认为，外资零售企业意图通过新业态重新划分中国零售市场格局，而一旦新的业态发展成熟，将可能波及本土百货行业，同时中国广袤的城乡市场也可能被外资便利店涉足。届时，中国零售市场的主导权将堪忧。

（3）东中西地域全面铺开。2004年之后，由于放开了对外资在经营地域上的限制，外资零售企业一方面在东部沿海地区继续细化经营，由大城市走向中小城市，甚至走向乡镇；另一方面，则迅速开始向我国中西部省会城市，向那些在商业上具有战略意义的所有大中型城市和经济中心城市扩张布点。尤其是在2008年底，我国将外资零售门店审批权下放到省级商务主管部门后，一些地方政府为打造区域性国际商业城市，纷纷为外资零售商提供了优惠政策，如低地价、低租金以及优惠税收等条件，使外资零售企业享受着超国民待遇，更为外资零售企业大举进军中西部开店提供了方便。据中国商业联合会公布的2009年中国零售百强企业榜单显示，17家外资零售企业门店合计比上年增长32.3%。沃尔玛2009年新开门店51家，其中34家落户在非省会城市；家乐福新开门店20家，其中7家位于非省会城市。②

（4）商业地产资源抄底。近一两年外资热衷于进入我国商业地产项目的倾向越来越明显，这一方面是因为我国城市化步伐的加快，另一方面则是由于2008年的国际金融危机，从而使得我国商业地产项目，尤其是商业地产项

---

① 《外资零售巨头在华布局多元化》，载中国投资咨询网，2010-01-13。

② 来源：《借道并购　外资加紧包抄国内零售业》，http：//www.linkshop.com.cn/web/archives/2010/141453.shtml，2010-08-28，数据源于：Deloitte Touche Tohmatsu 德勤、《STORES》杂志、联商网 linkshop.cn。

目中的购物中心项目越来越引人注目，使得不少外资开发商将其纳入规划蓝图之内。

2010 年 9 月初，土耳其对外经济关系委员会——土耳其中国事务部部长恩斯叶股称，土耳其星摩尔集团（Star Mall）计划在中国投资 20 亿美元，打造 10 个购物中心。星摩尔集团在中国的首个购物广场将于 2011 年 5 月在沈阳开业。据悉，此次星摩尔开发的这个项目是东北地区最大的购物广场，总占地超过 32 万平方米，涵盖办公楼和购物区域。再如，日本最大的房地产开发商三井不动产也同样计划在我国内地兴建多处购物中心，首座在华东的购物中心或于 2013 年在上海落成。三井不动产零售房地产部门的专案经理 Takehito Fukui 表示，在 2013 年上海首个购物中心落成后，该公司计划自 2014 年起，在包括北京在内的多个城市开建购物中心。①

外资对我国商业地产的浓厚兴趣，甚至还引来了非主营房地产业务的家族企业——例如以石油生意闻名全球的洛克菲勒家族前来参与，试图建造更为高端的会展中心项目。洛克菲勒的家族成员企业罗斯洛克基金将与新鸿基盛城置业、东方集团联合开发北京丰台区的青龙湖国际文化会都，该青龙湖项目是洛克菲勒财团第一次在北京投入的大项目，公司目前还准备在北京、天津继续开展相关项目的投资。据称，青龙湖项目旨在打造一个高级会展中心，建立下一个达沃斯，其总面积达 2543.64 公顷，预计总投资约 500 亿元，计划建设周期为 2010 ~ 2016 年。②

外资为什么如此热衷于投资我国商业地产项目？显然，其并非为谋单纯的地产之利，谋的是长远的战略利益。正如有学者所指出的，外资投资建设商业地产的动机，可使其在中国收获双重的商业利益：一方面是日后巨大的地产增值回报，另一方面也是更重要的，即其巨大的战略利益。以开发购物中心为例，因购物中心是集合整个零售业、餐饮业、休闲娱乐业业态的大型商业形态，外资零售巨头可能正在依靠商业地产的投资，谋划曲线整合中国零售业和其他服务业。如此，对于本土零售业的发展来说，则可说釜底抽薪、从资源上抄底了。

① 资料来源：《外资扎堆中国商业地产　购物中心受宠》，http：//www. linkmall. cn，2010 - 09 - 30。

② 资料来源：《外资扎堆中国商业地产　购物中心受宠》，http：//www. linkmall. cn，2010 - 09 - 30。

2. 零售产业安全令人担忧

在外资零售企业正展开全面战略攻势之时，相比之下，我国本土零售企业发展却存在种种问题，情况不容乐观。

（1）中外零售业竞争实力差距依然明显。相关研究数据显示，一家外资大型综合超市可替换掉20家小型超市，一家家乐福大卖场开业，周围3公里内将有50~100家中小型超市、杂货店、便利店等同业态店铺倒闭。据资料显示，截至2009年在北京的外资零售店铺达2500家，远超过2004年的32家。种种情况表明，外资零售巨头在我国经过15年的发展，基本上都已成长为我国的全国性连锁公司，而本土零售业巨头除家电连锁外一般都是区域性或有限区域性发展的连锁公司。外资零售企业不仅单个呈现出很强的竞争力，而且在总体上对零售业发展的主导性地位也慢慢显现，尤其在新兴零售业态的发展方面其主导性地位已很明显。以上海为例，上海外资零售企业大型综合超市的数量占总量的55%，大型综合超市销售规模的前五位都是外资零售企业。“家乐福在上海开出第二家分店，方圆5公里之内，3家国有商业企业相继破产”（上海连锁经营研究所）。于是，有业内人士在分析河北保龙仓被外资并购时就指出，外资并购本土零售企业，这是由目前中国市场的竞争格局导致的。一方面，外资大型零售商依托国际或全国连锁背景，拥有全国的采购网络及分销网络；另一方面，本土的区域性零售企业在当地市场精耕细作后，要走向全国做大做强又很难达成愿望。在此种背景下，外资无疑成了最大的接盘者。①

因此，从发展势头上来看，外资零售业进军中国零售市场还只是开始。因为，据《2008 Global Powers of Retail》中公布的全球250强零售商在我国的投资情况来看，目前只进来了37家（目前已进入我国且排名在前100名之内的主要企业在华经营情况如表1－1所示），② 还有很多强势企业尚未进入。仅从零售排行十强中，即所谓国际零售“十王子”来看，也仅仅来了前五位。如沃尔玛、家乐福、家得宝、乐购、麦德龙，而排行第六到第十位的零售商仍在我国门外徘徊。诸如人们耳熟能详的克罗格、塔吉特，还都没有走出美国国门，但其连锁分店在其国内已渗入各个州、市了。排名第八的好市

① 资料来源：《借道并购　外资加紧包抄国内零售业》，http：//www. linkshop. com. cn/web/archives/2010/141453. shtml，2010－08－28。

② 资料来源：Deloitte Touche Tohmatsu 德勤、《STORES》杂志、联商网 linkshop. cn。

多在前几年便进入日本、中国台湾地区市场，但至今没有听见其向中国内地发展的详细报告，应该说，在未来几年中，这些零售国际巨头进军中国市场只是个时间问题。到那时，本土零售企业的发展将面临空前的竞争压力。

表1-1　250强零售商中已进入中国内地市场的名单

榜单排名	名　称	所属国	2006年集团销售（百万美元）	经营模式	内地分店数（家）
1	沃尔玛	美　国	348650	现金交易/仓库式俱乐部，折扣百货店，超大型超市/超级商店/超级购物中心，超市	100
2	家乐福	法　国	97861	现金交易/仓库式俱乐部，便利店/网边店，折扣商店，超大型超市/超级商店/超级购物中心，超市	109
3	家得宝	美　国	90837	家居改善、无店铺零售	12
4	TESCO	英　国	79976	便利店/网边店，百货商店，折扣百货店，超大型超市/超级商店/超级购物中心，超市	52（2007年底数据）
5	麦德龙	德　国	75225	服装、鞋类专卖店，现金交易/仓库式俱乐部，百货商店，电子产品专卖店，超大型超市/超级商店/超级购物中心，其他专业店	37
15	Seven & I Holdings Co.，Ltd.	日　本	45692	服装、鞋类专卖店，便利店/网边店，百货商店，超大型超市/超级商店/超级购物中心，其他专业店，超市	130（2006年其属下的7-11便利店数据）
16	欧　尚	法　国	43955	折扣商店，超大型超市/超级商店/超级购物中心，其他专业店，超市	20
21	AEON Co.，Ltd.（永旺）	日　本	41300	服装、鞋类专卖店，便利店/网边店，百货商店，折扣商店，药店/药房，家居改善，超大型超市/超级商店/超级购物中心，其他专业店，超市	54
35	宜　家	瑞　典	21231	其他专业店	4

续表

榜单排名	名　称	所属国	2006 年集团销售（百万美元）	经营模式	内地分店数（家）
44	Kingfisher plc	英　国	16133	家居改善	60（旗下的百安居）
53	玩具“反”斗城	美　国	13050	其他专业店	4（旗舰店 1 家，购物中心店 3 家。中国香港、台湾地区的旗舰店均为 2 家，购物中心店 6 家）
74	InditexS. A.	西班牙	10360	服装、鞋类专卖店，其他专业店	15
92	新世界	韩　国	8515	百货商店，超大型超市/超级商店/超级购物中心	10（E－Mart）

资料来源：Deloitte Touche Tohmatsu 德勤、《STORES》杂志、联商网 linkshop. cn。

（2）零售业特殊地位与作用不容忽视。鉴于以上情况，很多专家学者指出，由于零售业的特殊地位与作用，中国本土零售企业的生存与发展乃至零售产业安全问题已不容忽视。因为，零售业是链接生产与消费的中介环节，零售商可以根据消费者要求指导生产，尤其在买方市场下，是终端为王的时代，谁如果控制了零售业，谁就可以控制生产、消费领域。因此，现代零售业的概念，已不是指一个行业，而指的是一个支撑性产业。外资零售巨头进入我国，包括目前以收购兼并整合的方式进入我国零售市场，从有利的一面来说，可促使中国的制造业按照国际零售业的标准决定自己的成本、产品质量和性能，这对促进中国加工企业不断按国际标准提升自己发展自己是有好处的，但问题是，这些企业实行的是全球采购，他们的目的是要把最低成本、最好效益、最好质量的产品采购来，然后交给消费者，这是他们所追求的，也是他们对消费者的承诺，按照这种模式运行，当我国的制造业难以保证低成本或者是有很多企业不能保证最好的质量时，中国则有很多生产企业将无法生存下去，长期以往，将直接影响中国的经济社会发展。① 这不仅在

① 资料来源：《外资突进中国零售业死地求生———清华大学经济管理学院教授魏杰访谈录》，http：//www. chinaccm. com，2003－01－14。

一定程度上会压缩国内零售企业的市场份额和利润空间，而且对中国整个零售业的未来走向将产生显著的影响。不但供货商的利益受到侵蚀，而且当外资零售巨头对中国市场实现绝对控制后，还会进一步增强其商品定价的话语权。① 届时消费者的利益也会受到影响。

以我国轻纺工业为例，我国的轻纺工业集中度低、市场竞争激烈。若外资零售商控制了全国主要城市的零售业，则会使其拥有市场相对垄断地位，可以通过不对等谈判强迫供应商签署格式化供应合同，从而使厂商对品种、价格、质量、结算方式、供货条件等没有任何还价能力。同时，外资零售商还可利用市场垄断地位向供货商收取名目繁多的诸如促销费、进店费、店庆费等，把经营风险转嫁给供货商，进一步压缩普通加工业厂商的利润空间，使我国轻纺工业生存状态的进一步恶化。

综上可见，我国零售产业安全问题亟待从理论与实践方面进行深入研究。

二　研究意义

（一）理论意义

从零售产业安全问题的相关研究来看，相对于零售领域其他方面还比较薄弱，研究成果不多，主要集中于对我国学者，且目前还主要集中于对我国零售产业状况的评价与认识上。即目前外资零售业的进入是否已经威胁到我国零售产业安全？而就这一问题来说，目前主要有两种观点：一种认为，直至目前外资零售企业进入的数量和规模并没有危及国家经济安全；另一种则认为，外资零售企业的大规模进入已开始危及国家经济安全。这两种观点都有理有据，因而也都难以完全说服对方。本书认为，零售产业安全问题，在理论上，实际是零售企业国际化对东道国零售产业的影响问题；在实践上由此引起的问题是零售产业安全评价与预警及其零售市场规制问题。而要很好地解决后者必须首先在理论上科学地解释与回答前者，即跨国零售企业国际化为何以及如何能引致东道国零售产业安全问题的发生？而就这一问题的相关研究来看，还尚未见到。

① 资料来源：《借道并购 外资加紧包抄国内零售业》，2010 年 8 月 28 日《中国商报》。

就目前所能查阅到的国内外文献来看，相关研究是循着两条线索在进行的：一是关于零售企业国际化及其影响的相关研究；二是关于零售产业安全的相关研究；将这两条线索对接起来而进行动态的系统的思考研究成果还没有。因此，将零售企业国际化及其影响与我国零售产业安全问题联系起来进行系统的思考与研究，无疑具有极为重要的理论意义。

1. 有助于零售企业国际化行为理论研究走向深入

这是因为，零售企业的跨国经营大约要比制造业晚了一个多世纪，目前的企业跨国经营理论，即传统的跨国公司经营理论研究，主要是以制造业为背景，虽然这些理论到目前来说，已经相对成熟与完善，但能否直接用来解释零售企业国际化行为？这在逻辑上来说显然是不行的。因为，商业零售企业与生产性企业相比，无论是从企业性质还是从资源特征上来看，两者之间都具有明显的差异，若简单地将以制造业为基础而形成的跨国公司理论及其研究成果用来解释跨国零售企业行为，显然有牵强附会之嫌。因此，需要基于商业零售企业性质与特征的研究与分析，将传统的跨国公司对外直接投资行为分析的一般框架进行延伸与拓展，从而深刻揭示零售企业国际化行为的特征及其规律性，这对于丰富跨国公司理论研究，无疑是极具有理论价值的。

2. 有助于零售企业国际化影响理论研究走向深入

就目前有关零售企业国际化影响的相关文献来看，仅揭示了零售企业国际化对东道国零售企业、东道国供应商以及供应链等方面存在着影响，但如何影响未见回答。而对于零售企业国际化影响与东道国零售产业安全之间的相关性是否存在以及存在状态与内在机理等更未见研究。因此，本书将零售产业安全与零售企业国际化影响联系起来进行研究，无疑有助于零售企业国际化影响的理论研究走向深入。

3. 有助于产业安全及零售产业安全的理论研究进一步深化

就目前产业安全与零售产业安全的相关研究文献来看，尽管有关产业安全的一般研究也尚未成熟，但仍较零售产业安全问题的研究要深入。因此，目前有关零售产业安全的研究大多是在借鉴一般产业安全研究的成果基础上进行的。而一般产业安全问题的研究，大多是以加工制造业为背景的研究，零售业属于服务业，依据这种一般性的产业安全研究成果来建立指标体系，并用以评价预警我国零售产业安全，显然难以达到目的。因此，已有学者力图基于零售产业性质与特征来建立零售产业安全的评价与预警指标体系，虽迈出了第一步，但从总体上看仍处于初级阶段。因此，若能系统深入地揭示零售产业安全形成的内在机理及其发展的阶段特征，这无疑对于丰富一般产业安全问题的理论研究、深化零售产业安全问题的理论研究等都具有十分重要的意义。

（二）实践意义

随着经济全球化走向深入，零售业跨国经营时代到来了。本书试图从理论上深刻剖析零售企业国际化行为及其影响，深入剖析零售产业安全问题形成的内在机理；并在此基础上分析评价我国零售产业安全状况，从而可在实践上做到以下几点。

1. 为我国零售市场开放下的零售市场规制设计与完善提供决策参考

我国零售市场已经对外开放是在一个渐进过程中进行的，在这种渐进的对外开放过程中，零售市场规制主要表现为对外资市场进入壁垒的一个逐步消除直至完全消除的一个渐进过程。到今天，我国零售市场已经完全对外开放，从而，一方面，我国在渐进式对外开放过程中的零售市场规制安排已自然失效；另一方面，一套适合我国当前完全开放环境的零售市场规制体系又尚未完全建立起来，我国零售产业安全问题凸显，应该说，零售市场规制缺失应是其重要原因之一。因此，我国目前亟须针对我国零售市场面临的新问题，针对跨国零售企业国际化的新动向与新趋势，制定出一套既能有效保护我国零售产业安全，又符合 WTO 规则，且符合国际通行做法的零售市场规制体系。而要制定出这样一套零售市场规制体系，则既需要回答零售企业国际化的一般规律，还要回答其在我国国际化扩张的新趋向与新特征；同时还需要研究西方主要市场经济国家零售市场规制的一般做法，寻找其规律性，并在此基础上对我国零售市场开放以来的规制体系进行反思与总结，以从中探寻我国零售市场规制的特殊性及其健全与完善应遵循的基本原则。只有在对上述几方面做到深刻认识与把握的基础上，才能制定出一套既具有零售产业安全风险防范作用，又符合国际通行做法，同时还符合我国经济发展基本趋向的零售市场规制体系。本书基于零售企业国际化影响视角的零售产业安全研究，力图对上述几方面问题进行系统探索，并进而对我国零售市场规制问题提出相应的对策性建议。

2. 为我国零售产业安全状况评价与预警指标体系的建立提供依据

如前所述，零售业由其在国民经济中的地位与作用所决定，涉及面广，影响因素复杂，因而也就决定了零售产业安全问题是一个涉及多角度、多层次的综合问题，对其评价与预警，单一的指标体系难以概括其全貌，需要建立多层次、多角度的指标体系来进行综合监控与评价；而零售产业安全问题发生的微观基础是零售企业国际化影响问题，因此，建立在企业行为基础上的检测与预警，应是不可缺少的视角之一。本书在对零售企业国际化行为一般规律与一般影响因素探寻的基础上，通过对零售国际化影响与零售产业安全相关性的实证研究，揭示零售企业国际化影响的内在机理、路径与关键环节，并据此构建零售产业安全评估与预警指标体系，以期为我国零售产业安全评价与预警指标体系的建立提供依据。

3. 为我国零售企业国际化经营与国际化竞争提供理论支持与实践咨询

随着对外开放的逐步深入，我国零售企业不仅需要在本国市场参与国际化竞争，而且也需要走出去，通过外向国际化的经营与发展来提升其国际竞争力。因此，本书所研究的零售企业国际化及其国际化影响的相关成果，对于我国零售企业内向国际化发展以及外向国际化发展都将具有重要的指导意义。

第二节　相关概念界定

一　零售、零售业与零售企业

零售（retailing），是商品流通中的最终环节，是指把商品或劳务出售给最终消费者的销售活动。①

零售业，是指以向最终消费者提供所需商品和服务为主的行业。零售业有广义与狭义之分。从广义上来说，零售业不只是指在商店中出售商品的行业，还包括出售服务的住宿业、餐饮业等服务行业，比如汽车旅馆提供的住宿、医生为病人进行诊治、理发业为人理发、音像商店租赁录像带或将订货送上门等都属于广义零售业的范畴。② 从狭义上来说，零售业是专指在商店中出售商品的行业。本书所研究的零售业，即是指专门从事商品买卖活动的

① 黄维礼编著《零售管理》，经济科学出版社，1996，第1页。

② 〔美〕迈克尔·利维、巴顿·A. 韦茨：《零售学精要》，张永强译，机械工业出版社，2005，第15～19页。

行业。

零售企业，是指向最终消费者出售商品，直接为消费者服务的商业企业。零售企业为满足不同的消费需求而形成了不同的经营形式，即零售业态。根据中华人民共和国标准—零售业态分类标准，零售企业根据经营方式、商品结构、服务功能，以及选址、商圈、规模、店堂设施和目标顾客等结构特点，可分为百货店、大型综合商场、超级市场、便利店、专业店、专卖店、购物中心、家居中心、仓储商店等九种零售业态。本书所讨论的零售企业，即是指向最终消费者出售商品，直接为消费者服务的商业企业，并涵盖以上九种零售业态。

综上可见，零售业是由众多零售企业所组成的有机系统，其专门从事商品销售与服务活动，是链接生产与消费的桥梁与纽带。在社会化大生产的今天，尤其是在买方市场条件下，零售业在国民经济中的地位日益重要，零售业已从一般性的行业概念而变为重要的支撑性产业。本书所研究的零售业，即是指这种处于现代化商品大流通中的终端行业——零售行业。

二 零售企业国际化与零售业国际化

在国内外学者的有关研究中，零售企业国际化与零售业国际化被统称为零售国际化。而什么是零售国际化？则定义不一。之所以众说纷纭，概缘于认知视角不同。从认知视角来看，可归纳为微观视角与宏观视角。本书将微观视角的零售国际化定义为零售企业国际化，将宏观视角的零售国际化定义为零售业国际化，并在国内外学者相关概念的基础上进一步加以界定。

（一）零售企业国际化

国内外从微观视角对零售国际化概念进行界定的代表性学者有西方学者道森（Dawson）与亚历山大（Alexander）以及我国学者汪旭晖等。西方学者道森（Dawson，1993）认为，所谓零售国际化，就是指由某个独立的公司开展的跨越国界的店铺经营或零售流通的其他活动。他指出，零售国际化的过程不仅仅是在海外开店，还包括其他一些国际化的活动。这些国际化活动主要包括三个方面：一是通过店铺向其他国家销售产品；二是从其他国家采购商品用于再销售；三是管理思想以及经理人员的国际化。其中，管理思想的国际化问题是零售专业技能国际化的一个方面，而经常被忽视，但这种国际化活动却有着深远的影响。亚历山大（Alexander，1997）认为，尽管国际零售商应该注意国界的概念，但是更应该从零售视角来观察国界，注意在同一国界内部存在的文化差别，以及不同国界范围内的文化相似性。据此，他将零售国际化定义为：通过超越政治、经济、社会、文化以及零售结构的界限，而实现的零售专业技能的跨国转移行为。汪旭晖（2006）认为零售企业国际化就是指零售企业的国际扩张过程。

以上定义在表述以及具体内容上虽有不同，但都是基于微观视角，即是从企业层面对零售国际化概念进行界定的。因此，本书将以上定义都归为有关零售企业国际化的概念。由于零售企业是面向最终消费者服务的商品销售企业，零售店铺销售在目前仍是其销售活动进行的主要方式。在其提供跨国服务销售活动的过程中，由于零售商业服务的立地性特征，决定了在东道国的商业存在仍将是其主要的国际化经营方式。因此，关于零售企业国际化的概念界定，我们定义如下：零售企业国际化，是指零售企业进行跨国直接投资行为的活动过程，或者说，是指零售企业跨国进行连锁分店扩张的经营活动过程。

（二）零售业国际化

国外从宏观视角对零售国际化概念进行界定的代表性学者有戴维斯和麦戈德里克（Davis and McGoldrick，1995）。他们认为，零售国际化应包括五个最基本的方面：一是国际企业在海外开店；二是在母国市场来自海外零售商的竞争；三是国际联盟的发展；四是国际采购或全球采购；五是零售专业技能的国际转移。显然，戴维斯和麦戈德里克的定义，不仅是指零售商的国际化过程，还包括东道国零售商所面临的国际化竞争，以及零售业所呈现的国际化特征等。因此，这个定义严格来讲是指零售领域或零售业的国际化。与此类似，我国学者夏春玉（2003）对零售国际化的界定则更为广泛，他认为，零售国际化应包括：一是店铺选址国际化，主要是通过在海外开设店铺而进行的国际化；二是商品供应国际化，包括从当地供应商直接采购制造商品牌（NB）商品，然后进口到国内销售，与当地生产企业合作生产自有品牌（PB）商品，然后进口到国内销售以及当地采购后向第三国店铺供应商品这三种情况；三是资本国际化，主要是指零售商在海外市场募集资金，然后向国内关联企业融资或在海外进行直接投资的行为；四是信用卡国际化，即通过发行在国外使用的信用卡而实现的国际化；五是非零售事业的国际化，即零售商在海外市场经营非零售事业的国际化。汪旭晖（2006）认为，不管是戴维斯和麦戈德里克的定义，还是夏春玉的定义，若从商业零售业来看，实际上都包括了三个层面：一是微观层面的零售企业国际化行为，二是跨国零售企业国际化对东道国流通系统的影响，三是这种影响对国际化的零售企业以及东道国零售企业的反作用。因此，广义的零售国际化包含了不同国家零售企业的互动过程，但其核心仍然是零售企业国际化。

综上，学者们关于零售国际化的定义，实际上是指零售产业的国际化。这是因为，在开放的市场环境下，一国零售产业的国际化必定是在内外资的互动过程中进行的，在这种互动过程中，初始的经济发展阶段与环境不同，影响程度与结果也必然不同。比如，一个是封闭的计划经济下的零售市场，一个是成熟的市场经济下的零售市场，外资零售企业国际化市场进入对前者的影响显然要大于后者，对前者的影响将是革命性的。就我国而言，外资零售企业进入是在我国改革开放的初期。因此，外资零售企业国际化影响对我国则是诱因、是外生变量，在其影响下，本土零售企业、零售市场结构乃至零售产业系统都必然会发生一系列的变革与变化。在这种零售产业国际化变迁中，微观层面的零售企业国际化是核心、是基础。这是因为，所谓经济国际化，实际是指一国生产要素跨越国界流动的一种状态，而表征其国际化发展程度和水平的典型形式是跨国公司。因此，本书认为，所谓零售业国际化，是指一国零售企业面临以及参与国际竞争的状态。其主要包括：跨国零售企业国际化行为及其市场进入程度和水平；本土零售企业国际化行为及其国际化程度和水平；跨国零售企业国际化对东道国零售市场结构与规制的影响及其程度和水平。

从上述概念出发可见，本书研究的零售企业国际化影响问题，实质是零售业国际化问题，即我国零售业国际化问题。同时还可看到，零售业国际化问题是一个需要从微观切入而从宏观结论的课题。因此，本书即是从零售企业国际化及其影响分析开始，来解读我国的零售业国际化问题，即零售产业安全问题。

三 产业安全与零售产业安全

（一）产业安全

有关“产业安全”的内涵与外延，迄今为止理论界尚无统一定论，不同学者从不同角度对其进行了界定，归纳起来，主要有以下四种观点。

1. 产业控制力说

该观点认为，本国资本拥有对本国某产业的控制能力就视为产业安全；但在具体语言表述上则各有不同。比如，王允贵（1997）认为，产业安全指的是国内资本对影响国计民生的重要经济部门掌握了控制权；于新东（2000）认为，一国对某一产业的发展和调整如果拥有控制权或自主权，就可以认为该产业是安全的；张碧琼（2003）认为，国家产业安全问题最主要的诱因是外商直接投资，外商通过并购、合资等方式控制国内某些企业，甚至控制某些重要产业，进而威胁国家经济安全，则可认为产业不安全；等等。总的来说，基于产业控制视角来定义产业安全的学者相对较多，即产业安全与否，主要是看本国是否拥有对某产业的控制能力。

2. 产业权益说

该观点认为，国民作为产业安全中的权益主体，在国界之内有明确的排他性经济主权。外国国民在东道国内取得的任何产业权益，从机会成本的角度来看都是对东道国国民权益的侵占，应得到东道国国民根据其自身利益的需要而做出权益让渡的许可。研究产业安全，归根到底是要使以国民为主体的产业权益在国际竞争中得到保证并免受侵害（赵世洪，1998）。

3. 产业竞争力说

该观点是基于产业竞争力视角来界定产业安全的，其认为，产业安全指的是在开放竞争的经济环境中一国产业具有竞争力，能够抵抗来自国内外各种不利因素的威胁，保持本国产业部门的健康发展（杨公朴、王玉等，2000；夏兴园、王瑛，2001；景玉琴，2004；等等）。

4. 产业发展说

该观点认为，对产业安全的研究应该从动态和静态两个角度来进行。产业安全指的是一国所拥有的对涉及国家安全的产业和战略性产业的控制力，以及这些产业在同其他国家产业横向比较意义上的发展力。其中，控制力是静态描述产业安全，发展力是对产业安全的动态刻画，是产业安全的本质特征（李连成、张玉波，2001）。

上述四种关于产业安全的概念界定，实际上反映了产业安全的不同层面，都有一定的理论意义与实践意义。因此，一国产业安全与否，上述四方面的安全都是至关重要的，而且是不可分割的。但就其内在的逻辑联系来说，后两种观点所指的产业安全含义是基础、是关键。这是因为，在开放的市场环境下，假如一国某产业拥有产业国际竞争力以及产业发展力，那么，其对某产业的控制能力应是不言而喻的，且其自身的权益也自然是有保障的。所以，笔者认为，对产业安全的概念界定，只要将产业竞争力与产业发展力结合起来进行界定即可。如此，产业安全即是指，在开放的市场环境下，一国产业具有竞争力、发展力，能够抵抗来自国内外不利因素的威胁而健康发展，则视为产业安全。

（二）零售产业安全

关于零售产业安全，在国内外都尚未见到较为规范意义上的概念界定，目前还都停留在零售业不安全的可能状态的描述性层面。

1. 国外相关研究

从国外文献来看，这种描述性的概念界定，归纳起来主要有这样几种观点：一是基于零售业竞争力安全视角的描述。比如，Michael E. Porter（1990）认为当国内产业面临国外更高生产率产业竞争时，国内产业安全将受到威胁，即意味着零售产业不安全。二是基于零售业控制安全视角的描述。当认为跨国零售业呈现区域性扩张特征（Rugman A.，Girod S.，2003），发展中国家产业将可能变成跨国公司的附庸时，零售产业不安全状态出现。三是基于零售业权益安全视角的描述（Minten B.，Randrianarson L.，Johan FM，2009），认为跨国零售业将对发展中国家供应商的权益造成损害时，零售产业为不安全。

2. 国内相关研究

从我国学者的研究来看，总体上关于这一问题的研究不多，且研究重点也并不在于对概念专门进行界定，但在论述中隐含了对零售产业安全含义的认知。比如，李飞与汪旭晖两位学者认为，零售业对外开放对国家经济安全的威胁需要两个前提：一是控制和主导国家经济关键资源的零售权；二是利用这种控制和主导权干扰民族工业的健康发展和合理收益（李飞、汪旭晖，2006）。也就是说，若外资控制了我国关键经济资源的零售权并由此形成对民族工业的控制与主导权时，则视为零售产业不安全。再比如，王丽等（2008）提出了基于产业生存力和产业发展力的评价模型，他们认为，在外资进入下，零售产业生存力与发展力若陷入困境，则视为产业不安全。姜红、曾锵（2009）则在借鉴已有的产业安全研究成果的基础上，从发展安全、控制安全、结构安全和权益安全四个维度来评价零售产业安全状况。朱涛（2010）却认为上述学者的安全评价体系都略显不足，因为都没有充分考虑政府规制安全、竞争能力安全等因素。因此，他主张从竞争安全、控制安全、结构安全（包括业态结构安全和布局结构安全）、权益安全四个层面来对我国零售业产业安全状况进行评价。

3. 相关研究评析

综上，国内外有关零售产业安全的内涵与外延的认知，有两个特点：第一，都是基于宏观视角对零售产业不安全所作的界定；第二，大多是将一般产业安全概念简单地运用到零售产业安全问题上，而有关零售产业安全严格规范的概念界定还尚未见到。

笔者认为，零售产业安全问题，实际是零售业国际化过程中的一种状态，即在一国零售业国际化过程中，零售产业既可能处于安全状态也可能处于不安全状态。而一国产业安全与否，主要看其竞争力与发展力如何。因此，所谓零售产业安全，应是指东道国零售企业在外资零售企业国际化影响下，在整体上所呈现的竞争力与发展力的状况与趋势，其若能够抵抗来自国内外不利因素的威胁而健康发展，则视为零售产业安全；相反，则视为零售产业不安全。

第三节　研究思路、方法与结构

一　研究对象与前提假设

（一）研究对象

本书研究对象是零售企业国际化影响下我国零售产业安全问题，或者说是在外资零售企业国际化市场进入下我国零售产业安全问题。这一研究对象在理论上涵盖了两个不同层面且又呈紧密逻辑联系的问题。

1. 跨国零售企业国际化行为问题的理论阐释

由于商业零售企业性质与资源特征明显不同于工业制造企业，一般基于加工制造企业的国际化行为理论是无法直接套用于商业零售企业国际化行为研究的；同时，由于商业零售企业跨国经营相对较晚，且传统经济学历来认为商业零售业属于原子型行业，不存在规模经济，因而，不仅针对跨国零售企业的专门研究甚少，而且关于零售企业的一般经济学研究也甚少。因此，要研究零售企业国际化影响下的零售产业安全问题，需要首先从理论上系统地研究跨国零售企业一体化经营问题：①从理论上解释跨国零售企业一体化经营动因及其内在成长机理；②分析水平一体化经营的条件与制约因素；③论证零售企业一体化经营的经济性来源和特殊来源；④探究跨国零售企业一体化经营的海外市场进入模式选择及其发展趋势；⑤研究跨国零售企业一体化经营的内在机理与扩张方式和路径。只有如此，基于其上的零售产业安全问题研究才能走向深入。

2. 国际化下零售产业安全问题的理论阐释

如上所述，这里所讨论的零售产业安全问题，是零售市场对外开放下的零售产业安全问题，即零售企业国际化影响下的零售产业安全问题；同时，跨国零售企业的国际化扩张行为并不必然危及东道国零售产业安全。因此，零售产业安全问题在理论上进一步又包含了三个问题需要研究：①零售产业安全问题形成机理；②零售产业安全问题诊断与评估；③零售产业安全风险防范与制度设计。

本书将上述两个问题的理论解读统一纳入研究对象范畴。

（二）前提假设

企业理论告诉我们，企业性质与资源特征决定其内在成长路径与外部扩张的动因、方式和市场进入模式；企业内在成长是外部扩张的基础，企业内向国际化经营是外向国际化经营的前提；同时，环境是影响企业经营的重要因素。环境所显现的长远发展趋势及其特征，与特定产业相结合，就形成了特定产业的发展趋势与特征。从而，企业所赖以生存的历史与产业环境在很大程度上决定着企业的行为方式与发展趋势。因此，对零售企业国际化经营的研究，必须从零售企业的性质与资源特征入手，将零售企业放在特定的历史环境与产业环境中来分析其国际化经营行为。

以上分析又告诉我们，零售企业国际化行为与东道国零售产业安全相关，需要具备以下两个条件：一是东道国零售市场对外开放，即允许外资零售企业以商业存在方式进入东道国；二是外资零售企业比本土零售企业更具竞争优势，即在一国开放的环境下，本土企业与外资企业相比实力悬殊。而这正是我国对外开放以来零售市场竞争格局的现实写照。在我国零售市场对外试点开放之时，毋庸多说，我国零售业由于长期受计划经济的束缚，不仅与西方发达国家的零售业相比差距甚大，就是和我国改革开放之后的大工业相比其发展水平也显得十分滞后。近20年后的今天，我国零售业与西方发达国家零售业相比依然偏弱。因此，若缺乏恰当的零售市场规制制度安排，我国零售市场的恶性竞争将不可避免。而在这种恶性竞争中，本土零售企业将会节节败退，零售产业安全风险将一定会出现。

因此，本书研究将在以下前提假设下进行：

（1）企业性质与资源特征决定企业的行为特征；

（2）企业内在成长是外部扩张的基础；

（3）东道国（我国）零售市场对外开放；

（4）外资零售企业较本土零售企业更具竞争优势。

二　研究方法与技术路线

（一）研究方法

1. 规范分析与实证分析相结合的研究方法

正如上所言，由于在理论上尚未见到有关零售企业国际化机理的系统研究，更未见将零售企业国际化影响与零售产业安全问题统一于一个框架下的相关研究，因此，本书需要基于零售企业性质与资源特征，首先，运用规范分析方法研究零售企业国际化经营的动因、国际化经营边界、规模经济性来源、国际化经营模式等，并在此基础上进一步研究零售企业国际化影响的演进过程及其内在机理。其次，需要运用实证分析方法对上述规范分析的相关结论及其机理进行实证检验。具体包括：零售企业国际化对我国产业集聚影响的实证；零售企业国际化对我国零售业竞争力影响的实证；零售企业国际化对我国零售市场绩效影响的实证；以及零售企业国际化影响下我国零售产业安全评估指标的设计等。

2. 定性与定量相结合的分析方法

定性分析与定量分析相结合既反映了事物本质属性的客观要求，也是经济学发展的必然要求。本书在研究假设的提出、分析和论证过程中，广泛使用了定性分析与定量分析相结合的研究方法，以期对零售企业国际化经营行为以及国际化下零售产业安全问题形成全面而深入的认知。

3. 经典案例研究方法

由于本书基于微观视角来研究零售产业安全问题的形成机理，企业行为研究将是基础。因此，对企业行为的研究将采用管理学上的案例研究方法，通过经典案例的剖析以例证有关理论假设与构思。

（二）技术路线

本书研究的技术路线如下：首先，基于零售企业性质与资源特征视角，系统而深入地研究零售企业国际化经营的动因、条件与制约因素及其海外市场进入模式等，揭示其内在规律和发展趋势；其次，对零售企业国际化影响与东道国零售产业安全相关性进行规范分析，并提出零售产业安全问题研究假设；再次，以国际化下我国零售产业安全为例实证检验前述假设；最后，对我国零售产业安全状况以及零售市场规制政策进行评价与反思，并归纳得出本书研究的主要结论以及对策性建议。

上述四方面是一个环环相扣的逻辑推理过程，反映了零售企业国际化行为及其影响与我国零售产业安全相关性的内在逻辑演进关系，即是什么（零售企业国际化经营行为）→为什么（相关性的微观基础：企业国际化行为）→怎么样（影响机理）→实际状况（实证分析）→研究结论与对策性建议。

三　本书的框架和内容

全书内容包括两大部分：零售企业国际化经营；我国零售产业安全问题。共分 14 章来完成，具体各章安排如下：

第一章，绪论。主要介绍本书的研究背景、研究意义、研究思路与研究框架，同时对本书中所涉及的重要概念进行界定。

第二章，相关文献综述。分别对企业国际化、零售企业国际化、零售企业国际化影响、零售产业安全及其评价与预警等方面的相关文献进行介绍与分析。

第三章，零售企业国际化经营环境。主要从以下两个层面展开分析：历史环境（国际环境的变化）、产业环境（国际范围内零售企业的市场环境）。通过分析，揭示出历史环境与产业环境的变化和特征对零售企业国际化经营所形成的客观要求与压力。

第四章，零售企业国际化经营动因。分析零售企业所有权特定优势及其核心内容的形成机理，说明商业零售企业自我成长是其外部扩张的依据，通过自我成长而形成的企业品牌与统一经营模式构成其所有权特定优势的核心内容，而品牌与统一经营模式所具有的特殊属性决定了其具有无限扩张的内在可能性。

第五章，零售企业国际化经营边界。重点分析了两个制约条件：企业扩张支撑力与本土化压力，从而说明商业零售企业拥有的所有权特定优势仅仅是扩张的必要条件而非充分条件。企业要成功地进行一体化扩张，还必须具备供应链的管理能力，以及根据消费者需求及其条件变化而不断进行业态适应性调整的能力，即零售业态不断创新的能力。这是决定商业零售企业横向一体化经营边界的两个关键制约因素。

第六章，零售企业国际化市场进入模式。基于零售企业性质与所有权特定优势的特殊性，分析其在海外市场进入模式选择方面的特殊性及其特征，并构建了零售企业海外市场进入模式决策的一般分析模型。

第七章，零售企业国际化市场进入模式例证。运用两个典型案例进行了经验实证分析：例证 1，跨国零售企业在我国市场进入模式及其发展演变情况；例证 2，日本和美国 7 – ELEVEN 相向市场进入模式的比较。

第八章，综合案例分析：沃尔玛的国际化经营。对世界零售业巨头沃尔玛的成长及其国际化经营进行了全面的剖析。在分析其自我成长的基础上，分别就其国际化动因、国际化条件和国际化市场进入模式进行了深入的剖析，从而从实践上佐证了前述几章的理论分析结论。

第九章，零售企业国际化影响与产业安全的相关性。从零售产业安全风险发生的微观基础——零售企业国际化行为分析入手，揭示零售企业国际化影响与零售产业安全间相关性的内在机理，并据以勾勒了零售企业国际化行为影响与我国零售产业安全相关性分析的一般理论框架，为进一步实证分析提出研究假设。

第十章，零售企业国际化影响与产业集聚及绩效。分别对零售企业国际化影响与我国零售产业安全相关性的两方面进行了实证与评估：一是零售企业国际化影响与我国零售产业集聚的相关性，以验证前述有关零售企业国际化对东道国零售产业集聚影响的理论分析与假设，并揭示其影响的主要路径与发展趋势；二是零售企业国际化影响与我国零售业市场绩效的相关性，以验证前述有关零售企业国际化对我国零售业市场绩效影响的理论分析与假设，并揭示其影响的具体路径与发展趋势。

第十一章，零售企业国际化影响与零售业竞争力。主要对外资零售企业进入下我国零售业竞争力变化趋势及其变化的主要路径进行了实证分析，并就研究结论的政策性隐含提出了相应的对策性建议。

第十二章，零售企业国际化影响与产业安全关系实证。首先，基于跨国零售企业对外直接投资行为视角对零售产业安全评估进行指标分析；其次，分别运用加权平均模型与模糊综合评价模型对我国零售产业安全状况进行评估；最后，得出在跨国零售企业国际化影响下我国零售产业安全状况以及发展趋势的基本评价。

第十三章，我国零售产业保护政策及其国际比较。从零售业保护视角来探寻我国及西方主要国家的零售产业保护问题。首先，对我国零售市场对外试点开放以来的零售市场规制政策沿革进行总结与回顾，从中探寻其成功的经验；其次，对西方主要发达国家零售市场规制的一般做法进行总结与分析，从中找出市场经济下零售市场规制的一般规律；最后，在中西比较分析中给出我国未来零售市场规制设计的主要依据与基本思路。

第十四章，结语。提出了本书的主要研究结论、对今后的研究展望以及有待进一步研究的问题。

第二章
相关文献综述

国际化下零售产业安全问题研究，必然涉及四个层次的相关研究：一是关于企业一般的国际化行为的相关研究；二是零售企业国际化行为的相关研究；三是零售企业国际化影响的相关研究；四是产业安全及零售产业安全问题的相关研究。以下即从上述四方面对相关研究进行综述与评析。

第一节　企业国际化行为决定的相关研究

企业国际化经营，不是一个孤立的现象，假如从系统的角度来看，企业是社会大系统中的一个组成要素。小到一国范围，大到国际范围，一个企业之所以能够进行国际化经营，总是企业内在需要与外部环境相互作用的结果。用公式表示则是：

$$B = f(P, E)$$

B 表示企业行为，P 为企业，E 为环境，f 是函数。这就是说，企业国际化经营行为是企业与环境的函数。假如用物理学中“场”的概念来加以描述，即企业国际化经营行为是企业内部力场与企业外部力场相互作用的结果。当企业需要得到满足时，会产生内部力场的张力，而周围环境则起着导火线的作用。企业的行为动向取决于内部力场与情境力场（环境因素）的相互作用，即取决于特定时间内“场”的情景，当然决定性的因素还是企业内部的张力。下面就按照这一思路来重新解读迄今为止的企业国际化理论：一是内部力场所引致的企业国际化行为理论；二是情境力场所引致的企业国际化行为理论。

一　由内部力场引致的企业国际化行为理论

最早从企业自身因素来解释企业国际化经营行为的理论，当属垄断优势理论。它是由斯蒂芬·海默（Stephen H. Hymer）首先提出的。海默于20世纪60年代在他的博士论文《民族企业的国际经营：关于对外直接投资的研究》中对“国际投资的原因在于各国利率的差异”的传统理论提出了质疑并加以批判。他认为，传统的国际资本移动理论能够说明的是证券资本的国际移动，而不能解释发达国家之间相向直接投资的现象。那么，为什么传统的国际资本移动理论难以解释大批美国公司在海外投资建厂呢？是因为，首先，传统的国际资本流动理论（利息理论）最重要的缺陷就是没能把“控制”这个概念弄明白。他认为必须将对外投资分为对外直接投资和对外间接投资。直接投资强调拥有对管理的控制权，而间接投资不强调拥有管理控制权。传统的国际资本流动理论假定产品和生产要素市场是完全竞争的，而海默主张理论建立在不完全竞争市场的基础上。他认为，由于一国和国际市场的不完全竞争性，才有可能使跨国企业在国内获得垄断优势，并通过在海外投资生产而将其加以利用。海默正是基于以上的理论反思，研究了美国企业对外直接投资的工业部门构成，发现直接投资与垄断的工业部门结构有关。美国企业对海外进行直接投资的主要动因是为了充分利用自己的“独占性生产要素”，即所谓的垄断优势。因此，他认为，愿意且能够从事对外直接投资并由此获利的企业，必须具有一种或若干种当地厂商所缺乏的独特优势，它们足以抵消由于文化、法律、制度和语言差异引起的误解造成的成本。关于为什么跨国公司对外直接投资要强调拥有对所投资企业的管理控制权，海默认为，是由于技术等资产不能像其他商品那样通过销售获得全部收益，而直接投资可以保证企业对国外经营及技术运用的控制，因此，可以获得资产的全部收益。同时，海默还认为，垄断优势理论既可以解释发达国家企业在国外的横向一体化经营行为，还可以解释其在国外的纵向一体化经营行为。

继海默之后，西方许多学者对垄断优势理论进行了补充和发展。其导师金德尔伯格（C. P. Kindlerberg，1975）认为，一般来说，国际直接投资企业不如本地企业所处的环境有利，在经营过程中会遇到很多麻烦，因而跨国公司唯有凭借胜过当地企业的强有力的垄断优势，才能成功地进行国际经营活动。约翰逊（H. G. Jonson）则认为，进行国际直接投资的企业所具有的垄断优势，主要是对知识资本的拥有和使用。知识资本的生产过程即研究与开发过程其成本是相当高的，但通过直接投资使用这些知识资本的成本却相当低，有时甚至接近于零。其原因在于企业为了创造这些知识资本支付了很多的研究与开发费用，而子公司利用母公司的知识资产就不必花费很多资金，当地企业要想得到同样的知识资本却要付出全部成本。因此，跨国公司具有当地企业所无法比拟的垄断优势。凯夫斯（Caves）指出，产品差异性是诸多垄断优势的核心。跨国公司能根据不同层次、不同地区的消费者不同的偏好，设计并生产适合不同消费者的产品，并能运用强有力的促销手段说服消费者购买其产品，这正是跨国公司进行直接投资的真正优势所在。

二　由情境力场引致的企业国际化行为理论

（一）区位理论

1953 年，索思阿德（F. Southard）提出区位理论，用以研究国内资源的区域配置问题。后来，沃尔特·艾萨德（Walter Isard）等人用此理论来解释对外直接投资现象。区位理论认为，市场不完全性不仅存在于一国市场内，同样存在于国际市场。国际市场的不完全性会导致各国之间的市场差异，即在生产要素价格、市场规模、市场资源供给等方面存在着差异。如果国外市场的这些差异为准备投资的一国企业带来了有利条件，企业就会对外直接投资。

费舍林（FiSherian Johnso，1986）认为，资产一词指能够形成未来收益流入的资源。它们不仅包括有形资产，如自然界赋予的物质、人力及资金；还包括无形资产或其他一些能力，如管理与营销的技术和信息，以及创业技巧、组织系统对中间和最终产品市场的介入等。这些资产可能是某个特殊地方所特有的，却对所有公司都有用。或者说，资产不仅包括李嘉图类型的自然资源，同时也包括它们所形成的文化的、法律的、政治与团体的环境，以及市场结构、政府法律和政策（John Dunning，1991）。所以，所有权优势也存在于东道国，东道国的所有权优势的存在是引致跨国公司直接投资的重要因素。

（二）寡占市场的反应理论

对于发达国家之间的相向或交叉直接投资来说，寡占市场反应理论试图从竞争对手之间的博弈或外部竞争行为刺激来予以解释。

海默认为，发达国家之间的相向投资只是国内寡占竞争行为在国际范围内的延伸，因而必须用寡占市场反应行为来加以解释。海默所说的寡占市场反应行为，是指各国寡占企业通过在竞争对手的领土上建地盘来加强自己在国际竞争中的地位的行为。实际上，海默对跨国公司寡占反应行为的解释还只是作为垄断优势理论的补充，在寡占反应理论上作出较为系统阐述的是英国学者尼克博克（Frederick T. Knickerbocker）。

尼克博克沿着与海默不同的思路，对美国跨国公司对外直接投资提出了新的解释。尼克博克将对外直接投资区分为“进攻性投资”与“防御性投资”。在国外市场建立第一家子公司的寡头公司的投资是进攻性投资，同一行业其他寡头成员追随率先公司也建立子公司的投资是防御性投资。尼克博克（Frederick T. Knickerbocker，1973）认为，决定这两类投资的因素是各不相同的，进攻性投资的动因可由 R. Vernon 的产品寿命周期理论解释，而防御性投资则是由寡占反应行为所决定的。尼克博克的重点是研究防御性投资。决定防御性投资行为的寡占反应，目的在于抵消竞争对手首先采取行动所得到的好处，避免对方的行动给自己带来风险，保持彼此之间的力量均衡。当国内同一寡占行业的竞争对手抢先在某国外市场进行直接投资时，其他寡头企业就会面临很大的风险：这些企业在该地的出口地位与市场份额将会降低，公司收益将减少；更重要的是，竞争对手在国外经营中可能获得新的竞争优势与能力，从而可能使其他企业在国内与国外的经营都处于不利地位。为了使风险减少到最低，寡头企业的最优战略是紧随竞争对手，在对方已进入的市场上建立自己的子公司，恢复与竞争对手的竞争均衡。尼克博克认为，这种寡占反应行为解释了美国某些寡占行业中几家公司在一个很短的时期内集中对某个国家进行直接投资，纷纷建立了公司的原因。西欧对美国的直接投资也有类似情况发生。

三 由内外部力场相互作用引致的企业国际化行为理论

对于企业的国际化经营行为，单纯从企业的自身因素或单纯从企业外部的刺激因素来解释，都显得不够充分。所以，学者们试图从内外部因素结合的角度来解释企业的国际化经营行为。其主要理论观点有：产品寿命周期理论、内部化理论以及国际生产折中理论。

（一）产品寿命周期理论

美国哈佛大学教授 R. Vernon（1966）从技术创新入手，分析国际贸易、对外直接投资与产品寿命周期的关系。事实上，产品寿命周期理论“是将垄断因素与区位因素结合起来的动态分析”（徐二明，1995），试图以此证明企业进行直接投资的动因。因为，一般来说，投资国具有某些特定的优势如技术、管理、资金、信息等，而东道国具有区位上的优势如资源、劳动力、运输等，直接投资企业必须把这两者结合起来，才能克服在国外生产所产生的附加成本和风险。尤其是在产品寿命周期的不同阶段，企业的某些特定优势也在发生变化，因而与此相应的东道国具有的区位优势对企业的意义也在发生变化。因此，在产品发展的不同阶段，企业应采取不同的投资战略，以使企业的某种特定优势与东道国的区位优势相匹配，从而确保企业的持续竞争优势。

（二）内部化理论

Peter J. Buckley 和 Mark C. Casson（1976）发掘了罗纳斯·科斯在 1937 年对企业的起源和均衡规模提出的内部化理论。所谓内部化，是指把市场建立在公司内部的过程，以内部市场取代原来的外部市场，公司内部的转移价格起着润滑内部市场的作用，使之像外部市场一样有效地发挥作用。他们利用内部化理论在对 20 世纪 70 年代中期所出现的跨国公司内部贸易增长的现象进行深入细致的研究之后，提出了一种解释国际直接投资动机决定因素的理论。该理论认为世界市场是不完全竞争的市场，跨国公司为了其自身的利益，为克服外部市场的某些失效，以及某些产品（知识产品）的特殊性质或垄断势力的存在，导致企业市场交易成本的增加，而通过国际直接投资，将本应在外部市场交易的业务转变为在公司所属企业之间进行，并形成一个内部市场。通过外部市场内部化，降低交易成本和交易风险。

内部化理论认为，由于市场机制的内在缺陷，从而使中间产品（特别是知识产品）的性质与市场机制之间产生矛盾，内部化的目标就是要消除外部市场的不完全竞争。该理论认为，不完全竞争并非由规模经济、寡头行为、贸易保护主义和政府干预所致，而是由于某些市场失效，导致企业市场交易成本增加。市场失效是指由于市场的不完全，使企业在让渡自己的中间产品时无法保障自身的利益，也不能通过市场来合理配置其资源，以保证企业利润的最大化。所谓中间产品，不仅包括半加工的原材料和零部件，更重要的是指专利、专用技术、商标、商誉、管理技能和市场信息等知识产品。企业将市场内部化的实现过程，从理论上说，只要内部化成本小于市场交易成本即可，但实际上，这两者又各自受着众多因素的制约与影响。该理论对此也进行了深入的分析。

首先，市场交易成本取决于四组因素之间的相互关系，即：①产业特定因素，包括产品的特性、产品外部市场的竞争结构和规模经济等；②区域因素，指有关区域内的地理和社会特点，如地理距离、文化社会差异等；③国别因素，指有关国家的政治环境、经济制度等；④企业因素，指不同企业组织内部交易的能力和内部化后所增加的管理成本等。

其次，由于市场内部化过程将一个完整的外部市场分割成若干独立的内部市场，在带来收益的同时必然会造成额外成本。内部化的成本主要包括：①管理成本：内部化后，企业必须形成其内部提高效率的机制，还必须在监督管理方面投入必要的人力和物力；②国际风险成本：内部化后，势必形成对外国市场的垄断和对当地企业的控制，这些都可能引起东道国政府的干预，甚至采取敌视政策、规定股权份额以至国有化等；③控制成本：生产地点分散以及语言、社会经济环境的差异，会大大增加信息传播与沟通的费用，同时为了防止企业内部联络中的商业秘密泄露，往往要求内部化后的每个企业都必须建立各自独立的信息系统，从而也将大大增加内部企业之间沟通与控制的费用；④规模经济损失成本：内部化后，内部市场将对企业的经济规模起着一定的限制作用，企业会被迫在较低的规模水平上经营，从而失去一部分规模经济的效应。

综上，内部化理论在重点分析了产业特定因素和企业因素的基础上，得出结论：当一个产业的产品需要多阶段生产过程时，若中间产品的供需通过外部市场来进行时，供需双方关系既不稳定，也难以协调，因此，通过内部市场来稳定和调节中间产品的供需就显得尤其重要。而企业组织管理能力也是一个极为重要的因素。这是因为，市场交易内部化不可避免地会产生成本，因此，只有具备先进的管理技术和组织能力的企业，才能使交易内部化的成本低于外部市场交易的成本，内部化才有利可图。

（三）国际生产折中理论

邓宁（John Dunning，1976），英国里丁大学教授，他运用综合的方法对他之前的各种主要跨国公司理论进行了比较和概括，首次提出了“综合理论学说”。他认为在研究跨国公司国际生产活动中，应当吸收区位理论，并融入俄林的要素禀赋论和巴克列（P. J. Buckley）、卡森（M. Casson）的内部化理论，形成国际生产综合理论或国际生产折中理论。其后，他又多次发表论文，系统阐述“综合主义”理论，并将其动态化，从而形成了目前对跨国公司和对外直接投资影响最大的理论框架。

国际生产折中理论是由三个核心优势理论组成的。

1. 所有权优势

所有权优势，是指一国企业拥有或者能够获得的，其他企业所没有或无法获得的资产及其所有权。邓宁认为，跨国公司所拥有的所有权优势主要包括两类：第一类是通过出口贸易、技术转让和对外直接投资等方式均能给企业带来收益的所有权优势，这类优势几乎包括企业所拥有的种种优势，如产品、技术、商标、组织管理技能等；第二类是只有通过对外直接投资才能获得的所有权优势，这种所有权优势无法通过出口贸易、技术转让的方式给企业带来收益，只有将其在企业内部使用，才能给企业带来收益，如交易和运输成本的降低、产品和市场的多样化、产品生产加工的统一调配、对销售市场和原料来源的垄断等。进一步说，这些所有权优势又可分为以下四类：技术优势、企业规模的优势、组织管理优势、金融和货币优势。后来，邓宁又对所有权优势的分类与内涵进行了深入研究。在《对外经济介入的非股权形式与国际生产理论》（1982）一文中，他将以上各种所有权优势分为两类：可通过市场转让的优势、不可通过市场转让的优势；在《国际生产的结构变化：最后100年》一文中，他又提出了“无形资产独占权优势”、“企业交易成本最低化优势”。但邓宁提出，企业拥有所有权优势只是它们能够对外直接投资的必要条件，而非充分条件，因为它们只能解释为何跨国公司能够积极地进行国际直接投资。

2. 内部化优势

内部化优势，是指企业在内部运用自己的所有权特定优势，以节约或消除交易成本的能力，即企业为避免不完全市场带来的影响而把企业的优势保持在企业内部的能力。跨国公司将其所有权优势加以内部化的动机，在于避免外部市场的不完全对企业产生的不利影响，实现资源的最优配置，并且继续保持和充分利用其所有权优势的垄断地位。邓宁认为，市场的不完全性包括两个方面：一是结构性的不完全，这主要是由于对竞争的限制所引起的，在这种情况下，交易成本很高，相互依赖的经济活动的共同利益不能实现；二是认识的不完全，这主要是由于产品或劳务的市场信息难以获得，或者要花很大代价才能获取这些信息。因而，企业通过内部化某种特殊资产，在一个共同所有的企业内部实现供给与需求的交换关系，通过企业自己的行政手段来配置资源，才可能使企业的所有权优势发挥最大的效用。

3. 区位特定优势

区位特定优势，是指那些对任何规模、任何国籍的厂商都适用，只与特定地区有关而且必须在这些地区才可加以利用的因素。这是某一国或地区能为在其境内从事生产活动的公司提供的便利条件，也是东道国具有的、企业无法自行支配而只能利用的优势。这种区位优势包括直接区位优势和间接区位优势。直接区位优势，是东道国的某些有利因素所形成的区位优势；间接区位优势，是由于母国某些不利因素所形成的相对区位优势。邓宁认为，区位优势不仅决定一国企业是否进行对外直接投资，还决定其对外直接投资的类型和部门结构。

根据邓宁的分析，企业如果要对外直接投资，必须同时具备三个优势。如果企业具备某种所有权特定优势，且能将这一优势在企业内部有效地加以利用，但缺乏有利的海外投资地点，那么企业只能选择向海外市场出口形式；而如果企业只具备某种所有权特定优势，并不具备内部化特定优势，则只能选择技术转让（如许可贸易）形式。

（四）折中理论的动态发展——投资发展周期论

投资发展阶段理论是邓宁（John Dunning，1981）在其三优势模型的基础上提出的，这一理论从企业优势的微观基础出发进行宏观分析，对国际投资的动因作出了新的解释，即国际投资的流入和流出与特定国家的经济发展水平（即人均国民生产总值）密切相关。该理论的主要贡献在于提出了对外直接投资的动态性，并从宏观上构建了一国对外直接投资的演进模型。

1981 年，邓宁根据国际生产折中理论对国际投资在不同国家可能发生的情况进行了分析。他研究了 67 个国家在 1967 ~ 1978 年间直接投资流量与人均国民生产总值的联系，并将这些国家划分为四组，相应提出了投资发展周期四个阶段的理论。

第一阶段。指人均国民收入在 400 美元以下国家的直接投资所在阶段。因为处在最贫穷的状态，这些国家只有极小规模的外资进入，对外直接投资流出几乎没有，其净对外直接投资为负值。一方面，因为国内市场狭小，工业、商业、法律、运输和通信等基础设施非常薄弱，尚未形成足够的区位优势来大量吸引外国直接投资；另一方面，由于本国经济落后，技术力量薄弱，也尚未形成足够的所有权特定优势和内部化优势，即使有一些，也只能通过出口贸易的方式加以利用，没有足够的能力从事对外直接投资。

第二阶段。指人均国民收入在400～2500美元的大多数发展中国家直接投资所处的状态。这些国家一般引进外资的规模不断扩大，但对外直接投资额仍较小，净对外直接投资仍为负值。在这一阶段，由于实施进口替代的政策，基础设施有所改善，国内市场得到了一定的扩大，投资环境得到了一定的改善，形成了较强的区位优势，对外资的吸引力增大，外国直接投资大量流入。这一阶段的外资主要集中于替代行业、资源开发行业和劳动密集型行业。但由于生产要素市场不完善，极大地影响了外国直接投资的流入；同时，因为经济实力和技术水平仍然有限，尚不具备较强的所有权特定优势，所以，还不足以克服直接在国外从事生产经营的各种障碍，对外直接投资额通常仍然保持在一个较低的水平。

第三阶段。这是人均国民收入在2500～4000美元的新兴工业化国家、地区的直接投资发展状态。由于已经形成了较强的所有权特定优势和内部化能力，对外直接投资大幅度上升，其发展速度可能超过引进国外直接投资的发展速度，但净对外直接投资仍为负值。

第四阶段。这是指人均国民收入在4000美元以上的发达国家所处的直接投资流出与流入状态。这些国家拥有强大的所有权特定优势和内部化优势，也善于发现和利用国外的区位优势，所以，这些国家的对外直接投资的增长速度高于引进国外直接投资的增长速度，净对外直接投资额为正值。

在上述分析的基础上，邓宁进一步用国际生产折中理论对对外直接投资的发展阶段作了解释，详见表2－1。

表2－1　直接投资流出流入与经济发展阶段

发展阶段	投资流入	投资流出
第一阶段	外国所有权优势显著 外国内部化优势显著 本国区位劣势	本国所有权劣势 本国内部化优势不适应 外国区位优势不适应

续表

发展阶段	投资流入	投资流出
第二阶段	外国所有权优势显著 外国内部化优势可能下降 本国区位优势上升	本国所有权优势较少 本国内部化劣势和专业化程度低 外国区位优势开始出现
第三阶段	外国所有权优势下降和更专业化 外国内部化优势可能上升 本国区位优势下降	本国所有权优势上升 本国内部化优势仍受限制 外国区位优势上升
第四阶段	外国所有权优势下降和更专业化	本国所有权优势上升

资料来源：J. H. Dunning, *International Production and the Multinational Enterprise*, George Allen and Vnwin LTD., 1981, p. 117。

通过上述动态的分析，根据邓宁的国际生产折中理论，可以由此得出一些新结论：

（1）一国的所有权优势和区位优势与引进国外直接投资呈正相关关系，与对外直接投资呈负相关关系。

（2）内部化优势既可以促进对外直接投资，也可以促进引起外国直接投资，这里主要取决于投资国和东道国市场的不完全程度。

（3）一国的经济发展水平决定了所有权优势、内部化优势和区位优势的强弱，而这三个优势的均衡决定了一国的净国际直接投资地位。

（五）根据邓宁的投资发展阶段理论对中国的实证研究

我国学者邹昭晞（2004）对中国改革开放以来资本流出流入的情况作了研究，他认为，就我国情况而言，1994 年以来，中国一直是世界第二大投资东道国，外国直接投资大规模进入中国，正成为中国向海外投资的必要条件之一。中国内向投资与外向投资的关联性是十分显著的。如表 2－2 所示。

表 2－2　中国的内向 FDI 和外向 FDI

单位：十亿美元

年　份	1982	1983	1984	1985	1986	1987	1988	1989	1990
资本流入（A）	0.4	0.6	1.3	1.6	1.9	2.3	3.2	3.4	3.5
资本流出（B）	0.04	0.09	0.14	0.63	0.45	0.65	0.85	0.78	0.85
（A）－（B）	0.36	0.51	1.16	0.97	1.45	1.65	2.35	2.62	2.65

续表

年 份	1991	1992	1993	1994	1995	1996	1997	1998	1999	2000
资本流入（A）	4.4	11.2	27.5	33.7	37.5	41.7	45.3	45.5	40.3	40.7
资本流出（B）	0.91	4	4.4	2	1.9	2.1	2.6	2.6	1.8	0.9
（A）－（B）	3.49	7.2	23.1	31.7	35.6	39.6	42.7	42.9	38.5	39.8

说明："A"代表资本流入，"B"代表资本流出，"A－B"即净资本流入。

资料来源：邹昭晞编著《跨国公司战略管理》，首都经济贸易大学出版社，2004，第16～17页。

根据邓宁的"投资发展阶段理论"，中国处于投资发展的第二阶段，人均国民收入在400～2500美元，外来直接投资显著扩大。中国随着人民收入水平的提高、基础设施的改进，经济迅速发展，大大提高了对外资的吸引力。而且，中国也表现出明显的区位优势。同时，20世纪80年代中期以后，中国向海外直接投资也显著增加。

第二节 企业国际化市场进入的相关研究

企业国际化市场进入问题，具体包括进入方式、进入时机、进入模式与进入发展阶段等多层面的问题，本题主要涉及市场进入阶段与进入模式等的相关研究。

一 企业国际化市场进入阶段研究

企业国际化市场进入模式，是指跨国公司经营方式的安排，该安排使跨国企业的产品、技术、人员技能、管理和其他资源进入目标国成为可能。不同企业的发展水平不同，其采取的国际化市场进入模式也不同。因此，关于这个问题，大多数学者是从企业国际化经营发展阶段的角度进行研究的。

（一）企业国际化市场进入的阶段划分

这方面有代表性的学者与观点包括以下几种：

1. 罗宾逊的六阶段论

美国经济学家理查德·罗宾逊在20世纪80年代中期提出了国际化经营

的六阶段论。他认为企业国际化经营一般要经过六个阶段：①起始阶段，指原先经营范围仅限于国内的企业，开始小规模的产品出口，以换取国外原材料，从而企业开始涉足国际市场；②出口阶段，指企业出口规模逐步扩大，并逐渐成为企业经营范围的一部分；③国际经营阶段，指其出口规模进一步扩大，国外市场已经成为企业经营范围不可或缺的一部分，并开始以参股形式在国外创建子公司；④多国阶段，指企业在多个国家建立子公司，开始形成跨国性的企业集团；⑤跨国经营阶段，指企业开始从全球战略的角度进行调整，通过加强统一管理，使母子公司关系从松散型向紧密型过渡；⑥超国际阶段，指企业将全球战略贯穿于整个经营过程，具备国籍日益淡化、经营日益全球化的特征。

2. 泊尔穆特四阶段论

美国学者泊尔穆特在罗宾逊理论的基础上，从跨国公司直接投资与东道国社会文化背景的适应过程以及母子公司之间的权限划分上，提出了四阶段论。具体包括：①国内指向阶段，即在国外建立子公司是企业国际化经营的第一阶段；②当地化阶段，随着子公司的发展，由于与东道国社会文化背景的差异而导致经营困难，此时要进入第二阶段，子公司积极使用当地人员进行管理，子公司的自主权增加；③区域指向阶段，此时子公司过多，管理容易失去控制，因而母公司为统一管理，成立区域性管理单位，减少子公司的权限；④全球指向阶段，随着国际分工的不断深化，子公司之间的相互依存度增大，跨国公司开始推行一体化战略。

3. 安索夫三阶段论

美国学者安索夫从企业国际化经营由低到高渐进发展的不同形态，提出了企业国际化经营的三阶段论。具体包括：①出口阶段，企业参与国际化经营的第一步是通过国外代理商在当地市场销售自己的商品；②国际阶段，企业采取直接投资方式，在当地设厂，就地生产、就地销售，以绕过壁垒；③跨国经营阶段，企业国际化经营的范围日益扩大，寻求子公司之间的经营资源的合理配置，将整个公司纳入全球一体化的经营战略中。

（二）企业国际化市场进入阶段研究的主要结论

归纳学者们关于国际化经营阶段理论的不同观点，在以下问题上基本达成了共识。

1. 企业国际化经营的阶段性

即凡是跨国公司，都应当有全球战略目标与动机，公司按照全球目标公平处置世界各地所出现的机遇、挑战，公司的经营活动一般由一国走向多国，直至全球化（J. O. Thompson，1967）。

2. 企业国际化市场进入模式

关于企业海外市场进入模式，大多数学者认为，按跨国企业对市场进入模式的控制程度不同区分，一般包括四大类：出口、许可证贸易、对外证券投资、对外直接投资。对外直接投资模式还可进一步分为两种形式：全股子公司与合资两种形式。合资方式按照双方股权比例的多少来划分，又可进一步划分为多数股权（股权在50%以上）、少数股权（股权在50%以下）。因此，如果将对外证券投资也视为企业对外直接投资类，则企业海外市场进入模式可分为以下五种：出口、许可证贸易、独资、合资（股权低于50%）、合资（股权高于50%）。

3. 企业国际化的基本类型

从企业经营的全过程来看，至少经历了三个阶段：民族中心、多元中心以及全球中心。也就是说，企业由国际贸易转向国际生产，由世界市场转向世界工厂，从最初只在母国投资，实行“单一民族中心战略”开始，到一体化国际生产体系的形成，其从产生到成熟有一个演进过程，并呈现为以下三种基本类型：

（1）独立存在。即越过贸易壁垒到东道国设厂就地生产销售，东道国的工厂形同母国工厂的复制品，各自独立经营，在经营过程的各个环节上，国内外企业并无直接联系，也就是说，国内外经营活动没有在同一条价值链上形成统一的有机体。故称为独立存在战略（stand alone strategy），又称为多国战略。这类子公司在服务范围和内容上具有相对独立性，与母公司或其他子公司很少存在分工与协作，也很少考虑母公司的整体利益。母公司对子公司的控制主要通过所有权的联系进行，控制信息是在等级体系中纵向流动的。

（2）简单一体化。即国内外企业只是在某些经营环节上发生联系，还未建立所有环节的全面联系。其主要是通过商品和劳务的贸易以及国际资本的流动实现的。这种简单一体化战略（Simple Integration strategies），又被称为国外来源战略。在这一阶段，在国外设立子公司的目的不再是仅仅满足当地需求，更多地是为了寻求外部资源，将东道国的区位优势转化为跨国公司的经营优势；“当地生产”由此演变为“国际生产”。在简单一体化生产体系中，母公司与各子公司及分包企业之间通常需要高度的协调。通过所有权或非股权参与，借助分包等手段，母公司几乎控制着一体化生产中的所有职能。子公司只有被纳入跨国公司的统一体系，并实行职能专业化才能得以生存。相对于母公司而言，子公司的独立性很小，但各子公司之间却保持相互独立。

（3）复合一体化。即国内外企业在经营环节的各个方面建立全面的联系。母公司着眼于全球市场，围绕总体目标，将子公司的业务作为其整体价值链的有机组成部分，以期在全球范围内实现价值链各环节的最佳配置。随着跨国公司总部小型化和管理职能的分散化，一些跨国公司甚至专门成立职能不同的总部，对一体化体系中的一揽子经营资源进行跨国界配置、协调和管理。与此同时，子公司在全球范围内实行职能分工和专业化，不再有独立性，只是作为跨国公司整体这部“大机器”上的一颗“螺丝钉”。复合一体化是跨国公司一体化发展的成熟与完善形式，在这个阶段，充分发展了跨国公司的运作方法，尤其是随着技术进步和国际分工的发展，传统的公司间分工相当大的一部分转化为公司内部分工，即跨国企业内部一体化经营。同时，跨国企业还可以选择介于企业与其他企业建立以契约为基础的合作关系，即跨国企业外部一体化经营，或公司之间的一体化。

公司内部一体化还可进一步分为三种形式：①纵向一体化，即同一价值链上的连续活动；②横向一体化，即不同价值链上的平行活动；③混合一体化，即多条价值链上的多种活动。一体化的三种基本类型的详细情况见表2－3。

表2－3　一体化的三种基本类型

一体化的类型	一体化的程度	一体化的内容	环境条件
独立子公司（多国国内）	较　弱	所有权，技术	东道国对外国直接投资的开放，贸易壁垒高，运输和通信成本高
简单一体化（寻求外源）	价值链某一些环节较强，另一些环节较弱	所有权、技术、市场、资金及其他投入	至少有双边开放的贸易和投资政策、非股权安排
复合一体化（区域核心网络）	整体价值链都具有强化一体化的潜在可能	所有职能	贸易和投资政策开放、交通和通信发达、偏好趋同、竞争加剧

资料来源：联合国跨国公司中心：《'93世界投资报告》，储祥银等译，对外贸易教育出版社，1994，第153页。

二　企业国际化的内部一体化行为研究

（一）纵向一体化的相关研究

关于企业纵向一体化行为成因的理论解释，其中最有说服力的理论有以下三种：技术衔接论、产业组织论和交易成本理论。

1. 技术衔接论

技术衔接论认为，如果生产过程中存在相互衔接的技术过程，则必须通过一体化来协调管理。这就是埃尔德曼—斯班格勒假说。该假说认为，当跨国公司遍及全球的子公司或附属机构之间存在上下游投入产出的纵向衔接时，供求的直接相关能够带来多厂商的纵向运营经济性（Economics of Vertical Operation）。与埃尔德曼—斯班格勒假说不同的是，汤普森则从另一个角度提出“核心技术”概念，用以说明生产过程中某些技术环节必须紧密连为一体的客观要求。①

2. 产业组织理论

产业组织理论则从双边垄断（寡头垄断的一种）、价格歧视和战略目标三个方面解释纵向一体化的成因。双边垄断是对纵向一体化最古老的解释，该理论认为，虽然在各垄断厂商之间实现最优产出，但双边垄断者之间的利润分割都是不确定的（麦克勒和泰伯，1960）。后来，弗农和格雷厄姆等提出了“有效率的要素比例”理论，并用有效率的要素比例与垄断力量结合起来的理论框架去评价纵向一体化。价格歧视是由“芝加哥学派”提出来的，其代表人物是斯蒂格勒（Stigler）。斯蒂格勒将生命周期理论和价格理论结合起来，认为从价格角度看，纵向一体化不仅可以避免对中间产品征税，而且还可以绕开配额限制和价格控制（斯蒂格勒，1968）。与此同时，纵向一体化也可能是由于产权界定的不完全导致的策略目的，这一观点首先是由阿尔弗雷德·马歇尔（Alfred Marshall）提出的。他认为纵向一体化可以迫使竞争对手增加成本。后来，贝恩（1968）认为，从制造到销售的前向一体化显然是要增强厂商的市场势力，而不是出于减少成本的目的。

---

① M. Pfaffermayr, “Foreign Direct Investment and Exports: A Time Series Approach”, *Applied Economics*, 1994 (26), pp. 237 - 351.

3. 交易成本的解释

科斯（Coase）和理查德森（Richardson）认为，经济组织所涉及的范围要比通常的厂商和市场二分问题所涉及的范围广泛得多。企业和市场是两种不同的可以互相替代的经济制度或经济组织。根据威廉姆森提出的交易过程三维假说，不同交易的差异性源于交易频率、不确定性和资产专用性。有限理性与机会主义的谋利倾向对交易方式选择的影响，要视交易过程的特点而定。当资产专用性很高时，关系或合约无助于阻止过高的交易成本，这时，纵向一体化是一种重要的交易协调方式；当中间产品市场运行中发生“交易失效”时，纵向一体化也将是最好的选择。

（二）横向一体化的相关研究

横向一体化，是指跨国公司各子公司之间执行相同或相似的职能，其中一方的产出不构成另一方的投入。横向一体化本质上是对原有生产能力的复制，这种复制在很大程度上是地区化的结果。

横向一体化可分为三种形式：①跨国公司各子公司之间在最终产品的生产上，采取差别化的生产方式，即在不同市场上安排不同产品的生产，以满足不同市场上的消费偏好；②跨国公司之间及其各子公司之间在零部件等中间产品生产中实行水平分工；③跨国公司在各工艺环节上实行水平分工。

横向一体化的标准体系，是指跨国公司在其所属的子公司或附属分支机构中，在研究与开发、生产过程、产品标准、市场营销以及售后支持等各相关环节推行统一的标准。在横向一体化过程中推行标准体系，可以在一次设计之后重复使用，从而达到节约成本的目的。

（三）混合一体化的相关研究

混合一体化，是指跨国公司“既不像在横向一体化中那样，在水平方向扩大其主要产品，也不像纵向一体化那样，在产供销方面进行扩张，而是在既不同但又相关的领域进行扩张”（Robinson，1958）。按照美国联邦贸易委员会的分类法，混合一体化可分为以下三类：一是产品扩展类，即跨国公司产品并不相同，但在生产和分配方面却紧密关联；二是市场扩展类，跨国公司产品虽然相同，但销售市场各不相同；三是其他类，这是一个“筐”，不属于一、二类的混合一体化都可往里装。

关于混合一体化的实施动机，根据潘罗斯（Penros，1959）和他人的研究，认为动机可归纳为以下几点：①获得范围经济效应；②作为对竞争威胁的反应；③可以分散风险，提高经营安全率；④作为一般的发展战略。在最后一问题，马里斯（Marris，1964）将潘罗斯的论述向前推进了一步，认为跨国公司中高级管理人员出于本人自利的目的存在着自发地追求公司扩张的本能。

三 企业国际化的外部一体化行为研究

企业国际化的外部一体化经营方式主要是国际战略联盟。国际战略联盟从 20 世纪 80 年代开始出现并得到很快发展。

所谓国际战略联盟，是指两个或两个以上的跨国企业为了达到共同的战略目标而采取的相互合作、风险共担、利益共享的联合行为。这种战略联盟是通过外部合伙关系来提高企业经营价值的。其目标主要是为获得先进技术、管理经验以及进入新市场和增强产品的竞争力。

国际战略联盟相对于企业国际化的内部一体化而言是一种企业外部行为，因此，它具有不同于一般法人企业也不同于一般经济组织的特征。它具有组织的松散性、合作与竞争共存、行为的战略性、地位的平等性、联合的协同性以及范围的广泛性等特征。由于国际战略联盟中的联合与合作是自发的、非强制的，这种合作安排的结果不是一方对他方的控制和支配，联盟各方仍旧保持着原有企业经营管理的独立性和完全自主的经营权。国际战略联盟的出现使得企业的传统界限不再那么泾渭分明了，标志着跨国企业之间的一体化进入了新的阶段（Buckley and Casson，1996）。

第三节 零售企业国际化及其影响的相关研究

一 零售企业国际化的相关研究

关于零售企业国际化，国内外学者的研究主要集中在以下三方面：零售企业国际化的动因、零售企业国际化的区位选择与零售企业国际化的市场进入方式。

（一）零售企业国际化动因

1. 国外相关研究

从国外学者的相关研究来看，由于对零售企业国际化动因的不同解释，在学者间形成了两大对立学派：一派学者认为，零售企业是主动积极的国际化；另一派学者则认为，零售企业是被迫式的国际化（Alexander，1995）。

所谓主动积极的国际化说，它是指在母国市场饱和以前，零售商有意识地发现新的市场机会而进行的海外扩张。持这种观点的主要代表人物有 William（1992）与 Alexander（1990）。Alexander（1990）、William（1992）、Quinn（1999）等学者主要通过对英国零售商海外扩张的实证研究对被迫式扩张学派提出了挑战。

所谓被迫式的国际化说，它主要是指当母国市场相当饱和，并且零售商在母国的发展空间机会越来越小的情况下，零售商被迫采取的海外扩张。因此，被迫式的国际化实际是母国市场发展空间有限的产物，或者说是母国市场严格管制与市场饱和的结果。如 Hollander（1970）、Kacker（1982）与 Treadgold（1988）等学者认为大多数零售商国际化的动机都属于被迫式扩张。

图 2－1 描述了上述两大学派的相对地位。

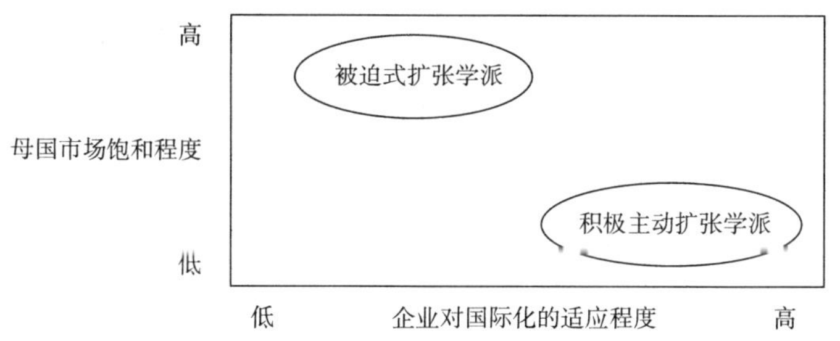

图 2－1 零售企业国际化动因的两个学派

Alexander（1995）认为这两大学派的观点完全可以综合，被迫式扩张学派主张的国际化动机属于推动因素，而积极扩张学派主张的国际化动机属于拉动因素，而在零售企业国际化实践中，推动因素与拉动因素往往会综合发生作用。这种推动、拉动因素的分类，为零售企业国际化动机的研究提供了很好的理论框架。

Alexander（1997）从政治、经济、社会、文化及零售结构等五个方面对推动因素与拉动因素进行了更深入的归纳说明（见表2－4）。此后，奎因（Quin B.，1999）对英国41个具有海外业务的零售企业国际化动因进行了实证研究，得出结论，零售企业进入海外市场，越来越多的是出于对成长的预期而进行的“积极进入”，而不是出于母国市场严厉规制的“被迫式进入”。或者换句话说就是，决定零售企业海外市场进入的拉动因素比推动因素更重要。

表2－4 Alexander对进入海外市场原因的整理

	推动原因	拉动原因
政治原因	政治不稳定；严格的规制环境；反商业振兴的政治气候；消费者金融的限制	政治稳定；宽松的规制环境；商业振兴的政治气候；消费者金融限制宽松
经济原因	经济低速增长或不增长；经营成本高；市场趋势成熟；国内市场规模小	良好的经济环境；经济高速增长或很具增长潜力；经营成本低；市场处于成长阶段；市场巨大；良好的外汇市场环境；股票价格较低；优惠的招商引资政策
社会原因	消极的社会环境；缺乏魅力的人口结构；人口不增长或下降	积极的社会环境；很有魅力的人口结构；人口增长
文化原因	排他性的文化氛围；异质的文化环境	共同性的文化或比较容易适应；有魅力的文化组织结构；创新性的商业或零售文化；相近的企业行为习惯；同质的文化环境
零售结构原因	激烈的竞争环境；市场集中度较高，业态饱和；较差的经营环境	存在市场机会；拥有较好的零售设施；跟随式扩张；良好的经营环境

资料来源：N. Alexander，*International Retailing*，Blackwell，1997，p. 129。

上述关于零售企业国际化动因的观点及其争论主要集中在欧美学者中，日本学者则更多地关注零售企业国际化动因的宏观因素，如经济、政治及社会等因素。他们主要对日本零售企业进入海外市场的原因进行了研究。他们认为，从海外市场因素来看，主要是由海外市场管制放松、海外市场潜力开始增大所引起的。比如，由于亚洲各国对外国商业资本进入限制放松，海外日本企业增加从而形成了在海外工作的日本人零售市场。再比如，由于赴海外旅游的日本人日益增多而形成的日本游客零售市场，以及伴随着亚洲各国的高收入阶层日益扩大而形成的高端零售市场等。从国内因素来看，主要是国内市场环境日益严酷以及日元升值和泡沫经济的影响等。所谓国内市场环境日益严酷主要是指国内市场日益成熟、竞争日趋激烈，而大店法对店铺开设的限制强化以及开店成本日益增高等。在这方面代表性的学者有山冈隆夫（1989）和川端基夫（2000）等。另外，从研究的细致程度上来看，日本学者相比欧美学者更细致一些，注意了零售国际化动因之间的内在联系以及与特定市场的关联（汪旭晖，2006）。比如，山冈隆夫（1989）就指出，大型零售企业必须在不断开拓国内市场的同时开拓海外市场。开发进口是开拓国内市场的重要手段，海外开店则是开拓海外市场的重要手段。

2. 国内相关研究

从我国学者的相关研究来看，以对零售企业国际化动因的研究方法与内容来进行划分，大致有以下几种主要观点：

（1）因素列举法。比如孙元欣（1999）将现代零售企业国际化的主要动因分为以下五个方面：①全球经济一体化的进程；②全球化生活方式的出现；③母国市场饱和与发展限制；④保持零售形态竞争的优势；⑤获取跨国经营的先发优势等。

（2）要素结构分析。夏春玉（2003）在分别对欧美学者、日本学者关于零售企业进入海外市场原因研究的成果进行总结的基础上，认为，在分析零售企业进入海外市场的影响因素时，欧美学者以及日本学者对零售商业国际化的原因主要是从宏观层面进行分析，但是，除了对宏观因素进行分析之外，还应分析微观因素，即分析进入主体（零售企业）的经营资源、经营状况及决策体制的特点，同时，还要对进入的具体地区和时期进行具体分析。进入时期或阶段不同，影响因素也不同，因而不能用一般的影响因素解释所有时期或阶段的零售企业进入海外市场的现象。进而，夏春玉提出要运用要素结构分析法，深入分析影响零售企业进入海外市场的微观因素。所谓要素结构，是指各个市场所具有的特性，这些要素包括零售企业进入国家或地区的历史、气候条件、国土面积、市场集中或分散程度、公共交通设施、政府管制、城市规划及其规则、不动产交易制度或惯例、土地价格及店铺租金及其变动、物流基础设施、制造业与批发商业的发展水平、住宅状况、人口规模与结构、收入水平与结构、消费者的流动性、消费者的偏好、宗教、文化、消费者习惯、生活方式等。国家或地区不同，上述各种要素的水平与结构也不同；要素结构的特性也就是市场的特性。夏春玉进一步认为，对于零售企业来说，对这种要素结构的适应不仅决定其是否进入海外市场，而且还决定其进入后能否持续进行有效的经营。

（3）零售企业国际化动机的内外部分类法。汪旭晖（2004）通过对国内外关于这个问题现有研究文献的归纳，认为被迫扩张学派与积极扩张学派、推动因素与拉动因素的归类以及大多数学者对于零售企业国际化动因的解释，都属于宏观层次的环境因素。这些因素虽然重要，但是并不能解释为什么有的零售企业已进入海外市场而有的零售企业没有进入海外市场，即面对同样的外部宏观环境，为什么有的企业做出进入决策，而有的企业却做出不进入的决策？显然，除上述宏观因素之外，还存在着微观因素。因此，汪旭晖提出零售企业国际化的外部动机与内部动机的分类方法。外部动机主要包括：全球一体化趋势；成熟的国内市场或母国经济的低速；国内商业法规的制约；母国市场激烈的市场竞争；海外市场的吸引力。内部动机主要包括：追求规模经济的目标；投资多元化，分散经营分险；拥有独特的业态优势；获取跨国经营的先发优势。

（4）外部环境因素推动和内在竞争优势驱使的结合说。姚琼（2005）以跨国零售企业进入中国市场并取得成功为例，分析认为，跨国零售企业进入中国并在中国市场取得成功的重要原因，包括外部环境因素的推动，比如跨国零售企业本国和东道国零售市场的状况，但根本原因在于跨国零售企业所具有的内在竞争优势。它包括战略管理优势、流程管理优势和商业业态优势等。

除上述几种观点之外，还有学者试图运用传统的跨国公司行为理论来解释跨国零售企业的国际化动因。比如，郑厚健（2005）分别用所有权优势理论、生命周期理论、内部化理论、区位因素理论以及投资发展阶段理论作了相应的解释，等等。循着上述的研究思路，有以下问题值得进一步思索：与生产性企业相比，跨国零售企业所有权特定优势具有什么不同的属性与特征？其具体内容是什么？其内在形成机理又是什么？其为什么要采取跨国一体化经营的方式将其内部化使用？

（二）零售企业国际化区位选择

零售商海外扩张的区位选择问题是零售国际化研究的一个重点。国内外学者尤其国外学者对此作了大量的研究，归纳起来主要有以下学术观点。

1. 市场的地理邻近性

学者们认为，一般而言，零售商在进行海外扩张的时候将首先选择那些具有地理邻近性的市场（Burt，1993；Trcadgold，1998，1991）。这在零售国际化的初期阶段表现得尤为明显。所谓地理邻近性，主要是指地理上接壤或临近。

2. 文化的邻近性

Alexander（1997）曾以语言相似性为指标对欧洲国家文化邻近性进行了分类，旨在说明地理邻近性的市场可能具有文化邻近性。文化的邻近性刺激着零售商寻求与母国文化邻近的海外市场扩张（Burt，1993）。很多学者的实证分析也证明了这一点。所谓文化的邻近性，主要是指语言、生活习惯、宗教信仰等文化因素上相似或接近。

3. 市场邻近性六角模型的建立

汪旭晖（2005）认为，海外市场对某个零售商产生吸引力不仅因为地理邻近性、文化邻近性，还有母国市场与东道国市场都达到了适当的经济发展水平，以及其他社会因素，因此，他将公共政策、社会条件以及零售结构这几个因素扩充进来，得出了一个六角形的市场邻近性的分析模型。

（三）零售企业国际化市场进入模式与类型

关于跨国零售商海外市场进入模式的研究，相对于制造业以及零售业其他领域来说，显得薄弱许多。归纳现有研究，主要在以下三个方面。

1. 零售企业海外市场进入模式的主要类型

从研究方法与角度来看，可进一步归纳为两方面：一是基于大型零售商海外进入模式的个案研究（Treadgold，1991），研究各种进入模式的风险（Burt，1993），研究不同进入模式的成本与控制水平（Dawson，1993；McGoldrick，1995）等等；二是力图运用经济学分析工具来解释零售企业海外市场进入模式的本质与选择，如运用内部化理论、代理理论与信息不对称理论等所作的分析与探讨（Rugman，1980；Madhok，1997；Doherty，1999等）。从而对零售企业海外市场进入的模式，形成了不同的看法，有的划分为六种，有的划分为四种。比如，麦戈德里克（McGoldrick，1995）将其分为许可、租约或附属经营、特许、合资、收购、自我进入六种类型，认为不同的海外市场进入模式对应着不同的成本和控制水平；Phillip（1996）将其分为直接出口、兼并与收购、合资、小规模投资（Minority investment）、战略联盟、特许、有机增长（Organic growth）七种类型；Rudebeck Christensen

(1999）将其分为出口、全部所有（wholly owned)、合资以及特许四大类；等等。汪旭晖与夏春玉（2005）认为，特许、合资、独资（自我进入或有机增长)、并购是零售企业海外市场进入最常用的模式。此外，也有学者认为，国际战略联盟正逐渐成为零售企业一种新型的海外市场进入模式。

2. 零售企业海外市场进入模式的选择

国内外相关文献很少，从国内现有研究看，还基本处于现象描述阶段。只有少数学者开始了较为深入的探讨，但研究的侧重点主要在于构建进入模式选择的分析框架、跨国零售商在华市场行为及本土零售商应对的分析框架。比如，汪旭晖、夏春玉（2005）在分析各种进入模式的优劣势以及适用条件的基础上，提出了跨国零售商选择海外市场进入模式的主要因素，认为应综合考虑以下两类因素：一类是东道国的环境因素，具体包括市场因素、经济环境因素、法律政治因素、社会文化因素；另一类是零售商特定因素，具体包括零售商规模、零售商专业技能、国际化经验。跨国零售商海外市场进入模式选择，是东道国环境因素与零售商自身因素综合作用的结果。

3. 零售企业海外市场进入的类型研究

关于这一问题的研究主要见于国内学者，并且是基于零售企业一般的研究。他们认为，一方面，由于生产企业的资本和技术壁垒限制、零售企业经营商品的多样性与生产企业生产产品单一性的差异，以及零售企业所拥有的交易专业化优势等，从而限制了零售企业向生产领域扩张；另一方面，由于零售企业面对的是需求差异大而不稳定，且近似于原子状态的最终消费者群体，要将消费者内部化于企业是不现实的。因此，对于零售企业的纵向一体化来说，其一体化经营的空间非常有限，不能作为一体化经营的有效形式（李陈华、文启湘，2004)；对于横向一体化经营来说，认为零售企业的横向一体化扩张是通过与其他零售企业的购并活动，使零售企业的规模得以扩大，其结果可能导致零售企业拥有两个或多个相互分离的店铺，由此产生如何整合不同店铺的资源问题，从而使从整体上降低交易成本成为问题（夏春玉、张闯，2004)。因此，零售企业扩张的主要形式是分店式扩张，即通过在不同国家增设分店而达到规模扩大的目的。但是，根据总店与分店的组织方式不同，分店又可分为两种具体形式：一种是单体店，即分店与总店之间不存在紧密的联系，分店拥有独立的经营自主权，由于这种单体店模式使总店与分店之间组织化程度不高，因而不能获取规模扩张效应；另一种是开设连锁店，即是指经营同类商品或服务的若干企业，以一定的形式（一般是以内在的集中统一）组成一个联合体，通过规模经营以实现规模效应。这些被纳入一体化经营体系的企业，如同一条锁链相互连在一起，所以称为连锁企业，这种组织形式称为连锁经营。由于零售企业通过连锁经营活动将复杂的商业活动中的商店面积、业态、商品、服务、店名店貌等要素标准化；将采购、送货、销售、经营决策等职能分离，形成专业化；将经营活动中的商流、物流、资金流和信息流集中化；将各个环节、各个岗位的商业活动程序化、简单化，最终体现出连锁经营的规模经济效益。更重要的是，由于连锁经营这种组织形式可节约交易费用，从而使连锁经营这种组织规制取代市场规制成为可能（冯根福、权利霞，1996）；其“可能”的原因在于零售企业的性质，使流通企业更容易利用品牌和统一经营模式进行“复制”和“选择性干预”，实现分店扩张（李陈华、文启湘，2004）。深层次分析，则是由于零售企业性质决定其经营活动具有“类似性活动”的业务属性和“订购性生产”的经营特征，从而使其扩张中的“复制”和“选择性干预”成为可能。因此，学者们认为流通企业水平一体化扩张应是其主要形式，主要是以成功的品牌与统一经营模式的复制/粘贴方式进行的。至于复制和选择性干预是否会遇到规模不经济则未知。大型跨国零售企业的海外扩张正是如此进行的。连锁经营企业按照其所有权与经营权集中的程度，可进一步具体分为三种类型：直营连锁、特许连锁、自由连锁。在这三种形式中，大型零售企业主要采用的是正规连锁（直营连锁）与特许连锁两种形式。

综上，关于跨国零售企业海外市场进入模式与类型问题，显然需要进一步深入讨论，比如，这种所有权特定优势可以在跨国一体化经营中进行复制/粘贴吗？跨国零售企业海外市场进入模式选择的依据与特征同生产性企业相比有什么不同？

二　零售企业国际化影响的相关研究

有关零售企业国际化影响的研究与零售企业国际化的研究相比较少。归纳国内外学者的现有研究，认为零售企业国际化影响对于东道国来说主要集中在以下几方面。

（一）零售企业国际化对东道国零售商的影响

Toktali 和 Boyaci（1998）的实证研究表明，跨国零售商的市场兼并活动迫使土耳其的一些零售商退出市场，而且潜在的扩张趋势给那里的大型零售商形成了巨大的压力。Dawson（2003）以泰国为例研究发现，外资零售商的进入导致泰国零售领域的竞争异常激烈，使许多泰国中小型本土零售商的处境十分艰难，仅在2000~2001年，近一半的泰国本土百货店关闭，将近一半的泰国本土超市被迫关闭。当然，同样也有证据表明，本土零售商正在学习和模仿跨国零售商的供应链管理和业态运作方式（Goldman，2000；Lo，TW-C，Lau，H-F and Lin.，2001）。我国学者也研究发现，跨国零售商进入东道国市场影响着水平竞争领域的变化，跨国零售商通过新业态的导入与扩散，通过引入先进的信息管理方法与科技网络，引入新的市场营销与商品推广方法，持续向高利润率、高回报率部门追加投资等行为，从而影响到外资零售商参与东道国竞争的实力，会引发部门重构，将使东道国中小零售商受到来自海外具有雄厚资本实力的跨国零售商的冲击，利润空间逐渐减小，甚至破产倒闭（汪旭晖，2005）。在外资开店地区，我国本土中小零售商倒闭增加（荆林波，2005）；外资企业的迅猛扩张势头对本土大型零售商的生存与成长造成巨大压力（王佳芥，2006；杜丹清，2007；毛浩然，2007；宾建成，2007；等）。但也有学者发现，本土企业在与外资企业的竞争中成长起来。比如，汪旭晖（2007）以辽宁为例进行研究后发现，本地企业在与外资企业的竞争过程中，还是具有一定优势的。

（二）零售企业国际化的全球采购活动对东道国供应商和供应链的影响

Toktali和Boyaci（2001）以及Toktali和Eldener（2002）对土耳其、Weatherspoon和Reardon（2003）对非洲、Reardon和Berdegue（2002）对拉丁美洲的研究表明，跨国零售商的采购决策和供应链管理在东道国掀起了分销、批发、工业品和农产品部门的兼并浪潮，那些资本实力雄厚的企业赚取了丰厚的利润，但一些小企业却不得不退出市场。Dolan和Humphrey（2001）研究了英国超级市场零售商从非洲采购园艺产品对当地的影响，发现生产商之间的兼并或生产商被挤出市场的现象非常普遍。但也有学者研究发现，跨国零售商通过向当地供应商提供商业支持，提高了供应链的效率。比如，西尔斯向墨西哥扩张时，最初计划进口所有商品用于墨西哥店铺的销售，但墨西哥政府的进口限制迫使其不得不发展地区性内部采购（Kaynak，1988），于是西尔斯便开始对墨西哥当地生产商进行培训，甚至将一些生产商送往美国学习。除了培训以外，有的跨国零售商还向当地供应商提供财务支持，提供通用生产设备，还帮助供应商引入现代化质量控制系统。

我国学者也研究发现，零售商进入一个新的国家必然涉及供应链关系的调整，使供应链效率发生变化：改变了供应链成员的角色，使传统的制造商主导的供应链关系逐渐被零售商主控的供应链关系替代。如家乐福进入中国台湾地区市场时，与台湾供应商签订的协议明确规定供应商必须向其支付服务费、假日促销费用等。普罗莫德向希腊扩张时，与供应商就削减价格、延长付款期限以及改变折扣结构等方面进行了许多谈判，形成了许多零售商与供应商之间的新型协议关系，使零售商在供应链中的主导地位得到了增强。虽然跨国零售商的行为使东道国中小供应商增加了许多成本，但也为东道国的供应商们提供了新的市场机会。同时，新技术与新管理控制模式的引入提高了供应链效率，为当地供应商提供商业支持，提高了当地供应商的现代化水平（Lo，TW－C，Lau，H－F and Lin，2001）。在华外资零售商全球采购规模与自有品牌数量都有不断扩大的趋势，并可能由此控制上游产业（杜辉、李洪玲，2006；等）。例如，沃尔玛在我国的采购每年大约在 150 多亿美元。外资在中国设立的大超市对供应商收取通道费等做法，曾引起学界的讨论及舆论的普遍关注。

（三）零售企业国际化对东道国消费者以及社会文化的影响

Hewison（1996）通过研究发现，在过去的十多年里，跨国零售商不断将新型零售业态引入泰国，直接影响了当地市场布局和街面店铺陈设。Robison 和 Goodman（1996）认为，如果要准确理解新兴市场发生的变化，必须将其与跨国零售商引领的消费模式变化联系起来。我国学者也发现，零售企业国际化正在推动着我国消费文化国际化（黄爱光，2007；等）。跨国零售商的海外经营活动往往将新的产品带入东道国零售市场，或者向消费者传递新型的销售办法，从而使消费者的消费文化意识水平不断提高，会对东道国的社会—文化价值产生深远影响。20 世纪 50 年代西尔斯向拉丁美洲国家的扩张，促成了东道国“美国式”的经济发展模式。近年来麦当劳、星巴克、贝纳通、宜家的国际化进程把关于美国的饮食、意大利的服装、瑞典的家居设计的文化价值传播到了具有不同饮食、服饰与家居观念的东道国。

（四）零售企业国际化对东道国公共政策的影响

零售企业的海外经营活动会引起东道国政府的反应。出于保护本国民族商业的考虑，政府会实施一定的政策限制外资零售企业的进入，如在印度限制外资零售企业进入的类型与数量，限制外资零售企业的利润返还，等等。

（五）零售企业国际化影响的综合模型

汪旭晖（2006）在综合国外学者现有研究的基础上，建立了零售国际化对东道国影响的分析框架。他认为零售国际化对东道国的影响主要体现在以下五个方面：①供应链效力的变化，具体包括改变了供应链成员的角色，新技术与新管理控制模式的引入提高了供应链效率，为当地供应商提供商业支持，提高了当地供应商现代化水平等；②水平竞争领域的变化，包括新业态导入与扩散对水平领域竞争的影响，先进的信息管理方法与科技网络的引入对水平领域竞争能力的影响，以及引入新的市场营销与商品推广方法对水平领域竞争的影响，向预期可超过平均部门利润率和投资回报高的部门追加额外投资从而引发部门重构，中小零售商由于外来竞争的影响而利润空间逐渐缩小甚至倒闭等等；③消费者文化意识的提高，包括外资零售企业在形式上很容易给予消费者一种不同于国内零售商的印象，扩展消费者的产品以及产品知识，扩展消费者对于零售业态与经营形式的视野；④对东道国公共政策的影响，主要指东道国政府部门对外资零售企业在东道国的经营活动的政策反应；⑤东道国社会—文化价值的改变。汪旭晖认为，上述这五个方面是互相作用且不可分割的，共同作用并决定零售国际化对东道国的影响力度。

关于零售企业国际化影响的力度，汪旭晖还专门指出，在研究零售国际化对东道国影响的时候，应该注重研究零售国际化影响的密度。因为，零售国际化影响的密度将直接影响到东道国政府或东道国零售企业反击外资零售商的力度。显然，汪旭晖这里所指的零售国际化是一般广义上的零售国际化。他所谓的零售国际化影响密度是以下七个变量的函数：外资零售商在东道国的本土化程度、零售商对于新市场的资源投入、零售商自有品牌的力量、进入方式、零售商的规模、竞争水平、公共政策干预程度。当然，他同时也指出，要对上述函数关系式的各个变量进行衡量并非易事，他仅仅提供了一个分析框架。但他的研究在国内学者中是相对较深入细致的。

第四节 零售产业安全及其评价与预警的相关研究

一 有关零售产业安全问题研究意义的研究

关于什么是零售产业安全问题，迄今为止理论界并没有给出一个明确的定义，但学者们就零售产业安全问题研究的意义很清楚的，都一致认为，零售产业安全问题是重要的，对其研究具有重要的理论与实践意义。但由于学者们研究角度不同，从而关于这一问题的认识观点也有不同。对此进行归纳总结，既有助于进一步认识零售产业的性质与特征，更有助于进一步展开对零售企业国际化及其国际化影响的理论分析。

就学者们的现有研究来看，大致是基于以下两个方面展开逻辑推理的：一是就零售产业在国民经济中的重要性而言；二是就外资进入可能引发的后果而言。

（一）基于零售产业在国民经济中重要性的逻辑推理

基于零售产业在国民经济中重要性的逻辑推理，即由于零售产业属于战略性或基础性产业，零售产业若出现产业安全问题，则必然危及国家经济安全。例如，清华大学魏杰教授就认为，零售业是链接生产和销售的重要环节，零售业可以根据消费者要求指导生产；谁如果控制了零售业，谁就可以控制生产控制消费领域。因此，很多学者由此还展开了对零售业（甚而流通业）的地位与作用的重新定义、重新认识，并提出了“流通战略产业论”、“先导产业论”、“基础产业论”等观点。

1. 零售业是影响国计民生的战略行业

根据马克思的“生产决定流通”理论，没有生产就没有流通的实现，零售业是整个经济体系的末端，此理论在计划经济时期的生产和流通中占据了主导地位。但是在现代市场经济条件下，生产存在过剩、消费市场需求不旺，尤其是从卖方市场到买方市场的转变，将零售业从产业链末端推向了龙头。零售业是社会经济产业体系中连接上下游、调配资源配置的中间环节，“谁控制了零售业领域，谁将控制整个经济产业命脉”，这是市场经济产业链条推进的规律（胡祖光，2006）。

2. 零售业已经具备了作为基础产业的主要特征

李朝鲜（2004）从零售业社会性强、关联度高、贡献率高、就业比重大、不可替代性强的特征进行了分析，得出零售业已经具备了作为国民经济基础产业条件的结论。2007 年中国商业联合会发布的《2005～2006 年中国零售业年度报告》中也指出：中国零售业的发展势头已经越来越强劲，并在经济体系中扮演着越来越重要的角色。以零售业为主体的流通业在中国国民经济体系中，已经完全具备了基础产业的全部特征。[①] 首先，零售业与广大群众建立起了最广泛、最直接、最密切的经济联系，其广泛的市场网点，对商品流通的支撑性作用，是其他任何一个产业所无法比拟的。其次，流通业对国民经济的增长产生基础性的贡献率。在扩内需、保增长的宏观经济环境下，零售业在推动国民经济增长中的地位再次得到提升。最后，从吸收就业、促进社会资源再分配、保障社会稳定来看，没有哪个行业能比得上流通业。尤其是零售业，点多面广、市场进入门槛低，已成为经济产业的第一大军。

3. 现代零售业直接关系到国家经济安全

现代商业流通的本质特征，是通过集中采购和在全球范围内构建整个市场的流通体系，通过控制流通主渠道决定着制造业、影响着广大消费者、主导着消费市场；而且现代商业流通企业又掌控着大量现金流的流进流出，进而影响着金融市场的稳定。正因如此，在中国加入世贸组织的谈判过程中，流通业与金融业、电信业并列成为谈判的主要焦点。

从现实角度看，现代商业流通业已经成为全世界财富聚集最快的行业之一。在世界 500 强排名中商业流通企业占到 10%，零售巨头沃尔玛蝉联榜首。在美国 50 强企业排名中，有近 20% 的企业来自商业流通领域。因此，掌握着巨额利润的现代商业流通业，已经成为一个国家重要的经济支柱和经济命脉（王俊，2006）。同时，由于制造业的日趋发达和消费品市场处于完全竞争的市场状态中，越来越多的零售商，尤其是零售巨头在与制造商、与消费者的利益博弈中迅速占据主导地位，零售商掌控着大量现金的流进流出，如果零售业出现动荡将直接影响金融市场的稳定，最终将会对国家经济安全带来巨大冲击。

---

① 资料来源：《零售业凸显国民经济基础产业地位》，载《中国商报》，http：// wsy.cq.gov.cn/news/newsview.jsp？infoid＝402881e41415c2a201141b244a6e0337，2007－07－31。

因此，作为流通业主体的零售业已经成为国民经济发展的基础性行业。零售业不仅是流通产业的基础，处于商品流通的第一线，体现了流通产业的基本职能，保增长、促就业所赋予零售业的特殊历史使命更要求零售业必须发挥好战略性产业的作用。

（二）基于外资进入可能引发的后果的逻辑推理

国内外学者就这一问题的相关研究主要有三个方面。

1. 零售业竞争力安全研究

国外学者研究认为，当国内产业面临国外更高生产率产业竞争时，国内产业安全将受到威胁（Rugman A.，Girod S.，2003）。因此，应实施自有品牌、加强供应链管理等策略以提高零售业竞争力安全（Michael E. Porter，1990）。我国学者也研究认为，外资进入可能会引发周边零售企业的崩溃，导致失业人员的猛增。因为，大多数跨国零售巨头都号称“三公里之内无对手”或者“五公里之内无竞争”，尽显唯我独尊的霸王之气。在美国，出现了沃尔玛走到哪里，哪里的中小型门店就会遭遇严重打击的局面，比如爱荷华州 1995 年的一项调查表明：从沃尔玛落户该州之后，有 50% 的服装店、30% 的五金商店、25% 的建筑材料商店、42% 的杂货店、29% 的鞋店、17% 的珠宝商店、26% 的百货商店相继关闭。同时，调查发现，沃尔玛每创造一个就业机会就会带来 1.5 个人的失业，沃尔玛每 1000 万美元的销售额所需要雇佣的员工总数在 65 ~ 70 人，而其他小商家完成这个销售额所需要雇佣的人数是 106 个。在我国是否会出现以上情况？《沃尔玛是如何摧毁美国和整个世界的》的作者比尔·奎恩就曾直言提醒到，像中国这样的发展中国家，一定要警惕沃尔玛对中小零售企业的毁灭性打击，防止引发周边地区大量零售人员的失业。

2. 零售业控制安全研究

国外有学者研究认为，跨国零售业呈现区域性扩张特征，发展中国家产业将可能会变成跨国公司的附庸（Rugman A.，Girod S.，2003）。我国学者则从采购权的角度剖析了零售业控制安全问题。他们认为，进入中国的外资零售商都在积极推进本土化战略，他们每年在中国市场采购的商品数量都在大幅度增加，越来越多的中国制造企业成为外资零售巨头的供应商，并被纳入其全球营销网络体系之中。据统计，2007 年家乐福在华采购数额已经超过 700 亿元，沃尔玛和麦德龙的在华采购也分别超过 300 亿元和 200 亿元。

外资零售企业的在华采购不但用于在中国市场销售，而且部分采购用来出口。2007 年上半年，家乐福和麦德龙出口采购分别占在华采购总额的 66% 和 57.8%，[①] 这对于中国制造业来说确实是好事。但同时我们必须看到，外资零售商在向中国制造商采购的同时也在积极推进自有品牌战略，据统计，外资零售巨头自有品牌比例已经高达 40%，[②] 因此相当一部分国内制造企业在成为外资零售业巨头供应商的同时，实际上也丧失了自己的品牌，成为外资巨头们的加工车间，这从长期来看，对我国工业竞争力的提高是极端不利的。

同时，由于外资零售企业的采购数额巨大，其在供应商选择上就具有了充分的采购权。以沃尔玛为例，其全球采购主要有两个渠道：沃尔玛自己的全球采购中心和美国进口商（贸易公司）。沃尔玛在利用自己的采购中心向中国制造商采购的同时，也在鼓励国内的贸易公司去搜索海外的工厂，如柬埔寨、越南等成本更低廉的供应商。而沃尔玛现有的供应商（大型贸易公司）也以中国台湾、香港地区为多。[③] 因此，一旦中国供应商的报价不再具有竞争优势，以低价竞争为核心理念的外资零售商转移采购地区是必然的，国内众多的中小供应商必将被外资零售商抛弃，我国的制造企业将面临巨大的风险，如生产能力空置、产品积压等。民族制造业品牌的丧失和采购权的被动将不可避免地给我国的经济安全带来危害。

3. 零售业权益安全的研究

Bart Minten 等人（2009）基于非洲的案例研究，认为跨国零售业将对发展中国家供应商的权益造成损害。我国学者将此称为由定价权引发的威胁。由于制造业的日趋发达和消费品市场近乎完全竞争的市场状态，零售商在与制造商的利益博弈中迅速占据主导地位，对制造商经济行为带来实质性影响。随着外资零售商尤其是世界零售巨头在中国市场的规模扩张和加速布局，由外资零售企业控制的市场份额和销售终端越来越大，所以就有越来越多的中国供应商想搭上外资零售企业采购的快艇，以此来拓展其商品销路。

---

① 《商务部：沃尔玛、家乐福、麦德龙在华采购过半用于出口》，载合肥市人民政府门户网：http://szx.hefei.gov.cn/n1105/n32684/n67288/n67624/1383038.html，2007-09-30。

② 资料来源：《自由品牌将加速外资零售巨头主导产业链》，http://www.oemtimes.com/School/news/1080/NewsDetail.html，2005-03-24。

③ 资料来源：《艾美达家纺：拒绝沃尔玛订单》，http://www.i18.cn/newscenter/news/new/2009-2-5/59294.shtml，2009-02-25。

但是，外资零售商尤其是外资零售巨头的经营模式往往是“倒逼”制造企业的利润空间，外资零售商在与中国供应商的价格谈判中往往处于绝对优势地位，中国供应商只是处于价格接受者的角色（李飞、汪旭晖，2006）。因此，在中国供应商与外资零售商越来越大的采购合同背后隐藏着的是，中国供应商获得的利润越来越微薄，越来越多的大额利润最终流入外资零售商的手中。据统计，为沃尔玛供货的中国服装制造商的平均利润率在4%～5%，订单增加带来的却是更少的利润，甚至有些企业已经到了不得不拒绝沃尔玛订单的尴尬境地。因此，由定价权引发的是中国企业创造的利润向外资零售商流失的威胁。

二　有关零售产业安全的评价与预警研究

关于零售产业安全评价与预警的相关研究，国外学者在就以上问题讨论中也提出了评价零售产业安全的有关指标，但尚未形成有关零售产业安全评价的指标体系，也未对指标体系进行验证估算。我国学者则试图运用量化分析方法对我国零售产业安全状况进行评估与监测，并提出了多种评价指标体系。代表性的观点及评估方法主要有以下几种。

（一）基于零售市场主导权的外资威胁状态评估

比如，李飞与汪旭晖（2006）撰文认为，中国零售业对外开放的安全度，一方面是避免外资零售业控制和主导中国的零售市场，另一方面是避免他们在没有主导市场时凭借着自己的优势地位阻碍民族工业正常发展和干扰居民生活水平的提高。由此得出了以下三个测评零售业开放对国家经济安全影响的指标：第一，衡量是否对零售市场形成主导权的指标：零售企业市场占有率。他们建议选择全部外资零售企业占有率30%为警戒线，并且包括港、澳、台资零售企业。第二，衡量是否对民族工业发展形成威胁的指标：外资消费品品牌与制造业品牌市场占有率的比值。外资消费品品牌的市场占有率，是指在零售领域销售的外资品牌产品的金额占零售领域销售总额的比重；外资制造业品牌的市场占有率，是指在生产制造领域某行业外资品牌产品的产值占该行业生产领域总产值的比重。他们建议外资消费品品牌与制造业品牌市场占有率比值的警戒线为1，即当外资消费品品牌与制造业品牌市场占有率的比值大于1时，才有可能对民族工业造成威胁。第三，衡量是否对居民正常生活形成威胁的指标：零售顾客满意度指数。如果顾客整体满意度提高，或是外资零售企业的整体满意度高于本土企业，就表明居民的正常生活没有受到威胁。这三个评价指标如果都没有达到警戒线，视为安全；1个达到警戒线，视为有风险；2个达到警戒线视为有重大风险；3个达到警戒线视为面临危机。上述研究在我国对于零售产业安全问题的定量研究方面属于较早的，具有一定的开创性价值。但要比较全面地考察零售业开放对经济安全的影响，上述指标显然简单和粗糙了些。

（二）基于一般产业安全研究成果的延伸研究

关于一般产业安全问题的研究相对较早，成果也相对较多。因此，一些学者在借鉴一般产业安全研究成果的基础上展开对零售产业安全的研究，也陆续形成了一些很有价值的成果。比如，王俊（2006）从市场结构、产业控制力和产业竞争力三方面建立了评价指标体系，其二级指标包括10项，既有定性指标也有定量指标，并据此对我国零售产业安全状况作了评估。王丽等（王丽、王苏生、黄建宏，2008）在对现有产业安全评价模型进行改进的基础上，提出了基于产业生存力和产业发展力的评价模型，并利用此模型采用专家打分赋值的方法对我国零售产业安全值进行了评估。王丽等认为，产业生存力安全是产业安全的基础，产业发展力安全是产业安全的核心，因此，应对产业发展力赋予较高的权重。吴英娜 、伍雪梅（2011）则是从产业生存发展环境、产业国际竞争力和产业控制力三个方面构建了零售流通产业安全评价指标体系，也对开放后的中国零售流通产业安全状况进行了评价分析；等等。

除此之外，还有学者认为，国家经济安全是从最宏观的层面研究经济安全问题，不仅仅包括经济问题，可能还会牵涉到政治、军事、贸易和国家关系等其他宏观层面的问题。而零售产业安全问题研究不可能从过于宏观的角度进行，因为从宏观总量上进行研究往往会掩盖局部和结构上的问题。但零售产业安全研究范围又要超越产业安全，这是由于零售业是流通经济的重要组成部分，是连接工业和消费者的渠道，所以还必须适当考虑对工业尤其是民族工业安全的影响。因此，他们力图构建一个介于产业安全和国家经济安全之间的零售产业安全评价预警指标体系。其具体构建的指标包括发展安全、控制安全、结构安全和权益安全四个维度，并在每一个维度下确立了相应的二、三级指标，形成了零售业开放条件下的经济安全影响的评价预警指标体系（姜红、曾锵，2009）。但他们未用本指标体系对我国零售产业安全实际状况进行评估验证。

（三）基于零售产业特征的产业安全问题研究

随着研究的深入，很多学者发现，由零售产业的性质与特征所决定，零售产业安全问题也具有其特殊性；零售产业安全的评估指标体系必须结合零售产业的特征来构建。比如，王水平（2010）撰文认为，以上学者大多是基于产业安全的一般研究成果所构建的评估指标体系，没有在使用过程中根据不同的研究对象进行相应的调整；且以上学者仅针对外资设计的零售业安全评估指标体系过于片面，而据此构建评估指标体系无法全面把握零售业安全的整体状况。因此，他在借鉴和吸收产业安全评估一般指标的基础上，结合零售业特征及实际发展态势，构建了包含 3 个一级指标、15 个二级指标和 24 个三级指标的零售业安全评估指标体系。该指标体系诚如作者所说，更多地考虑到了零售产业的特殊性，其在竞争力评估指标与控制力指标项下的二级指标的设计中，更多地考虑到了零售产业的性质与特征。然而，从研究的视角来说，其指标体系的设计还主要是着眼于产业层次的设计，没有涉及零售企业的微观层面，如此，对于零售产业安全形成过程监控的制度安排在理论层面的支撑尚存不足。

同期，朱涛（2010）也撰文认为，上述学者的安全评价体系没有考虑到零售产业的特点，没有充分考虑政府规制安全、竞争能力安全等因素。因此，其以何维达、姜红、王丽等学者构建的安全评价指标体系为基础，结合零售业特点，也从竞争安全、控制安全、结构安全、权益安全四个层面构建零售业产业安全评价指标体系并对我国零售产业安全状况进行了评估。其指标设计相对而言更为细致也更具有产业针对性。比如，在竞争环境安全项下具体细分为土地政策环境、税收政策环境、融资环境三个指标，在零售业控制安全项下具体细分为政策控制安全、市场控制安全和资本控制安全，政策控制安全包括对外资扩张政策、政府规制执行效果两个三级指标，等等。当然，与前述王水平的研究类似，还都是集中于中观产业层面的指标设计，尚未深入企业行为的研究。

第五节 评述

一 企业国际化行为决定的相关研究评述

关于企业国际化行为决定的相关研究，总体上来说，已形成相对系统与完整的理论体系，对于企业国际化行为动因及其国际化行为的综合决定因素等都有较为系统的研究与分析，不仅对于生产性企业的国际化行为具有很强的理论解释力与实践指导意义，就是对于服务性的零售企业国际化行为研究也同样具有理论指导意义。但由于其理论研究的出发点毕竟是基于生产性企业，因而，若将这些理论原封不动地套用来解释零售企业国际化行为决定问题，显然是不合适的。因为，商业零售企业与生产性企业相比，由于其在社会再生产过程中的地位与所处的环节不同、承担的职能不同，在企业的性质与资源特征等方面必然具有很大的差异性。这就决定了零售企业国际化行为也必然不同于生产性企业，因而，研究零售企业国际化行为决定问题，必须结合零售企业自身的性质与资源特征来研究。

二 企业国际化市场进入的相关研究评述

关于企业国际化市场进入的相关研究，也同于企业国际化行为决定的相关研究，究其理论研究本身来说，成果不仅丰富且已很深入，但同样，若将这些理论简单地套用来说明零售企业的国际化市场进入问题，也是缺乏说服力的。比如，服务贸易的四种方式——商业存在、自然人流动、跨境交付、境外消费对于零售业来说，显然，我们这里只研究其商业存在方式。如此，零售企业国际化的海外市场进入具体又可能存在哪些模式？其进入模式的选择又具有什么内在的规律性？如此等等，现有的基于生产性企业的国际化市场进入的相关研究显然无法全面解释。因此，也需要以现有研究为基础，再具体结合零售企业性质与资源的特殊性来向前推进。

三　零售企业国际化及其影响的相关研究评述

综上可看出，关于零售企业国际化及其影响的相关研究，相对于企业国际化研究的其他领域，无论从成果总量还是从研究的深入程度上来看，都还处于初级阶段。具体表现在以下几方面：

（1）零售企业国际化的深层动因问题没有涉及。国外学者的所谓“推力”因素与“拉力”因素的动因分析，本质上都属于企业外部的情景因素，却没有真正涉及企业内部的因素，即所有权特定优势问题；国内学者虽然提到了零售企业自身的特定条件问题，但所有权特定优势是什么？零售企业所有权优势的特性是否也是导致跨国零售企业进行海外直接投资的动因？决定零售企业国际化行为的内外部因素，是如何相互影响、相互作用而决定零售企业国际化行为的？零售企业国际化行为决定的一般理论分析框架应是什么？等等，都尚未涉及。

（2）零售企业所有权特定优势未纳入区位选择问题中。即零售企业国际化经营的区位选择问题研究，没有基于零售企业所有权特定优势的性质与特征来展开分析。而所谓零售企业国际化经营的区位优势，总是相对于不同类型的企业自身的所有权特定优势及其特征而言的，比如，对于生产性企业具有区位优势的国家或地区，不一定是服务业包括零售业在内的企业所适宜的最佳投资区位。因此，需要在现有研究的基础上结合零售企业所有权特定优势的性质与特征及其内容来分析零售企业海外市场进入的区位选择问题，研究其进入模式，研究其进入的决定因素。

（3）零售企业海外市场进入模式问题还有待进一步深入。国外学者虽然对各种进入模式进行了实证研究并对其本质进行了经济学解释，但没有分析海外进入模式选择的内在规律性，以及一体化经营的扩张类型；国内学者通过研究认为水平一体化扩张是零售企业扩张的主要方式，但这种水平一体化扩张边界有无限制？其经济性来源是什么？同时，零售企业海外市场进入模式选择的依据及其特征同生产性企业相比到底有什么不同？它们如何在海外市场进行国际化扩张？此类问题都还都未见专门的深入分析。

（4）零售企业国际化影响的相关研究较其他方面更为薄弱，尤其是在零售企业国际化对东道国零售产业安全影响方面的相关研究基本没有被涉及。既未见到有关零售企业国际化影响的机理研究，更未见到有关零售企业国际化对东道国零售产业安全影响的机理研究。

四 零售产业安全及其评价与预警的相关研究评述

关于零售产业安全问题及其评价与预警的相关研究，一方面，现有研究虽提供了较好的基础与起点，但毕竟成果还不够丰富，因此，亟须在此基础上向前推进；另一方面，由于零售产业安全问题涉及因素复杂，其本身需要从多角度与多层面来研究与考量。因此，有以下问题尚待研究。

（1）国际化影响与零售产业安全相关性问题。即现有研究尚未将零售企业国际化与东道国零售产业安全问题联系起来进行思考。

（2）零售产业安全问题形成的内在机理问题。即现有关于零售产业安全问题的研究，尚未见关于零售产业安全问题形成机理的研究，当然，更未见零售企业国际化对东道国零售产业安全影响机理的相关研究。

（3）零售产业安全问题形成的微观基础问题。从研究视角与研究方法上来看，现有研究主要是在宏观或中观产业层面的比较静态研究，而缺乏微观层面即企业行为的比较动态研究，而零售产业安全问题的微观诱因显然是零售企业国际化行为。

（4）基于零售企业国际化行为的风险防范与预警问题。由于现有研究主要在宏观或中观层面，而未涉及企业国际化行为及其影响问题，因而，在政策层面的意义更多在于对外资零售企业国际化行为的限制，而不是着眼于对外资零售企业国际化行为的引导、预测与规范。而后者正是我国零售市场完全开放下的今天所急需的，因为它更符合 WTO 的规则要求，更符合市场经济下的一般市场规制的要求。

因此，本书即是在现有研究的基础上，拟基于零售企业国际化行为的研究，将零售企业国际化影响与零售产业安全问题结合起来研究，深入探讨其内在的逻辑关联性，并据此构建零售产业安全评价与预警的指标体系，为我国零售市场制度安排提供政策性借鉴。

上篇　零售企业国际化

第三章
零售企业国际化经营环境

环境是独立于组织之外的外生权变因素，是对企业成长及其行为产生持续显性或潜在影响的各种外部力量的总和。若企业与其所处的外部环境不相匹配，会对其生存和发展产生极大的反作用。所以，环境是影响企业经营的重要因素。环境所显现的长远发展趋势及其特征，与特定产业相结合，就形成特定产业的发展趋势与特征。因而，对环境认识的深刻程度与分析水平在很大程度上决定着企业成长及其行为水平。比如，零售企业为什么在20世纪90年代以后大批地向海外扩张？从环境角度来看，必然是外部国际大环境为零售产业提供了充分的条件与激励因素，这些条件与激励因素具有自身的客观要求特征，它直接或间接地决定与影响着零售企业国际化经营行为。因此，对零售企业国际化所面临的环境进行专门的界定与分析，将有利于深刻认识与分析零售企业国际化经营行为的本质与特征。

本章的分析将从以下两个层面展开：历史环境（国际环境的变化）、产业环境（国际范围内零售业的市场环境），分别分析历史环境与产业环境的变化与特征对零售企业国际化经营的影响。

第一节　零售企业国际化经营的历史环境

整个人类社会正处于一个巨变的时代，这种巨变表现在产业方面，一个突出的特征就是产业全球化趋势，这既包括制造业，也包括商品流通领域，尤其是商业零售业的全球化趋势愈来愈明显。这种零售产业全球化趋势是经济全球化的基础性因素同零售产业特征相结合的产物。它预示着零售产业全球性的激烈竞争即将来临。

一　引致零售产业全球化的直接因素

目前与未来影响世界零售产业全球化发展态势的众多因素中最重要和最直接的有三大方面。

（一）人口及城市化

人口及城市化，是商业零售业发展的最直接的动力因素。

1. 现代商业的发展和人口因素密切相关

人口是直接推动商业零售业发展的重要因素之一。而人口因素本身又是一个复杂的多元变量，包括人口数量、人口结构、人口分布及其变动趋势等，其中任何一个因素发生变化，都会直接或间接地影响商业零售业的发展，既影响其规模与总体发展水平，还影响其空间分布、结构分布以及业态构成和演化。这是由商业零售业和每一个人的生存消费息息相关而决定的。根据世界银行的研究，全球人口数将继续增长，到本世纪中叶即2050年，世界人口将从今天的60亿人增长到90亿人，但增长是不平衡的，大部分人口增长将发生在今天的发展中国家和地区——到2050年，发展中国家和地区的总人口将达到78亿人，发达国家只有12亿人。按照目前的生育政策和水平，2035年印度人口将超过中国，成为世界第一人口大国，2050年时印度将有16亿人，而中国将有14亿人，而不少发达国家届时人口与现在相比还会下降，比如日本将减少14%。同时，世界人口老龄化趋势将进一步严重，全球平均年龄将从今天的28岁增长到40岁左右。世界人口数量和年龄结构、地区分布的变化必然深刻地影响商业零售业的发展趋势，比如，零售企业国际化经营的区位选择问题。因此，人口因素是商业零售企业必须关注的因素之一。

2. 现代商业零售业与城市化进程息息相关

人口变化和城市发展与变化密切相关，因而，城市化也是直接推动商业零售业发展的另一重要因素。这可从西方发达国家商业零售业态的演变过程中观察到。工业革命带来的大规模生产造就了很多新型城市。一方面是丰富的商品需要新的销售方式，另一方面是城市人群迅速扩大带来城市生活方式的转型。城市发展的转型、集聚能力的强化，为城市大规模销售机构的诞生创造了土壤。在这种情况下，现代商业形态的百货商店应运而生。20世纪二三十年代，当城市中心区高度集聚的弊端显现后，西方城市出现了郊区化倾向。伴随着城市居民的大规模外迁，为满足郊迁居民生活和购物的需要，地处城郊结合部，以中低收入阶层为服务对象的超级市场诞生了。而第二次世界大战结束后的几十年时间里，经济的快速发展，人民收入的大幅度提高，城市功能逐渐完善和人们消费需求的提升，不断促生新型的商业形态。在超级市场经营模式之上的大型仓储式商店（注：世界上第一家仓储商店即大卖场之一种，是1964年在德国开设的麦德龙），经营品种既有超市必备的食品和生鲜，也有大商场里的各种百货，构成“大卖场”业态的主体表现形式，使城市中心的百货商场遭到严峻挑战。与此同时，以标准化、规范化、专业化为特征的连锁经营组织形式，在超市和便利店上得到充分体现（1946年，美国南方公司打出的“7－ELEVEN”店牌，被认为是世界上最早的便利店，但便利店真正发展起来，是20世纪60年代后靠其子公司——日本的“7－ELEVEN”的推动），并在城市的郊区和社区、邻里快速布点。连锁经营组织形式，将分店连成大系统，保证了商品价格的经济性，加上无法取代的便利性，从而使其具有了持久的生命力。进入20世纪80年代以后，城市发展进入“都市圈”和“大都市带”新阶段，原来单一的仓储商店、超级市场似乎很难辐射到新的城市空间范围。这样，集购物、休闲、娱乐（体验）为一体、融合多种商业业态的“Shopping mall”应运而生。Shopping mall与“都市圈”和“大都市带”的互动发展，进一步说明了城市发展对零售商业发展的深刻影响。

而目前，从全世界范围内来看，城市化进程依然在进行着，尤其正处于发展中的国家和地区，城市化进程有提速发展的态势，比如中国。据联合国人居署2004年9月13日发布的报告，目前全球城市人口正在以每周100万人的速度增长。经济全球化已经让1.75亿劳动者离开乡村，涌向城市。2000年，世界城市人口为28.6亿人，至2030年，这一数字将增长到49.8亿人，全球将有60%的人口居住在城市。现代零售业在全球城市化的过程中将不断地迎接机遇与挑战。

（二）人类社会的后温饱经济

几千年来人类努力奋斗解决的首要问题一直是“温饱”。从20世纪50年代起，先是发达国家陆续解决了温饱问题，又有一些发展中国家陆续解决了这一问题。进入20世纪90年代，主要由于中国用7%的土地解决了占世界22%的人口的粮食问题，从总体上看，可以认为人类已经基本解决了温饱问题，21世纪人类进入温饱后时代。①

温饱后时代人类经济活动将发生重大变化：①大多数工矿业的生产能力过剩，物质生产活动的地位相对下降；②流通、分配、服务类活动的地位相对上升，信息的加工、存储、传输、使用成为主导产业；③人类生活从仅仅追求一些温饱等物质需求逐渐转向追求精神需求，导致一些“非生产性”行业地位上升，如教育、保险、旅游、体育、娱乐等。

这种人类社会的后温饱经济特征对商业零售业会直接造成两方面的影响：一方面，为商业零售业的快速增长创造了雄厚的经济基础，使现代商业在一个国家和地区乃至世界经济中的地位作用日益凸显。因为，一般而言，零售、餐饮和批发行业与经济景气呈现密切的正相关关系，经济增长商业也增长，经济衰退商业也难以维持增长。人类社会的后温饱经济特征使现代商业零售业得到空前的高速发展。比如，零售业巨人沃尔玛在新世纪之初即荣登全球企业榜首，验证了“零售为王”的伟大预言（英国《金融时报》20世纪90年代中期就曾预言——21世纪，全球最大的公司将不再是传统的钢铁大王或汽车巨头，而是新兴的连锁零售帝国），标志着商业零售业在人类历史上发展到一个新时代，商业零售业从人类社会再生产的“末端”被推向了“前沿”，其在人类经济中的地位已经到了史无前例的高度。仅以2003年沃尔玛营业额接近2800亿美元作参照，其相当于2个希腊或3个马来西亚或4个秘鲁的国民生产总值。沃尔玛之所以能成就如此伟业，美国经济在20世纪90年代的持续发展和全球经济一体化的加速发展是重要的外部因素。② 另一方面，随着温饱后经济的到来，随着工业化、现代化程度的不断提高，人类消费综合化、体验化的需求趋势日益明朗，非物质消费比重不断增加，这将可能是改变商业业态和形态的最重要方面。

（三）技术发展与技术进步

由于通信技术和电脑技术的发展，在20世纪90年代成就了人类社会最大的一项创新——互联网。互联网的出现，对人类生活的各个方面都带来或正在带来巨大的影响和变化。这种影响和变化对零售产业来说，可从商品的供给

---

① 康荣平主编《大型跨国公司战略新趋势》，经济科学出版社，2001，第5~8页。

② 上海市商业经济研究中心、上海科学技术情报研究所编著《2004国际商业发展报告》，上海科学技术文献出版社，2005，第1~10页。

（生产者）、商品的消费（消费者）、商品的销售（零售商）三方面来描述。

1. 对商品供给（生产者）的影响及其变化

就商品的供给（生产者）来说，技术发展与技术进步对其影响主要表现在以下两个方面：

（1）企业竞争的战略与形态发生了根本性的变化。假如说，在工业经济时代，企业是在一个产业环境相对稳定、行业界限清晰且主要在一个国家/国内市场中竞争，那么，在信息经济条件下，全球化市场和产业界线的模糊则成为企业环境的重要特征。产生这种变化主要是由两个重要的变化趋势引起的：一是生产的国际化，自1985年起，全世界由企业跨国生产所致的对外直接投资以年均34%的速度迅猛增长。1991年，全世界的跨国公司的海外分支机构所生产和销售的金额总计达6.02万亿美元，第一次超过了当年全世界商品出口额（4.71万亿美元）。这标志着人类社会开始从“国际贸易”时代进入“国际生产”时代。二是市场（经济）的全球化。1978年以来中国开始改革开放，逐步向市场经济转变；1991年苏联解体，结束了“冷战时期”，开始向市场经济猛转。20世纪90年代全世界绝大多数国家都在向开放的市场经济发展，人类进入“全球村”时代。这使得跨国公司不仅可以进行全球扩展，还可对其全球活动加以整合，从而企业由多国国内的竞争进入全球时代乃至跨国时代的全球化竞争，企业竞争的战略与形态发生了巨大的变化。假如说，在工业经济时代，企业由于拥有所有权特定优势而对外直接投资，那么现在，对外直接投资也是企业获取与维护竞争优势的重要手段和途径。表3-1对不同环境条件下的企业行为进行了对比分析。

表3-1 国际环境、国际竞争及多国企业的战略响应

时　期	国际环境中的有关现象	国际竞争的类型	跨国企业的战略响应
多国时代 1920～1950年	• 市场结构和偏好的国际差异 • 民族文化 • 保护主义和高关税壁垒 • 对外国企业的差别立法 • 运输和通信障碍	多国国内竞争： 在一国国内的竞争本质上独立于其他国家的竞争。企业管理活动是子公司的业务	以国家为中心： • 在许多国家开展直接投资 • 自我约束和自治的分支机构 • 差异化和国家响应的战略 • 来自下游价值活动的竞争优势

续表

时　期	国际环境中的有关现象	国际竞争的类型	跨国企业的战略响应
全球时代 1950～1980年	• 由于许多产业的技术进步而导致的规模经济上升 • 尽管在国家之间有市场细分，但国家之间在市场结构和偏好方面有同质性 • 保护主义和民族主义的降低 • 运输和通信的重大改进以及成本的降低 • 卡特尔和其他协议的消失	全球化竞争： 企业在一个国家的竞争地位受到在另一个国家竞争地位的强烈影响	全球化： • 在几个工厂集中生产以获得规模经济 • 通过出口从少数几个制造地点服务全世界 • 全球营销活动的集中控制 • 产品设计的标准化 • 来自上游价值活动的竞争优势
跨国时代 1980年～	• 国家之间的偏好和市场结构的进一步同质化 • 很多产业规模经济的限制 • 在许多产业中技术和柔性制造过程的发展降低了最小效率规模 • 进一步降低运输成本的限制 • 通信成本的持续下降 • 保护主义的迅速上升和非关税壁垒 • 政府对本地投资、创造就业、改进外贸平衡和转移先进技术的压力	全球化竞争： 企业在一个国家的竞争地位受到在另一个国家竞争地位的强烈影响	加速海外投资的全球化： • 将生产分散在世界的多个工厂，每一个专门从事于一个过程/产品，并且彼此之间具有强烈的相互依存性 • 技术和观念在组织之间的转移 • 对国家利益和地区要求以及全球化的经济压力的同时响应 • 同时来自上游和下游价值活动的竞争优势

资料来源：Martinez，J. I. & Jari110，J. C.，“The Evolution of Research on Coordination Mechanisms in Multinational Corporations”，*Journal of International Business Studies*，1989，Vol. 20。

（2）人类的生产经营模式发生了革命。20世纪对人类影响最大的生产方式是福特制——流水线、标准化与大批量生产，它使人类制造物品的能力有了飞跃性的提高，使人类在物质上满足了基本的量的需要。而在目前的信息社会，大规模生产正在被大规模定制取代。这种大规模定制，要在大规模生产的情况下同时以低成本向消费者提供个性化的商品。其要点是：①以个性化客户为中心，围绕客户的需要来生产产品，其实质是生产者和客户共同定义和生产产品；②以灵活性和快速反应实现产品或服务的定制化。因此，随着互联网、电子商务、大规模定制的发展和普及，一项人类社会的重大变革随之出现，即已经延续几百年的由厂商主导的社会生产经营模式，逐渐被客户主导模式取代。这意味着经济权力转移：从厂商转到客户，并由此引起了商业模式的变革。比如戴尔电脑的销售模式。戴尔公司是第一个以客户的直接回馈来建立组织机构的电脑公司，并利用互联网与供应商和顾客建立直接的伙伴关系。目前可以为顾客提供在线配置系统，在尺寸能力、硬盘能力、调制解调器等方面进行多达1600万种组合。每种选择都有花多少钱和省多少钱的明确说明。①

2. 对消费需求的影响及其变化

在信息经济时代，互联网可以使厂商与客户之间的信息不对称变为信息对称。消费者可以通过互联网寻求自己所需的物品，同时还可做到消费者剩余最大化。尤其重要的是，由于信息经济时代，传播媒体的多样化、信息传播速度的快捷化，从而将形成两股相矛盾的消费潮流：一方面，由于多种传播媒体的影响，西方强势消费文化得到大面积、迅速的传播，以及生产的国际化的促进，使人们的消费观念、消费结构、消费行为趋同；另一方面，由于信息社会同时促进了人们文明程度的提高，加上人类个性意识的觉悟以及对全球化趋势的批判等多种因素的促成，将使人们的消费行为更趋于多元化、民族化与个性化。

3. 对商品销售（零售商）的影响及其变化

由于技术发展与技术进步，商业零售业的经营规模与经营模式正在发生着重大变化。目前已观察到的变化起码有以下两方面：

（1）技术进步为零售企业的规模经济与跨国经营提供了坚实的物质条件，从而彻底打破了传统经济学认为商业企业属于原子型企业，不存在规模经济的论断。如前所述，一些大型零售企业巨头的年均营业额已远远超过一个中小国家的国民生产总值。尤其是20世纪70年代之后，零售商跨国经营规模逐渐扩展，并于20世纪90年代进入高潮。零售企业的跨国经营与制造

① 康荣平主编《大型跨国公司战略新趋势》，经济科学出版社，2001，第5~8页。

业相比，虽然起步晚了一百余年，但发展速度十分惊人，其海外扩张的速度也绝不亚于生产型跨国企业。例如，据资料显示，日本早在20世纪末，其海外的流通企业数已占在国外开设企业总数的41%。对于一些大型跨国零售企业来说，海外营业额的增长已成其发展的主要源泉，例如，世界上海外销售额比重最高的3家零售商，为瑞典的爱琴、荷兰的赫尔丁和比利时的乐里澳等公司，其海外销售额分别占其公司总营业额的89%、85%、76%(1994)。①

（2）技术进步推动着零售商业组织结构、商业模式发生着历史性的变革，连锁经营正成为跨国零售企业海外扩张的主要组织形式。目前，连锁化在零售业态的各种形式中都被采用，其涵盖折扣店、便利店、超市、巨型超市以及百货商店、专卖店等各种不同业态，成为零售业发展的重要形式之一。在连锁经营的跨业态、全球化的运用过程中孕育着企业的不断创新。据有关资料统计，在欧美，连锁业实现的销售额已占到社会商品零售总额的50%~60%。几乎全球著名的大型零售企业都采用了连锁经营方式。日本连锁商店的销售额已占到零售额的近30%。

实际上，纵观西方世界零售业发展近百年的历史，不难发现各种商业机构与经营形式的产生和发展无不受技术的影响。例如，19世纪后半叶百货商店的兴起，从技术角度来看，则是由于：①机器大生产为百货店提供了丰富的货源；②机器大生产使得产品标准化程度大大提高，明码标价成为可能。因此，百货店在1860~1920年间得到迅速发展。对于目前正在大发展的连锁店来说，技术的作用更是不可或缺。由于现代信息技术使“单品管理”等科学的库存管理、内部流程管理能够充分实现，使其能够对遍布全球的分店采集信息、发布指令和动态管理；并且，大型集装箱运输，使得跨国货物的运输更为便捷且成本低廉，如此等等，这些技术因素，正是促使20世纪90年代之后跨国零售企业大批走向海外，以连锁分店形式像蛛网般向全球扩张的客观原因。展望未来，互联网带来的电子商务将如何颠覆传统商业，RFID技术带来的“未来商店”将如何改变消费者、供应商、零售商和批发商，可能人们还要拭目以待，但可以肯定的是，“新的技术始终会引发新的商业模式”（康荣平，2001），技术因素在今天可能比以往任何时候都将发挥更大的作用。

---

① 聂正安：《零售企业扩张实践质疑威廉姆森命题》，《财贸经济》2005年第9期。

二 零售企业的全球性竞争初露端倪

正是由于上述各种诱致零售产业全球化因素的直接影响，零售企业的全球性竞争已经拉开了序幕，展现在人们面前的这幅商场画卷表现出了如下特征。

（一）商品零售市场稳定增长但发展不平衡

近年来，尽管全球经济颠簸前行，但零售业一直保持着稳定的增长态势。仅以全球经济经历了2001年的“网络泡沫破灭”后的2002年为例，据M + M Plant Retail①统计，当年全球零售额将近8万亿美元，相当于当年全球GDP的24.8%（2002年全球GDP总额为32.3万亿美元）。

但是，零售业在全球的发展极不平衡。以美国、西欧、日本为首的发达国家和地区，占据了全球零售额的绝大部分，其中尤以美国所占份额最高。据美国商务部人口普查局统计，2003年美国全国零售总额（除去汽车及其零部件销售）为2.5万亿美元，占全球总额（2002年）8万亿的30%以上。全球最大的200家零售企业基本都属于发达国家，其零售额占了全球零售总额的29%左右，② 其中美国零售商的零售额占50.6%，详见图3-1所示。发达国家零售市场已经非常成熟，整个行业呈现较低的增长率。

一些发达国家3/4的商品销售是经由超市、超级商店等现代零售业态完成的。零售体系不仅非常成熟，而且十分发达，比如，意大利早在1990年，其平均每51人就有一家商店。而一些贫穷国家还主要集中在解决温饱问题，食品的销售占了销售额的90%以上，而且主要是通过菜市场、街边小贩、货摊等形式销售。由于政治和经济的不稳定，一些国际零售巨头也不愿承担较大风险，将先进的零售业态导入贫穷地区，更加导致这些国家和地区的零售业远远滞后于全球零售业的发展潮流。

亚洲和东欧由于经济发展迅速、政治稳定，是零售业发展最为迅速

① 这是一家全球著名的零售业咨询机构，其办事处设在英国伦敦、德国法兰克福和日本东京。

② 上海市商业经济研究中心、上海科学技术情报研究所编著《2004国际商业发展报告》，上海科学技术文献出版社，2005，第1~10页。

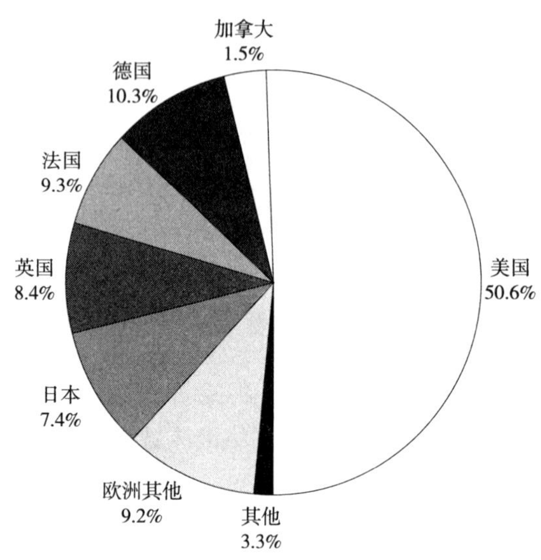

图 3－1　全球销售额最高的 200 家零售商所在国家（销售额比例）

资料来源：德勒（Deloitte）公司，《2004 Global powers of retailing》。

的两个地区。波兰、捷克、匈牙利等国家零售市场已经呈现出发达国家的市场特征：零售业态多样化、市场成熟、零售额增长缓慢。而中国、俄罗斯等正在步入高速发展阶段，零售额增长迅速，各种新兴业态纷纷出现，同时也引起了国际零售巨头的广泛兴趣，纷纷在这些国家大力投资。

（二）全球收购、兼并，竞争日趋激烈

随着跨国零售企业在全球产业中的作用不断加强，跨国零售企业的发展更为迅速，竞争也更加激烈，跨国零售业巨头为了适应迅速变化的环境，更多地采用收购、兼并与重组等外部交易形式进行全球扩张。20 世纪 90 年代全球跨国投资和跨国购并年均增长 16.5% 和 54.3%，全球购并的特点是强强之间的联合，知识资产与无形资产所占的比重越来越来大，购并的规模大、速度快、频率高，都是前所未有的。例如，世界著名零售巨头沃尔玛就是靠收购兼并起家的，早在 1977 年，沃尔玛便收购了 MOHR－VALUEDE 的 16 个店铺，在其后的 20 多年时间里又先后收购了 GRAND-CENTER、WESTERN MENCHAN、91PACE、WOOLCO、WERTKAUF、IN-TERSP、ARASDA 等近十家企业，其中以并购英国第三大超市 ASDA 最为

引人注目。近年来，联合、兼并做大规模已成为全球零售业的主旋律。企业不断地通过资本市场运作，使企业资源最优化、结构合理化，形成规模经济，以塑造自身的核心竞争力。据 M + M Plant Retail 统计，2002 年全球零售业食品杂货领域发生的较大收购兼并案有 180 个，涉及零售额达 840 亿欧元，涉及店铺 23500 家；2003 年收购兼并案增加了 30 个，达到 210 个，但涉及的零售额和店铺数都有所下降，2003 年涉及的零售额为 620 亿欧元，涉及店铺数为 21650 个。北美和西欧是收购兼并交易发生的主要地区，涉及的零售额分别占总涉及零售额的 37%。亚洲由于受到越来越多的跨国零售巨头青睐，交易也非常活跃，占总涉及零售额的 19% 左右。比如，沃尔玛于 2005 年底完成收购日本的西友，收购金额达 5. 97 亿美元，收购后的西友将以沃尔玛子公司的形式存在。其他地区发生的收购兼并案相对较少，如图 3 –2 所示。

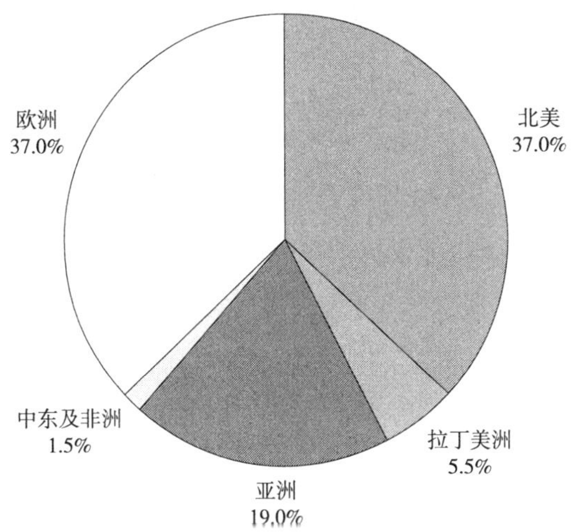

图 3 –2　2003 年全球食品杂货领域发生收购兼并地区分布（交易数）

资料来源：M + M Planet Retail，“Global grocery retailing M&A summary 2003”。

过去十几年日本由于国内经济一直较为萧条，导致其部分零售商也逐步陷入困境。在 2003 年全球发生的 10 件大的收购兼并案中，日本占了一半左右。同年全球发生的最大兼并案也是日本的，即伊藤洋华堂（Ito – yokada）公司收购另一家本土企业 York – Benimaru，其涉及的店铺达到 92 家，涉及的年销售额为 120 亿欧元左右。详见表 3 –2。

表 3－2　全球食品杂货领域十大收购兼并案（2003 年）

购买者	收购对象	店铺数（家）	零售额（亿欧元）
伊藤洋华堂（日本）	York－Benimaru（日本）4.9%	92	120.82
永旺（AEON）（日本）	Mycal（日本）	144	56.98
Couche－Tard（加拿大）	Circle K/Conocophiliphs（美国）	1663	41.22
百联集团	联华超市、华联超市、第一百货等	2160	32.00
Rewe（德国）	Bon appetit（瑞士）	269	21.00
La Caixa（西班牙）	Capraba（西班牙）	518	20.01
永旺（AEON）（日本）	Kasumi（日本）15%	106	19.04
Coles Myer（澳大利亚）	Shell petro station（澳大利亚）shel（英国）	584	17.61
Kyushu Jusco（日本）永旺（AEON）（日本）	Home wide Corp.（日本）	90	12.50
Cirele K（日本）/c&s（日本）	Sunkus（日本）	619	12.06

注：中国百联集团的数据也是来自 M＋M Planet Retail 报告。

资料来源：M＋M Planet Retail，“Global grocery retailing：M&A summary 2003”。

中国是另外一个收购兼并较为活跃的地区。上海百联集团收购华联超市、第一百货、友谊商店等的交易案，在 2003 年的全球十大食品百货领域收购兼并案中排名第四。此外，2004 年英国超市连锁集团特易购出资 1.4 亿英镑收购中国“乐购”超市集团 50% 股份，也是较为有影响的一宗收购案。

在零售业全球购并以提高竞争实力的同时，也伴随着一些大型零售企业倒闭。比如，曾是美国第二大折扣零售商的凯马特（Kmart），由于经营不善，于 2002 年初申请破产保护，并于 2003 年 1 月关闭了 283 家分店，裁员 2.2 万人；日本第二大零售集团大荣公司（Daiei）在日本泡沫经济期间大肆扩张，背负了巨额债务，结果由于经营困难，于 2004 年将旗下 4 家分店以 454 亿日元（3.85 亿美元）的价格出售给美国投资银行高盛公司。

零售业内激烈的市场竞争，一方面促使零售行业不断提高集中度；另一方面，全球一些著名零售企业也纷纷通过提高劳动生产率，来适应激烈的市场竞争。据麦肯锡统计，全球零售业生产率的增长，从 1987～1995 年间的 2% 跃升到 1995～1999 年间的 6.3%，几乎占到整个经济领域生产率增长的

1/4。此外，也有企业通过增加销售自有品牌的商品数提高利润。比如，英国著名的马狮百货公司是英国最大且盈利能力很强的零售商业集团之一，经营的所有商品只用一个“圣米高”牌，是世界上著名的“没有工厂的制造商”。[①] 总之，激烈的竞争环境，使零售企业的竞争招数层出不穷。

（三）国内市场与国际市场界限日渐模糊

经济全球化的结果使零售产业这个传统上相对封闭的产业日益全球化，国内市场与国际市场界限日趋模糊。一方面，在经济全球化下，各国都在较大程度上向外国开放本国市场，因而，国内市场已成为国际市场的一部分，国内企业即使不走出国门，依然要面对日益激烈的国际化竞争。尤其是在发达国家，其零售市场已经具有高度国际化的特点。以美国为例，尽管美国市场的竞争十分激烈，家乐福和欧尚都曾经在美国失败过，但巨大的消费市场仍然吸引着全球各国的零售企业。处于领先地位的国外零售企业，如来自荷兰的阿霍德（Ahold）、比利时的德尔海兹（Delhaize）以及德国的廷格尔曼（Tengelmann）等零售企业，均在美国零售市场占有重要地位。参见表3－3。

表3－3　在美国经营的十大国外零售企业（2001年）

零售商	国　籍	零售额（亿美元）	零售商	国　籍	零售额（亿美元）
Ahold	荷　兰	370.82	Aldi	德　国	43.25
Delhaize	比利时	156.43	Casino	法　国	20.09
Tengelmann	德　国	84.90	Couche－Tard	加拿大	3.82
Ito－yokado	日　本	98.51	Daiei	日　本	1.00
Sainsbury	英　国	43.85	Gigante	墨西哥	0.78

资料来源：M＋M Planet Retail－www.Planetretail.net。

另一方面，大型零售商纷纷进军海外市场谋求国际化发展，已成为大型零售企业的竞争战略选择。虽然各国零售企业走向海外的程度不同，但积极参与全球化竞争的意识已逐渐形成。当然不言而喻，日本、美国以及欧洲的这些发达国家的跨国零售企业依然是全球化发展的主体，其全球化率也是遥

① 上海市商业经济研究中心、上海科学技术情报研究所编著《2004国际商业发展报告》，上海科学技术文献出版社，2005，第1～10页。

遥领先的。例如，美国的沃尔玛、好士多等企业都具有强大的海外业务。另据2003~2004年《世界经济年鉴》披露，从海外销售额占总销售额的比例看，瑞典的家具和家居连锁零售商——宜家（IKEA）可能是全球零售业中最高的，它的销售额中九成以上都是在瑞典以外完成的。到1998年底宜家已进入28个国家和地区。其他的欧洲零售商，如荷兰的万客隆和阿霍德、德国的麦德龙、法国的家乐福、比利时的德乐斯等都有很高的海外销售比例。麦德龙在欧洲、南美、西亚等20多个国家拥有3607家分店（2004年），年销售额达875亿马克，其中海外销售额超过40%。[①] 2001年全球零售企业500强在全球分布情况详见表3－4。

表3－4　2001年全球零售商500强地区分布情况

地　　区	零售商数量（个）	平均规模（百万美元）
北　　美	164	5590
欧　　洲	143	2350
日　　本	89	1150
亚　　洲	74	139
其　　他	30	148

综上所述，跨国零售企业所处的历史环境，有两股力量正在强有力地推动零售产业的全球化：一是经济全球化为零售企业的全球扩张提供了前所未有的地理可能性；二是科学技术进步为零售企业全球扩张创造了史无前例的物质技术可行性。因此，各国的零售企业正面临着零售产业全球化压力。所谓零售产业全球化的压力，对于企业来说，具体表现为全球资源整合的压力。即一方面，企业要通过全球扩张而使其经营活动分布在全球的不同环境，并以此作为获取竞争优势的平台；另一方面，这些分布于不同环境的活动还需要彼此加以整合，以获得全球整合所带来的各种优势。换句话说，对于一个意欲保持持续竞争优势的企业来说，必须获取全球范围内的竞争优势，才能获得进一步发展的机会。成功的企业往往是那些在各国市场上都拥有相对优势的企业，一个纯粹的当地企业难以与之竞争。这就使得那些没有进行跨国经营的企业将被推到被动的境地。

① 王忠明主编《世界500强在华经营战略》，广东经济出版社，2002，第358~359页。

第二节　零售企业国际化经营的产业环境

在零售产业全球化下，零售产业正呈现新的发展趋势与特征，这种新的发展趋势与特征反过来必然会作用于零售企业国际化经营活动。

一　零售产业发展趋势

零售产业发展在世界各国之间参差不齐，各具特点，但从总体上看，仍呈现如下共同的发展趋向。

（一）业态多样化且差异与融合并存

零售业态的发展程度和一个国家的经济水平、法律法规、居民消费习惯、交通状况、居住环境等因素密切关联。因此，零售业态一般随着国家不同，其划分的标准也相差很大。如美国 Food Marketing Institute 将食品杂货领域的业态划分为传统型渠道和非传统型渠道两种，每种里面又包括多种具体形式，见表 3－5。

表 3－5　美国 Food Marketing Institute 食品杂货领域业态分类

传统渠道（Traditional Grocery Channel）	非传统渠道（Non－tradition）
传统型（Conventional）	巨型超市
超级商店（Superstore）	批发俱乐部
食品药品综合商店（Food/drug Comoro）	小型俱乐部
仓储式商店（Warehouse Store）	超级中心
小型分类商店	折扣店（Deep discounter）
超级仓储式商店	网络（Internet）
便利店（传统型）	
便利店（加油站）	
其　他	

资料来源：《2004 国际商业发展报告》，上海科学技术文献出版社，2005，第 65 页。

中国颁布的国家标准《零售业态分类》（GB/T18106—2004）则将零售业分为食杂店、便利店、折扣店、超市、巨型超市、仓储会员店、百货店、专业店、专卖店、家居建材店、购物中心、厂家直销中心等17种业态。

虽然零售业态的分类标准各式各样，在各个国家的发展水平参差不齐，但是，就世界范围的整体来看，零售业态多样化发展下的差异与融合并存的趋势还是比较明显的。

1. 各种业态百花齐放，互补余缺，同时并存

不论是发达国家还是发展中国家，从零售业态形式来说，既有传统的，也有现代的。比如，在国际大都市巴黎或伦敦，既可以看到新型的购物中心、特级市场，也可以见到饱经沧桑的夫妻老婆店、热闹喧嚣的农贸市场以及吸引着无数旅游者的跳蚤市场。

2. 多种业态相互融合，变革与创新速度在加快

所谓零售业态相互渗透，是指在充分发挥本业态固有特点的基础上，通过学习和借鉴其他业态、扩充和完善本业态的服务功能，最大限度地满足消费需求。就业态本身来说，通过渗透，可以使业态得到完善；而就企业来说，通过渗透，可以扩充商圈，提高市场竞争能力。实际上，从城市与零售商业互动发展的历史过程中也可以发现，零售业态相互之间的取长补短与兼收并蓄是零售业态演变的一种重要方式。而现代生活多元化与市场细分的特征也必然导致零售业态的多样化，不断推动着各种市场定位的零售业态推陈出新。在激烈的市场竞争中，不同业态之间相互取长补短，逐渐呈现一种融合发展的趋势，使不同业态之间出现诸多相似性，甚至很难分辨。例如，百货店是高价格、高毛利、低周转率的零售业态，而其对立面——折扣店，则以低价格、低毛利、高周转率为特点。但随着零售业的发展，这两种差异很大的业态正呈现融合的趋势而形成新的零售业态——折扣百货店。现代欧美商业社会最为流行的一种商业零售业态 Outlets，就是这两者融合的典型形式。它是指专门销售名牌过季、下架、断码商品的商店组合。折扣低至七折以下，被称为“品牌、工厂直销购物中心”。

其实，Outlets 这种零售业态很早就存在了，其最早发源于英国，迄今已有百年的历史。其原型就是“工厂直销店”，专门处理工厂尾货，而发展到今天，它集超市、折扣店、百货店等众多业态的特点于一身而发展成为一种独立的零售业态。正由于 Outlets 具备了上述各种零售业态的众多优势，才成为目前最具生命力的业态形式。

（1）它经营着百货商店的知名品牌商品。由于 Outlets 的商品都是名牌下架商品、过季商品及断码商品，消费者在这买高档名牌，如同逛豪华百货商店。

（2）拥有大型超市的购物环境。每一个 Outlets 中心的购物面积都很大，以美国为例，Outlets 中心的面积由几万平方米到几十万平方米都有，如同一个大型的仓储式超市。

（3）享受着折扣店的令人心动的商品价格。同样的商品与市中心的百货市场相比，价格普遍要偏低 60%，甚至更多。如同在折扣店购物一样，让人享受一种“淘金”的喜悦。

目前，在欧美发达国家的大型零售商店中，百货、超市、折扣商店和大型专业商店几乎四分天下。以总零售额为标准，Outlets 傲视群雄，其他零售业态都难望其项背，而它又切切实实是从上述几种业态的融合中演变而来的。因此，可以预料，随着各种业态间的相互融合、变革与创新，还会不断有新的零售业态形式产生，会有新的业态来取代 Outlets。因为，只要消费需求在发展，存在着市场竞争，零售业态的创新就会不断地进行。所不同的是，这个时代比以往任何时候都更富有创新精神，非传统型渠道发展更加迅猛。比如，全球最大的 30 家零售商的零售额中，巨型超市、超级商场现购自运（Cash & Carry）（很多仓储式商店都是通过现购自运方式销售）等大型零售业态的零售额增长最快。而且，由于购物休闲化、娱乐化趋势的出现，近年来购物中心成为零售业发展的新热点。在 20 世纪 90 年代信息技术爆发性的推动下，无店铺销售从以邮购、直销为主开始向网络销售、电子商务发展。据统计，仅 2003 年美国全国网上零售额就达到了 1140 亿美元。

上述是在欧美发达国家所出现的零售业态差异与融合并存、变革与创新图共存的发展态势。就是在发展中国家，零售业态的发展也呈现这种趋势。比如在我国，新兴零售商业业态引入的时间并不长，但也出现了相互融合渗透的趋势。如百货店的专业化、特色化甚至超市化的发展趋向、白货店的会员制趋向、综合超市经营范围的百货化趋向等。这些都说明，当今世界的商业环境存在着促进商业零售业态变革、创新求发展的内在因素。

（二）市场集中化程度不断提高

生活方式和购物习惯的改变，促使单个店铺大型化、整体化，服务功能更加齐全。大约从 20 世纪 80 年代开始，零售业单体规模逐步扩大。比如日本，1982～1997年的15年间，零售商店数量由172万家降为142万家，减幅达18%。其中中小型商店减少幅度最大，而大型商店不仅没有减少，反而明显增加。就单个店铺来说，同期的店均营业面积增长了64%，店均销售额增长了90%，店均职工增加了33.3%。① 再比如韩国，1971年国内出现了第一家超级市场，而10年后发展为1500家；在我国的香港，超级市场的数量仅1975～1983年这8年间就增加了6倍，而同期传统的杂货店数量却减少了30%。但由于零售业是一个当地化程度很高的产业，它的兴起主要是为了迎合当地消费者的需求，因此，在市场集中化程度不断提高的同时，依然存在很高的地区化特征。比如，美国的零售行业，既有市场集中化程度很高的大型零售企业，也有中型零售企业，还有正处于高速增长的小型零售企业。其百货店更呈现出高度地区化的特征。因此，零售市场从总体上来说，仍属于垄断竞争化的市场结构。

伴随着市场集中化程度的提高，流通职能也趋向于纵向一体化以及业务细化经营。为最大限度地节约流通成本、提高效率，跨国零售企业往往实行批零兼营，甚至将物流、仓储等部分流通职能也一体化进企业。比如沃尔玛就拥有强大的物流配送中心，为其零售超市网络提供及时的商品配送服务。有时零售企业的批发营业额甚至超过零售营业额，这种状况在食品杂货零售业中尤为突出。尤其是科技革命所引起的商品货币关系的深入发展，要求流通组织形式不断地演化和发展。比如，随着现代科技在美国、日本流通领域的应用，百货商店、连锁超市、电子商务等零售业态的演进，正从产销合一、产销分离向产销结合的方向演变。这种情况在其他国家也同样存在，比如，挪威的零售企业为适合当地的消费需求及条件，对零售业务奉行纵向业务细化经营理念，如The Norges group零售业务下分SPAR、MENY、VLTRA、JOKER和KIWI五个食品日杂零售连锁公司，零售网遍布挪威全国。其中MENY集团是最大的全国性连锁超市，KIWI是价格低廉的全国性连锁店，JOKER则是地区性的连锁店，VLTRA是地区性的连锁超市，集团还经营包办宴席服务，为各种社会机构提供快餐业务，并与其他公司共同经营着近140个连锁快餐店。同时，集团还有挪威街头以MIX品牌进行经营的连锁小售货亭。②

① 王忠明主编《世界500强在华经营战略》，广东经济出版社，2002，第358～359页。

② 周新健：《挪威流通业现状及发展特点》，2003年12月8日《国际商报》。

（三）企业竞争正由单体转为群体

伴随着经济全球化、科学技术发展与进步以及交通的发达，企业的竞争战略与竞争方式也发生了巨大变化。企业之间的竞争正由过去的一对一较量而逐渐转变为企业群体之间的竞争，即供应链的竞争。所谓供应链，即是以市场需求为起点，由零售商、中间商、生产商等商品流通渠道中各环节经营者紧密连接起来所形成的市场供给方，谓之商品供应链，在这个供应链上的企业并不靠产权关系或任何行政关系来维持，而是按照现代流通规律，特别是按照现代物流技术和理念而整合成一个虚拟企业群体。处于上、下游的企业利用现代信息技术，通过履行和集成业务流程，使供应商、中间商、零售商之间建立起协同的业务伙伴关系，真正成为以供应链为纽带的群体企业。供应链体系的形成，通过系统内资源的有效整合，降低了供应链总成本，如降低了供应链上的所有企业的库存水平，甚至可能使大部分企业实现零库存。其通过加快信息的应用和流通，增强信息共享水平，保持战略伙伴相互之间操作的一贯性，并产生更大的竞争优势，从而使供应链上的所有企业提高了市场竞争力。

二　零售产业发展特征

零售产业环境和过去比，正呈现两个重要特征。

（一）零售产业的国家保护在悄然升温

随着经济全球化的日益深入发展，矛盾的两方面也日益显现出来：一方面，全球范围内各个国家日益走向开放，贸易自由的呼声越来越高；另一方面，伴随着开放的各国文化多样性以及民族主义情结的悄然强化与上升，其零售市场的保护措施则“暗度陈仓”，巧作安排。因此，零售企业之间的国际化竞争往往与国家之间的竞争交织在一起，显得更加激烈。

1993 年和 1994 年在日本发生的大米事件，就是非常典型的民族主义情结的表现。日本由于在这两年大米连续歉收，不得不放宽进口大米的限制，从美国加州进口大米，结果导致老百姓高价哄抢当地大米，甚至因此发生了社会骚乱，以至于日本天皇出来公开告诫国民，天皇也吃进口大米，活得很健康。这一让外国人听起来滑稽而且伤感的故事背后是日本人强烈的民族主义倾向。当然，关于民族主义情结高低，各个国家不一样，且各国的不同人群的高低也不一样，但是有一点是可以肯定的，在随着经济全球化而使消费呈现趋同的情况下，各国消费的差异依然不可消除，这里面既有民族中心主义情结的作用，还有经济、文化以及人文地理的差异等多种因素的作用。这些因素综合作用的结果，促使国家也作为一种力量出现了。各国面对外资零售企业的进入，采取了各种各样的保护措施。

例如，韩国零售业开放始于 1989 年，历经 4 个阶段，直到 1996 年才全面开放，这种渐进式开放政策确保了本土零售商有八年的时间准备以全面应对外来竞争。同时政府还注重对中小零售商的扶持，如 1996 年，政府注入 870 万美元，减免零售商 50% 的税收；为零售商的合作采购提供 240 万美元的资本；为 2000 家商店提供 550 万美元资金改进店铺设施等。① 再如，欧盟成员国以经济需求测试和保护艺术街区为由，控制外资建立和经营百货店、购物中心的数量。而日本政府则是对经营食品、药品等涉及卫生标准的零售企业规定了严格而具体的标准与审查条例，并须获得厚生省开业许可。其“大店法”虽然在颁布之初并不是为了对外资商业进行限制，而是为了保护中小零售商业企业的利益，但事实上外资零售企业要想进入日本零售市场同样要受到大店法的制约。印度则明确限制外资零售商进入的类型与数量、限制外资零售商的利润返回等。法国是“计划经济”成分较高的市场经济国家，对商业的管制非常严格。1993 年后，规定建设超过 400 平方米的商店都要上报，由省经济部、城市发展部、工商会等部门联合批准；要兴建 3000 平方米以上的超市则要由 7 人组成的全国专家委员会投票表决。美国在商业设施规划中将商业网点配置明确分为城市中心、地区中心、社区中心和邻里中心等不同层次，分别予以调控，以保证合理建设、规模适度和有效竞争；等等。

总之，世界各国对零售产业的保护措施尽管形式各样、程度也有高低之分，但总的来说，其保护都有不断升温的趋向。关于这一问题，本书将有专门章节来讨论，这里不细说。

（二）行业进入壁垒在逐渐加大

随着信息技术的发展，零售行业进入壁垒低的情况在逐渐改变。因为随

① 德仔、夏彦超：《韩国零售业的对外开放》，《国际商业技术》1999 年第 6 期。

着信息技术的发展，商业信息化的步伐也在加快。商业信息化的精髓在于以电子信息技术为基础，使之合理化、制度化、规范化，通过现代化的物流配送中心实现商流、物流、资金流、信息流的统一，大幅度提高效率，降低成本，确保产品供应商、零售商以及与物流商之间的精密协作，方便、快速地满足消费者的不同需求。目前国际上各种新型零售业态之所以发展迅速，经营业绩不断上升，其中一个重要原因即在于运用了现代化的信息技术和科学化的销售与管理系统，如顾客定位系统、客户关系管理系统（CPM）、供应链管理系统（SCM）、销售时点系统（POS）、电子订货系统（EOS）和金融商业 POS 电子转账系统等。建立企业内外部的动态联盟，实现了经营网络化、自动化管理，这既是企业获得竞争优势的手段，也是零售企业现代化的必然之路。发达国家的大型零售企业基本都拥有现代化的信息技术系统以及科学化的销售与管理系统，并且还不断地进行升级换代。因此，一个不具备上述技术实力与科学管理系统的企业要想与现代化的跨国零售企业较量，显然不在一个技术层面上。对于一个零售产业的潜在进入者来说，无疑也是一种进入壁垒。

由此可见，零售企业国际化面临的国际零售产业环境，既是全球的、开放的，同时也是差异的、多变的，其中竞争与垄断并行不悖。因此，全球化的零售市场本质是一个多国环境，它在消费者偏好、分销渠道、东道国政府政策和需要、基础设施、文化传统、竞争条件等诸多方面有着很大的差异。因此，尽管全球整合会给企业带来各种利益，但政策限制、文化差异和民族主义等各种因素又会使企业的全球整合受到限制，而且国家环境的差异性也会限制一个企业从全球整合中所享有的利益，这一限制使零售企业在国际化经营中必须考虑当地的特殊需要，进行本土化适应。

第三节　本章小结

本章从两个层面对零售企业国际化经营环境进行了分析：历史环境（国际环境变化）与产业环境（零售企业市场环境）。

1. 零售企业国际化面临的历史环境，其基本特征是零售产业全球化

跨国零售企业所处的历史环境（国际环境变化）中，有两股力量正在强有力地推动零售产业的全球化：一是经济全球化为零售企业的全球扩张提供了前所未有的地理可能性；二是科学技术进步为零售企业全球扩张创造了史无前例的物质技术可行性。因此，各国的零售企业正面临着零售产业全球化压力。所谓零售产业全球化的压力，对于企业来说，具体表现为全球资源整合的压力。即一方面，企业要通过全球扩展而使其经营活动分布在全球的不同环境，并以此作为获取竞争优势的平台；另一方面，这些分布于不同环境的活动还需要彼此加以整合，以获得全球整合所带来的各种优势。换句话说，对于一个意欲保持持续竞争优势的企业来说，必须获取全球范围内的竞争优势，才能获得进一步发展的机会。成功的企业往往是那些在各国市场上都拥有相对优势的企业，一个纯粹的当地企业难以与之竞争。这就使得那些没有进行跨国经营的企业将被推到被动的境地。

2. 零售企业国际化所面临的产业环境，其基本特征是本土化

零售企业国际化面临的国际零售产业环境（零售企业市场环境），既是全球的、开放的，同时也是差异的、多变的，其中竞争与垄断并行不悖。因此，全球化的零售市场本质是一个多国环境，它在消费者偏好、分销渠道、东道国政府政策和需要、基础设施、文化传统、竞争条件等诸多方面有着很大的差异。因此，尽管全球整合会给企业带来各种利益，但政策限制、文化差异和民族主义等各种因素又会使企业的全球整合受到限制，而且国家环境的差异性也会限制一个企业从全球整合中所享有的利益，这一限制使零售企业在国际化经营中必须考虑当地的特殊需要，进行本土化适应。

3. 零售企业性质与资源特征决定其平衡压力的路径与方式

由于历史环境与产业环境的变化，对零售企业国际化形成了产业全球化与多国本土化的双重压力，这双重压力将会从不同方面对其产生直接与间接的影响。虽然在经济全球化下，所有的企业都会面临这两种压力的考验，但不同产业的性质与资源特征不同，承受这两种压力的大小及其组合程度也不同。因此，要深入讨论零售企业国际化中平衡这两种压力的途径与方式，则须从零售企业的性质与资源特征出发，针对国际化经营过程中的具体问题来探索。

第四章
零售企业国际化经营动因

传统的跨国公司行为理论认为，一个企业之所以甘愿冒险到海外投资并拥有实物资本，是因为其确信拥有某种所有权特定优势，足以使其抵消在遥远的未知环境中经营所付出的额外成本。或者说，所有权特定优势及其特征是促使企业进行海外直接投资的内在动因。那么，零售企业的所有权特定优势是什么？假如品牌与统一经营模式属于跨国零售企业所有权特定优势的核心内容，其内在形成的机理又是什么？零售企业所有权特定优势与生产性企业相比有什么不同的属性与特征？为什么它必须内部化而不采取其他方式？本章将循着这些问题的内在逻辑进行深入探讨。

第一节　零售企业所有权特定优势的内容与属性

一　零售企业所有权特定优势的内容

经济学常识告诉我们，零售企业一定拥有独特的所有权特定优势，这是因为，零售企业存在着与生产性企业明显不同的企业性质与资源特征。下面就以此为出发点来进行剖析。

（一）零售企业所有权特定优势的核心内容

零售企业是社会分工的产物，它是专门媒介商品生产与商品消费的桥梁与纽带。因此，零售企业的经济性质就是专业化的交易商。其存在的本质就是为了交易费用的节约。

首先，随着社会分工的不断深入发展，商品生产与消费之间无论在空间、时间还是在数量以及花色品种等众多方面的矛盾越来越大，若不存在专业化的交易商，交易寻求的费用必将呈现递增的趋势，因为，随着社会分工的深入，分工越来越细，专业化越来越强。则可能出现如下场面：在一个具有 n 个交易者的市场中可能的交易渠道有 C_n^2，即如有 2 个交易者时，联系的渠道是 $C_2^2=1$；如有 5 个交易者时，联系渠道为 $C_5^2=10$；等等。随着交易者数目的增多，彼此寻求对方进行交易的渠道数目不断递增且递增的速度会越来越快。毫无疑问，交易的途径多了，从中取舍的难度也自然会增大；同时，市场的激烈竞争又促使产品与服务逐渐趋同，因而，要想在如此缤纷复杂而形似质异的众多交易中选择一个满意的交易对象，不仅需要勇气，更要靠经验、常识与非凡的洞察力。为了完成这一重要的搜寻任务，势必要投入大量的人财物资源。因此，社会分工越深入，交易的寻求费用会与日俱增。

其次，随着社会分工的不断深入发展，若不存在专业化的交易商，则交易双方的谈判签约与监督履约的费用就会呈递增趋势。如上所述，在社会分工不断地向纵深发展的条件下，社会成员对于社会整体的依赖性日益递增。这种依赖性的实质表现便是交易量的猛增。猛增的交易量使得人与人之间的接触频率大大增加，而每个人需求的多样化与生产的专业化之间就成为一对难解的矛盾；又由于人们机会主义地投机取巧的逐利天性的存在，从而人们无疑面临着急需交易又恐惧交易（由于机会主义者的存在与社会上的一些欺诈现象，导致人们担心在交易中受骗，从而产生害怕交易但又不得不交易的困境）的两难选择，其唯一的解决途径便是参加交易但增加谈判签约与监督履约的交易费用，如此，人们就要花很大的精力去细化契约的条款，挖空心思地预测交易过程中有可能出现的各种情况，以协调在不同情况下交易双方的责任与权利，而且还要制定详细有效的监督履约条款，尽量使契约完善。同时，随着交易的复杂度越来越高，同一交易的交易品可能有多项衡量指标，逐个指标地界定，寻求衡量工具及精细的衡量过程……如此种种，在这样一个信息极度不对称的世界中，众多力求完善信息的人们孜孜不倦的追求，必然推动着谈判签约与监督履约的交易费用强劲上升。

上述交易的寻求费用、谈判签约的费用以及监督履约的费用，都会由于零售企业作为专门化的交易商而大大节约，这可以从分工协作产生效率来解释，但仅仅如此解释还远远不够。因为，若探究上述交易费用发生的深层原因，主要源于交易双方的信誉与承诺问题。那么，零售企业作为专业化的交易商又是如何获得信誉与承诺的呢？

根据威廉姆森提出的交易过程三维假说，可以对零售企业作为专业化交易商本身具备的信誉与承诺作如下分析：

第一，交易频率。如果双方的交易量很大且连续不断地进行，交易双方就有必要花费资源做出特定的安排，即形成某种规制结构。零售企业作为专门化的交易商，从无数次的交易中逐步探索进而形成某种特定的经营模式。经营模式实质就是完成商品交易活动的某种特定规制结构。这种经营模式的形成与运作是需要费用的，但可以分摊到无数次连续不断的交易中，从而降低相对交易费用。反之，如果双方的交易是“一锤子买卖”或发生的频率较低，则设立专门的规制结构反而会增加交易的费用。而零售商则正是专门从事无数次交易的专业化商人。

第二，资产的专用性。是指资源在用于特定用途之后，很难再改作他用的性质。资产专用性可分为五种类型：场地专用性、物质资产专用性、人力资源专用性、专项资产专用性以及商标等无形资产专用性。资产专用性越强，则在交易过程中形成的交易费用越大。如提前终止交易造成的“沉没成本”，小数谈判中交易双方选择交易对手的余地较小等，一旦遇到机会主义行为，市场的交易费用就陡然上升。因此，商业零售企业作为专业化交易商在降低市场交易中信赖性风险的同时，由于“资产专用性”的因素，也使自身套牢于整个交换经济系统中，如俗话所说：“跑了和尚跑不了庙”，使其难以从中间交易商的地位上退出，从而解除了生产者在选择交易对象时对交易信赖性风险的顾虑。特别是那些没有实力建立自己分销网络的生产者，向流通企业而不是向最终购买者和消费者销售产品，可以使其大大节约时间、精力和财力而专业于生产；同时，由于商业零售企业在规模、信誉等方面大大超过了单个商人，降低了市场中的交易风险，进一步促进了专业化分工。

第三，交易的不确定性。这是造成契约人有限理性的主要原因。不确定性可能源于契约人机会主义行为的千差万别等因素。交易过程及其结果的不确定性，使决策的应变性和连续性成为必要。商业零售企业作为专业化的交易商，它将生产者与消费者之间市场交易的复杂结构由其内部的管理来替代了。它将生产的专业化、大批量、较稳定，与消费的分散、零星、多样、易变这对矛盾的两方面协调于企业组织内。它一手大批量购进，另一手则零星销售，通过统一经营几千种、几万种甚而十几万种商品，为消费者提供充分的时间、品种以及地点的选择权，从而将不确定性平滑掉了。商业零售企业“平滑”的手段与工具就是其拥有自身的“品牌与统一经营模式”。因为，商业零售企业要连续性从事商品交易活动，就必须排除机会主义行为而注重品牌形象的塑造；而要以不变对付多变的商品，须有一套统一的经营模式而使交易的不确定性转换为确定性的交易过程。

综上所述，品牌与统一经营模式是商业零售企业完成专业化交易职能的客观要求，是构成一个成功的商业零售企业的所有权特定优势的核心内容。

（二）品牌与统一经营模式的内涵与外延

为了进一步分析零售企业所有权特定优势的特征与形成机理，必须对零售企业所有权特定优势的核心内容——品牌与统一经营模式的内涵与外延有一个清晰的认识。

首先，什么是零售企业的品牌？关于零售企业品牌，到目前为止还没有一个统一的定义，人们似乎是在商品品牌的一般意义上延伸使用而已。人们通常所用的企业品牌实际是指零售企业的品牌形象。它是“消费者对于零售企业品牌认识的一种表现形式”（曹兰兰，2005）。或者说，品牌形象就是零售企业品牌所能提供给消费者的价值，传达着零售企业的市场定位以及所具有的特征。

进一步分析，零售企业品牌形象实际包括两个维度：一是功能性的零售企业品牌形象，二是象征性的零售企业品牌形象。功能性的零售企业品牌形象，反映了消费者对零售企业品牌的理性认知。它同该企业店铺所具有的有形特征有关，具体包括产品和商场两个主要方面。产品方面主要包括产品的组合（产品组合的规模和结构）以及产品所涉及的相关条件（产品层次、品牌策略、价格策略）（Ducrocq C.，1991）。商场方面，其内容包括伴随产品销售的所有服务的总和（销售网络的布局、商场的选址、商场外部环境、内部商品布局与陈列、营业员的服务素质及态度、收银等候时间、营业时间、售后服务、广告促销等）。象征性的零售企业品牌形象，反映了消费者对零售企业品牌的感性认知。它通常受以下两个来源的信息激发：一方面是消费者自身的购物体验（一种直接经验）；另一方面为企业的广告宣传（一种间接体验）（曹兰兰，2005）。上述的零售企业品牌形象所包含的功能性品牌形象与象征性品牌形象，都反映了零售商业所提供的“服务产品”“多质”的特征，其实质是商业零售企业向消费者提供的“服务产品”多质的信息，或者说是商业零售企业向消费者提供多种承诺的信息综合。

因为，作为品牌，无论是产品品牌还是企业品牌，它一般都具有以下基本功能：作为区分标志的识别功能；作为沟通代码的信息浓缩功能；作为承诺保证的安全功能；作为无形资产的价值功能。因此，商业零售企业作为专业化交易商，品牌必然是锁定客户的重要法宝，是构成其竞争优势的关键要素，从而，也是构成其所有权特定优势的核心内容之一。

其次，什么是零售企业统一经营模式？所谓商业零售企业的统一经营模式，或者简称为经营模式，目前理论界对此也尚未有很明确的定义。笔者认为，所谓零售企业统一经营模式，是指零售企业内部的交易设置体系，即企业通过价格与服务组合而形成的内部制度装置体系。所谓价格与服务组合，具体表现为零售营销策略组合，是指零售商业企业各种可行策略的有机结合，包括价格水平、商品品种、服务项目、售货环境、商品陈列、零售促销、营业时间等等。零售营销组合是零售经营管理的核心问题，也是零售企业差异化的源泉所在。表 4 －1 列出了形成零售特色的若干因素，在每一个因素之下，列出了两个极端要求的侧重点以及介于两极要求之间的不同程度的要求。将这些统筹考虑，有机结合，便构成了一种零售经营模式所内含的零售营销策略组合（黄维礼，1996）。

表 4 －1　零售营销组合

远离居民区，固定营业时间，享受式选购	（1）购买便利	靠近居民区，延长至夜间和假日营业，便捷式选购
经营品种少、挑选范围窄	（2）产品宽度	经营品种多，使顾客一次购足
经营畅销的品种、花色与范围	（3）产品深度	在产品目录中商品，有广泛挑选余地
低档大众化商品	（4）产品质量和流行的程度	高档时髦商品
低价政策	（5）价格	高价政策
服务项目有限或顾客自我服务	（6）服务	服务项目多，设置专业服务人员
宣传少、装饰简朴，人员推销少，橱窗偶尔更换	（7）售货环境与气氛	商品展示多，应用视听设备，常变换橱窗，大量广告

资料来源：黄维礼编著《零售管理》，经济科学出版社，1996，第 4 ~ 7 页。

从表4－1可看出，零售营销策略组合的诸要素归根到底也可归为产品和商场两个维度。“产品”和“商场”所包括的主要因素，同上述品牌形象中描述的因素大体一致。因此，假如说零售企业品牌形象是从传播的角度，基于消费者视角的分析；经营模式则是从企业内部整合的角度，基于经营者视角的分析。这是因为，零售营销策略的不同组合形成不同的零售业态；而零售业态不同则组织结构与制度安排也不同。在相同的零售业态下，由于不同企业发展的历史与文化特征不同则其具体的经营模式也有很大的差异，这种经营模式的内在差异性即构成企业所有权特定优势，它是企业获取持续竞争优势的关键所在。

二　零售企业所有权特定优势的属性

（一）基于企业一体化经营视角

通过对零售企业所有权特定优势涵盖内容的整体把握，有助于进一步分析零售企业所有权特定优势与生产性企业相比所具有的不同属性。

要深入分析零售企业所有权特定优势的全部内容，不妨借鉴传统的跨国公司理论关于企业所有权特定优势的界定。一般认为，跨国公司所拥有的所有权特定优势包括两大类：第一类是通过出口贸易、技术转让和对外直接投资等方式均能给企业带来收益的所有权特定优势，这类优势几乎包括企业拥有的各种优势，如产品、技术、商标、组织管理技能等；第二类是只有通过对外直接投资才能获得的所有权特定优势，这种所有权特定优势无法通过出口贸易、技术转让的方式给企业带来收益，只有将其在企业内部使用，才能给企业带来收益，如交易和运输成本的降低、产品和市场的多样化、产品生产加工的统一调配、对销售市场和原料来源的垄断等。这两大类又可具体细分为四类：技术优势、企业规模优势、组织管理优势以及金融和货币优势等。这种四类分类法为企业所有权特定优势的分析提供了一般理论框架，相应地也可将零售企业的所有权特定优势分为如下四类。

（1）技术优势。体现为企业独立拥有并能在经营过程中直接使用的信息。对于零售企业来说，它通常被称为经营技术、专门的管理技术和知识等。这种技术优势可细分为三种：一是关于零售业态开发、创新的信息；二是用于改善现有商品经营过程的信息；三是在管理职员、组织运作及控制手段等方面所具有的能力和技巧。技术优势很难被测量和观察到，具有很强的隐蔽性、持久性和企业专门性，其中最重要的是在企业内部它具有“公共性”（Johnson，1970），可以被重复使用和被不同业务单元共享。

（2）企业规模优势。表现为企业研究与开发和全球化经营规模优势等。近几年，大型跨国零售企业日益重视销售技术研发工作，特别是在内部物流管理、供应链管理等技术方面的研发工作，这些销售技术与供应链管理技术的研发使其可以在单位研发成本不变的情况下，通过全球化的连锁经营而迅速获取全球化的规模经济性。而同时，正由于跨国零售业的全球化扩张，使得原本小规模即可经营的零售企业出现了投资巨额化趋势。如沃尔玛之连锁超市和麦当劳、肯德基之餐饮业等，这些零售巨头携带巨额资本进入零售业在使其获取企业规模优势的同时，也使得零售业这个原本近似于完全竞争性的传统性行业特征在悄然改变。零售企业的规模优势正成为零售企业所有权特定优势的重要内容之一。

（3）组织管理优势。体现为商业经营人才优势、组织的协调管理优势等。

（4）金融和货币优势。例如，企业因零售企业品牌的知名度、良好企业形象、优良资信记录等而产生的资信优势和融资成本优势。

上述四种优势若进一步归纳，并从零售企业国际化经营的角度来看，其核心部分仍是零售企业品牌与统一经营模式。早在 1982 年，邓宁在《对外经济介入的非股权形式与国际生产理论》一文中，将上述所有权特定优势的内容归为两类：可通过市场转让的优势和不可转让的优势。1983 年在《国际生产的结构变化：最后 100 年》论文中，邓宁又提出了“无形资产独占权优势”、“企业交易成本最低化优势”。显然，零售企业品牌属无形资产独占权优势，统一经营模式是具有无形资产特征的可使企业交易成本最低化的特定优势。因此，零售企业品牌与统一经营模式作为零售企业所有权特定优势的核心内容，具有无形资产属性。

（二）基于企业知识理论的视角

基于知识的企业理论，企业是一种创造和转换知识的制度安排，零售企业也可视为一种创造、转换和使用零售经营知识的制度安排（陶伟军、文启湘，2002）。因为零售的本质即是不断地满足消费者多变的需求。因此，零售经营知识主要是有关“为什么卖，卖什么，怎么卖”的知识，零售经营知识可以分为零售技术知识和零售组织知识。其中，零售技术知识是指与提供零售服务（生产）的社会属性（零售组织等）无关的生产技术方面的知识；而零售组织知识则是关于如何协调参与提供零售服务的人的知识，如员工所具有的营销知识与技能、管理者的协调知识与洞察力等，还包括有关顾客的购物与消费、商誉、营销渠道等方面的知识（陶伟军、文启湘，2002）。按照企业知识的基本分类模式，零售经营知识也可分为两类：一类是外显知识，即能以语言和数字清楚地表达及分享的知识，主要指可形式化、制度化言语传达的知识（Polanyi，1967），如零售商品组合、服务项目等，这些显性知识可用语言、文字、数字、图表等清楚地表达，或以计算机程序、操作规程编码传播；另一类是内隐知识，指属于高度个人化，并难以言语化或沟通的知识，例如，实质技能或心智模式等深植于个人的行动与经验中（Nonaka，et al.，1998）。具体到零售企业，则是指经商经验、营销诀窍等这种外显知识与内隐知识长久积淀的结果，即为零售企业品牌与统一经营模式。因此，零售企业品牌与经营模式是企业特定的商业知识的汇总和积聚，具有知识属性。

由于零售企业品牌与经营模式具有知识属性，因而，有关零售企业品牌与经营模式的知识也必定循着知识生成、创造的一般转换模式进行。因为，在事实上，企业组织本身并无法进行知识创造，而必须通过个人的主动和个人在团体中的互动来达成（Nonaka and Takeuchi，1995），故企业组织知识的创造，应被视为组织扩充个人知识的创造，并将知识具体化为组织知识网络的过程；这个过程发生在一个横跨组织内及组织间层次与疆界的“互动团体”之内（Nonaka and Takeuchi，1995）。一个组织通过所设立的沟通机制让个人丰富而未开发的内隐知识在“互动团体”之内创造出专属于组织的知识，从而形成企业持续性的竞争优势。图4－1展示了组织内创造知识的一般过程；图4－2以便利店7－ELEVEN为例，具体展示了该店知识创造过程。

图4－1中：①由内隐转换为内隐称为社会化（Socialization，缩写为S），它是分享个人内隐知识的过程。②由内隐转换为外显称为外化（Externalization，缩写为E），即需要内隐知识的明白表达及转换为可被他人了解的形式。③由外显转换为外显称为结合（Combination，缩写为C），是将外显知识转换为更多复合的外显知识的组合。为了扩散零碎的知识，编辑与系统化这类知识是此转换方式的两个关键点。在知识转换的组织模式中，新知识产生于超

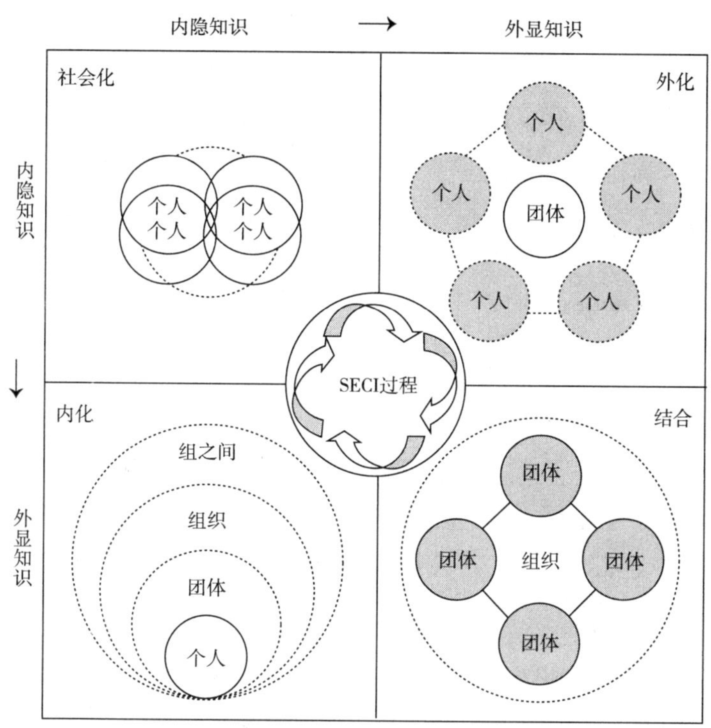

图 4－1　知识转换螺旋

资料来源：许英杰：《零售创新：7－ELEVEN 成功之秘》，经济管理出版社，2005，第 7～9 页。

越团体的外化阶段。④由外显转换为内隐称为内化（Internalization，缩写为 I），是将重新被创造的外显知识转换成个人的内隐知识。边做边学、员工训练及实务操练都是具体化外显知识的重要形式。这个 SECI 模式说明了自我超越的动态过程——个人或团体超越其受限的知识，以促进组织内知识创造的动态过程。图 4－2 以 7－EIEVEN 为例，具体阐述了知识转换模式的具体内容。当然，不同企业其知识转换的具体内容是不一样的。

一个组织不仅可以在组织内进行知识创造的动态循环过程，也可以超越疆界，通过与其事业伙伴（如顾客和商品供应商）进行知识转换的过程。内隐和外显知识产生互动时，创新孕育而生（Nonaka and Takeachi，1995）。一个企业一体化移转知识的过程，就是其一体化增长的过程。这种知识移转程度越高，就越倾向于全球创新者的角色；知识移转程度越低，则越倾向于地区创新者的角色（许英杰，2005）。因此，企业创造知识、移转知识、整合

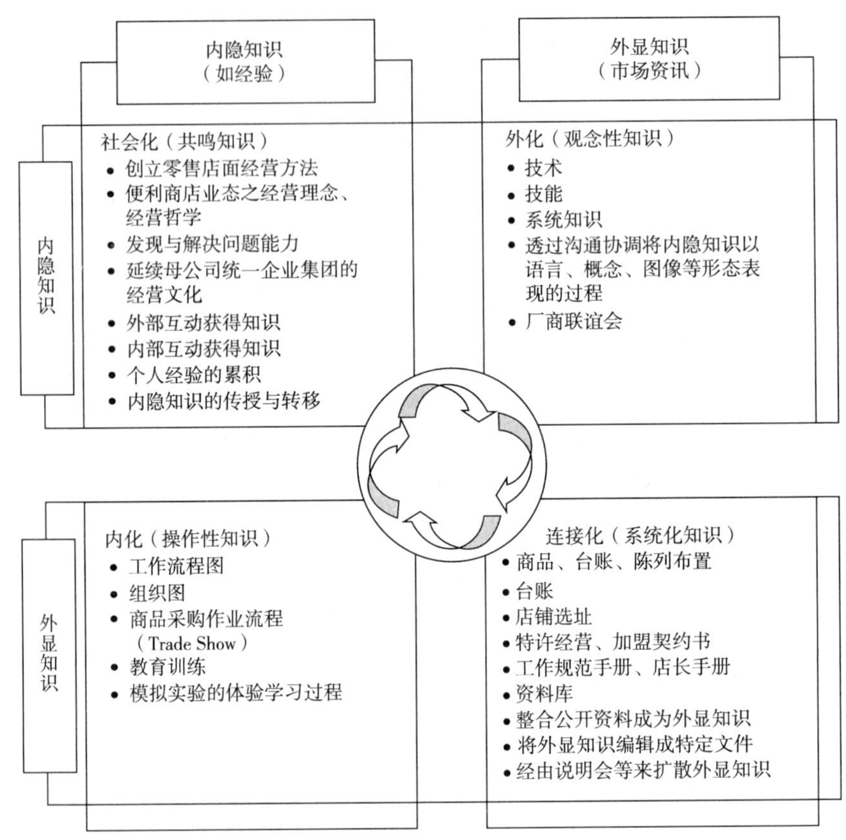

图 4－2　7－ELEVEN 知识转换螺旋

资料来源：许英杰：《零售创新：7－ELEVEN 成功之秘》，经济管理出版社，2005，第 20 页。

知识的过程，就是一个企业一体化的过程。零售企业也概莫能外。可以说，跨国零售企业一体化经营的过程，就是知识扩散与移转的过程。知识扩散与移转的程度则同进入国际市场的方式与程度呈正相关关系（许英杰，2005）。图 4－3 展示了组织间知识创造的螺旋过程。

综上分析可知，零售企业由于是专业化交易商，为了保证其交易职能的顺利实现，必须具有很强的信誉与承诺特征，企业着力塑造的品牌形象实质是其交易信誉与承诺的标识；而对企业自身来说，企业品牌则是其特定经营模式的外在表现。因此，企业品牌与统一经营模式是零售企业锁定顾客的法宝，是构成一个成功的商业零售企业的所有权特定优势的核心内容。由于零售企业的性质和资源特征与生产性企业不同，从而决定其所有权特定优势更具有无形资产属性与知识属性的特征；所有权特定优势的这种属性也决定其知识移转的程度同进入国际市场的方式与程度呈正相关关系（许英杰，2005）。

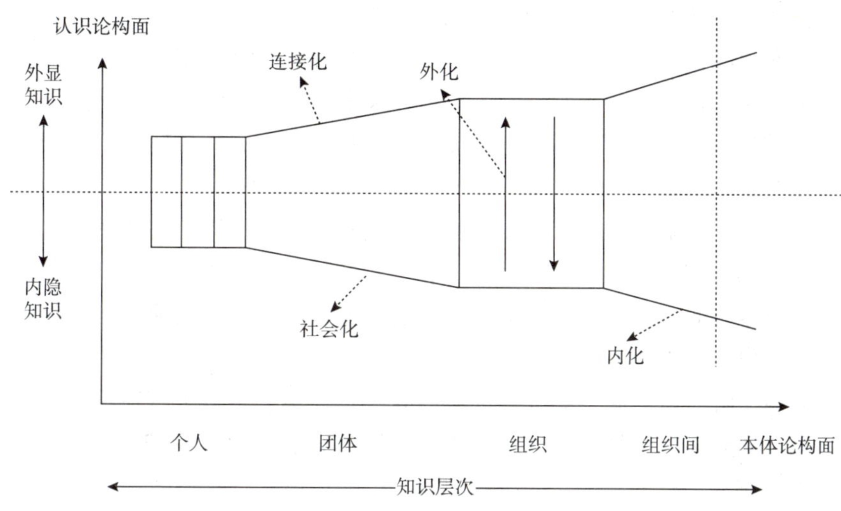

图 4－3　组织知识创造螺旋

第二节　零售企业所有权特定优势形成机理

循着上述思路需要进一步追问，零售企业“品牌”与“统一经营模式”在企业内部是怎样形成的？或者换句话说，零售企业“品牌”与“统一经营模式”等这些显性的东西形成的机理与路径是什么？这个问题似乎是一个纯管理学命题，然而，从某种意义来说，企业更关心的是如何通过内部知识与能力的积累而获得成长，即形成专属于自己所有的“品牌”与“统一经营模式”。同时，在理论上，由于企业内部的自我成长是外部扩张的基础，企业自我成长的路径及其特征将会影响与决定其国际化经营的路径与方式等，因此，对其予以深入考察，将有助于对零售企业国际化经营边界、海外市场进入模式等问题的认识。

一　交易设置的产生与发展

从企业能力角度来看，上述所谓“品牌”与“统一经营模式”，实际是零售企业内部特殊技能和专有知识的固化形式，追根溯源，其最初无非是源于方便交易、促进交易的各种设置，即“交易设置”。这种交易设置实际是商人长期经商的经验和专有知识的积淀。那么，它是如何从方便交易的一般设置而发展成为“品牌”和“统一经营模式”的？这里不妨循着历史的轨迹从一个商业零售店产生与发展的历史过程来进行经验分析。

假设某店铺 A 开张营业，按照企业寿命周期理论，则店铺 A 从此会经历以下几个发展阶段：

（1）诞生。企业成立伊始，需要发布信息告知于天下：它成立了（企业名称）、它是干什么的（经营范围）等。这是实现交易的初步，即寻求交易。对于一个零售商来说，它寻求交易的方法、形式以及手段可能随时代变迁而有不同，但其基本要素以及要达到的目的是一样的，即尽可能地通过一切可利用的视、听、触、闻、尝等人的眼、耳、喉、鼻、舌等五官途径传达自身的信息，如牌匾、招牌（如酒铺的酒幌子）、店面装饰与色彩等。

（2）成长。经过一段时间的经营，逐步积累了经商经验，为了扩大交易、方便交易、减少交易的摩擦，商人会根据所经营商品的特点，形成独特的度量衡工具，如酒提子（一两提子、二两提子、半斤的提子、1 斤的提子……）、升、电子秤等，以体现交易的公正、透明；开发出异形货柜以便展示与演练商品；约定俗成一系列经商行为规范与行业术语，比如，店小二的白毛巾搭肩以及特有的招呼语，当铺特有的高柜台，理发店的红、白、蓝三色相间的旋转灯筒，沃尔玛接待顾客的三米距离以及微笑等。尤其是在经营过程中，为了方便交易，还会形成一系列有关商品经营分类的特殊知识，如五金家电类、服装百货类、化妆品类等商品分类知识。这种分类很不同于生产企业依据产品技术特征的分类法，更体现了经营性，从而大大方便了交易。比如，典型的如当铺经营的商品，其品种复杂且极不规范，为方便交易，在长期的经营中人们逐步形成了一系列关于货品的特殊名称与分类方法，如皮货类有虫吃破光板、油旧破补等，上述无论是牌匾、招牌，还是特定的服饰打扮以及特定的行为，甚或商品经营的特殊分类，都是商业企业经营的专有知识与经验，久而久之即变为“程式化处理和解决交易问题的模式”（Penrose，1959）。这种模式即为经营模式，是企业从事商业经营的专有知识与专有资产，据此经营而经久不衰的企业即被大众认同为“品牌”。

（3）壮大。如上所述，企业一旦拥有了自己的品牌和特有的经营模式，则既可就地扩张而形成单店规模经济，还可凭此进行跨地区甚或跨国的复制扩张。

（4）衰退。从以上讨论可看到，企业品牌和经营模式的形成，是企业针对特定经营对象与经营环境而形成的特定行为反应模式，它具有很强的路径依赖性。随着经营对象与经营环境的变迁，这种企业品牌与经营模式所依据的专有知识、专有技能和专用性资产也需要变革，若企业固守已有的、过时的“程式化”的东西而不谋求创新，则必然导致衰退。换句话说，企业若不能与时俱进，不断地进行内在成长，则企业衰退是必然的。

以上是从企业生命周期角度描述了交易设置的产生与沿革过程。

二　交易设置的完善范例：CIS

交易设置的成熟与完善意味着有关交易设置的技艺与经验成为系统化的知识与操作范式。从这个意义来说，商业零售企业的企业形象识别系统（CIS），应是一种交易设置系统化的操作范式，也可以说它是企业内在成长的一种程序化模式。上述从企业生命周期角度对交易设置的分析，若说是纵向的、动态的视角，那么，以下将从横向的角度剖析现代企业交易设置的静态范式。由于 CIS 这种范式广为现代企业所采用，以此为例进行剖析，有助于我们深入认识企业内在成长的路径与方法。

CIS 是现代企业竞争的战略工具之一。其对内是运用视觉设计与行为的展现，将企业的经营理念和特质视觉化、规格化、系统化，在此基础上实施有效的管理；对外则是企业的形象战略，使企业的经营理念形成一个鲜明的概念，经由具体的展现来提升企业在市场竞争中的识别（方向新，1994）。商业零售企业作为专门化的交易商，其特定的企业形象识别系统充分体现了方便、促进现代商业交易活动的各种客观要求，导入 CIS 的过程也就是企业获得内在提升与成长的过程。

首先，从企业导入 CIS 的基本原则来看，零售企业作为专业化交易商，其导入 CIS 的过程，实际是将交易设置统一化、标准化、个性化、专有化的过程。因为，CIS 实际上是企业参与市场竞争的一整套独具特点的宣传体系。它是通过变通原有的经营作风和行为，多侧面、全方位地重塑区别于其他企业的统一的、规范的、可感受的企业新形象。因而，企业导入 CIS 的基本原则一般包括三条：独特识别原则、同一系统原则以及连续一贯原则，即经过重塑的企业新形象，视觉上要具备独特的识别性；运作上要具备同一的系统性；时间上要求具备连续一贯性。显然，在上述三个原则指导下而导入CIS的企业，无疑将比过去更有利于交易活动的进行，更加有利于交易信息搜寻、谈判与监督活动的进行，为最大可能地减少交易费用创造了条件。

其次，从企业导入CIS的最终目标来看，其是以交易绩效（经营绩效）的最大化为目标的，因此，促进交易扩大是其直接目标。从上述可知，CIS企业形象识别系统的实质，是企业的经营思想和经营行为经由企业的自我认同后表现出来的经营实态，并以信息传递的方式让社会公众识别和认可的特殊信息系统。具体操作过程是以企业标志、造型与色彩设计为重心，将企业的经营理念、管理特色、社会使命感、产品包装风格以及产销策略等，运用视觉的沟通技术，传递给社会大众，使他们对企业产生一致的认同感和价值观，以赢得社会大众及消费者的信赖和好感，从而促进交易的扩大。其运作机制如图4－4所示。

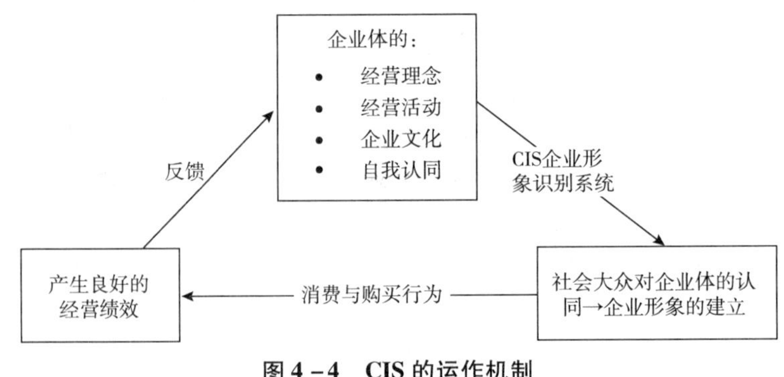

图4－4　CIS的运作机制

综上所述，CIS可以说是古老的商业企业交易设置的沿革，是当今市场交易特征的反映。企业实施CIS战略的过程，是企业自我认知的过程（从主体性的观点来看，Identity，就是“我是谁”的疑问和解答）；是企业思考与寻找交易活动的共通性的过程（从同一性的立场来看，Identity，就是追寻事物之间的共通性）；是企业将过去经久积累起来的（表现为分散性的、局部性的、经验性的）各种有关经商的专有知识、技能以及专用性资产，经过整合、提炼而形成统一经营模式的过程，这种统一经营模式无疑较上面所说的那种经验型的交易设置，无论从内涵还是从内容都要丰富得多了。企业这种提炼统一经营模式的过程，就是一个自我能力提升以及自我内在成长的过程。

三　交易设置效应：直接与间接

通过以上对交易设置的经验分析，不难发现系统化的交易设置将对企业的成长与发展产生直接与间接的效应。

（一）交易设置的直接效应：使单店规模经济在消费需求约束的可能性边界内达到最大化

（1）交易设置可节约交易费用，使消费者相对剩余增加，使企业在市场消费需求约束的可能性边界内实现规模经济效应。因为，交易费用理论告诉我们，但凡发生交易活动则必然产生交易费用。商业零售企业作为专业化的交易活动承担者，交易费用无疑构成其经济活动成本的主要内容。而这种交易费用具体又由三部分组成：寻求交易的费用、谈判签约的费用和监督履约的费用。这三项费用是现代交易过程中必然要发生的直接费用。特别是随着社会分工的日益精细，一方面，在交易途径增多的同时，交易对象选择的难度与风险日益增大，从而交易的寻求费用与日俱增且不确定；另一方面，个人需求的多样性与社会化大生产专业性的矛盾更加突出，使交易双方的信息极不对称，而人们对交易惠利的孜孜不倦追求必然导致谈判签约与监督履约交易费用的强劲上升（〔美〕迈克尔·L. 乔治、斯蒂芬·A. 威尔逊，2006）。而商业零售企业的交易设置所具有的信息发布功能、规范化、标准化以及承诺功能，会使交易寻求费用、谈判签约费用与监督履约的费用大大降低。尤其是交易设置的典型范式——CIS 系统，它通过企业形象系统的塑造，极大地增强了交易对象的识别、确认与信任度，在商品价格不变（或降低）的情况下可减少消费者的交易费用，则无疑意味着消费者的消费剩余相对（或绝对）增加，结果必然会使大批忠诚的顾客聚集在该企业周围，从而赢得占优势的市场份额。当然，这里还需要指出，交易设置之于交易费用具有双重属性，即交易设置本身既会产生交易费用（如各种有形的专用资产的设置会产生成本）同时也可以减少交易费用，但二者相较的结果，由于交易设置所带来的经济性远远大于交易设置所增加的费用，算总账还是节约的。问题是，如前所述，一项交易活动的发生，不论有无系统的、规范化的交易设置，交易费用是必然会发生的。那么从这个意义上说，系统的、规范化的交易设置，由于其极大地促进、方便了交易，从而使交易费用每减少一个单位，都意味着增加一个单位的纯利润。

（2）交易设置可以降低企业的整体复杂性，从而使企业能在不损害消费者利益的前提下同时实现低成本。所谓“复杂性”，这里是指由于为顾客提供多种产品和服务而导致企业内部经营管理活动的头绪多少以及需要协调关系的多少。显然，复杂烦琐的经营管理活动一定会导致成本增高。例如，沃尔玛经营的商品超过10万种，商品覆盖范围从食品杂货到服装首饰、药品、美容产品等等，琳琅满目。其经营活动的复杂性可以说是很高的。但沃尔玛是如何以低廉的成本将所有这些体现复杂性的商品和服务传递到顾客那里，从而赢得占优势的市场份额的呢？答案的一部分在于他们可以通过大规模采购从供应商那里压低成本。但这仍然是结果而非原因。沃尔玛的精髓在于他们通过标准化内部流程与软件并且简化设计，从而使每一个分销中心无论它处理的是易腐食品还是干货，都和其他的一模一样。这就大大降低了企业内部经营管理的复杂性，并使其成本大大低于竞争对手，同时为其提供了最大限度增加消费者剩余（天天平价）的内在基础。沃尔玛这种降低“复杂性”的做法，就是本书所说的交易设置的基本功能或者CIS的基本功能所在。

（二）交易设置的间接效应：企业获得内在成长与外部扩张的能力与动力

通过上述经验分析已观察到，商业零售企业交易设置的成熟与完善的过程，就是企业获得内在成长的过程。若进一步作理性反思，就会提出以下问题：企业获得内在成长的深层原因是什么？或者，其内在成长机理是什么？对这个问题的深入探讨，有利于我们获得对交易设置间接效应的认识。

那么，交易设置成熟与完善的过程，为什么是零售企业获得内在成长的过程呢？大家知道，企业内部成长论的开创者阿尔弗雷德·马歇尔及其追随者潘罗斯认为，企业内部由于职能部门间的“差异分工”会使企业内部产生一系列不同的专门技能和知识以及组织协调能力，这种专门技能和知识以及组织协调能力的不断积累过程，即是促进企业不断成长的过程。潘罗斯还进一步研究了企业内在成长机理，她举例说，企业一项新的管理职能和决策会一度占据管理人员的大量时间和精力，但是一旦管理人员熟悉了这些职能，以后就可以轻而易举地“程式化”地处理和解决这些问题，这样，管理者的才能就可以释放出来对付新的管理问题，从而促进企业的成长（Penrose，1959）。后来有学者将企业具有的这种成长范式谓之潘罗斯式成长。如此，从前文的分析可以看到，商业零售企业的交易设置形成、成熟及完善的过程，即是商业零售企业获得潘罗斯式成长的过程。这里不妨再加以简单地归纳说明：（1）商业零售企业作为专门化的交易活动承担者，交易设置是其专职商品流通而形成的特有知识积累；（2）商业零售企业作为企业，为了高效地组织商品流通，在组织内部也会形成职能分工，有职能分工必然会产生如潘罗斯所描述的内在成长范式。前文所述的沃尔玛降低内部复杂性的做法，换个角度来说，即是典型的潘罗斯式的内在成长：在长期经营中所形成的一套驾驭商业活动复杂性的专门知识与能力，使其从一个美国小镇上的杂货店成长为世界零售业巨头。

实际上，交易设置的知识积累过程不仅使企业获得了内在成长，而且更重要的是使企业外部扩张成为可能。如前所述，由于成熟、完善的交易设置可使交易行为、交易过程程序化、标准化、系统化，从而使这种特有的知识积累有可能沉淀为特有的经营模式与品牌，则使企业自我复制/粘贴成为可能，进而则使企业替代市场、企业获得公司规模经济成为可能。比如，沃尔玛可以让其分布在全世界的分销中心都和总部所在地本顿维尔的分销中心一模一样。再如，成功的商业零售企业可以凭借企业形象识别系统（CIS）在异地进行复制扩张，即所谓连锁经营。

因此，交易设置的间接效应，既是企业内在成长的特殊路径，也是企业外部扩张的依据与前提。

四　简要结论

综上分析，关于商业零售企业的内在成长问题，初步可得出如下结论：

（1）交易设置是商业零售企业内部的一种特有知识积累的表现形式，它构成统一经营模式与品牌的主要内容。

（2）成熟与完善的交易设置模式会直接降低交易费用，进而可形成单店规模经济与公司规模经济。

（3）交易设置知识是企业内部寻求降低事物复杂性的一种专门知识与能力，它是企业内在成长的源泉，是企业一体化扩张的基础。

（4）商业零售企业要重视企业内部的能够逐渐拓展其经营机会的有关交易设置的知识积累，尤其是企业成长过程中释放出来的“剩余知识”，这些知识的积累在很大程度上能决定企业的成长方向，企业应当加以系统化整理与提升，例如，通过导入 CIS 系统的方式。

第三节　企业所有权特定优势内部化的路径与特征

零售企业所有权特定优势一旦形成，企业通常都会将其内部化使用以求获得组织的进一步增长。而企业组织增长一般有两种路径：一是在原有基础上的规模扩张；二是内部一体化扩张，这种内部一体化扩张若跨越了国界，即为企业国际化。显然，零售企业组织增长的一般规律应是解读零售企业国际化经营行为的基本出发点。那么，零售企业组织增长的路径与特征是什么？

一　单店规模扩张的限制因素

（一）单店扩张的两种方式

零售企业在原有基础上进行规模扩张，即为单体店的规模扩大。单体商店是零售企业组织的初级形态。根据单体商店规模扩张的不同方式，可以将单体商店的扩张途径分为内涵式扩张和外延式扩张两种（夏春玉，2004）。其中，内涵式扩张是指通过生产要素的质量提高和集约使用而使零售企业的规模得到扩大；外延式扩张是指通过增加生产要素的投入数量而使规模扩大。

1. 内涵式扩张

零售企业拥有三种宝贵的市场资源：客源（顾客）、商品（存货）和空间（货架），这三种可以统称为“通道资源”的资源形式是市场经济中最稀缺的资源之一（张景东，2003）。从零售企业的角度来看，这三种资源中的商品和空间是可控资源，同时也是零售企业组织交易的重要投入要素和载体。因此，对这两种可控资源进行调整，提高要素使用质量和集约度是实现零售企业规模扩张的重要途径。

2. 外延式扩张

单体店铺的外延式扩张是在投入更多生产要素的前提下完成的。这种扩张方式既包括投入资本购置相关经营设备，也包括投入资本对店面进行扩大。对于前者，如某些大型店铺为了扩大商圈范围，吸引更多的顾客来店购物，投入资金购置会员班车，按照固定的时间表和行车线路免费为来店购物的顾客提供接送服务，这是一种扩大商圈范围的有效手段。对于后者，主要是对原有店铺进行改造，或者扩大原有店铺的卖场空间，或者新建与原店铺连体的新卖场，扩大店铺规模。这两种方式都直接表现为零售企业资产总额的增加。

（二）单店扩张的限制因素

综上，单体店铺规模的扩张显然要受到两个因素的限制：一是来自零售企业内部的因素，即随着卖场结构的调整（商品结构和业态结构）和卖场规模的扩大，组织交易的种类和数量会随之增加导致内部管理成本上升，从而会抵消企业继续单店规模扩张的动力；二是来自企业外部的因素，即单体店铺规模的扩张将受到来自店铺外部的诸如城市规划、市场竞争、政府规制、市场规模（人口与消费能力）等因素的限制。因此，零售企业在单店基础上寻求所有权特定优势价值极大化，要受到来自消费需求及其条件的制约。

对此，还可以借用商圈理论来进一步说明。上述所谓单店情况下极大化所有权特定优势价值，或者说单店扩张，其实质就是拓展商业圈。所谓商业圈，是指商店吸引顾客的地理区域。它是以商店为中心向四周扩展，构成一定的辐射范围，形成商业圈（黄维礼，1996）。商业圈包括三部分：核心商业圈、次级商业圈和边缘商业圈。图 4 – 5 具体展示了商圈分片情况。

商业圈的规模和形状受各种因素影响，诸如商店类型、商店规模、竞争者的位置、交通状况、促销活动等。两个类似的商店即使设在同一商业区，它们对顾客的吸引力也会大不一样。假如一家商店品牌知名度高，经营模式运营得力，它的商圈就会比另一家大。那么，一家企业的商业圈到底能扩展到多大呢？或者说，其可能性边界在哪里呢？

1929 年美国人威廉·雷利经过大量调查分析提出的“零售引力法则”，提供了一种量化分析两城市间的商业吸引力大小的方法，这里可借其作以分析。

所谓零售引力法则，也称“雷利法则”。该法则将物理学的万有引力定律运用到区域经济中，把供应商品的中心看做物体，其质量为中心之间的规模大小，那么引力可衡量两个中心之间的购买吸引力。

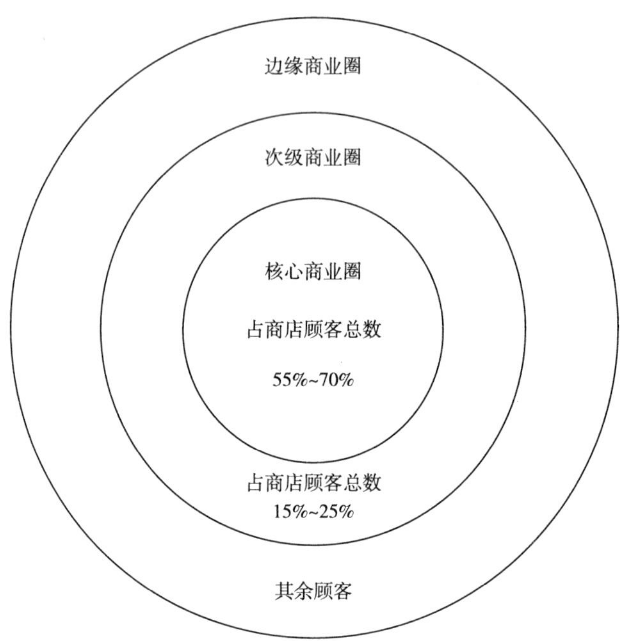

图4－5　商业圈分片示意图

资料来源：黄维礼编著《零售管理》，经济科学出版社，1996，第60～65页。

雷利法则计算方式如下：

$$D_{ab} = \frac{d}{1 + \sqrt{\frac{P_b}{P_a}}}$$

式中：d——城市A和B主干道的距离；

P_a——A城市（或社区）；

P_b——B城市（或社区）；

D_{ab}——A城市商业圈的范围。

雷利法则假定，两城市（或商业中心）的交通条件和商品供应状况是相同的。雷利法则描述的是两个城市（或两个竞争性商店）的商业吸引力。若将两个城市换作两个大的零售企业，其理同。若一方改变质量，即扩大规模，改善商品供应状况，则无疑会增大零售引力，扩大商业圈。但商圈扩大的程度是有限度的。现以$P_a \geqslant P_b$的情况为例，来看其规模扩大的最大极限：

当 $P_a \geqslant P_b$ 时，则 $\frac{P_b}{P_a} \to 0$。

$$\therefore Dab = \frac{d}{1 + \sqrt{\frac{P_b}{P_a}}} = \frac{d}{1 + 0} = d$$

也就是说，在单店情况下，其商圈的最大可能性范围是其商店所在的城市（或地区）地理空间极限（这仅是理论上的假设），城市地理空间范围内的可能需求量，就是单店扩张的最大可能的理论规模边界。在这种情况下，很可能出现在企业还没有达到其规模经济销售量的时候，局域需求已经穷尽了。也就是说，在单店情况下，其规模扩张边界的主要约束因素为消费需求及其条件。

二　内部一体化的路径与特征

当单店扩张遭遇需求及其条件限制之后，从长远的增长策略来说，零售企业要极大化其所有权特定优势的价值，必须向外扩张，即内部一体化扩张。零售企业的内部一体化扩张存在着多种可能的形式。下面分别就各种可能的形式及其特征加以分析。

（一）纵向一体化扩张

从零售企业在供应链中所处的位置来看，零售企业的纵向一体化扩张包括向上游企业即批发商和制造商的后向一体化，以及向下游即向最终消费者的前向一体化这两种情况。

在后向一体化的扩张中，零售企业一体化的对象是批发商和制造商，即零售企业通过投资设立或购并的方式将批发和制造业务纳入企业内部进行。对于大型零售企业来说，由于其本身就可进行大规模采购和大规模销售，因而兼有批发职能。所以，这里重点关注大型零售企业对制造商的一体化。大型零售企业对制造商实行纵向一体化的方式是多种多样的，既可以通过资本手段实现“硬”一体化，也可以通过契约手段实现“软”一体化。例如，零售企业通过委托制造商生产“PB 商品”就是一种常见的纵向一体化模式。虽然零售企业在理论上存在对生产企业纵向一体化的种种方式，但现实中这种后向一体化并不容易实现。原因在于以下几方面：一是生产企业的资本和技术壁垒限制了零售企业向生产领域的扩张；二是零售企业经营的商品种类的多样性与生产企业生产产品种类的单一性之间的差异使零售企业不可能实现所有商品生产的内部化；三是实施后向一体化会侵蚀零售企业专业化优势，同时，从事生产和交易会使零售企业的内部成本大幅上升（李陈华、文启湘，2004）。

大型零售企业对消费者的前向一体化，意味着将消费者纳入企业内部，使消费者不仅主动参与交易过程，还承担企业内部的一些特定职能。有学者将这种一体化行为称为“客户内部化”（李怀斌，2002）。零售企业通过选择特定的业态（如仓储式商场）将消费者纳入企业内部，由消费者自己承担一些过去由企业承担的职能（如组装、运输商品），零售企业可以大幅降低组织交易的成本，并将由此产生的剩余价值部分让渡给消费者，从而形成顾客的忠诚。但值得指出的是，由于零售企业面对的是一个近似于原子化状态的消费者群体，并且个体消费者之间的需求也是存在差异的，因此，对消费者的一体化只能是局部的。

（二）流通职能的内部化扩张

流通活动的内涵是宽泛的，它包括产品从生产出来一直到消费者手中整个传递过程中所涉及的一系列活动，不仅涉及批发和零售，还包括仓储、运输、流通加工、信息服务以及售后服务等一系列活动。零售企业对这些流通辅助职能的内部一体化我们称为流通职能内部化。零售企业出于对服务质量的考虑，将部分或全部流通辅助职能内部化可以减少不确定性的影响，并能实现对服务质量的保证和保持服务的弹性。这个过程可以通过购并现有的企业实现，也可以通过在企业内部设立相关部门的方式来实现。但与零售企业的后向一体化情况相似，对流通辅助职能的内部化将稀释零售企业的交易专业化优势，有可能导致规模不经济。

（三）横向一体化扩张

横向一体化扩张，也叫做水平一体化扩张。零售企业横向一体化扩张的主要方式是分店式扩张。分店式扩张，是指零售企业通过在不同区域、城市、地区甚至国家开设分店而实现的规模扩张。根据总店与分店的组织方式不同，可以将分店式扩张分为开设单体店和开设连锁店两种形式。

1. 开设单体店

零售企业可以根据扩张的目的与意图将分店开设在不同的区域。

（1）零售企业可以在现有的商圈内开设一家与总店业态相同或业态互补的分店，通过分店与总店之间的不同定位，实现功能上的互补，从而在扩大零售企业整体商圈范围的同时，也能够获得市场方面的协同效应。

（2）零售企业可以选择在城市中的其他商业中心区开设分店，利用总店的品牌效应迅速在市场中立足，扩大整个零售企业在该城市的市场份额，这是为跳出总店商圈发展极限而寻求的扩张方式。

（3）为避免特定城市市场、政府规制等因素对零售企业扩张的限制，企业可以选择在其他地区或国家开设分店，同样是利用总店的品牌效应扩展新的市场。这种选择在新的地区或国家开设分店的行为，往往是零售企业在该地区或国家大规模扩张的前奏，因而这些分店往往会开设在该地区或国家的中心城市。但要以此为据点进行大规模扩张，零售企业必须加强分店与总店之间的组织化程度，这就会导致独立的单体店向组织程度更高的连锁店转化。

2. 开设连锁店

以开设连锁分店方式进行扩张，也称为连锁经营，按照连锁企业所有权和经营权集中的程度不同，大型零售企业主要采用的是正规连锁和特许连锁两种形式。连锁店就是指零售业活动中若干同行业的店铺，在一个中心或总部的领导下，以共同的经济利益为纽带，以共同进货、共享统一的经营技术或是经营同一种（类）商品的方式连接起来，在同一个企业形象下开展经营或提供服务，通过规范化经营实现规模经济效益的商业组织形式。这些被纳入一体化经营体系的商业零售企业，如同一条锁链相互连接在一起，所以称为连锁企业。这种连锁经营方式恰当地运用了工业大生产的原理，按照标准化运作和统一管理的理念进行组织扩张。

零售企业通过连锁经营活动将复杂的商业活动中的商店面积、业态、商品、服务、店名店貌等要素标准化；将采购、送货、销售、经营决策等职能分离，形成专业化；将经营活动中的商流、物流、资金流和信息流集中化；将各个环节、各个岗位的商业活动程序化、简单化，最终体现出连锁经营的规模经济效益（于淑华，2000），从而有效降低其交易成本。正是由于连锁经营的上述集中化与标准化的特点，零售企业能够在相对较短的时间内采取正规连锁、特许连锁或者两者并用的方式实现迅速扩张。零售企业规模的扩大会使其在供应链中的权力地位迅速上升，这使零售企业在与供应商交易过程中的影响力大为增强，从而能够在与供应商的博弈中占据优势，降低采购成本，进一步使零售企业的总体成本降低。因而，这种横向一体化的连锁经营方式极具生命力。大型跨国零售企业如沃尔玛的跨国一体化经营之所以很成功，就在于其充分利用了所有权特定优势，即将其成熟的品牌与统一经营模式以复制/粘贴的方式在全球范围内进行连锁分店式扩张。

第四节　本章小结

本章基于零售企业性质与资源特征，运用经济学规范分析方法，分析了跨国零售企业所有权特定优势的内容、属性、形成机理以及内部化使用的可能性路径与方式。

1. 零售企业所有权特定优势的核心内容是品牌与统一经营模式

由于零售企业是专业化的交易商，品牌与统一经营模式是其完成专业化交易职能的客观要求，因而，品牌与统一经营模式是构成商业零售企业所有权特定优势的核心内容；又由于品牌与统一经营模式具有无形资产属性与知识属性，决定了其所有权特定优势的转移和国际市场进入方式及其程度密切相关。

2. 品牌与统一经营模式是交易设置知识体系沉淀与物化的产物

研究了企业所有权特定优势的形成机理，进一步揭示了品牌与统一经营模式的本质及其对企业成长的意义。这里，借助企业生命周期理论，运用历史唯物主义分析方法，研究了零售企业自我成长的轨迹，发现交易设置是商业零售企业内部一种特有的知识积累，这种知识积累经过统一化、标准化、个性化、专有化的过程，表现为企业的品牌与统一经营模式；成熟与完善的交易设置体系对于企业自我成长与组织增长有着十分重要的经济效应。其直接效应在于，可使单店规模经济在消费需求约束的可能性边界内达到最大化；其间接效应在于，可使企业获得内在成长与外部扩张的基础和前提。

3. 所有权特定优势内部化路径与方式是连锁分店的复制/粘贴

研究发现，在单店情况下，无论是内涵式扩张还是外延式扩张，最终都会遭遇市场消费需求及其条件的制约，或者说其规模扩张边界的主要约束因素为消费需求及其条件；而内部一体化扩张则存在三种情况：纵向一体化、横向一体化以及流通职能的内部化。由于交易专业化优势的作用将使其无论是前向一体化还是后向一体化甚或流通职能内部化，都会产生不经济或实践上不可行，从而使纵向一体化只能是局部的、有限的；而横向一体化或者水平一体化，即分店式扩张，则由于零售企业所有权特定优势的核心内容及其属性，决定在理论上具有无限延伸的可能性，且其延伸运用所有权特定优势的方式是连锁分店方式，即将其母公司成功的企业品牌与统一经营模式进行跨越空间的无限复制/粘贴。

第五章
零售企业国际化经营边界

根据第四章的研究结论，有两个问题需要分别从理论与实践层面来继续探讨：

（1）零售企业国际化经营边界问题。①其水平一体化扩张的经济性来源是什么？②在实践上，其水平一体化扩张是否确无边界？若有，其边界又在哪里？

（2）零售企业国际化经营中的分店复制问题，即母国的标准化样板店是否可原封不动地复制到东道国，这关乎企业全球扩张的战略抉择问题。是采取全球战略还是多国战略？或者其他？对于零售企业国际化来说，所谓全球战略，是指其通过连锁经营而将母公司成功的品牌与统一经营模式移植到各国的分（子）公司中，即在不同的国家复制同样的商店，并让所有商店采取一致的市场态度。所谓多国战略，是指连锁企业根据所在国的市场状况在分（子）公司中建立行之有效的不同于母公司经营模式的战略。实践表明，无论是全球战略还是多国战略，都已不纯粹。因此，学者们提出了跨国零售企业经营模式的适应性调整问题。但问题在于，全球化与本土化之间的均衡边界在哪里？

第一节　国际化经营边界制约因素之一：扩张支撑力①

一　水平一体化扩张的经济性来源：共同管理的经济性

零售企业的发展，一般来讲，是从单体店做起，进而水平一体化扩张，

① 樊秀峰：《基于供应链的零售企业水平一体化边界分析》，《商业经济与管理》2006 年第 1 期。

单店是一体化扩张的基础、据点。因而，要分析零售企业水平一体化扩张的经济性，不妨从单店分析起。

大家知道，商人利润来源于贱买贵卖的差价。在其他条件相同的情况下，经营同一种（类）商品的商人（企业）利润有高低之分，原因在于经营管理效率的差异，即是由决定企业水平边界的两个因素——生产成本（零售企业则为商品经营成本）与行政协调费用二者之间的平衡来决定。或换句话说，零售企业或通过生产要素的质量提高和集约使用而使规模扩大以获得利润增长；或通过增加生产要素的投入数量而使规模扩大以使利润增长。这两种形式不管是哪一种，都属于商人当然也包括现代零售企业获利的基本方式或传统方式，也是经济学意义上标准的规模经济性的利润增长方式。这种通过单店规模扩张获取利润增长的方式同样也会出现规模不经济，只不过由于零售企业性质与特征所决定，其受限制的首要原因并不在成本而在于需求，因此，零售企业要进一步实现利润增长，必须进行水平一体化扩张。这种水平一体化扩张既可以是同城异地，也可以是跨地区甚至是跨国扩张。

如前所述，这种水平一体化扩张又可分为两种情况：开设单店和开设连锁店。开设单店与开设连锁店扩张的区别主要在于，总部对分店是否实行集中化、标准化的统一管理。采取单店式扩张的这种分店一般来说是相对独立发展的，总部只是对其进行财务控制，它与其他分店之间也不存在横向联系。连锁经营的扩张模式及其管理显然与这种单店式扩张是不一样的。

1. 异地单店式扩张

由于这种异地开设的单店基本是独立经营的，所以其获利方式及利润增长模式与上述讨论的单体店没有差别，但它却可能由于在异地经营而丧失了某些企业原有优势使规模不经济。比如，由于对异地政治、经济、文化的差异以及由此造成的需求及其条件的差异不适应，而出现水土不服；或者由于企业高速扩张而导致高素质管理人才接济不上，致使异地缺乏精细的商品经营管理等。不论上述哪一种情况出现，都可能使在异地的“复制”失败。其实，“复制”失败应是必然或迟早的事。因为，一方面，组织资源和能力、管理判断力和当地因素是交互作用的，完全的复制是不可能的；另一方面，一个优秀的赢利模式、商业模式，需要内部各种各样完善的管理体系作为支撑，如果脱离了这些支撑体系，那么，其商业模式也是不能够赢利的。更重要的是，这种单店式扩张，并没有使企业系统产生“1+1>2”的效果，形成新的力。或者换句话说，公司并没有获得一体化扩张的系统规模经济性。

相反，由于系统力量分散而使系统力量削弱，这在市场竞争如此激烈的今天，关门大吉应是迟早的事。

2. 连锁经营的扩张模式

与上述单店式扩张相比，连锁经营中店与店之间的关系已不再是无关、分散的，而是有机整合的。按照系统原理，它应产生系统协调整合后的一种新力，这种力将使系统原有功能放大。一般认为，连锁经营的经济性来源于将复杂的商业活动中的要素标准化，将企业内部的经营管理职能专业化，从而通过商流、物流、资金流和信息流的集中化、程序化、简单化，最终体现出连锁经营的规模经济效益（于淑华，2000）。很显然，按照规模经济的概念来说，这种水平一体化扩张下的连锁经营模式既不是严格意义上的内涵式扩张，也不是严格意义上的外延式扩张。这种经营模式的经济性实质上来源于共同管理，即源于共同管理的经济性。所谓共同管理的经济性，原指跨国企业集团对全球各地的分支机构进行管理协调而带来的各种额外收益。这是英国里丁大学邓宁教授根据跨国公司竞争优势发展提出的一个概念。由于零售企业跨地区或跨国扩张所形成的总部和各分支机构的关系及其组织结构模式与跨国公司原理相同，并且像沃尔玛这样的跨国零售企业就是典型的水平一体化的跨国扩张模式，因此，共同管理的经济性同样可用来解释零售企业水平一体化扩张的经济性。

若用共同管理经济性的原理来分析，可发现连锁经营这种扩张方式存在着多方面的共同管理经济性。

（1）充分利用各地（各国）要素禀赋差异带来的经济效益。由于各地（各国）要素禀赋间的差异，同一商品经营过程在不同地区耗费的经营成本是不一致的。例如，我国东部地区劳动力成本就比西部高，企业跨地区（跨国）经营使得企业有机会利用经营地（东道国）的要素优势，降低经营成本。

（2）实现各分店之间的资源与信息共享，增强了知识的传递与积累的效率，从而可以产生知识创造效应。这是因为，连锁企业的全国（甚至全球）信息网络既可使企业内部的各部门以很低廉的成本和快捷的方式获得信息和知识；又可保护知识产权，防止信息扩散给竞争对手而贬值。更重要的是，通过这种知识传递与共享可以促使知识积累和创新，从而形成企业特有的新知识。

（3）对一些流动性较强的资源则可以在系统范围内调配，提高资源的产出效率。在一个已构建全国或全球运营网络的连锁企业集团中，资本、技术及高级管理人才的系统内调配是最常见的。这种全系统内的调配活动可以把稀缺资源应用到最需要的地方，从而提高整个企业的产出效率。

（4）以更经济的方式满足全球化顾客的需求。这既包括通过管理和协调塑造企业形象，强化顾客的忠诚度，还包括通过统一商品采购向顾客提供物美价廉的商品等。总之，由于连锁经营的共同管理而使企业获得了新的利润来源。假如说零售企业的经营模式与品牌是初始优势的话，那么，由于水平一体化扩张所产生的共同管理经济性则使企业获得了后续优势，从而可获得系统扩张效益。

此外还需要指出，这种共同管理经济性的产生，不是只要“连锁”就必得的，而是企业能动性活动的结果，是有条件的。其条件关键有两条：一是企业网络；二是供应链。假如说企业连锁经营就是一种网络型组织，那么，共同管理的经济性则来源于统一高效的供应链。

二　共同管理的经济性源泉：供应链的意义

（一）基于信息技术的供应链为零售企业边界拓展提供了现实可能性

供应链，是指涉及将产品或服务提供给最终消费者的过程和活动的上游及下游企业组织所构成的网络（李元旭、田宇，2005）。从零售企业角度看，它实际是商品从生产到消费的流通活动过程。这个过程包括仓储、运输、流通加工、信息服务以及售后服务等一系列活动。在传统的商业经营活动中，这些活动属于商业企业后勤管理或叫做企业的辅助职能。若从流通产业的角度看，供应链则应是由原材料、零部件、产品、服务的厂家、供应商、零售商组成的网络。商品本质上是用于交换的，从而在社会化大生产条件下，使这些企业之间以及商品流通活动的各个环节之间，形成相互联系、相互制约的链条关系。供应链只不过是人们对这种客观事物的一种主观认识与能动反映。又由于对最终消费者需要的满足离不开生产企业与流通企业的密切配合，因此，供应链应是包括生产企业、流通企业以及一切为商品流通服务的所有企业在内的企业之间与流通环节之间组成的全程供应链。这个全程供应链打通了企业内部部门之间的、企业之间的、计划和执行之间的三堵墙，从而使供应链为零售企业边界的拓展提供了巨大的现实可能性。

从企业水平一体化扩张来看，供应链是零售企业水平一体化扩张的工具，是连锁经营的经济性得以实现的保证。

（1）供应链提供了企业资源转移和获取的重要渠道，使零售企业的复制/粘贴成为可能。因为，对于一个流通企业来讲，知名的流通企业品牌就意味着一个高度统一的经营模式或商业模式，而要把这种统一的经营模式进行异地复制，则必须将这种经营模式所涵盖的商品经营要素加以程序化、标准化、简单化来实现。供应链尤其是基于信息技术的供应链正是完成这一转换过程的恰当工具和手段。基于信息技术的供应链把信息技术的标准化、程序化的特点与供应链所形成的企业网络结构两者完美地结合了起来，就使连锁经营所要求的作业程序化、分工专业化、管理标准化、分销集中化等特点得以落实。

（2）基于信息技术的供应链使企业在进行系统扩张的同时，既降低了经营成本也使行政协调成本得到节约。大家知道，企业水平一体化边界是由生产成本（零售企业为经营成本）和行政协调成本共同决定的。按照经济学一般原理，较高的生产（经营）成本通常导致较大的企业规模；而行政协调成本越高，越会出现规模不经济，从而导致较小的企业规模（范黎波，2004）。连锁经营尤其是异地、异国连锁经营，企业边界跨越时空发展，从而造成及时、准确地获取信息进行分析决策的难度加大，要保证商品物美价廉、不缺货、不断流的难度加大，其经营成本具有上升的趋势；同时，由于异地分散办公，使其在财务核算、人员考核、行政协调等方面的成本具有增大的趋势。而基于信息技术的供应链可以实现信息与知识共享，使管理幅度“无极限”扩展，管理层次被不断压缩，企业的内部边界出现模糊化和无边界化趋势，这种企业内部边界的模糊和渗透既包括垂直的也包括水平的，从而使组织的应变力和效率提高，最终不仅可以降低商品的经营成本，还可降低行政协调费用。

（二）基于信息技术的供应链为零售企业纵向边界拓展创造了弹性空间

根据供应链上要素与环节联系的方式与紧密程度不同，可以将零售企业供应链分为三种基本形式：产权维系型、契约维系型与管理维系型。

（1）产权维系型的供应链模式，典型的如美国西尔斯百货公司，它通过参股控股的方式（直接控股或层层控股），拥有并统一管理若干工厂、批发机构，控制某种或某类产品的整个供应渠道，实行从生产经批发到零售的一整套综合经营网络。这种形式下的供应链成员能借助不同产业和不同功能，互为支持，互为补充，从而提高整体效益，增强整体抗风险能力。

（2）契约维系型的供应链，典型的如英国马莎集团，它是与相关的生产单位和流通单位以契约形式维系起来的一种商品供应网络。这种模式较产权维系的要松散些，但因有合同的约束，其关系也有一定的稳定性。它对于零售企业开发畅销产品、实施自有品牌战略很有价值。

（3）管理维系型的供应链模式，典型的如美国沃尔玛及国内的国美电器有限公司等。这种模式既不同于投资维系型也不同于契约维系型，这些零售企业由于自身拥有强大的集采购、运输、流通加工、信息服务以及售后服务等功能在内的供应链系统，实际拥有了对制造业的控制权，从而使其超越了企业内部管理与外界沟通的范畴，形成了以自身为链主、链接生产厂商与顾客的全国（全球）供应链，最终完成了对自身纯粹商业企业身份的超越。

上述三种模式都属于企业纵向一体化的扩张模式，只不过是一体化的程度有差异而已。且上述三种模式不论哪一种都可为企业带来新的竞争优势源，使企业获得巨大的经济性。因为，供应链上产生了只有供应链状态下才有的新资源：关系资源和网络资源。而这种资源构成了供应链内企业独特的、具有生产性的异质性资源，是别的企业难以模仿与抄袭的。或者换言之，供应链不仅是对已有资源的重新安排，而且能够产生新的资源，从而使企业获得了独特的竞争优势（郭冬乐、王成慧，2004）。

综上所述，基于信息技术的供应链是连锁企业产生共同管理经济性的重要来源，也可以说是零售企业进行水平一体化扩张的重要支撑平台。

三 水平一体化边界约束：基于供应链管理的扩张支撑力

是否构建了供应链，企业就获得了共同管理经济性？显然不是。供应链与供应链管理及供应链管理的实现这三者之间是有很大差别的。笔者在这里无意对概念进行严格界定，只是想表明这样一个基本思想：假如说供应链只是对客观存在的一种主观认识的话，供应链管理则是人们对客观规律认识基础上的一种能动的管理参与。那么，既然是能动的管理参与就有管理水平的高低之别。因此，供应链管理的实现则应是通过供应链管理而达到的一种目标状态。本书所说的基于供应链之上的扩张支撑力，即是指这样一种目标状态。只有当零售企业供应链管理达到了这种目标状态，零售企业才具有水平一体化扩张的能力，或者说才会获得共同管理的经济性。换句话说，这种扩张支撑力的强弱是决定零售企业水平边界的关键因素。

（一）供应链的管理

对供应链的管理是一门技术性很强、难度很大的学问，需要专门的管理知识及经验的积累；同时它也是一场组织变革，需要企业内相应的管理与组织结构创新。如前所述，信息技术的应用，在使企业内部垂直边界、水平边界模糊化的同时，机构的设置、人力资源的调配以及上下左右关系的设置与改进都必须同时进行。可以说，企业内部若没有与高水平供应链相对接的管理与组织结构模式，任你供应链如何先进都难以发挥作用。比如，沃尔玛的成功不仅仅在于先进的配送系统，更在于建立在配送系统之上的供应链管理。沃尔玛在创业之初就确定了低成本扩张战略，它不仅将其体现在供应链上下游企业的无缝链接与合作上，还体现在它的内部组织结构的扁平化上，从而使其内部管理模式与供应链模式有着天然的适应性。而要达到这一点，必须在企业内部进行组织发展与变革，其难度之大及阻力之多是可以想象得到的，既要克服企业内部既得利益者的阻力，还要打破人们传统习惯及部门势力的阻碍。

（二）供应链管理的实现

供应链管理的实现是需要巨额资本与高技术来支持的。因为零售企业供应链不论以哪种模式建立，都必须是基于需求管理基础上的敏捷供应链。所谓基于需求管理，就是要改变传统的以制造商、批发商、零售商为中心的推动式供应链管理模式，使其成为以最终消费者为主导的拉动式供应链管理模式；所谓敏捷供应链，就是说这种供应链具有如下特征：市场敏感、虚拟链（大多情况下，企业纵向一体化只能是局部的或是某一类商品的，供应链的形成将主要表现为虚拟方式）、流程集成、基于网络、混合模式（精益与敏捷的混合）（石鹏，2004），从而这种基于需求的敏捷供应链管理可以达到“将特定数量、合适质量的正确产品以合适的成本、在规定的时间、送到指定的地点、交给特定的消费者”（张子刚等，2004），最终真正体现供应链管理的三个本质特征：反应迅速、低成本、高质量。显然，供应链管理要达到上述目标，必须靠现代信息技术手段来装备，而现代信息技术手段是需要大量投入的。沃尔玛迄今为止为信息技术装备投资了 7 亿美元，信息化使沃尔玛大而不笨，成为会跳舞的大象。再如，上海联华于2005 年4 月5 日与IBM 及台湾地区的特力签订盟约，计划总投资 1.2 亿元，进行为期6 年的供应链信息化改造。如此等等，可以说供应链管理要达到行业领先水平，尽管信息技术的先进性不是企业一体化扩张成功的充分条件，但绝对是成功的必要条件。

此外，供应链管理水平的提升还与企业自身的战略及远景规划有关，还牵涉到供应商的信息技术装备水平等等。

综上可见，供应链管理是一个涉及因素十分复杂的范畴。所谓企业之间的竞争是供应链之争，它正是从一个侧面说明，对供应链的管理本身就是一种资源、能力的积累与较量。因此，供应链管理的强弱将直接决定着零售企业连锁经营的规模能做多大、做多强。

第二节　国际化经营边界制约因素之二：本土化压力

一　零售企业所有权特定优势的二重性

（一）企业性质及资源特征与海外市场选择

由零售企业性质与资源特征所决定的零售企业所有权优势，可以说它既是企业一体化经营的促进因素也是一种限制因素。这是因为：从零售企业的性质来说，它是专门化的交易商，而且是直接面对最终消费者的（可以预言，虽然随着网络的发展，在不久的将来，电子商务将有一个大的发展，但可以肯定地说，它永远不可能取代面对面的零售门店销售，而且门店零售仍是主要的形式，尤其是日杂消费品零售、高档奢侈名品零售领域更是如此），零售业同其他行业比较起来，更倚重企业与顾客的互动。例如，同生产性行业相比，零售业从来就不具备孤立存在的特征，不像工厂那样可以在一个国家“单独存在”，却可满足另一国家消费者的需求，零售业则必须同其所在国家或社会融合起来才有可能获得成功。因此，它具有立地性，即顾客在哪里，它的店就必须开在哪里。这样，需求及其条件是决定其经营模式选择的关键因素；又由于单店规模经济的约束，要追求规模经济，则必须寻找新的顾客源，因而，新的消费者需求及其条件，就必然会对其原来的经营模式形成挑战。或者说，它的经营模式就必须追寻新的消费需求及其条件的变化而有所改变。尤其是在企业国际化经营的条件下更是这样。这是由零售企业性质所决定的。关于这一点，可以进一步从跨国零售企业的海外市场选择的角度予以佐证。

据研究，零售企业初次进入海外市场时的区位选择，一般主要考虑如下因素。

1. 地理邻近

大量事实证明，零售商在进行海外扩张的时候将首先选择那些具有地理邻近性的市场（Burt，1993）。并且，海外扩张时注重地理的邻近性已经成为一个全球性的趋势。这在零售企业国际化的初期阶段表现得尤为明显。比如，法国零售商在西班牙市场进行了大量的海外扩张活动，德国零售商在奥地利寻求发展，荷兰零售商向比利时扩张，以及英国零售商将爱尔兰作为国际化的首选（Alexcander，1997），等等。日本零售商由于地理上与世界上的主要东道国市场不接壤，因此，主要向亚洲沿海地区扩张比较频繁。从20世纪50年代到90年代日本零售商的271例的海外扩张行为来看，59%的扩张是面向东亚和东南亚国家（Davies and Fergusson，1996）。日本零售商最看好的城市主要有香港、新加坡、曼谷、吉隆坡（Davis and Jones，1993）。

北美自由贸易区协议签订大大刺激了美国零售商向加拿大的扩张，当然，也激起了加拿大向美国的投资，只是两者的结果很不相同。许多美国零售商以新的零售业态进入加拿大市场。例如，玩具反斗城（Toys “R” Us）、温纳斯（Winners）、伦斯克拉夫特茨（Lens crafters）、Value village 以及会员制的零售商，如普莱斯俱乐部（Price club）与考斯科（Costco）都在加拿大市场有着举足轻重的地位（Jones et al. ，1994）。这些来自美国的新业态的发展成为领导加拿大零售商业的先导。但与此同期的加拿大零售商向美国的扩张却不太成功。Mark’s work wear house 是加拿大一家以蓝领工人为目标群体的服装零售商，在加拿大的经营非常成功，但是，1987年在美国经营6年之后，却以破产而告终（Lane and Hildedrand，1990）。Mark’s work wear house 发现美国市场的经营条件与它们的经营方式不相容。也就是说，母国零售商很难满足比母国更发达的市场需求。这也说明了单一的地理邻近性并不能保证零售商海外经营的绩效。只有企业自身的资源特征及其拥有的所有权特定优势足以抵消来自遥远的国度的各种障碍所造成的限制时才具备了成功的条件。

2. 文化邻近

文化通常被定义为某群体享有的共同准则、价值观与习惯。Alexander（1997）曾以语言相似性为指标对欧洲国家文化邻近性进行了分类，说明了地理邻近性的市场统统具有文化邻近性。如法国作为西罗罗语系的国家与邻国西班牙、意大利、葡萄牙以及比利时、瑞士有文化上的邻近性。荷兰与德国作为西方日耳曼语系的国家使这两个国家相互之间有着文化的邻近性，并且都与奥地利有着文化邻近性。文化的邻近性刺激着零售商寻求与母国文化邻近的海外市场扩张（Burt，1993）。再如 Myers 和 Alexander（1995）经过大量的实证研究也发现欧洲零售商偏爱向与母国具有邻近性的海外市场扩张。法国零售商注重向意大利、西班牙、捷克、匈牙利等发展中的或欠发达的市场扩张，尤其偏爱向具有地理邻近性及文化邻近性的意大利、西班牙、葡萄牙市场扩张。德国零售商也偏爱向邻近市场的扩张，比利时、荷兰、卢森堡三国经济联盟区域成为德国扩张的首选。荷兰零售商偏爱向欧盟内欠发达的市场以及欧盟外捷克、匈牙利等新兴市场扩张。英国零售商为一些欠发达市场所吸引，但是，依旧注重地理邻近性与文化邻近性的原则，法国市场、爱尔兰市场都是其首选。

3. 其他因素

零售商向海外扩张时除首先考虑上述两个因素之外，还会考虑其他的一些因素。Alexander（1997）曾详细探讨了零售国际化过程中面临的几种障碍，提出了五种主要的国际化界限（International Boundaries），即政治界限、经济界限、社会界限、文化界限、零售结构界限。所谓政治界限，主要包括零售国际经营所面临的管制环境以及政治环境。经济界限，主要是指东道国的经济发展水平。社会界限，则与经济发展相联系，同时又受文化影响，主要包括人文因素以及消费者日常生活特征等因素。文化界限，是指东道国的国家文化以及由此引发的消费文化。零售结构界限，其突出了东道国零售商业的竞争结构与发展状况，决定了零售商海外市场的竞争环境。

综上，跨国零售企业在向海外市场扩张过程中将主要考虑六大因素：地理、文化、经济、社会、公共政策、零售结构。尤其是在国际化初期，将优先选择在上述六个方面具有邻近性的海外市场（王旭晖，2004，2005）。这正是由于零售企业的性质——由专业化的交易商所决定的最终消费需求约束的特征，以及在母国市场的竞争过程中形成的资源特征所决定的。因此，零售企业海外扩张能否成功，很大程度上取决于零售企业自身的资源特征与海外市场的上述六大因素所构成的市场特征所结合的程度。其资源特征的核心部分则是所有权特定优势。

（二）所有权特定优势的二重性特征

从前述关于所有权特定优势形成机理的分析中可以发现，所有权特定优势的形成总是在一定的内外条件综合作用下形成的，具有很强的路径依赖性。由此，也使零售企业所有权特定优势具有了二重属性。

1. 零售企业所有权特定优势的技术属性

若从技术角度来认识零售企业所有权特定优势的内容，可以说，其本质就是一种零售技术。零售技术的英文解释通常有两种：一是 Retailing Technology；二是 Retailing know－how。一般的理解认为，Retailing Technology 表示科技在零售领域的应用，是零售企业所采用的系统、方法、程序和技巧，如计算机网络技术在零售企业的应用。而 Retailing know－how 不仅包括 Retailing Technology 所包含的内容，还包括零售文化、理念、惯例、规则、操作和经验等。这两方面共同决定了零售商的经营优势和战略方向。因此，本书所讨论的所有权特定优势即指的是 Retailing know－how 的含义。从上述零售技术的含义来看，显然，零售企业的所有权特定优势具有技术性属性。具有技术性属性，则意味着技术性在国与国之间有着较大的共同性。当然，国与国之间由于经济发展和市场完善的程度不同，其为技术性因素实施所提供的条件和环境也会有所不同，会制约技术因素的发挥。但从总体上来说，零售企业所有权特定优势的技术性属性为零售企业全球战略的实施，即母国成熟的经营模式的复制提供了基础。

实施全球战略，就意味着零售企业在国际化经营中要更加注重全球化压力的战略响应，特别注重零售企业所有权特定优势的全球复制。其特点主要是：

（1）中小型连锁专卖店。如遍及全球的麦当劳和肯德基快餐，以及销售国际著名品牌的连锁专卖店，都是采用了这种战略。

（2）标准化的营销管理。零售商对全球市场细分后，在商品组合、服务标准、价格、促销和店面布置等方面，采用标准化的营销管理。在遍及全球的各个分店中，统一经营方针，统一商品或服务的种类和款式，统一销售方法和服务流程，统一广告主题和促销，统一店铺陈列和装潢，统一企业形象设计，由每个国家的总部统一商品和服务定价。例如，麦当劳提出的经营方针是：质量高、服务好、整齐清洁、物有所值，即所谓 QSCA 方针（Quality，Service，Clean，Value）。

（3）以中间商品牌纵向整合产业链。由于有明确的目标市场和商品定位，零售商着力设计个性化商品，发展“中间商品牌”，向外定牌或定点生产。品牌开发不仅能实现低成本和保持经营特色，还能形成和获取品牌的无形资产，调动社会上的有形资产。这里，零售商需要掌握商品的核心技术，推进产品创新，保证商品质量，建立生产网络。英国马狮公司与其开发的“圣米高”品牌，就是一成功范例。其年销售额和利润额分别达到 70 亿和 10 亿英镑（2006 年）。当然，若与做纯销售相比，进行定牌生产将承担更多的存货风险。因此，所开发的品牌通常要具有较长的产品生命周期，从而避免某些时髦商品的不稳定性。

（4）形成有效的物流供应链。面对遍布全世界的分店，由若干个大型物流配送中心来供货。这些物流中心分货检货机械化程度高，采用条形码技术和计算机控制，有很强的运输供货能力。广义的物流供应链，还包括原材料供应和生产过程。例如，肯德基快餐在中国的物流供应链，包括分布全国 450 个城市的 2100 个分店、500 多家原料供应商（2007 年），仅 2007 年就消耗鸡肉 15 万吨，其他的如蔬菜、面包、纸杯和建筑原材料等，都靠其物流供应链给予定时、定点的稳定保证。

（5）高度集权化的管理控制。企业的经营战略与决策，一般是由跨国公司的国际总部来详细制定的。例如，商品组合、促销、服务流程与顾客沟通等。即使商品价格和折扣率等敏感问题，地域销售代表也无权自主决定。各分店仅是一个成本中心，店长只是执行国际总部布置的工作。为了强化集权控制，大型跨国零售商还建立了长期稳定的计算机网络，以及时采集数据，动态分析和评估经营活动的效益。

2. 零售企业所有权特定优势的社会属性

零售企业所有权特定优势的社会属性，即由于零售企业所有权特定优势的形成总是与一定社会的政治、经济、社会、文化、法律以及民族与历史甚至自然环境等紧密相关，因而，必然使不同国家零售企业的所有权特定优势从内涵到外延都会存在显著的差异。因而，其跨国发展，也就必然会面临本土化压力，即要求零售企业在海外市场拓展中，需要根据自身的基本定位和战略选择，对原有的企业所有权特定优势进行继承、变革和创新。因此，研究零售经营模式的本土化，就是要研究零售企业所有权特定优势包括技术优势的各环节在跨国移植过程中的继承和改革问题，研究继承与改革之间的选择及配合，以确保零售企业定位和策略的顺利实施。也正由于零售企业所有权特定优势所具有的这种社会属性，从而使多国战略成为零售企业国际化经营中的一种客观选择。

实施多国战略，就意味着零售企业在国际化经营中要更加注重本土化压力的战略响应和适应，特别注重零售技术的本地化转换。因而，实际得到的是一种地理上分散化的投资组合，其特点主要是：

（1）以直营分店与加盟分店为主。主要有大型购物中心、百货商场和大型折扣店等形式。法国家乐福和德国麦德龙仓储式超市在国际扩张中都运用了这种战略。合资经营是常用的投资形式，低风险的扩张还可采用许可证的方式。

（2）适应型的营销管理。以大型购物中心为例，零售商保持了其核心竞争力：给消费者以有限服务，严格控制成本，采用低毛利率，以批量销售取胜。除此之外，其他管理变量均可调整，以适应当地环境。例如，东方人喜食生鲜食品，讲究饮食文化和烹调技术等。各分店可自行决定商品品种和款式的组合。地区总部可决定商品价格、促销和广告策略等。国际总部统一制定服务标准，但可根据地区习俗，各有侧重。

（3）简明的物流供应链。由于各分店经营的商品组合存在差异，所建立的物流供应链的特点为：地区型、以当地商品为主、环节少、简明实用。这样能有效降低经营成本，与建立低成本/低价格机制的核心策略一致，其连锁经营的物流规模优势不在于实物性的物流方面，而在于国际集中采购和与制造供应商的集体谈判能力上。

（4）分权化的管理控制。尽管国际总部对各分店的经营策略、招聘管理者、选址、质量管理等均有指导性意见，但地区和国家总部也有很大的自主权。分权管理对执行经理的技能要求很高，需要执行经理受过良好的训练，具有较强的独立工作能力和快速反应能力。为了保持最初经营模式的原汁原味，同时又能适应当地环境的特殊要求，人力资源常由母国和本地的管理者混合组成，以便于加强管理沟通和控制。

（5）适应学习型经营活动。其实，采用区域适应型战略的商家，从规模经济中得益不多，主要得益于通过适应和学习所获得的经验。在某国获取的新经验，可在他国中推广，进而推动了零售技术的创新。该战略倾向于首先在若干个文化和地理相近的国家中集中发展，获取最大的多国区域市场份额，成功后再向其他多个国家发展。因此，其国际扩张的过程是分阶段的。例如，法国的家乐福集团，就是这样滚动发展起来的。20 世纪 70 年代，该公司进入了西班牙和巴西两个国家，80 年代又扩张至阿根廷。

那么，在零售企业国际化经营中，企业应如何在全球战略与多国战略间进行抉择与权衡呢？从上述讨论可看到，仅从零售企业性质与资源特征来说，纯粹的全球战略应只是理论上的一种假设。当然，纯粹的多国化战略也不是跨国零售企业的本意。因为，它使零售企业所有权特定优势的低成本复制优势丧失。如此，问题就转化为，如何在全球化压力与本土化压力中寻求最佳平衡的问题。而平衡点的选择，则取决于全球化压力与本土化压力的经济性与风险的权衡。

二　“全球化”与“本土化”的经济性及其风险

（一）“全球化”战略的经济性及其风险

1. “全球化”战略的经济性

实施全球战略，从所有权特定优势的角度来看，企业可获得以下优势或经济利益：

（1）采用标准化管理，既为目标消费群提供了优质服务，又能通过连锁经营降低成本，获取销售规模的经济性。

（2）能大量复制相同的零售模式，扩张能力强。

（3）由于全球布置连锁经营分店，从而可创造全球网络，获得全球资源整合的“共同管理经济性”。

（4）可获得全球统一采购商品的规模经济性。由于零售企业性质与资源的特殊性，其采购规模经济性可来源于以下两方面：

一是，由于采购销售批量大，从而可使平均总成本大大低于行业平均水平。其机理可用公式推导如下：

设：C 为总成本，a 为一次采购的固定成本，R 为储存成本，b 为单位商品配送费用，x 为公司年总采购量，D 为一次采购量，公司平均库存量为 $\frac{D}{2}$。

根据以上设定，则有：$R \cdot \frac{D}{2}$ 为总储存成本，$a \cdot \frac{x}{D}$ 为总采购固定成本，$b \cdot x$为总配送成本。

于是：

$$C = R \cdot \frac{D}{2} + a\frac{x}{D} + b \cdot x \tag{5-1}$$

以 D 为自变量对（5－1）式求导得：

$$C' = \frac{R}{2} + a \cdot \frac{x}{D^2}$$

令 $C' = 0$，则有

$$D = \sqrt{\frac{2ax}{R}} \tag{5-2}$$

把（5－2）式代入（5－1）式就有：

$$\frac{c}{x} = b + \sqrt{\frac{2a \cdot R}{x}} \tag{5-3}$$

（5－3）式说明：在有效规模范围内，跨国零售企业的平均总成本 c/x，随公司经营规模的扩大而降低，或者趋于不变［因为在（5－3）式中，当 $x \to \infty$时，$\sqrt{\frac{2a \cdot R}{x}} \to 0$，$c/x \to \mathrm{b}$］。

二是，跨国零售企业可以利用全球的企业网络组织，在世界范围内搜寻物美价廉的产品，然后将其送往世界上最能卖上好价钱的地方，从而真正发挥商人贱买贵卖的原始本能。这是当今跨国零售企业获取采购利益的又一重要来源，是纯粹的国内企业所不具有的竞争优势。例如，沃尔玛在中国采购商品，然后将中国商品在全球的沃尔玛分店里销售，由此所获取的利益已不仅仅是商品销售的利润，它还包括了全球采购的经济性来源。

综上，跨国零售企业由于采取全球化战略，即将其品牌与统一经营模式通过全球复制/粘贴的方式，能够获得上述诸多的经济性。

2. "全球化"战略的经济风险

正像任何事物都有其两面性一样，这种全球化战略也存在着巨大的经济风险。其经济风险主要来源于以下几方面：①国内和国外市场之间可能存在较大文化差异，导致消费趋势难以完全趋同；②由于消费者偏好和渠道差异等多种因素，原先成功的管理模式可能不容易适应新的市场；③外国政府可能在一些领域设置限制，导致进入成本较高；④国外市场上消费者收入较低，无法支撑标准化运营的商店；⑤分销系统和技术可能不发达（例如道路差、缺少冰箱、邮政系统落后等），带来企业运作困难增大；⑥各国之间的连锁经营形态可能差别较大，而国外消费者接受新的连锁经营形态尚需要一段时间。

在连锁企业国际化所面临的种种风险当中，最大的要数经营理念对于特定市场环境的适应问题：一是企业可能无力适应地区市场的细微性差别，以及难以适应各地市场各异的发展变化；二是企业可能由于经营变化弹性小，当消费偏好发生变化和遭受竞争者打击时，其面对一个高度异质性市场显得很脆弱。因此，单纯地实施全球战略的标准化复制模式，会使企业陷入复制/粘贴的陷阱，反而产生诸多组织成本，使企业出现规模不经济。

全球战略的标准化复制模式可能产生的诸多组织成本主要有：

（1）标准化营销的文化成本。由于不了解或没有顾及目标国的社会历史文化而产生的组织成本，诸如目标国顾客不接受外来价值观、审美观而产生的巨额宣传推广费用。

（2）标准化营销的制度成本。由于不了解或没有顾及目标国的政治、法律、经济制度而在具体营销活动中产生的成本。

（3）标准化营销的人力资源成本。由于没有将目标国的员工作为核心员工，而在管理层过多使用外籍管理人员而引致的沟通、协调成本。

（4）标准化营销的营销组合成本。为了实施不切合目标国实际的营销组合方案而引致大量的产品研发以及渠道、促销等成本。

以上这些因高度异质性市场而产生的组织成本，如果选择本土化营销方案，是可以大大节约的。显然，本土化营销是为降低标准化营销的组织成本而发展起来的一种替代选择。

（二）“本土化”的经济性及其风险

1. “本土化”适应的经济性

跨国零售企业为适应本土化压力的客观需要而采取多国本土化战略，可使其获取如下优势：①适应性和学习性强。通过在不同市场的实践，可以从跨国经营中学习到新的经营技巧，从而积累丰富的应对各种复杂环境的经验，提高企业在市场上的竞争力；②能部分获取规模经济效益；③若从对全球化战略的一种替代角度来看，由于本土化修正了标准化复制中的普适化问题，弥补了标准化复制的诸多缺憾，在特定意义上说，标准化复制的组织成本，就是本土化的组织收益。其收益（经济性）可具体描述如下：

（1）本土化战略降低了标准化复制的文化成本。经营理念的本土化使跨国公司避免了自以为是的文化沙文主义，充分关注和了解目标国的社会历史、宗教习惯、教育背景、价值取向等文化特质，从而巧妙地运用目标国的文化进行经营，可以以较少的组织费用赢得目标国社会公众的支持，激发目标国消费者的购买欲望，达到事半功倍的效果。

（2）本土化战略降低了标准化复制的制度成本。本土化战略促成跨国公司通过深入了解或通过本土人士了解目标国的政治制度、法律制度及经济制度，熟悉本土化战略的政治、法律及经济制度的边界，从而避免了因跨越边界带来的不必要的成本支出。

（3）本土化战略降低了标准化复制的人力资源成本。人力资源的本土化首先降低了因大量使用外籍管理人员的劳动力成本；其次，人力资源的本土化还由于广泛使用本土核心员工而使内部管理的沟通、协调成本和外部业务的沟通、协调成本得以降低。

（4）本土化战略降低了标准化复制的营销组合成本。营销组合的本土化表明产品、价格、渠道及促销都要切合目标国的市场：产品研发要针对目标国消费者的消费取向；产品定价要适应目标国消费者的收入水平；分销渠道要考虑目标国市场的渠道状况；促销策略要针对目标国消费者的具体购买特征。这种差异化的组合客观上避免了标准化复制的盲点，可以以较少的组织成本取得组合策略的成功。

2. “本土化”适应的经济风险

虽然本土化存在上述诸多优势，若过分强调多国本土化，则同样会出现本土化的陷阱以及不经济。首先，其扩张速度相对较缓，呈分阶段进行，扩张能力弱于全球化战略；其次，扩张成本相对较高，会形成相当高的组织成本。其组织成本主要来源于以下几方面：

（1）本土化经营的企划成本。标准化经营的企划方案是一个复制或移植的过程；而本土化经营则需要针对目标国具体的状况进行差别化设计，因而需要投入大量的资源进行重复的市场调研和方案制定。

（2）本土化战略的运作成本。标准化复制的本质是无差异经营，运作成本相对较低；而本土化战略本质上是差异化经营，在各目标国市场采用的是差别化的资源，具体反映在产品、定价、分销、促销的差别化的资源组织上，运作成本远远高于标准化复制。

（3）本土化战略的控制成本。对于跨国公司管理层来说，对标准化复制过程的控制要相对简单一些。而对于本土化战略来说，由于运作的差别化，跨国公司管理层的控制和监督就要花费大量的资源，产生大量的经营控制成本。

（4）削弱企业积累的所有权特定优势。这一点也是最为重要的。若过于强调本土化适应，则有可能损坏企业的品牌形象，削弱所有权优势的核心竞争力。比如星巴克进入日本市场的时候，一些市场研究人员建议：日本“星巴克”中应允许吸烟，不然，他们担心会将许多顾客挡在门外。因为，在日本传统的咖啡店里，灯光布置得非常传统，有些昏暗，男人们在那里可以使劲地吸烟，以缓解工作之后心中的压力。但星巴克品牌的创立者舒尔茨和他的团队断然拒绝了这种观念。星巴克核心的东西就是美国及西方文化的原味：整洁、文明的西方式咖啡馆。[①] 倘若允许吸烟，则会使星巴克的品牌大打折扣。

（三）“全球化”与“本土化”的结合成为战略选择趋势

综上，从理论上说，全球战略与多国战略各具优势，也各具风险。尤其是对跨国零售企业依据所有权特定优势进行国际化经营来说，各有利弊。因此，在经济全球化条件下，在全球化压力与本土化压力中寻求均衡，即在全球战略与多国战略间进行折中本身已成为战略趋势。

二 全球化与本土化的适应与均衡

（一）“全球化”与“本土化”的适用条件

从以上分析可知，无论是“全球化”还是“本土化”都有其适用条件，企业进行战略选择，必须根据企业内外部条件来进行。

1. “全球化”的适用条件

“全球化”的适用条件或特点主要有以下几点：①适用的成本较高；

① 吕宜男：《不妥协中的妥协——星巴克在海外的成功：新品牌的艰难创立与完整风格》，《中国商贸》2002 年第 4 期。

②主要适用于工业化产品；③不同国家的市场有相同或相似的偏好；④主要在城镇中适用；⑤在大体相似的国家进行营销活动；⑥集中式管理；⑦新业态、新管理模式的研究与开发，市场营销中采用规模经济；⑧应付竞争者生产标准化产品；⑨消费者具有流动性；⑩有积极的宗主国效应存在，等等。

一般而言，奢侈品和时尚色彩浓厚的产品的客户追求他们所代表的独特价值，比较容易实施标准化。这些产品的消费者通常也是富裕、教育程度较高且见多识广的人，因此，或多或少地代表着具有趋同性的全球性群体。一般来说，专业零售商容易在全球化战略上取得成功。

2. “本土化”的适用条件

从“本土化”的适用条件来说，主要是：①技术标准存在差异；②主要用于消费品和个人用品；③消费者有不同的偏好；④使用该产品的条件是不同的；⑤人们收入水平存在差异，购买力不同；⑥使用者的使用技巧和技术熟练程度存在差异；⑦存在较大的文化差异；⑧原材料的适用性、政府的政策以及法规的差异；⑨为应付竞争者采用该战略；⑩不同国家人们风俗习惯的差异，等等。①

由此可见，从产品特点上来说，家庭以外使用的产品比家庭生活用品更易标准化；在经济发展阶段与水平相似的国家进行经营更易标准化；经常外出的消费者的使用品更易标准化；年轻一代较易接受标准化。

通过上述对全球化与本土化适用条件的分析可以看出，影响企业战略选择的因素十分复杂，很难一概而论。而当今的世界，经济全球化已成为发展选择，全球化压力对于任何企业来说，不存在选择的问题。因此，从这个意义上说，需要深入研究的命题实质是本土化约束下的零售企业国际化经营边界问题。

（二）本土化约束下的国际化经营边界

从上述分析可知，本土化和全球化都会产生组织成本。如果这些组织成本能控制在一定的范围内，本土化战略和标准化复制都是经济的；超过一定范围，本土化战略和标准化复制都是不经济的。考察本土化战略的实施边界，事实上就是对本土化战略替代标准化复制的成本分析。

① 聂元昆、吴健安：《论本土化营销的经济学意义》，《云南财贸学院学报》（社会科学版）2005 年第 5 期。

1. 本土化战略替代标准化复制的成本

在同等的经营绩效条件下，本土化战略的边界确定：

$$MLC = MSC$$

即：本土化战略的边际组织成本（MLC）应等于标准化复制的边际组织成本（MSC）。

这表明，在取得同等经营绩效的条件下，对本土化经营战略和标准化经营战略的抉择，取决于二者的边际组织成本趋于一致时的比例。在这种状态上，国际化经营的收益趋于最大化。

如果 MLC > MSC，说明处于本土化经营陷阱或本土化经营方案不经济，需要收缩本土化经营的比重，扩大标准化经营的比重。

如果 MLC < MSC，说明处于标准化经营的陷阱或标准化经营方案不经济，需要扩大本土化经营的比重，收缩标准化经营的比重。

本土化经营边界的约束条件是市场的均质程度或其对立的异质程度。在高度均质性市场上，本土化经营的成分趋于无形；随着均质性程度的降低，本土化经营的成分越来越大。同样，在高度异质性市场上，标准化经营的成分趋于无形；随着异质性程度的降低，标准化经营的成分越来越大。

而事实上，市场的均质性只是一个理论假定，现实的市场或多或少都存在异质性。所以，现实的国际市场经营是对本土化经营和标准化经营这两种战略范式的混合使用，只不过在均质性程度高的市场上采用以标准化经营为主导的战略，在均质性程度低的市场上采用以本土化经营为主导的战略。

总部位于美国的跨国公司在加拿大甚至在西欧实施以标准化经营为主导的战略之所以有可能获得成功，很大程度上取决于这些目标国之间以及目标国与所在国之间在基本政治制度、法律制度、社会文化等方面比较接近，市场的均质性程度较高。将这些跨国公司在北美和西欧的成功战略移植到中东阿拉伯国家或拉美国家，就不一定会获得成功。例如，美国在线在拉美国家的扩张就遭受挫折，被形象地称为“迷失在移植过程中”。在巴西，美国在线虽经过开张之前的大肆宣传，也只落得排名第四的境地，被竞争对手远远地甩在后面。所以，当今世界，实施标准化经营为主导战略的跨国公司如“麦当劳”、“可口可乐”等公司也在近年来大大增加了本土化经营的成分，它们的成功表明：成功的经验总是具有区域性质，越是国际化，越应本土化。

2. 实施本土化战略的约束因素

以本土化经营为主导的战略，强调了现实国际经营中的市场异质性问题，但不可由此忽略均质性对国际经营战略选择的影响。一般来说，本土化战略不可跨越的边界因素有以下几个：

（1）人类价值取向的共通部分。人类社会发展沉淀下来的共通的价值与文化是标准化经营具有不完全替代性的深刻基础。在人类社会发展过程中对真、善、美的终极追求以及对人类自身作为“同类”群体的终极关怀，决定了人的需求指向和购买行为的某些共通性。电影《哈利·波特》在全球儿童电影市场上的大红大紫，因《安徒生童话》、《格林童话》中美妙绝伦的意境而感动着世界各国一代又一代的儿童，以及为美国歌星迈克尔·杰克逊的表演而如痴如醉的世界各国的青年等等，昭示着市场的均质性因素是标准化经营的永续源泉。

（2）全球化浪潮中的文化趋同部分。随着信息技术的飞速发展，地球村已不再遥不可及，世界各国文化交流以前所未有的规模和速度发展起来，各国文化交流和互动的结果，是使各民族的文化有部分趋同之势，影响着人们的生活方式和消费观念。文化趋同部分既是本土化经营不可跨越的边界，也是标准化经营得以全面展示其张力的空间。

（3）标志公司文化特质的核心价值部分。跨国公司在长期的发展过程中形成了独具特色的、有特定优势的企业文化，它是引导企业追求卓越、创造辉煌的保证。从一定意义上说，正是由于文化的优秀，才催生和铸就了跨国公司。用生物学的语言来说，跨国公司文化的核心价值是导致公司成功的“基因”。在全球化发展中，跨国公司不会因环境的差别而改变企业文化的核心价值；相反，要实现全球化的成功发展，跨国公司更关注将自身成功的“基因”移植到目标国员工的心中，通过对公司核心价值的认同，引领世界各地的员工演绎企业国际化经营的壮丽史诗。①

综上可见，由于零售企业面对的是一个非常难以“标准化”的市场，很难采用一种全球通行的原则、方法来经营不同国家或地区的零售企业。因此，零售企业在运用品牌与统一经营模式进行世界范围内的国际化经营中必然遭遇“本土化压力”，“本土化压力”将构成企业国际化经营边界的重要约束条件。而由于零售企业业态多种多样，企业的所有权特定优势的内容各有千秋，且具有很强的路径依赖性，因此，零售企业在国际化经营中，如何准确地在“全球化压力”与“本土化压力”的均衡中进行定位，将直接影响其经

① 〔美〕保罗·A. 郝比格：《跨文化营销》，李磊等译，机械工业出版社，2000，第25～40页。

营绩效，最终会影响其全球竞争优势的塑造。

第三节　跨国零售企业在我国市场经营中的全球化与本土化

一　跨国零售企业在我国市场经营中的全球化与本土化实践

（一）沃尔玛在我国市场经营中的全球化与本土化实践

沃尔玛从 1996 年开始进入我国，一直比较稳重发展，步步为营，至 2001 年底在中国有 15 家店铺，形成了以深圳、北京、大连、成都四个区域中心扩展的格局，并于 2002 年在深圳建立了全球采购总部，在管理团队、采购和经营方式等方面迅速实施本土化，同时，它也在努力用中国方式来表达、传递沃尔玛文化的精髓。

1. 沃尔玛在我国市场经营中的全球化

沃尔玛从进入我国的第一天起，就试图将其成功的经营模式及先进的零售技术移植到中国。例如，沃尔玛在我国以“天天平价”和“一站式购物”为卖点，与之配合的是其先进的采购、仓储、配送技术及与之相关的信息网络技术，这与其全球战略是一致的。

至目前，沃尔玛美国公司使用的大多数技术手段都已经在我国得到充分的应用发展，已在我国顺利运行的技术包括存货管理系统、决策支持系统、管理报告工具及扫描销售点记录技术等等。另外，“电子数据交换”（EDI）技术和“零售商联系”系统技术等也即将引入我国。

2. 沃尔玛在我国市场经营中的本土化

沃尔玛在移植其品牌与统一经营模式的同时，也不断地针对我国的国情在经营手段上有所创新和改变。比如，将专柜（国外店没有）引入了在我国新开设的店铺，将供应商的货款结算周期从 3 ~ 7 天延长到了 2 个月等等，各方面体现出其针对我国的特殊情况的灵活调整。

但沃尔玛在本土化过程中也出现了一些问题，在它进入我国之初，熟食部分都是自己亲力亲为。由于不了解我国饮食文化，起初做得不太好，并且成本也高。为此，沃尔玛考虑走本土化路线，将熟食业务外包，委托本地餐饮商家制作。然而，本地化也存在风险，供应商和货源的管理稍有闪失，便难免落入陷阱。结果在2001年，连续在深圳和东莞集中出现两起熟食品质问题的事件，使得沃尔玛在我国的声誉受到了影响。

现在很难说沃尔玛的零售技术在我国的应用是成功的，因为其技术的先进性只有当店铺达到相当的规模时才会体现出来，另外，考虑到我国的实际状况，我国的商品供应商素质普遍相对较低，整个国家物流信息等配套设施都较落后，都将给这些技术在我国的推行带来相当的困难。因此，目前只能说，这些零售技术的应用是沃尔玛为其将来在我国的发展做准备。

（二）家乐福在我国市场经营中的全球化与本土化实践

家乐福是超大型市场（Hypermarket，在我国也常被称为大卖场）的创始者，从1995年进入我国以后，采取先声夺人、多点进入的策略，一直保持着高速发展，在我国各地遍地开花，到2001年底已经有了27家店铺。在2002年由于违规进入而被政府叫停，发展的速度有所减慢。而2004年中国对外零售市场全面解禁之后，其又开始加速发展，至2010年，零售门店数已达到145家。

1. 家乐福在我国市场经营中的全球化

家乐福在我国依然沿用其“一次购足”、“超低价格”、“免费停车”、“自助服务”及“新鲜优质”等经营理念，已取得了我国消费者的认可。

家乐福各项零售技术在我国的应用过程中，目前比较突出的是对我国市场的调查研究。家乐福在还未进入我国市场前，就进行了大量的第一手资料调查，在我国的消费群体特征、竞争者状况、供应商状况、商品适销量和流通量、社会环境等方面收集了大量的一手材料，并据此作出相应的研究报告。家乐福的选址、每个店铺商品品类的选择、供应商品的选择均依此进行，为其在我国的迅速发展和扩张提供了条件。

再如，2008年，家乐福开始在我国尝试推行一种新的采购方式——农民直供，也就是由家乐福直接向农民、农民合作社采购新鲜的农产品。其实这种农民直供的方式在欧洲已是大型超市与农民之间的普遍商业模式。他们尝试将这种欧洲的模式和经验复制到中国市场。

2. 家乐福在我国市场经营中的本土化

家乐福本土化的重点放在商品采购和选择的本土化方面，包括对供应商的质量控制体系、建立在科学市场研究基础上的商品品种选择技术。另外，与沃尔玛不同，为了适应其快速发展和多点进入的策略，它在2004年以前并没有建立统一的物流中心，而是采取区域化采购网络的方式，这种方式可能更符合我国目前的实际情况。但在实践中，商品的选择和采购同样也出现了一些问题，如2002年初，由于部分店铺违规销售盗版光碟而被有关政府机构查处。

另外，值得一提的是，家乐福在我国的本土化经营中非常重视打政府牌，即努力与我国政府的政策导向保持一致，以赢得政府与公众的好感与支持。当北京申办奥运会的时候，家乐福是当时很少站出来支持中国政府申奥的法国企业；中国受到“非典”袭击的时候，家乐福也是最先站出来支持中国政府的跨国企业之一。再如，其在2007年将经营策略重点定为反腐败和职业道德问题，2008年又强调环保、强调社会责任。这些都是我国当年所抓的主要问题。他们则通过经营活动来紧紧跟上。其位于北京的望京分店于2008年1月开张，开业后不到半月其中国区总裁罗国伟就专门到店里召开新闻发布会，向大众展示新店的节能成果——因为采用节能设备，望京店每年可以节约20%的能耗；并宣布以后凡开新店都将按此节能标准，对已开门店还要进行节能改造，改造后的单店也可节能15%。此举与其说是节能宣传，还不如说是在做政府公关。

（三）麦德龙在我国市场经营中的全球化与本土化实践

1. 麦德龙在我国市场经营中的全球化

作为仅次于沃尔玛和家乐福的世界第三大零售商，麦德龙在“全世界最好的市场在中国”的观念的指引下，于1995年进入我国，开设会员制大型仓储式商场，目标顾客以专业客户和公共机构为主，作用与日用消费品的区域批发商相似。麦德龙沿用其零售技术的核心内容：会员制、现购自运配销制（Cash& Carry，即现金结账、自行运输）经营理念。麦德龙的进入，不只是给我国的流通业带来新冲击，也同时为我国商业的发展引入了新战略、新思路和新理念。麦德龙无论在国内还是国外，始终坚持自己特有的经营模式：“致力于服务专业客户”，即把目标客户定位在单位、企业法人、小零售商等专业客户的仓储式超市，并坚定地坚持自己的原则：不服务终端消费者而专门为专业客户服务。

2. 麦德龙在我国市场经营中的本土化

（1）“现购自运”经营理念的适应性调整。针对我国大多数客户无车、自运困难以及会员们要求提供送货上门服务的呼声高涨的现状，对大件商品推出了免费送货服务，并且还将考虑拓宽服务渠道和服务规模。比如其在福州市区就推出了大宗商品 48 小时免费送货服务，又把免费送货时间缩短为 24 小时（2003 年）。

（2）会员制度的适应性调整。在我国市场上，由于团体采购量不大，个人消费者仍是商场消费的主流，据了解，目前进入麦德龙商场的消费者基本是以家庭为单位。不少消费者购物金额都是几十元，有的甚至只购买一两件小商品。在麦德龙的会员总数中一半左右实际是个人会员。在这种情况下，麦德龙 B2B 理念，即致力于服务专业客户的理念就受到严峻挑战。因此，早在 2003 年春节期间，麦德龙的福州商场就向无会员卡的来客推出了入场购物的新举措，消费者只需凭身份证就能免费办理一张无截止日期的“临时会员卡”。这种“临时会员卡”活动仅限在中国内地推出，主要目的是为了发展更多的目标客户。对于所办的临时会员卡，他们随后又根据客户的登记资料，从临时会员中筛选出有单位背景的或企业“背景”的转为正式会员，与此同时，临时会员卡仍可继续使用。这在实际上就是其一直坚持的服务专业客户经营理念的一种适应性调整。

二　跨国零售企业在我国市场经营中战略调整的特点与启示

（一）跨国零售企业在我国市场经营中战略调整的特点

从跨国公司在我国的经营特点和零售技术在我国的本土化实践过程来看，可发现有如下一些特点。

1. 本土化过程始终围绕核心技术进行

零售企业的核心技术决定零售商的经营优势和战略方向。从跨国零售企业在我国所作的本土化适应性调整中可发现，其始终是围绕着企业的核心技术来进行适应性调整的。如沃尔玛的核心技术在于信息科技引导下的物流管理体系，而其技术本土化的主要目标则是使这套体系能适合我国实际情况的需要。也就是说，企业对零售技术进行跨国移植的过程中，核心和关键的部分不会发生改变，而所改变的部分也都是为了其核心技术能在东道国及其所在区域顺利地实施。

2. 单一的业态移植战略减少了技术本土化的难度

由于零售技术和零售业态关系紧密，跨国零售企业在进入别国市场时一般只会选用少数的业态，最多两种至三种主力业态。而这种单业态移植的方式可减少技术本土化过程中的复杂程度，有助于加快其国际化扩张的速度。

3. 技术的复杂性使本土化过程呈现长期性

零售技术的内在结构是复杂的，且具有很强的复合相关性。也就是说，零售技术包括很多环节和方面，而这些环节之间紧密联系，环环相扣。如沃尔玛的整个物流系统是通过信息技术引导整个采购、存储及配送系统。这涉及多个技术环节的实现。只有这些环节都能较好地发挥作用，才可能实现其低成本的目标。而在技术的跨国移植过程中，部分技术环节的作用会受到外界因素的影响与限制而必须对其进行改良或改进，而这种改良或改进又会引起相关环节随之发生改变，这无疑就会增大技术本土化的难度，使本土化进程大大减慢。跨国零售企业在我国所表现出来的“高度依赖信息技术、快速应变能力减弱”的情况正是源于此。

4. 零售技术本土化的重点和难点在于采购技术的本土化

零售企业有其自身特点，它们作为商品价值实现的中间环节，上下游必须面对供应商和消费者两个不同的环节。在跨国经营时，不同国家的消费者对商品品类的要求会有所不同，为满足这些需求，跨国零售商就必须与不同国家的供应商合作，与之衔接的技术因此也必须相应地发生变化。所以，在实际操作过程中，跨国零售企业将本土化的重点都放在如何实现采购本土化上，而问题往往也出现在这上面。很多有识之士认为，在如何更有效地满足消费者的需求方面，将是跨国企业下阶段的工作重点，这项工作同样需要采购环节的有力支持。

（二）跨国零售企业在我国进行本土化调整的启示

综上，仅从跨国零售企业在我国国际化经营的本土化适应来看，可得出如下的结论与启示。

（1）跨国零售企业在一体化经营过程中，所有权特定优势是其扩张的主要依据或动因，而所有权特定优势中的核心竞争力更是其复制/粘贴得以进行的生命力所在。因此，丧失或者限制其竞争优势内核部分的作用，则跨国零售企业国际化经营的规模经济性将丧失。因此，跨国零售企业国际化经营边界的约束之一是跨国零售企业所有权优势的实现及其程度。

（2）由于在经济全球化条件下，本土化压力是一个客观存在，因此，跨国零售企业国际化经营中必须对统一经营模式进行适应性调整，而调整幅度大小则与所有权特定优势的特征密切相关，同时还与东道国经济条件的特征密切相关，此外也和零售商所确定进入的东道国目标细分市场有关（Goldman Arieh，2001）。

第四节　本章小结

本章从理论与实践两个方面分别研究了零售企业国际化经营边界问题。研究发现，由零售企业性质与资源特征以及其所有权特定优势的特殊性所决定，其国际化经营边界的约束因素主要来源于两个方面：扩张支撑力与本土化压力。

（1）由于零售企业的性质决定其处于整个社会再生产的终端，而又由于零售企业资源特征决定其国际化经营的经济性不仅来源于采购的规模经济，更来源于共同管理的经济性，因此，跨国零售企业国际化经营边界的大小取决其扩张支撑力的强弱。

（2）由跨国零售企业性质与资源特征所决定，其在国际化经营中必然会遭遇本土化压力，从而，将品牌与统一经营模式进行完全地复制/粘贴是不可能的。其国际化经营的实际边界与经营绩效大小，取决于企业在全球化压力与本土化压力中的均衡；影响均衡点确定的因素，既取决于企业所有权特定优势的特征，还取决于东道国的经济条件以及跨国零售企业自身适应能力的大小。

第六章
零售企业国际化市场进入模式

由于商业零售企业与工业生产性企业相比，无论在企业性质与资源特征还是在企业所有权特定优势等方面都存在明显不同，因而，零售企业国际化市场进入模式也必然不同于生产性企业。本章拟继续基于零售企业性质与企业所有权特定优势特征来审视这一问题。

第一节 国际化市场进入模式及其分析框架

一 零售企业国际化市场进入模式的主要类型

为了使讨论更具有普适性，本书参照已有文献①，将零售企业国际化市场进入模式分为四种类型来讨论：出口、许可（特许）经营、合资（股权低于50%、股权高于50%）、独资。

（一）出口

随着互联网的发展，直接出口也可作为零售企业海外市场进入方式之一，具体形式有邮购（mail ordering）、网上或电视购物（Internet or TV shopping），这些可被称为家庭购物（home shopping）。最典型的例子是亚马逊书店，通过网络从美国向世界各地销售图书。当然，这种直接出口方式能否称为零售企业国际化市场进入模式，学者们尚存在争议。但若将其视为零售企

① 汪旭晖：《国际零售商海外市场选择机理——基于市场邻近模型与心理距离视角的解释》，《中国工业经济》2005年第7期。

业跨国经营的一种方式，是海外市场进入的一个初期阶段，则未尝不可，因此，本书将其列为海外市场进入模式之一。

（二）特许（Franchising）

特许的优点是可最大限度地扩大零售企业的品牌影响力，用较少的资本便可迅速拓展国际市场。但这并不意味着任何企业都能采用特许经营模式进行国际化市场进入。首先，它要求零售商的品牌与服务具有较大的影响力与吸引力，东道国零售企业乐意受许。其次，要求零售商具有较丰富的国内扩张经验。这是因为，特许经营模式对受许人全过程的控制比合资与独资的方式低。因此，以特许方式进入海外市场，对企业品牌与统一经营模式的控制就成为十分现实的问题。也正因为如此，有关特许研究的大多数文献集中于研究母国市场范围之内的特许活动，其显然暗示着这样一个基本的假设：国际环境下的特许经营活动是以在母国环境下的特许经验为基础的。而实际上，根据零售商在母国与东道国是否采取特许模式，可将国际特许划分为四种不同的类型：①零售商在母国市场与国际市场都使用特许经营；②零售商在母国市场与国际市场都没有使用特许的模式；③零售商在母国市场采取了特许，而在国际市场上却没有采取这种进入模式；④零售商在母国市场没有尝试特许的形式，但是在进入海外市场的时候却采用了特许的进入模式。

零售商在进入海外市场时是否采取特许模式，并不像相关历史文献记载的那样完全取决于零售商是否在母国市场有足够的特许经验，但其在国内的企业成长显然是海外扩张的基础，同时，海外市场的环境因素也是决定零售商是否采取特许形式进入的关键因素。当零售商进入那些与母国市场完全不同但又十分具有吸引力的海外市场时，往往采取这种模式。20世纪90年代中后期，越来越多的欧洲零售商将海外扩张的焦点放到了日本，虽然日本对于欧洲零售商来说是一个很有吸引力的市场，但是由于日本市场与欧洲市场具有截然不同的文化和消费习惯，心理距离很大，且日本市场发达的零售商业结构与现代化商业基础设施并不比欧洲落后。因此，许多欧洲零售商采取了特许模式进入日本市场，如意大利家具零售商Frette、法国珠宝零售商Agatha、英国妇女儿童专业品零售商Mothercare等。

（三）合资（Joint Venture）

合资模式，使零售商可充分利用合作伙伴的专门技能和当地分销网络，并且该模式还为跨国零售商与本土零售商提供了相互学习的机会。英国的零售商圣斯巴利（Sainsbury）和比利时的 GIB 合资就是一个典型的实例。英国的零售商圣斯巴利根本不熟悉 DIY（Do It Yourself）的方式，而对于 GIB，面对的是对英国市场不熟悉的经营环境。1979 年，GIB 采取与圣斯巴利合资的形式进入英国市场，圣斯巴利持有 75% 的股份。通过这种方式，DIY 在英国迅速发展起来，同时这种合资也使圣斯巴利的经营业务多元化。但合资模式也有其弊端，这是由于合资双方在文化、价值观与利益取向等诸多方面存在差异，导致双方常会因投资决策、市场营销和财务控制等问题发生争端，从而有碍企业执行全球统一协调的战略，甚至还会使合作失败。

合资模式若按双方股权的多少还可进一步分为股权低于 50% 的合资、股权高于 50% 的合资两种形式。

（四）独资

采用这种模式的零售商可以完全独立地开发新市场，完全控制整个管理与销售过程，经营利润完全归自己支配。与其他进入模式相比，独资能够维持零售商的品牌认知度，而不至于在海外扩张时使零售商品牌吸引力下降。但独资是一种费用极高的方式，尤其是在海外扩张的初期阶段。因为起初销售收入很少，而巨额的前期投资很难迅速收回。因此，若仅从财务风险来看，它属于风险最大的一种。

二　零售企业国际化市场进入模式的分析框架

由于零售企业国际化市场进入是一个多目标的复杂决策，且影响因素众多，因此，一些学者力图构造一个统一的分析框架。如 Irena Vida 和 Ann Fairhurst（1998）提出的“零售企业国际化过程的影响因素模型”（见图 6－1），再如汪旭晖（2005）提出的“跨国零售商选择海外市场进入模式的影响因素”模型（见图 6－2），等等。

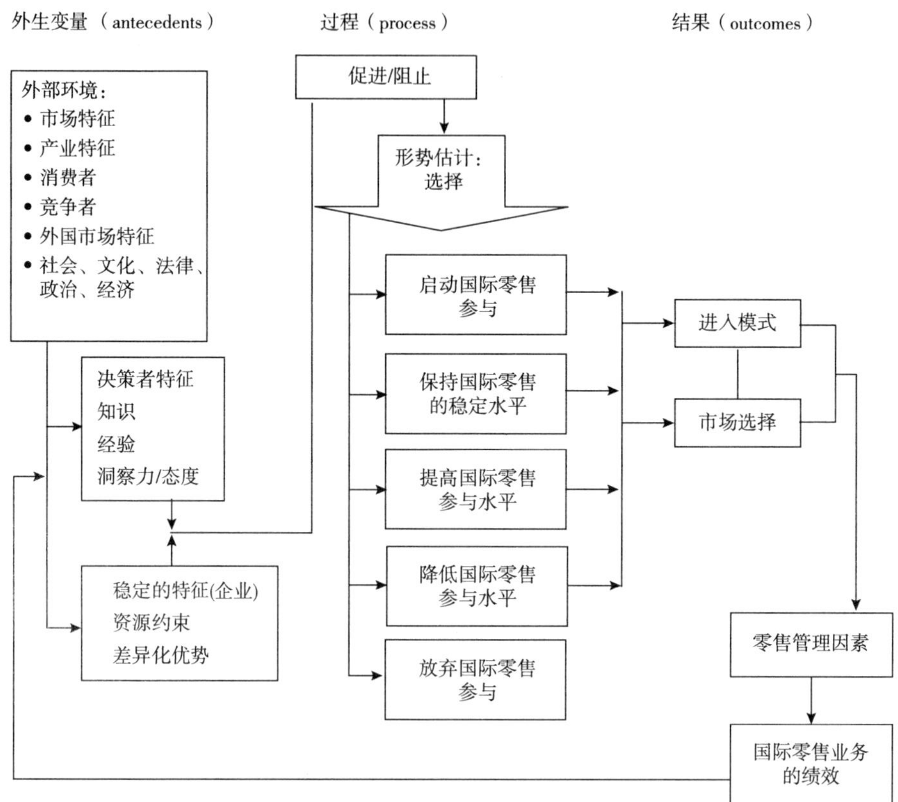

图 6－1　零售企业国际化过程的影响因素模型①

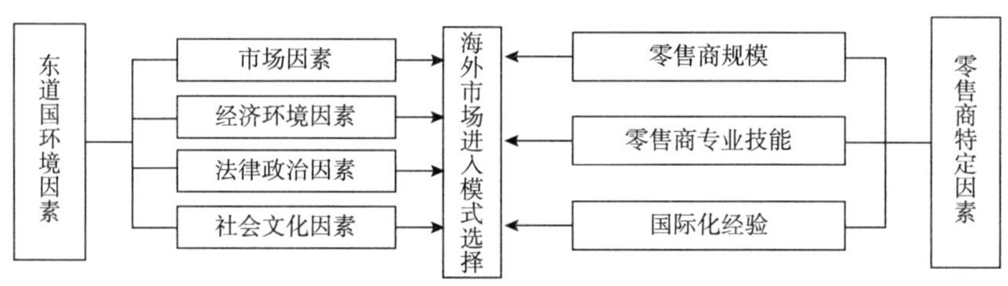

图 6－2　跨国零售商选择海外市场进入模式的影响因素②

① Irena Vida, Ann Fairhurst, "International expansion of retail firms: A theoretical approach for future investigations", *Journal of Retailing and Consumer Services*, Vol. 5, No. 3, 1998, pp. 143－151.

② 汪旭晖：《国际零售商海外市场进入方式研究》，《中国零售研究》（清华大学）2005 年第 1 期。

上述两种分析框架，从研究方法上来说，都存在着一定的局限性：一是缺乏大历史视角；二是缺乏动态的观点。即没有把零售企业的海外进入模式选择问题放在经济全球化的历史环境中，基于零售企业性质与资源特征视角，从企业内外因的相互作用中，动态地予以研究。因此，本书拟将零售企业放在经济全球化的大环境中，基于零售企业性质与资源特征视角来研究其国际化市场进入模式的内在规律性及其复杂的实现路径。具体分析框架如图6－3所示。

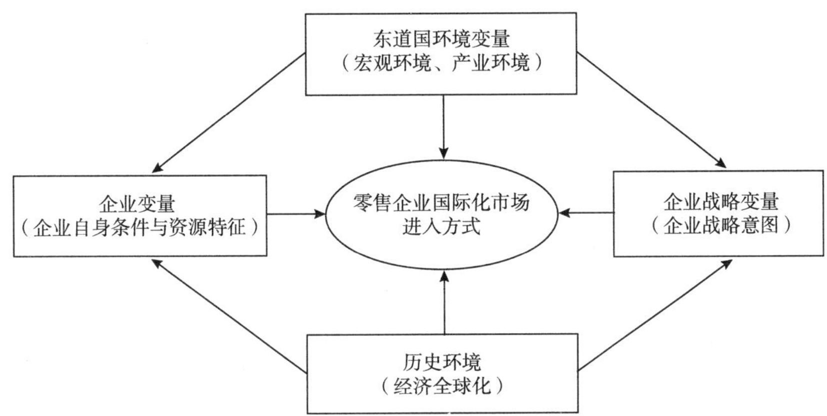

图6－3　零售企业国际化市场进入模式分析技术路线

（一）零售企业国际化的历史环境

20世纪80年代中期以来，经济全球化已成为世界经济发展不可逆转的历史趋势之一。经济全球化就一般意义上说，它反映了产品和生产要素在世界各国之间大规模流动以及资源在全球范围内配置，各种限制逐渐消除，各国经济间的联系和依存程度逐渐深化的状态和过程。而经济全球化对于企业来说，则意味产业竞争环境与竞争模式较过去发生了巨大的变化，从而直接影响到企业的战略意向。具体到零售企业来说，经济全球化的意义表现在以下几方面。

1. 零售产业趋于全球化

在经济全球化下，零售企业将面临一个全球化的产业环境，即零售产业全球化的趋势。这种零售产业全球化的趋势意味着零售企业所依存的母国国内市场将成为国际市场的一部分。如果说在过去零售产业属于一个相对封闭的产业，一个纯粹的国内零售企业可依赖当地市场而生存，那么，在零售产业全球化的环境下，一个纯粹的当地零售企业是难以仅凭借自身的“地主”优势与跨国公司竞争的。而成功的企业往往是那些在各国市场上都拥有相对优势的企业。因此，零售企业进入海外市场乃至全球扩展，将成为一种历史必然。

2. 竞争优势来源发生变化

在零售产业全球化的环境下，零售企业的竞争优势来源也由一国而转向全球，即在于全球资源的获取与整合。如上所述，零售企业国际化可以使其在全球范围内复制/粘贴零售企业所有权特定优势，实现区位经济性；创造全球网络，最大限度地实现经验曲线经济性等。但跨国零售企业要获得上述经济利益的前提是，整合全球资源，获取共同管理的经济性。换句话说，在经济全球化的环境下，零售企业要通过国际化发展以获取全球竞争优势，须对企业的多个国家范围内资源进行整合。

（二）零售企业国际化的东道国环境

企业面临的市场环境，若按照环境对企业影响的程度不同，一般可分为两方面：宏观环境与产业环境。但对于零售企业国际化市场进入来说，无论是东道国的宏观环境还是产业环境，都具有同等重要的影响和作用，都会影响企业国际化市场进入决策。具体来说，其影响表现在以下几方面。

1. 影响企业国际化市场进入意向强度

这是因为，东道国宏观环境与产业环境综合因素作用的结果，将集中表现在零售产业吸引力的强弱上。东道国零售产业的吸引力是由东道国的顾客、供应商、替代品、潜在进入者以及现有竞争者这五种竞争作用力共同作用来决定的。它决定了产业竞争的强度以及产业利润率的高低。显然，产业竞争强度低，产业利润率高，东道国政局稳定，则跨国零售企业就会产生强的进入意向。否则，则相反。

2. 影响企业国际化市场进入模式选择

东道国环境不仅影响零售企业国际化市场进入的模式选择，还会影响企业所有权特定优势的移转方式与路径。这是因为，东道国的宏观环境与产业环境的国别差异，会使东道国的零售产业在全球化与本土化压力的结合上，呈现出各自的不同特征，有的本土化压力较小，有的本土化压力较大，但无论是大还是小，其都说明，在经济全球化的环境下，零售企业正面临的是一个前所未有的十分复杂的产业环境，是一个全球化压力与本土化压力都很大的跨国环境。它是以环境需求的复杂集合为特征的，要求企业同时关注全球整合、当地响应和全球学习这三种需要（Bartlett & Ghoshal，1989）。一方面，关注全球整合，则意味着要采取高控制度的全球市场进入模式，以便于进行全球资源整合与全球学习；另一方面，关注当地响应，则意味着要根据东道国的市场特征、消费需求及其条件采取多国市场进入模式，而这种多国市场进入模式，将会影响企业的特定知识系统（所有权特定优势）在全球的移转，最终将会影响企业全球化扩张的竞争优势塑造。

（三）产业全球化下所有权特定优势的意义

企业自身因素包括企业自身条件与资源特征及其战略意图。如上所述，真正使零售企业与生产型企业相区别的，主要在于零售企业所有权特定优势及其特征。而在产业全球化的环境下，零售企业所有权特定优势意味着什么？意味着零售企业国际化市场进入模式与生产性企业相比会有很大不同。因为，一方面，零售企业的所有权特定优势的核心是品牌与统一经营模式，主要以知识为特征，而知识具有易耗散性，同时，由于其所有权特定优势中不可编码的隐性知识所占比例相对较大，而这种隐性知识必须依赖“干中学”才能完成它的传递，因此，这就决定了零售企业国际化市场进入模式决策的特殊性；另一方面，零售企业国际化市场进入模式的选择不仅要受到自身资源与条件的制约，还要受到东道国区位因素的影响。因为，从零售企业的性质与资源特征来说，由于零售企业的“立地”性，即典型的零售企业服务具有产销不可分离的特征，其需要有近距离的店面为顾客提供直接的钱货两清的现场商品销售服务，所以，从零售企业国际化的现实情况来看，零售企业海外市场进入模式将主要以商业存在为主。而商业存在具体又有多种模式，如契约式、非股权控制模式以及股权控制模式，而股权控制模式中又有多数股权与少数股权甚或高控制度的独资模式之分等，企业将如何抉择？有什么趋势与特征？显然，要对这些问题作出令人信服的回答与解读，只有把零售企业放在经济全球化的历史环境中，通过深入剖析零售企业所有权特定优势的性质与特征，从而才可能探究其内在规律。

第二节　市场进入模式独资化倾向的客观必然性①

一　企业性质与资源特征决定其高控制要求的必然性

零售企业性质与资源特征到底具有哪些特殊性？它如何影响企业海外市场进入模式的抉择？在前文分析的基础上，这里再进一步加以归纳和阐述。

（一）零售企业性质决定其所有权特定优势具有易耗散性

如前所述，跨国零售企业的所有权特定优势，主要是有关“为什么卖，卖什么，怎么卖”的知识，即有关零售企业经营的知识体系（陶伟军、文启湘，2002），且这种经营知识体系，既包括显性知识，还包括大量的隐性知识。就知识本身属性来看，由于知识是由个人掌握并专业化于某一领域，且知识产权很弱，因而，市场在协调过程中因隐性知识难以流动，显性知识易被盗用而失效，最佳知识移转的方式只能是内部化。作为零售企业来说，由于零售企业性质决定其经营知识体系更具有“专有技术”性质，无法申请专利而进行知识产权保护，更具有易耗散性；同时，由于知识的内隐性使然，零售企业大量经营知识的传递与积累依赖于“干中学”。因此，从跨国零售企业的组织系统来说，知识在单位之间移转的程度与人员在单位之间交流的程度呈正相关关系；而人员交流的程度与零售企业以股权投资进入国际市场的程度呈正相关关系（许英杰，2005）。所以，零售企业若欲将其所有权特定优势复制/粘贴到其他国家，并维持与发展其所有权特定优势，则必须采取高控制度（50%以上股权或独资）的海外市场进入模式，这是由其所有权特定优势的核心内容——经营知识转移的易耗散性所决定的。

（二）零售企业性质决定其资源特征具有通用性

基于资源观来看，跨国零售企业是一个特殊资源的集合体。这种特殊资源具体包括多种类型，从竞争优势塑造角度可将其分为两大类（席西民等，

---

① 参见樊秀峰、严明义《跨国零售企业：高控制要求及其多元实现路径——基于企业性质与资源特征的分析》，《当代经济科学》2006年第5期。

2002)：①资产，包括有形的和无形的资产，是容易进行购买和交换的资源；②能力，是企业在长期的生产经营活动中，对资源进行组织和协调，以完成特定活动所形成的累积性的经营知识资本，一般很难通过市场购买或者模仿。关于知识资本的特性在前文已详细分析，这里主要分析跨国零售企业资产的特征。

如前文所述，商业零售企业与生产性企业相比具有完全不同的生产经营形式。生产企业是一种“互补性活动”，存在技术创新和技术跳跃所引起的专用性投资及资本沉没所带来的规模控制难题，并对规模形成严格的限制；而流通企业是一种“类似性活动”，零售企业不存在技术跳跃形成的“沉没资产”，其资产发展的趋势恰好在于专用性资产向通用性资产的转变（聂正安，2005）。零售企业在开发物流与信息技术过程中所进行的各种装备投入，甚至包括店面、资金等资产一旦形成，就具有了通用性，由销售某些产品到销售相关系列产品，再到销售企业所有产品；且一个店可用，无数个店都可以共享，只要在其资产能承受的范围之内就行。因此，其资产具有鲜明的范围经济特征，它为零售企业的横向一体化扩张提供了巨大的内在动力。如沃尔玛，正是凭借强大的物流技术与现代通信技术在全球范围内扩张，目前在世界上已拥有5000多家分店。这是任何一个生产性企业都无法做到的。

（三）零售企业性质决定其组织结构具有连锁性

同样，由于零售企业经营活动具有典型的类似性，即不同商品的经营活动是类似的，不同商店的经营活动也具有类似性。因而，一个商店成功的品牌与统一经营模式可以在异地进行复制，这就形成了商业零售企业特殊的水平一体化的组织结构——连锁经营，即分店与分店之间呈现一种连锁性关系。这种分店式的连锁经营，正是跨国零售企业在全世界扩张的主要组织形式。由于这种连锁性，总店对分店的选择性干预成为可能，同时要求总店对分店具有高度的控制权，从而才能保证复制的效率与效益。

这可从连锁经营的两个主要组织特征中看到：①进货与销售分离，保证其获取采购规模经济；②销售活动的标准化，保证其获取销售规模经济。这两个组织特征具体化为六个统一：统一商品采购、统一商品配送、统一管理制度、统一门店标识、统一商品价格、统一服务规范。显然，要实现这六个统一，总部对分店没有高度的控制权而要实现“完全干预”，是完全不可能的。尤其是连锁经营组织要进一步通过内部资源整合，获取共同管理经济性，总部若没有对分店的控制权则更难实现。因此，从这个意义来说，具有最高控制性特征的独资分店是一种客观必然要求。

（四）零售企业性质决定其所有权特定优势具有当地性

由于零售企业的立地性特征，其所有权特定优势的内涵与外延不可避免地带有当地市场需求及其条件的地域特征，而在产业全球化的竞争环境下，企业之间的竞争已从传统的市场结构因素转移到企业复制和产生新知识的比较能力上，这一竞争的性质可以看成是创新者和模仿者之间的竞赛（聂正安，2005）。跨国零售企业在国际化扩张中，由于本土化的压力，知识转移已不仅仅是简单复制，而需要在原有基础上进行知识再创造。而这种知识再创造则需要依靠组织的“结合能力”。所谓结合能力是指组织用来综合和应用现有知识及已获得知识的能力，它可以在企业的现有知识存量和尚未开发的技术潜力之间架起桥梁。创新即是企业通过结合能力，从现有知识中产生新应用的结果。基于结合能力的企业知识跨国发展路径如图 6－4 所示。

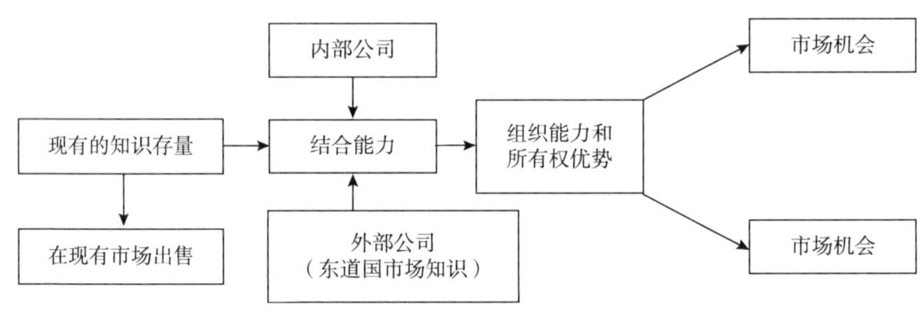

图 6－4　企业知识发展的路径

现有知识存量尤其是隐性知识的比重大，知识系统由于市场不完全无法通过市场进行交易获取利润，从而更易于通过内部移转——跨国经营而获取所有权特定优势的价值。但这种移转是否成功，取决于企业现有知识存量能否被重新组合起来形成新的知识。如果这一结合所创造的新知识与企业的组织能力和所有权特定优势相匹配，就可以迎合并抓住市场机会，从而满足市场需要。企业知识发展的路径依赖性告诉我们，企业通常是在与现有的经营实践密切相关的领域中进行学习，如果企业的活动离开了原来的知识基础就如同进入从未涉及的新业务领域一样，其成功的可能性存在巨大的不确定性。这意味着知识的成长是经验性的，存在着较强的路径依赖。知识的发展要通过再结合，是因为企业的能力不可能脱离其所依附的企业组织形式。通过组织这种形式，运用知识管理，本质在于把信息与信息、信息与人、信息与过程联系起来，以利于组织的创新。因此，从知识成功移转与再创造的角度上说，企业的海外扩张必须选择高控制的独资模式。

综上，本书基于零售企业的性质与资源特征，分别从所有权特定优势、资源及其组织等层面分析了其所具有的特殊属性。研究发现，跨国零售企业在市场扩张中，对分店的高控制要求或独资模式，是由零售企业性质与资源特征所决定的，具有逻辑上的客观必然性。

二　进入模式的内在特性决定其独资倾向的合理性

这里再通过对不同进入模式内在特性的分析来看其选择的倾向性。关于跨国零售企业海外市场进入模式，根据多数学者的意见，认为在信息社会，由于网络的发展，网上销售也将成为一种销售方式。如此，从理论上可将跨国零售企业海外进入模式分为五种类型或五种进入方案：出口、许可（特许）经营、少数股权合资经营、多数股权合资经营和独资经营。同时借鉴Root的分类分析，以每一种进入方案在资源投入、控制力、风险程度、回报水平和灵活性五项指标为目标参数（Root，F. R.，1987），从而设计出关于各种进入模式内在特性评定的调查问卷（见表6－1），然后，通过网络向全国同行专家发放调查问卷，请专家采用五尺度法对不同进入方案的内在特性进行打分，最后根据调查问卷数据进行统计分析。调查问卷的发放与收回情况是：发出30份，收回25份，其中一份无效，有效问卷24份。下面即是根据专家返回的24份有效问卷，运用现代统计分析方法及SPSS软件，就五种方案是否存在显著差异及五种方案的综合排名进行的讨论，所使用的统计方法是多元方差分析法和主成分分析法。

表6－1　《跨国零售企业进入海外市场方式主要指标的比较》问卷调查

进入模式	目标（五尺度法专家打分）				
	资源投入	控制力	风险程度	回报水平	灵活性
方案1：出口					
方案2：许可经营（特许经营）					
方案3：合资（股权低于50%）					
方案4：合资（股权高于50%）					
方案5：独资					

（一）五种方案的差异性分析

为了对五种方案的差异性进行分析，本书运用多元方差分析方法，对国内专家的反馈信息资料进行分析，SPSS 给出的结果如下：

表 6 – 2 Tests of Normality

	Kolmogorov – Smirnov[a]			Shapiro – Wilk		
	Statistic	df	Sig.	Statistic	df	Sig.
资源投入	0. 176	120	0. 000	0. 904	120	0. 000
控 制 力	0. 150	120	0. 000	0. 897	120	0. 000
风险程度	0. 163	120	0. 000	0. 906	120	0. 000
回报水平	0. 157	120	0. 000	0. 905	120	0. 000
灵 活 性	0. 151	120	0. 000	0. 916	120	0. 000

a. lilliefors Significance Correction.

表 6 – 3 Multivariate Tests[c]

Effect		Value	F	Hypothesis df	Error df	Sig.
Intercept	Pillai's Trace	0. 975	853. 311[a]	5. 000	111. 000	0. 000
	Wilk'sLambda	0. 025	853. 311[a]	5. 000	111. 000	0. 000
	Hotelling's Trace	38. 437	853. 311[a]	5. 000	111. 000	0. 000
	Roy's Largest Root	38. 437	853. 311[a]	5. 000	111. 000	0. 000
方案	Pillai's Trace	0. 920	6. 810	20. 000	456. 000	0. 000
	Wilk'sLambda	0. 188	12. 113	20. 000	369. 095	0. 000
	Hotelling's Trace	3. 778	20. 682	20. 000	438. 000	0. 000
	Roy's Largest Root	3. 632	82. 805[b]	5. 000	114. 000	0. 000

a. Exact statistic.

b. The statistic is an upper bound on F that yields a lower bound on the significance level.

c. Design：Intercept + 方案。

表 6 -4　Tests of Between - Subjects Effects

Source	Dependent Variable	Type III Sum of Squares	df	Mean Square	F	Sig.
Corrected Model	资源投入	130.729[a]	4	32.682	53.108	0.000
	控制力	59.471[b]	4	14.868	11.513	0.000
	风险程度	134.696[c]	4	33.674	58.188	0.000
	回报水平	83.779[d]	4	20.945	22.892	0.000
	灵活性	93.763[e]	4	23.441	31.690	0.000
Intercept	资源投入	1267.500	1	1267.500	2059.641	0.000
	控制力	1257.769	1	1257.769	973.961	0.000
	风险程度	1206.502	1	1206.502	2084.799	0.000
	回报水平	1270.752	1	1270.752	1388.883	0.000
	灵活性	1134.675	1	1134.675	1534.021	0.000
方案	资源投入	130.729	4	32.682	53.108	0.000
	控制力	59.471	4	14.868	11.513	0.000
	风险程度	134.696	4	33.674	58.188	0.000
	回报水平	83.779	4	20.945	22.892	0.000
	灵活性	93.763	4	23.441	31.690	0.000
Error	资源投入	70.771	115	0.615		
	控制力	148.510	115	1.291		
	风险程度	66.552	115	0.579		
	回报水平	105.219	115	0.915		
	灵活性	85.063	115	0.740		
Total	资源投入	1469.000	120			
	控制力	1465.750	120			
	风险程度	1407.750	120			
	回报水平	1459.750	120			
	灵活性	1313.500	120			
Corrected Total	资源投入	201.500	119			
	控制力	207.981	119			
	风险程度	201.248	119			
	回报水平	188.998	119			
	灵活性	178.825	119			

a. R Squared = 0.649 (Adjusted R Squared = 0.637)

b. R Squared = 0.286 (Adjusted R Squared = 0.261)

c. R Squared = 0.669 (Adjusted R Squared = 0.658)

d. R Squared = 0.443 (Adjusted R Squared = 0.424)

e. R Squared = 0.524 (Adjusted R Squared = 0.508)

表6－2说明五个变量（指标）即资源投入、控制力、风险程度、回报水平、灵活性均呈现正态分布，由此在数据分析中，可以认为这五个变量构成的向量遵循五元正态分布；表6－3说明无论从哪个统计量来看，五个方案（从资源投入、控制力、风险程度、回报水平、灵活性五个指标构成的整体来看）均存在显著的差别；表6－4的结果同时还表明，五个方案在五个指标上也存在显著差异。综上所述，此处所选的变量服从正态分布，因此可以进行方差分析。方差分析的结果表明，跨国公司经营的五个方案之间存在显著的差异。为了对这种差异进行更深入的分析，本书就五个方案进行了对比分析，结果见表6－5和表6－6。

表6－5　Contrast Results（K Matrix）

方案 Simple Contra[a]			Dependent Variable				
			资源投入	控制力	风险程度	回报水平	灵活性
Level 1 vs. Level 5	Contrast Estimate		－2.979	－1.854	－3.063	－2.396	2.729
	Hypothesized Value		0	0	0	0	0
	Difference（Estimate－Hypothesized）		－2.979	－1.854	－3.063	－2.396	2.729
	Std. Error		0.226	0.328	0.220	0.276	0.248
	Sig.		0.000	0.000	0.000	0.000	0.000
	95% Confidence Inter for Difference	Lower Bound	－3.428	－2.504	－3.497	－2.943	2.237
		Upper Bound	－2.531	－1.204	－2.628	－1.849	3.221
Level 2 vs. Level 5	Contrast Estimate		－2.313	－1.479	－2.313	－1.854	1.375
	Hypothesized Value		0	0	0	0	0
	Difference（Estimate－Hypothesized）		－2.313	－1.479	－2.313	－1.854	1.375
	Std. Error		0.226	0.328	0.220	0.276	0.248
	Sig.		0.000	0.000	0.000	0.000	0.000
	95% Confidence Inter for Difference	Lower Bound	－2.761	－2.129	－2.747	－2.401	0.883
		Upper Bound	－1.864	－0.829	－1.878	－1.307	1.867
Level 3 vs. Level 5	Contrast Estimate		－1.708	－1.792	－1.750	－1.417	1.229
	Hypothesized Value		0	0	0	0	0
	Difference（Estimate－Hypothesized）		－1.708	－1.792	－1.750	－1.417	1.229
	Std. Error		0.226	0.328	0.220	0.276	0.248
	Sig.		0.000	0.000	0.000	0.000	0.000
	95% Confidence Inter for Difference	Lower Bound	－2.157	－2.441	－2.185	－1.964	0.737
		Upper Bound	－1.260	－1.142	－1.315	－0.870	1.721

续表

方案 Simple Contra		Dependent Variable				
		资源投入	控制力	风险程度	回报水平	灵活性
Level 4 vs. Level 5	Contrast Estimate	-0.917	-0.771	-0.979	-0.771	0.875
	Hypothesized Value	0	0	0	0	0
	Difference (Estimate - Hypothesized)	-0.917	-0.771	-0.979	-0.771	0.875
	Std. Error	0.226	0.328	0.220	0.276	0.248
	Sig.	0.000	0.000	0.000	0.006	0.001
	95% Confidence Inter Lower Bound	-1.365	-1.421	-1.414	-1.318	0.383
	for Difference Upper Bound	-0.468	-0.121	-0.544	-0.224	1.367

a. Reference category = 5.

表 6-6　Multivariate Test Results

	Value	F	Hypothesis df	Error df	Sig.
Pillai's trace	0.920	6.810	20.000	456.000	0.000
Wilks's lambda	0.188	12.113	20.000	369.095	0.000
Hotelling's trace	3.778	20.682	20.000	438.095	0.000
Roy's largest root	3.632	82.805[a]	5.000	114.095	0.000

a. The statistic is an upper bound on F that yields a lower bound on the significance level.

由表 6-5 中四个方框各自第三行（difference 行）的结果可以看出，除灵活性指标外，第五个方案，即独资，明显优于其他四个方案——出口、许可经营（特许经营）、合资（股权低于 50%、股权高于 50%）；第四个方案，即合资（股权高于 50%），优于出口及许可经营（特许经营）。表 6-6 中的数据还进一步说明了这种比较是可信的。

（二）五种方案的综合排名

上面所进行的方差分析，不仅说明了诸方案之间存在显著差异，而且还给出了对诸方案进行初步差异比较的结果，即独资方案明显优于合资（股权高于 50%、股权低于 50%）、出口以及许可经营（特许经营），但同属合资的两种方案谁优谁劣不能断定。为此，本书对 24 个专家就每一个方案的五项指标给出的评分结果按指标进行算术平均，并将其作为与五个方案对应的数据，然后进行主成分分析，结果如表 6-7、表 6-8、表 6-9 所示。

表 6 -7 Correlation Matrix[a]

		资源投入 A	控制力 A	风险程度 A	回报水平 A	灵活性 A
Correlation	控制投入 A	1.000	0.919	1.000	1.000	-0.951
	控 制 力 A	0.919	1.000	0.922	0.928	-0.854
	风险程度 A	1.000	0.922	1.000	1.000	-0.958
	回报水平 A	1.000	0.928	1.000	1.000	-0.951
	灵 活 性 A	-0.951	-0.854	-0.958	-0.951	1.000

a. This matrix is not positive definite.

表 6 -8 Communalities

	Initial	Extraction
资源投入 A	1.000	0.990
控 制 力 A	1.000	0.890
风险程度 A	1.000	0.994
回报水平 A	1.000	0.993
灵 活 性 A	1.000	0.927

Extraction Method: Principal Component Analysis.

表 6 -9 Total Variance Explained

Component	Initial Eigenvalues			Extraction Sums of Squared Loadings		
	Total	% of Variance	Cumulative %	Total	% of Variance	Cumulative %
1	4.795	95.893	95.893	4.795	95.893	95.893
2	0.152	3.040	98.933			
3	0.053	1.065	99.998			
4	9.23E -005	0.002	100.000			
5	-5.2E -017	-1.04E -015	100.000			

Extraction Method: Principal Component Analysis.

相关矩阵（Correlation Matrix）说明，五个指标呈现很强的相关关系；表 6 -8 表明本次分析从每个变量（指标）中提取的信息均在 89% 以上；表 6 -9 说明第一主成分集中了五个原始变量（指标）近 96% 的信息。因此，选取的主成分的个数是 1，进一步可求出出口、许可经营（特许经营）、股权低于

50%的合资、股权高于50%的合资、独资五个方案的综合得分分别为：-1.22，-0.48，-0.22，0.52，1.40。此结果表明，专家对五个方案的综合评分认为：方案5最优，然后依次分别是方案4、方案3、方案2和方案1。这个分析结果与方差分析的结果一致，且相互佐证。

综上分析，可发现，由于零售企业性质与资源特征同生产企业相比具有特殊性，从而使零售企业国际化市场进入模式的选择具有更高的控制度要求；而通过对各种进入模式的内在特性的分析，证明零售企业要保证高控制度要求，独资模式应是其理性选择。

第三节　独资倾向的约束条件及其多元实现路径

一　独资倾向实现的约束条件

独资倾向作为一种理想与合理的选择模式，大多情况下只能作为一种发展趋势存在。因为，在海外市场进入模式选择中，零售企业要受到企业内外部多种因素的影响，最终的海外市场进入模式是在多种因素相互制约中的一种现实选择。归纳企业内外部制约因素，可以大致分为三类。

（一）零售企业特有因素

零售企业海外市场进入模式的选择，很大程度上取决于企业所有权特定优势、经营规模、企业资源特征及企业战略意图等。

1. 所有权特定优势及其特征

如前文所分析，零售企业所有权特定优势的核心内容是品牌与统一经营模式，具体表现为高超的专业技巧、专门知识的定制化水平及一体化经营的经验。专业技巧是指必须通过多年的教育和训练才能获得的专业知识和服务技巧，对于需要专业技能的服务，高素质的员工是最为重要的资源投入，如星巴克店面的服务人员。专门知识不可能很轻易地用在其他领域，因此，一个零售业态所包含的专门知识越多，与之相关的投资挪作他用的可能性就越小，因而这类服务的退出障碍也就越大。定制化程度是指一项零售服务（职能或功能）针对某细分市场定做的程度，其定制化程度越高，经营独特性就越大。一体化经营的经验也成为零售企业特有的优势，一般来说，零售企业在进入海外市场一体化经营之前，大多已经具有丰富的国内一体化经营的经验，甚或有很多零售企业也已经获取并积累了对特定国家一体化经营的知识和经验，这样，在跨国一体化经营的时候就能更准确地评估跨国一体化经营的风险与收益，更重要的是能熟练地将企业所有权特定优势进行跨国复制/粘贴——知识移转，从而有效地控制国外经营。一般而言，当一个企业拥有所有权特定优势时，其经营的独特性程度会较高，采用高控制的进入模式往往更为有效。当然，同是零售企业，其所有权特定优势的特征还是有较大区别的，这主要是指所有权特定优势中是以显性知识、可编码的知识为主，还是以隐性知识、不可编码的知识为主？如麦当劳、肯德基这类快餐业，虽然也属于商业零售业，但它们同时具有生产性企业的一些特征——现场加工、现场出售，因而其产品加工技术及其服务都可进行显性化并编码。因此，进而可以说，所有权特定优势主要以无形资产、专有技能、经营诀窍、行销经验、管理技能等隐性知识为特征的，则更倾向选择高控制度的投资进入模式。

2. 零售企业经营规模

零售企业经营规模越大，越容易采取高控制度的进入模式，如独资、收购模式。因为，零售企业规模越大意味着可利用的管理资源越多，资金实力越强，就越有条件采取直接独立投资的模式。相反，零售企业规模越小，也就越缺乏足够的管理资源与资金来支撑独资或并购，因此往往采取合资或特许经营模式。

3. 资源特征

零售企业资源特征应主要看其资本密集度，即与产出相关的资本投入数量。传统的商业零售业可以说是一个资本密集度不高的行业。但是随着投入企业信息管理系统、进行供应链整合以及企业自办物流配送中心等，从参与国际竞争的角度来说，现代商业零售企业已经不能说是资本密集度低的行业了，尤其是跨国零售企业更是这样。因此，一般来说，资本投入程度高，其沉淀为专用性资产的程度越高，就越倾向于高控制度的进入模式，以便于获取固定资产、专用资产的规模经济。比如沃尔玛的一体化扩张的内在激励因素与其现代化的信息管理系统、物流配送中心的高额资本投入不能说没有关系。

4. 企业战略意图

所谓企业战略，即是指企业海外市场进入模式的战略定位。这种战略定位典型的有以下四种：多国国内战略、国际化战略、全球战略与跨国战略。到底选择哪一种，则取决于企业内外部因素的综合作用。从总的发展趋势上看，由于零售企业性质与资源特征及其经济全球化的历史环境决定了大型零售企业的战略定位必然是外向型的国际化发展。尤其是随着经济全球化的深入发展，进入海外市场已成为适应全球化竞争的战略需要。因此，企业可能会把抢占先机、占领市场，顺利地、快速地进入目标市场作为首要因素来考虑；或者，在寡头市场环境中，企业可能为了保持竞争对手之间的势力均衡会跟进对手而进入海外市场，等等。显然，在这些情况下，高控制度要求就不会放在首位来考虑。诸如此类都说明了，在经济全球化环境中的零售企业，由于竞争日益激烈，更加注重未来、注重寻求发展机会，而不是着眼于现在，其在具体采取行动时，往往会将全球竞争优势塑造作为海外市场进入模式选择的首要因素来考虑，甚或对于那些极具发展潜力而又竞争十分剧烈的市场，还会形成如下决策逻辑：只要能迅速进入，什么模式都行。

（二）零售产业全球化水平

零售产业全球化水平既包括母国，也包括东道国。从跨国零售企业母国来说，若其母国的零售产业全球化水平高，也就意味着企业经过了国内市场国际化的市场竞争历练，一般来说，其国际化愿望较强，国际化经验也较为丰富，因而，更看重全球范围内的资源整合，也就更倾向于独资化。从东道国来说，零售产业全球化水平高，则意味着零售市场相对成熟，本土零售企业竞争力较强，市场进入壁垒高，稀缺性资源获取难度大，因此，市场进入模式选择，关键要看进入的难度了。比如，为了获取东道国带有垄断性的稀缺资源，甚至不惜牺牲部分控制权来交换也属于人之常情。

（三）东道国环境因素

东道国的环境因素很复杂，主要包括以下几方面：市场吸引力、国别风险以及社会文化因素。

1. 市场吸引力

东道国的市场吸引力具体由两方面构成：一是市场因素，二是经济环境因素。

（1）市场因素，包括市场潜力与竞争状况。如果东道国市场潜力不大，需求又高度不确定，零售商往往采取许可或特许的形式进入海外市场；而当东道国市场面临激烈的竞争时，零售商往往会采取资源承诺程度较高的进入模式，如直接投资或收购等，以便加强资源统一调度的能力，从而增强竞争优势。一般而言，东道国市场竞争越激烈，直接投资模式越优于其他模式。

（2）经济环境因素，包括东道国经济规模与经济活力。如果经济规模大（以 GDP 或 PPP 来衡量），零售商在该国的市场规模也可能会大，因此，零售商可考虑采取高成本高控制的进入模式。另外，虽然有的国家市场还没有发育成熟，但如果该国经济发展很有活力（以 GDP 和人均收入的增长率、投资增长率等来衡量），那么零售商也许愿意承担较高程度的资源承诺，以争取市场渗透，即便在短期内不能赢利。在东道国经济发展水平相对低于母国经济发展水平的情况下，独资方式优于兼并收购的方式；而当东道国经济发展水平相对高于母国经济发展水平时，兼并收购方式优于独资方式。总的来说，市场吸引力大的东道国，跨国零售企业更愿意采取直接投资模式进入，由此可以获得长期利益。

2. 国别风险

如果东道国的政治或政策不稳定，零售商对于采用资源承诺程度高的进入模式就会采取谨慎的态度。在东道国政府对于海外零售商所有权形式管制严格的情况下，契约型模式（特许、许可）与合资模式要比独资或并购模式更可行。

3. 社会文化因素

一般而言，当东道国与母国文化距离较小时，零售商可以采取有机增长的模式；而进入与母国文化距离很大的市场时，特许往往更优一些。但在零售商海外市场进入实践中，零售商往往将文化距离与海外市场进入难易程度结合在一起来考虑。根据市场进入的难易程度与文化距离的大小可有四种不同的进入模式选择（见图 6－5）。

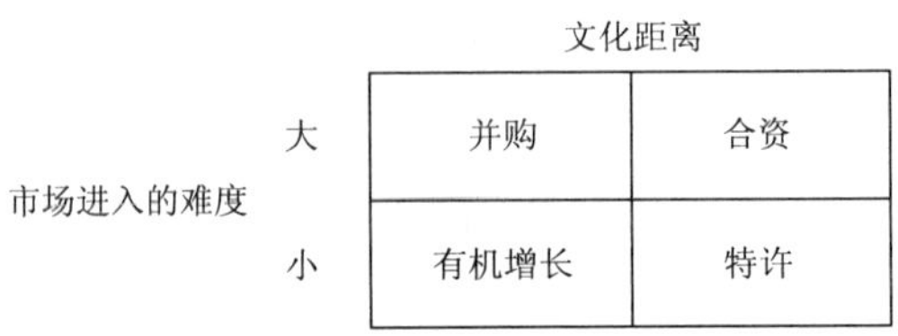

市场进入的难度 \ 文化距离		
大	并购	合资
小	有机增长	特许

图 6－5　根据文化距离与市场进入难度确定进入模式

二 决策分析模型与多元实现路径

（一）海外市场进入模式决策的一般分析模型

综上分析可以看到，各种约束条件对跨国零售企业独资化倾向的影响方向、影响力度各不相同：资本密集度、企业所有权特定优势及其特征、企业规模、企业战略意图、东道国市场吸引力等因素对零售企业的独资倾向有正面影响，即这些指标增大，将促使零售企业采用独资方式进入；而国别风险以及文化距离因素对零售企业的独资倾向具有负面的作用，即这些指标增大，将促使零售企业采取低控制度的进入方式，而非独资。因此，影响零售企业海外市场进入模式决策的各种约束条件作用情况，可用图6－6表示。

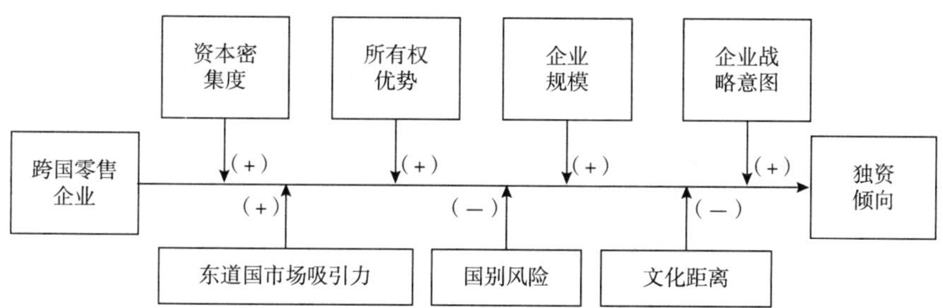

图6－6 主要因素对零售企业独资倾向的影响①

在上述讨论的基础上，同时借鉴国内外现有的研究成果，就可建立关于跨国零售企业海外进入模式决策的一般分析模型（见图6－7）。

该模型说明，零售企业海外市场进入模式选择是一项多目标决策，在实际进行市场进入模式决策时，是否采取独资方式，这取决于东道国的环境因素、母国的环境因素以及企业自身的经营规模、国际化经验、资源特征等因素的综合作用和影响。这些变量的综合作用最终决定了零售企业跨国投资决策目标的定位。

这里需要特别说明的是，模型中引入了母国市场环境因素，并用虚线与

① Erramill. M and Raoc, "Service firms' international entry－mode choice: A modified transaction cost approach", *Journal of Marketing*, 1993, 57 (3), pp. 19－43. 这里对文中的模型作了修改。

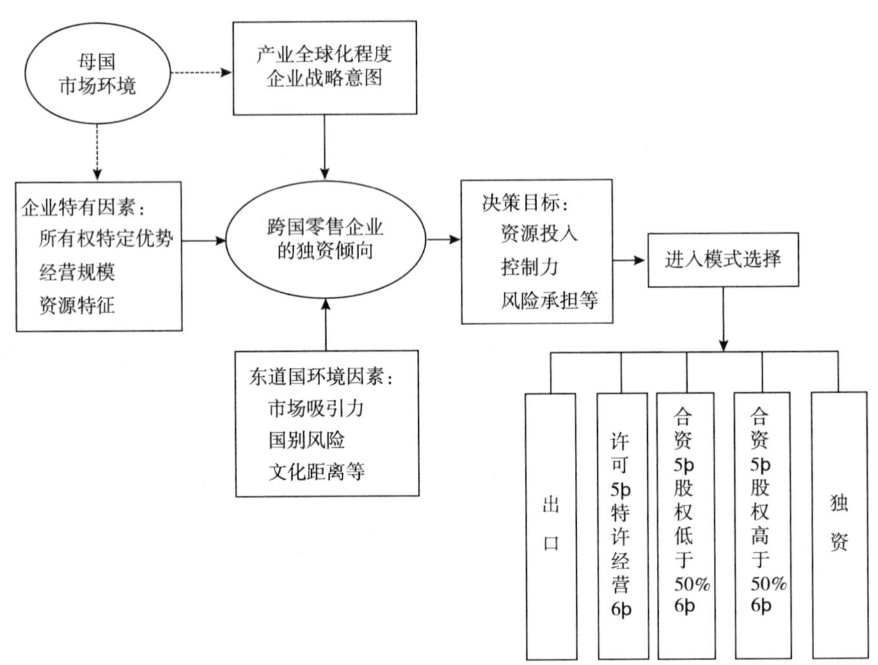

图6-7　跨国零售企业海外市场进入模式决策的一般分析模型

企业特有因素和企业战略意图相联系，主要出于以下考虑：①企业所有权特定优势形成的母国环境因素会影响甚或决定其所有权特定优势的特征，比如，美国高速公路网、高速发展的现代通信业直接孕育了沃尔玛的自有物流配送中心以及企业内部现代信息管理系统；同时，母国市场环境因素既是驱动跨国零售企业进入海外市场的重要因素，也是决定母国市场产业全球化水平的重要因素，进而必然影响企业战略意图的形成，比如，一个发达市场中的寡头企业之间的市场跟进战略等。②企业一旦进入海外市场之后，母国市场环境因素就不成为直接决定因素，而是仅对企业海外市场的初次进入产生重要影响。

（二）跨国零售企业独资倾向的多元实现路径

根据跨国零售企业现有实践来看，其实现高控制要求的特殊路径主要有以下几种。

1. 建立特殊的组织架构，以保证对新设分店最大可能的控制与把握

以沃尔玛在中国的进入为例。1995年刚踏入中国市场，就首先成立了一家由沃尔玛持股80%的"深圳沃尔玛易初珠江配售有限公司"，以保证其在中国的合资分店能在自己的掌握之下。再比如，星巴克的海外扩张，它是采取主加盟店的方式，通过主加盟店这种特殊的组织结构以保证其品牌与统一经营模式复制的完整性与效果（许英杰，2005）。当然，也存在纯粹运用许可（特许）经营模式从事海外经营的，但事实证明，这种纯粹的许可（特许）经营模式是不利于其运用与获取所有权特定优势的，并存在所有权特定优势丧失的风险。典型案例如7－ELEVEN便利店的扩张。7－ELEVEN便利店的品牌与统一经营模式，最早是由美国南方公司开发的。20世纪70年代初以授权经营的模式，特许日本零售商使用其品牌及便利店的经营模式。结果，日本的7－ELEVEN成长起来了，并形成了自己特有的企业文化与统一经营模式。终于在20世纪90年代初，整体吞并了其母公司——美国南方公司的7－ELEVEN。结局是"儿子打败了老子"。

2. 二次或多次市场进入时，则趋向于高控制度的控股或独资化模式

例如，2004年12月之后，跨国零售企业在我国不论是初次进入，还是进入后的增资扩股、股权回购、并购等行为，都显露出独资化倾向。一方面，新进入的跨国零售企业中独资模式所占比例急剧上升；另一方面，已进入中国的跨国零售企业则通过对合资企业的增资扩股，乘中方企业追加资金不足而逼抢中方股份或通过境内外并购等多种手段，试图达到对合资企业的控股或全资。如在2005年10月25日，家乐福以4171.5万元人民币的价格，收购其昆明店合资方ST昆百大所持有的35%的股份，从而实现了昆明家乐福店独资。而此前其温州店、海口店都已独资运营。又如，英国百安居从境外收购德国欧倍德公司在我国开设的25家大型建材专业店。如此等等，不仅说明跨国零售企业在华扩张的加速，更说明跨国零售企业扩张模式趋于独资化。

以上分析可见，在内外部因素的综合作用下，若跨国零售企业暂时不能或长期不能采取高控制度的独资模式，则会根据情况实施灵活的多元化进入模式；而在多元化进入模式下，由其性质与资源特征的本质所决定，其仍会寻求实施控制的恰当路径；一旦内外部条件允许，则将会不失时机地向高控制度的独资模式趋近。因此，零售企业扩张中的高控制要求，是一种基于企业性质与资源特征的内在规律，具有高控制特征的独资模式将是跨国零售企业发展的战略趋势。

第四节 本章小结

本章重点讨论了零售企业国际化的海外市场进入模式的选择问题，是将零售企业放在经济全球化的大环境中，基于零售企业性质与资源特征视角来研究其国际化市场进入模式的内在规律性及其实现路径的。

（1）本书在剖析零售企业国际化市场进入模式的主要类型及其特征的基础上，构建了零售企业国际化市场进入决策的一般分析模型。作者认为，零售企业国际化市场进入是一个多目标的复杂决策，其影响因素主要有：①历史环境，即经济全球化的历史趋势，使各国零售产业趋于全球化，从而改变了一国零售企业竞争优势来源，使其由一国而转向全球，来源于全球资源的获取与整合；②东道国环境，具体包括宏观环境与微观环境，但不论是宏观环境还是微观环境，对于零售企业的初次进入来说，都会对其市场进入模式决策产生重要的影响作用，影响其国际化市场进入意向强度，影响其国际化市场进入模式选择；③企业自身因素，包括自身资源与条件以及企业战略等，其中，所有权特定优势及其特征是使零售企业与生产性企业相区别的重要因素，也是使二者在市场进入模式决策上相区别的直接因素。

（2）市场进入模式独资化倾向的客观必然性。首先，通过对零售企业所有权特定优势及其特征的剖析，作者认为，由于零售企业性质决定其所有权特定优势具有易耗散性、通用性以及组织结构具有连锁性和当地性，从而也就决定了零售企业在扩张中对连锁分店具有高控制要求的逻辑上的必然性；其次，通过对五种典型的市场进入模式内在特性的剖析，认为，由于零售企业性质与资源特征同生产性企业相比具有特殊性，从而使零售企业国际化市场进入模式的选择具有更高的控制度要求，而通过对各种进入模式的内在特性的分析，证明零售企业要保证其高控制度要求，独资模式应是其理性选择。

（3）揭示了独资倾向的约束条件及其多元实现路径。认为，独资倾向作为一种理想与合理的选择模式，大多数情况下只能作为一种发展趋势存在。在实践中，零售企业进行海外市场进入模式决策，要受到企业内外部多种因素的影响，最终的海外市场进入模式是在多种因素相互制约中的一种现实选择。其独资倾向实现的约束条件可大致分为三类：零售企业特有因素、零售产业全球化水平、东道国环境因素。零售企业海外市场进入模式选择是一项多目标决策，在实际进行市场进入模式决策时，是否采取独资方式，取决于东道国的环境因素、母国的环境因素以及企业自身的经营规模、国际化经验、资源特征等因素的综合作用和影响。这些变量的综合作用最终决定了零售企业跨国投资决策目标的定位。比如，可能建立特殊的组织架构，以保证对新设分店最大可能的控制与把握；在二次或多次市场进入时，则可能趋向于高控制度的控股或独资化模式，等等。总之，独资倾向的实现路径是灵活多样化的，这种灵活多样化的实现路径并不排斥其独资化倾向，相反，独资倾向依然发挥着规律性的引导作用，昭示着零售企业国际化市场进入模式选择的基本依据与演变的方向。

第七章
零售企业国际化市场进入模式例证

第一节　例证 1：外资零售企业在我国的市场进入模式

一　外资零售企业在我国市场扩张历程

外资零售企业进入我国市场的战略决策是与我国零售商业领域对外开放政策的变动息息相关的。具体来看，外资零售企业在中国市场的扩张历程可划分为以下几个阶段。①

（一）外资零售企业在华发展的定点试验阶段（1992～1995 年）

1992 年 7 月，我国政府为了促进第三产业的发展，由国务院出台了《关于商业零售领域利用外资问题的批复》这一文件，批准北京、上海、天津、广州、大连、青岛等 6 个城市和深圳、珠海、汕头、厦门、海南 5 个经济特区为零售商业对外开放的首批试点城市，由此揭开了外资进入我国零售业的序幕。该阶段政府批准的外资零售企业可分为两类：一类是来自国外的零售企业，另一类是来自港澳台的海外华人企业，这类零售企业在当时也被中国政府视为外资零售企业。文件规定 11 个指定城市或经济特区可以试办 1～2 个外商投资商业企业（上海可以试办 4 个外商投资零售企业，因为包括了浦东发展区），而在其他城市禁止开办外资商业零售企业；外资零售企业必须以合资或合作方式进行投资，独资的形式是被严格禁止的。而且，在合资企业中的股份比例分配，中方必须控股 51% 以上；企业不得经营批发业务；进

① 郭冬乐、宋则、荆林波主编《中国商业理论前沿Ⅲ》，社会科学文献出版社，2003，第 29～59、240～259 页。

口商品比例也不得超过30%。在1992年当年就有15家合资企业被国务院批准（见表7－1）。

表7－1　1992～1997年首批国务院批准的中外合资零售企业

年　份	企　业	选址	境外合作方	中国大陆合作方
1992	北京燕莎友谊商城	北京	新加坡新城集团	北京友谊商城
	新东安有限公司	北京	香港新鸿基地产	北京东安集团
	大连国际商业贸易公司	大连	日本尼齐宜（Nichii of Japan）/香港中信	大连商贸公司
	广州华联百老汇	广州	香港国际百老汇	广州糖业烟酒公司
	广州天河广场	广州	香港正大国际	广州佳景商贸公司
	青岛第一百盛	青岛	马来西亚百盛集团	青岛第一百货公司
	青岛佳士客有限公司	青岛	日本佳士客（JUSCO）	青岛市供销社
	汕头金银岛贸易公司	汕头	香港正大国际	汕头中国旅行集团
	上海第一八佰伴有限公司	上海	日本八佰伴国际	上海市第一百货公司
	上海华润	上海	香港华润集团	上海华联商厦
1992	上海东方商厦	上海	香港上海实业公司	上海商业开发公司
	上海佳士客	上海	日本佳士客（JUSCO）	上海申华/华悦/中信香港
	深圳沃尔玛	深圳	美国沃尔玛	深圳国际信托投资公司
	天津华信商厦	天津	香港信德集团	天津华联商厦
	天津正大国际商厦	天津	泰国正大集团	天津立达集团
1995～1997	华糖洋华堂商业有限公司	北京	日本伊藤洋华堂	中国糖酒公司
	中土畜万客隆有限公司	北京	荷兰SHVMAKRO公司（万克隆），台湾丰群投资有限公司	中国土畜产品进出口总公司
	武汉未来中心百货有限公司	武汉	台湾丰群投资有限公司	武汉中国百货集团

资料来源：国内贸易部：《中国国内贸易统计》，载王洛林主编《中国外商投资报告》，中国经济管理出版社，1998。

这一阶段，中国零售市场的开放仅仅是在一定区域、一定范围的有限开放，国家对于外资零售企业的市场准入以及政府审批程度方面都作了严格的规定。所以，许多外资零售企业出于对中国政府政策的不了解，对中国市场的陌生以及前景的不明了，依然徘徊在中国市场的大门之外。

（二）外资零售企业在华发展的起步阶段（1995~1999年）

尽管1992年中国零售业对外开放取得了一定进展，但这仅仅是非常有限的成功。15个外资零售企业大多数来自东亚或东南亚，与中国的地理距离、文化距离、心理距离都比较近。地方政府不满足于这种严格的国家管制，相关的国内行业部门也抱怨首批选择与批准的15家外资零售企业浪费了政府的配额，因为中国真正需要的是来自北美与西欧的大型零售商。于是在1995年，中国政府开始迈出了开放零售领域的第二大步：指定北京可以进行外资零售企业连锁经营的试点；而且允许外资零售企业有限地涉足批发领域。但是这一阶段中国政府依然坚持外资零售企业必须以合资的形式进入中国市场，而且中方必须持有大部分股份。在这样的政策背景之下，日本的伊藤洋华堂、荷兰的万客隆落户北京（见表7-1）。

（三）外资零售企业在华规范发展阶段（1999~2001年）

1999年6月，国务院批准发布了《外商投资商业企业试点办法》，把零售企业中外合资合作范围扩大到了所有省会城市、自治区和计划单列市，中外合资合作连锁企业试点数量和范围也都有计划有步骤地逐步扩大，而且该办法对于向西部投资的零售企业给予了更大幅度的优惠政策（见表7-2）；但仍然只允许外资以合资方式进入，只是对于外资持股比例有了一定的放宽，外资企业持股比例的上限为65%。港澳台投资的零售企业依然视作外资企业而执行上述政策。

表7-2　中外合资零售企业的差别化待遇

经营区域	最低注册成本（万元）	最长经营期（年）
东部沿海及内陆中心地区	零售：5000 批发：8000	30
西部地区	零售：3000 批发：6000	40

在这一阶段，国家对地方越权审批的326家违规企业进行了清理整顿，其中153家转为内资、退出商业领域或注销，合并10家，163家边经营边整改。在整改企业中，通过整改转为正式试点企业的有92家，转为“通过”类的59家，未完成的12家，其中5家已公告属于“五不得”企业，即不得享有进出口经营权，不得经营批发业务，不得再扩大经营范围和建设规模，不得开设分店和延长合营年限，不得享受进口自用设备和原材料的减免税政策，等等。这一阶段，外资零售企业在我国的发展趋于规范化。

（四）外资零售企业在华快速扩张阶段（2001年~至今）

2001年之后，我国正式成为WTO成员国，并承诺在入世三年内全面开放国内零售市场。由此，外资零售企业就开始了在我国的快速圈地与扩张运动，以期抢占最有利的地理位置和在我国最有利的网点布局。尤其是2004年12月之后，由于我国完全取消了对外商投资商业企业在地域、股权和数量等方面的限制，使得外资零售企业以更快的速度、更大的规模进军我国市场，内外资零售企业在全国市场展开了全面的竞争。

二　外资零售企业在我国扩张的现状与特点

截至2005年底，我国共批准设立外商投资商业企业1341家，合同利用外资49亿美元，开设店铺5657个，营业面积1388万平方米。其中，2005年新批准设立外商投资商业企业1027家，占全部新批外商投资企业的比例超过70%。2006年头五个月，又新批准设立外商投资商业企业296家。目前，世界排名前列的外国零售企业，包括沃尔玛、家乐福、麦德龙、伊藤洋华堂等，都已在我国开店经营，并取得了良好的经济效益。

表7-3列举了截至2004年末，主要外资零售企业在我国的业态类型、销售规模与店铺数。外资零售企业进入我国时，采用较多的是大型综合超市、仓储式商场、便利店、折扣店、大型家居建材专业店等新型业态形式。在外资零售企业的各业态销售收入构成中，连锁大型综合超市所占比例最高，反映出该业态已经成为外资零售企业进军我国市场的主导业态模式。

表 7－3　进入中国市场主要外资零售企业情况（2004 年）

排名	企业名称	所属公司	业态	销售规模（万元）	门店数（个）
1	家乐福（Carrefour）	法国家乐福集团	大型综合超市	1624050	62
2	苏果超市（SUGUO）	香港华润集团	社区店/超市/便利店	1388000	70
3	好又多（Trust Marl）	台湾诚达集团 宏仁集团	大型综合超市	1200000	88
4	华润万家	香港华润集团	大型综合超市/超市	110144	476
5	大润发	台湾润泰集团、大润发与欧尚相互持股	大型综合超市	950000	40
6	沃尔玛（Wal－Mart）	美国沃尔玛公司	大型综合超市/山姆会员店/社区店	763542	43
7	百盛（Parkson）	马来西亚金狮集团	百货店	740000	30
8	易初莲花（Lotus）	泰国正大集团	大型综合超市	739405	41
9	乐购（TESCO）	台湾顶新国际集团与英国 TESCO 公司	大型综合超市	700000	31
10	锦江麦德龙（METRO）	德国麦德龙	仓储式商场/会员制俱乐部	645898	23
11	太平洋百货（PACIFIC）	台湾远东集团	百货店	430000	10
12	欧尚超市（AUCHAN）	法国欧尚集团	大型综合超市	351178	11
13	华堂（Ito Yokado）	日本伊藤洋华堂	百货店/超市	290000	5
14	百佳（PARKnSHOP）	香港屈臣氏集团	大型综合超市/超市	274996	31
15	百安居（B&O）	英国翠丰集团	家居建材专业店	201000	21
16	万客隆（Makro）	荷兰万客隆（德国麦德龙旗下）	仓储式商场/会员制俱乐部	150000	6
17	德克士（Dicos）	台湾顶新集团	西式快餐	100855	383
18	欧倍德（OBT）	德国廷格尔集团（Tegelmann）	家居建材专业店	100000	11
19	全家便利店	台湾顶新集团	便利店	80000	43
20	宜家（IKEA）	瑞典宜家公司	家居建材专业店	80000	2

续表

排名	企业名称	所属公司	业态	销售规模（万元）	门店数（个）
21	吉之岛（Jusco）	日本永旺集团（AEON）	百货店	65000	2
22	迪亚（Dia）	法国家乐福集团	折扣店	55000	150
23	冠军（Champion）	法国家乐福集团	折扣店	50000	6
24	7 - Eleven	日本伊藤洋华堂	便利店	45000	198
25	喜士多（C - store）	台湾润泰集团	便利店	26000	150
26	罗森（Lawson）	日本罗森株式会计	便利店	22000	120
27	屈臣氏（Watson）	香港和记黄埔有限公司	超市/专业店	15000	100
28	OK 便利店（OK）	香港利丰集团	便利店	5600	22
29	乐华梅兰（Leroy Merlin）	法国欧尚集团	家居建材专业店	2004 年秋开业	1

注：以上数据由中国连锁经营协会（www. ccfa. org. cn）统计。

从目前市场的模式选择来看，外资零售企业在我国市场进入模式的独资化趋势已显现端倪。

（一）先期进入的正谋求向独资过渡

从现已进入的外资零售企业来看，它们纷纷打破合营体制，通过对合资企业增资扩股，由合资向控股过渡并稳步朝全面独资迈进。2004 年底之后，由于我国零售业对外资的全面开放，就不断地传来外资企业“变脸”的消息。比较大的事件有如下几起：一是易初莲花的一系列独资化动作。首先是其在济南的独资超市开业。紧接着，公司在上海、北京、广州三地完成对中方股权的回购工作，从而在中国实现了全面独资。易初莲花拓展部一位人士表示：“独资后，易初莲花的扩展速度将进一步加快”（汪旭晖，2005）。二是家乐福的一系列独资化倾向明显的动作。在紧接着易初莲花独资超市开业之后不久，即在 2005 年 10 月 25 日，家乐福就以 4171.5 万元人民币的价格，收购了其昆明店合资方 ST 昆百大所持有的 35% 股份。通过此次收购，昆明家乐福店实现独资经营。该店是家乐福在中国的第三家独资店，此前温州店、海口店都已经开始独资运营。实际上，家乐福早在股权开放之前就曾通过地方政府“越权审批”猛开独资店，一再冲撞中国政策的“高压线”，以致在2002年被国家有关部门勒令整改，要它把在华的27家店35%的股权转让出来。其以前违规都要干，现在独资合法了，“甩开膀子大干”也是情理之中的事。

（二）新进入的则独资倾向明显

仅2005年上半年，商务部就新批准了216个外商独资企业，占全部新批外资企业的88.2%。其中59家新批的外资零售企业中，外商独资企业占64.4%。根据商务部2005年所作的一项调查显示，57%的跨国公司倾向独资新建；有37%的跨国公司愿意与具备一定技术和生产资源或能力的企业合资；倾向于通过并购相关生产工厂来投资的跨国公司为28%。对此，南开大学跨国公司研究中心主任冼国明教授认为，20世纪90年代以后，外商独资企业经营所占比重迅速增加，在2001年首次超过50%，2002年更是创纪录地达到了60%。外商在华经营由合资走向独资，将是一种必然趋势。

（三）并购式进入日益增加

2004年之后，外资零售企业通过并购方式进入我国的也日益增多。仅2005年上半年，商务部就批准了家乐福等外资企业的8个并购项目。此外，英国百安居从境外收购了德国欧培德公司在中国境内开设的25个大型建材专业店。实践表明：通过并购中国零售网点资源实施快速扩张，正成为外资零售企业在我国进行战略布局的重要手段。

三　外资零售企业独资倾向的成因——家乐福个案分析

从表面来看，外资零售企业独资化的原因不外乎是，中国零售业的逐步开放为外资在华的独资化扩张提供了条件。一是我国渐进式开放，在为我国零售企业赢得时间的同时，也为外资零售企业在我国的本土化适应提供了时间，因此，它们经过一段时间的尝试积累了在我国开店的经验；二是我国高速的经济增长及巨大的市场潜力十分诱人，等等。但这些还都是表面诱因。从内在因素来说，则本质上还是因为其所拥有的所有权特定优势及其资源特征使然，决定只有走独资化，才可能实现其全球扩张的战略目的，才可能实现企业的全球经济性。这里不妨以家乐福为例来说明。

在2004年以前，由于政策限制，虽然私下偷偷摸摸搞独资，但依然在中国内地拥有合作伙伴32个，开设了31家合资公司。至2005年在我国已拥有65家门店。每个合营公司下差不多只有2家分店。于是，其广布全国的32家合作伙伴必然形成一个重复繁杂的组织管理架构，这不仅造成各地行政资源无法整合，而且还产生了巨大的税费流。当然，家乐福形成的这一局面是与其当初所采取的扩张战略分不开的。作为全球第二大零售商的家乐福是从1995年在北京开设第一家分店而进入中国的，它一开始就采取了曲线进入、多处布点的快速进攻型战略。

（一）曲线进入多处布点（1995～1997年）

1995年，当时我国规定，外资不准直接进入零售业，而且在合资公司里外资方不能控股。面对如此严格的市场进入制度安排，家乐福则采取打“擦边球”的方式进入中国。当时，家乐福与中资的中创商业公司合资注册了家创商业管理公司，而后中创商业公司又注册了一家名为创益佳商城的商业公司。作为中创商业公司的全资子公司，创益佳商城又把一切业务全部托管给了合资的家创商业管理公司，作为家创商业管理公司大股东的家乐福，就自然而然地介入创益佳商城在国展中心旁的超市连锁店的业务中去了，并且打出了家乐福的招牌。显然，家乐福在进入中国市场之初，就有打擦边球的意思，绕道先成立合资的管理公司，再以管理公司设一空壳商业城。商业城可以不受该条款制约，家乐福转而将商业城委托给管理公司经营。

家乐福在1995年进入中国市场后，便短时间内在北京、上海和深圳三地开设大型超市，攻势咄咄逼人。对于这个来自法国的大型零售商来说，中国这样一个幅员辽阔的国土，每一个省的面积都相当于欧洲观念里的国家尺寸。因此，其进入之初就把中国分为北区、南区、华东区，并打破常规性的连锁经营管理的一般做法，而采取了遍地开店、分店采购的区域性、地区性的灵活扩张策略。这虽是一招险棋，但为其赢得了发展时间，使其能快于竞争对手而完成在中国市场的战略布局。

（二）调整后的快速发展期（1998～2001年）

当企业发展到一定规模后，对内部资源进入整合，就必然成为企业内部管理的重点。家乐福即是如此，其经过前期的快速扩张之后，也需要进行企业内部资源的整合而提升企业整体竞争力。因此，1999年底，家乐福将总部迁至上海，并着手作了一些大的调整。首先，恢复了总部的中央采购制度等一系列总部集权的做法。其时，家乐福在中国已新开了11家采购代办处，在本地的采购比例已高达90%。其次，对在华企业采取了统一管理。管理的内容包括发展、市场、IT系统、采购部门、人力资源培训以及有关财务、法律、公关等诸多方面。

家乐福对自身的管理体系调整与资源整合大约用了两年时间，随后即进入了又一轮的高速扩张阶段。

（三）高速扩张期（2001年至今）

到今天为止，家乐福在中国的沿海城市和经济中心城市已经基本完成了战略布局，比沃尔玛和麦德龙快了两年到三年。这实际上为家乐福赢得了自我调整和整合经营管理体制与系统的时间。2001年之后，其一方面继续加速扩张，另一方面在企业内部开始细化经营。在外部扩张方面，截至2011年5月，其已在全国47个城市开设了182家直营大型综合超市。在企业内部管理方面，包括分店选址、每个店铺商品品类的选择、供应商的选择等都着手进行统一管理，由此也意味着，家乐福（中国）进入了真正意义上的连锁经营时代。

综上，从家乐福（中国）的扩张历程可看到，目前的独资化趋向应是其发展的大势所趋。假如说1999～2001年的企业内部调整使其在经营管理方面得到了初步整合的话，目前，只有通过更高一级的资本整合即通过独资化，通过更强的控制权才能完成企业内部资源与管理的彻底整合，从而彻底避免由合资而带来的权力分散及由此产生的组织成本。

第二节　例证2：7－ELEVEN在日美市场相向进入模式比较

一　分析框架

这里以美国和日本7－ELEVEN之间的互动过程作为分析对象，研究目的主要在以下两方面：第一，了解跨国零售企业海外市场进入的动机与进入方式的选择过程；第二，了解不同进入方式对知识移转的影响，以及知识移转的机理。

由于美国和日本7－ELEVEN之间的互动过程是分为前后两个阶段进行的，即先有美国7－ELEVEN母公司向日本7－ELEVEN子公司的知识移转，后有日本7－ELEVEN子公司向美国母公司的知识移转，因此，本案例分析的逻辑思路将以许英杰（2005）所提出的概念分析框架为基础进行（见图7－1）。

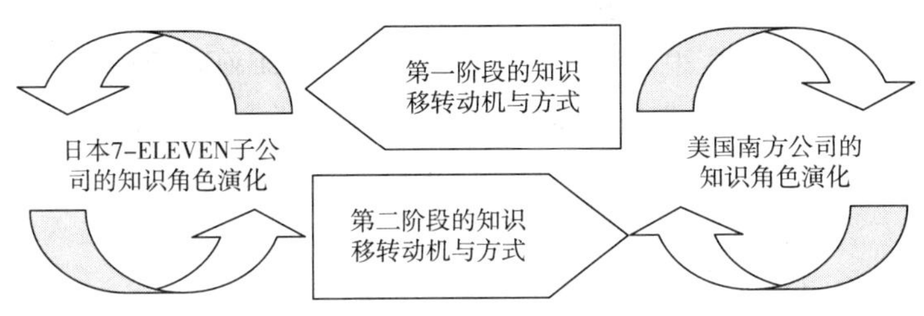

图7－1　本案例研究的概念分析框架①

二　案例描述

（一）7－ELEVEN的起源与早期发展

7－ELEVEN起源于美国德克萨斯州的达拉斯，其前身为南方制冰公司（The Southland Ice Company）。当初，南方制冰公司为销售其产品而设立直销商店，且直销店内业务以家庭冰箱所需冰决的销售为主。后来为顺应顾客需要，开始提供面包、牛奶及鸡蛋。再后来，南方制冰公司转型为南方公司（The Southland Corporation），其直销店也随之转型为7－ELEVEN，这一年是1946年。7－ELEVEN，意为其营业时间要从早上的7点一直到晚上的11点，是专门为社区居民提供便捷服务的便利商店。其店内的商品主要为居民日常所必需，尤其是日用饮食类商品。7－ELEVEN的成立，正式开启了便利商店的序幕。②

当时的7－ELEVEN既是新企业又属于新型零售业态，所以，必须借助广告及促销活动来辅助其成长与扩张。其战略是首先在本州即德克萨斯州进行扩张，然后再延伸至其他州和地区。其跨州扩张的第一个目标是佛罗里达州，扩张的第一站实际是一种尝试，其给予分店地区性自治的权利。由于佛罗里达州与德克萨斯州的气候相似，使得7－ELEVEN在该州的扩张速度相

① 许英杰：《零售创新：7－ELEVEN成功之秘》，经济管理出版社，2005，第106～107页。

② 许英杰：《零售创新：7－ELEVEN成功之秘》，经济管理出版社，2005，第106～107页。

当快，扩张也很顺利。接着于1957年进入华盛顿。在华盛顿这个位于美国东北部的城市的扩张计划也成功了，由此使得其管理阶层开始相信，7－ELEVEN应该能够扩展至全国，且适应于任何气候。

确实，7－ELEVEN一方面通过自我快速扩张分店，另一方面又通过并购其他商店，其店铺在20世纪50年代迅速增加，至50年代末，在全美已有500家连锁分店。到了20世纪60年代，由于7－ELEVEN改以授权方式进入新的市场，其增长的势头更加强劲。1960～1970年，约增加3100家门店，而在1970年时，大约40%的7－ELEVEN便利商店是经由授权而来的。到了70年代末，7－ELEVEN已遍布全美大多数地区，此时，唯有进入海外市场或是其他零售领域甚或生产部门，才能取得更大的增长。

因而，在20世纪70年代的增长期中，其在国内扩张的同时也开始走向海外。其在海外扩张所取得的成就也不小，在加拿大有分店75家，墨西哥有4家，在英国也展开了并购行动。但最大的也是影响最为深远的海外扩张行动应属于在日本的扩张，即其于1973年采取授权经营模式进入日本市场。因为，正是借助这项行为，7－ELEVEN不仅将其品牌名称与便利商店的概念传到了日本，更由于日本7－ELEVEN的成功，促使美国南方公司将国际化视为一种增长策略。

（二）美国7－ELEVEN对日本市场的进入

1. 美国7－ELEVEN以授权方式进入日本市场

美国7－ELEVEN对日本市场的进入，还得益于当年日本伊藤洋华堂高管的远见卓识。在20世纪60年代早期，日本当时最大的零售商——伊藤洋华堂公司（Ito－Yokado. co. Ltd.）的高级管理人员便已拜访过美国的7－ELEVEN，发现这种便利店经营模式很好，经过不断交涉，美国的7－ELEVEN终于在1973年答应授权于伊藤洋华堂，让它在日本地区发展7－ELEVEN便利商店。

果然，便利商店这种经营模式一经引入日本，便在日本一举成功。便利店销售约占日本零售部门年营业额的2%。主要的几家连锁便利商店几乎控制了日本的便利店市场，最大的三家（7－ELEVEN、Daiei、Family Mart）便拥有一半的市场，仅7－ELEVEN就达到约1/3的市场占有率。

2. 伊藤洋华堂创新经营7－ELEVEN而大获成功

日本7－ELEVEN公司（Seven－ELEVEN Japan CI. Ltd.）属于伊藤洋华

堂公司旗下的一家子公司。至1994年2月，日本7－ELEVEN的商店数达到5523家，当年度的营业额为1.282兆日元。虽然它的店铺数并不比竞争对手多多少，但是它的销售额及利润却要超出竞争对手很多。①

日本7－ELEVEN为何能如此成功？多数人的看法是，因为它有一个很有效率的零售商——伊藤洋华堂，能利用科技、系统及与制造商、加盟者间的关系持续地加强对顾客的知识，尤为重要的是，它能成功地满足消费者多变的需求。其成功的做法可归纳为以下几点：

（1）重新定义便利商店系统及运作方式，并有效地改革日本流通体系。日本伊藤洋华堂引进便利店经营模式之后，着力强调顾客是经营焦点。为了传达这样的经营理念，日本7－ELEVEN重新定义了便利商店系统及运作方式并且有效地改革了日本的流通体系。日本7－ELEVEN的商店中95%的为加盟店，而且其加盟制度是采取直接加盟的方式，不需要通过地区性的加盟体系。商店的所有员工统一招聘，并建立严格的长期契约。其对各加盟店的日常管理进行各种支持与干预，主要包括不断地提供管理建议、POS系统、最低毛利的保证及努力等措施以支持商店的加盟店提升其生产力及利润。加盟店则根据每家店的毛利多少来支付加盟的权利金。此外，通过地区性的渗透及群聚，日本7－ELEVEN不仅能高密度地呈现在消费者眼前，且能增加配送及广告的效率，改善品牌知名度，提高整体系统效率及避免竞争者进入当地市场。

日本7－ELEVEN的信息系统主要是由公司内部自行发展的。POS系统不仅能加速结账的速度，并且能根据顾客的类型与购买时间来进行资料登记。信息科技的运用对日本7－ELEVEN的绩效产生了很大的正面效果——在销售额显著上升的同时存货大幅减少而毛利率明显上升，并且能更加符合满足顾客的需求。

（2）将产品销售信息提供给制造商，实行信息分享。如上所述，其通过自己所开发的信息系统采集到了大量的消费者需求信息，这种宝贵的信息资源其不仅自己使用，而且还提供给制造商，实行信息分享。通过实施这样的信息分享行动，日本7－ELEVEN和制造商能共同合作，因而减少了整个产业系统的运行成本，同时，制造商与日本7－ELEVEN的系统性合作也使某些产品线能根据市场状况来进行定制，并能以差异化的产品来避免直接竞

① 许英杰：《零售创新：7－ELEVEN成功之秘》，经济管理出版社，2005。

争，从而进一步提高了 7 - ELEVEN 的市场竞争力。

（3）进一步谋求企业现有信息网络资产的规模经济。其对于信息系统的上述开发利用并不满足，进一步尝试更多的方式来利用它，特别是尝试能够增加消费者便利性方面的运用方式。①1987 年，其首创利用众多商店分布点和计算机系统，进行电力及瓦斯账单的电子付款，并陆续提供照片冲洗、鲜花及盒饭订购等服务；②利用既有电子网络提供“美国购物”（Shop America），通过这项服务不仅能为顾客提供海外商品的目录，还能让消费者使用各分店及现有网络来下订单购买。当然，这种商品也只能在 7 - ELEVEN 店中才能订购得到。截至 1992 年 2 月，全日本共有 30 万个这种订购客户。

（4）利用信息网络建立与完善自有物流配送系统。其在导入信息系统之后，便开始发展小批量物流系统，即在同一次运输中努力将多个不同供应商的产品结合进来。从 1976 年起，即开始发展其配送系统，后来又增加了恒温配送系统，并陆续针对物流作业进行策略性的发展。为了改善易腐性产品的鲜度，提高配送效率，其配送流程的做法是：先聚集多个不同供应商的产品，再根据产品的温度来加以分隔后进行运送。如此一来，既可改善产品的鲜度，还可确保连锁分店所需商品可以迅速且频繁地配送。在改变了物流系统之后，平均每家分店每天配送次数由 1974 年的 70 次降至 1992 年的 11 次。

综上所述，日本 7 - ELEVEN 之所以能成功，正是得力于其独到的加盟体系管理、科技及信息的使用与重新建构物流系统这三项主要策略方针的执行（Bernstein，1994）。当然，也有其他学者认为，日本 7 - ELEVEN 的成功主要来自它非常强调在每个地区市场都能快速且有效地满足顾客的需求，而这样的关注焦点也使它能超越其他竞争对手，在日本经济不景气的情况下依然能维持繁荣（Sparks，1995）。笔者认为，上述两者并不矛盾，从商业零售企业性质与职能来说，以顾客需求为中心来整合自身资源及其内部管理，本属于一个问题的两个方面。因此，若客观地总结日本 7 - ELEVEN 的成功经验，应该说，本质在于其不断创新。其将美国南方公司便利商店的概念与经营模式引进日本后，并不是原封不动照搬，而是不断地从事经营方式的调整与技术的创新。也正因此，有些学者甚至认为，日本 7 - ELEVEN 应是便利商店这种经营模式的主要创新者（Kotabe，1995；Kunitomo，1997），即使日本 7 - ELEVEN 的创新是由一系列小转变及改善所组成的，诸如通过强调存货管理、商品化、物流效率与经营知识积累等，但长期而言仍可对其事业产生重大影响。

（三）日本7－ELEVEN对美国市场的进入

1. 美国7－ELEVEN实施多角化经营终陷困境

在20世纪60～70年代的经济增长期间，美国7－ELEVEN在商店形态等方面也在逐渐现代化。在现代化的7－ELEVEN商店里，除了销售基本的便利品外，还包含快餐及汽油的零售，到了1985年，汽油甚至已成为美国7－ELEVEN商店中销售额最大的商品了。因此，美国南方公司为确保其汽油的供应，1983年还买下了Citgo汽油公司。此外，公司还在其他层面实施了多角化行动，包括购买安全控制系统、零食、汽车零部件以及不动产。这些多角化的计划显示出美国南方公司已逐渐脱离其便利商店本业。

到了20世纪80年代中期，美国经济不景气，再加上竞争激烈，从而导致7－ELEVEN业绩下滑。美国南方公司被迫重新检视自己的事业。随后，因为高负债（在1990年时达36亿美元）、股市崩盘及经营绩效不如预期等，导致美国南方公司面临经营困境。为了获得周转用现金，南方公司遂开始了一连串的变卖资产行动，包括出售某些非核心事业，以及在1989年12月将夏威夷的58家7－ELEVEN商店售与日本7－ELEVEN公司。

2. 日本7－ELEVEN以并购方式进入美国市场

对于日本7－ELEVEN公司而言，并购夏威夷7－ELEVEN的计划，可以说是其国际化的第一步，它不仅可以获得夏威夷的市场，也可借此学习到经营国际市场的经验，这些经验对于它日后并购美国南方公司的决策而言，是相当重要的。

此外，美国南方公司和伊藤洋华堂还达成一项协议：以410亿日元（3.25亿美元）换取每年权利金的抵免与品牌名称。这项协议证明了日本7－ELEVEN及伊藤洋华堂的优势与日本7－ELEVEN系统经营的高绩效，并且反映出伊藤洋华堂及日本7－ELEVEN公司相当重视美国南方公司及“7－ELEVEN”名称的未来。

尽管美国南方公司接受了日本方面的财务支援，但由于财务问题已积重难返，遂迫使日本方面必须研究保护其7－ELEVEN品牌的策略。终于在1990年3月，伊藤洋华堂宣布要买下美国南方公司。而后于1991年3月正式拥有了美国南方公司。这次并购行动可视为日本7－ELEVEN国际化的第二步。这第二步国际化对于日本7－ELEVEN来说，具有不同寻常的战略意义：其不仅买下了另一个国家的市场，而且买下了7－ELEVEN的品牌名称与整个母公司，意味着日本7－ELEVEN完全控制了7－ELEVEN品牌与及其经营模式。

由于已对美国南方公司投入了巨额资本，为了拯救美国7－ELEVEN的营运状态，日本方面便积极展开经营知识及专门技术的跨国转移，希望将日本7－ELEVEN经营便利商店的模式及系统导入美国7－ELEVEN，以促使美国南方公司7－ELEVEN重获新生。

（四）日本7－ELEVEN的知识转移与美国南方公司的改革

就在日本7－ELEVEN将其经营知识转移给美国南方公司的同时，日本7－ELEVEN强烈要求南方公司开发出自己的经营知识。例如，日本7－ELEVEN的社长就主张南方公司应该彻底遵守“Not To Copy”的原则。为了解决这个问题，南方公司所导入的学习方法是假设验证式的方法，即是从现状分析里建立假设，然后实施、检验的过程。这项方法原本是日本7－ELEVEN为了改善订货作业所开发出来的Know－How，之后被南方公司用来作为实验方法。特别是南方公司将假设验证法彻底地手册化，从下订单到顾客服务、信息收集、陈列管理、人事管理、义务与责任、商店管理、品项商品管理、财务分析等各个层面皆广泛地应用。

在美国南方公司的重建中，其实施了多项改革措施，归纳起来主要有以下几项（Sparks，1995；Kotabe，1995；Sparks，2000）：①给顾客提供不断更新且多样选择的高品质商品与服务；②合理的价格；③快速地结账；④清洁、安全且友善的消费环境；⑤使用单品种的存货管理系统；⑥即时的订货技术（在正确的时间，针对正确的商品订购正确的数量）；⑦导入7－ELEVEN特有的新商品；⑧对于每家分店特定的畅销商品皆保持一定的存货。

三　案例分析

从以上关于7－ELEVEN的成长与发展过程描述可见，值得人们总结与思索的东西是多重的。这里仅基于企业国际化市场进入视角来剖析7－ELEVEN在美、日之间的国际化互动过程与机理。

（一）进入方式与所有权特定优势转移的相关性

要深入分析7－ELEVEN在美日之间的国际化动因，依然要循着其国际化的两阶段并从国际化动因的内外部引力来着手。

1. 美国南方公司 7 - ELEVEN 对伊藤洋华堂的国际化授权及知识转移

1973 年，美国南方公司之所以能将 7 - ELEVEN 的品牌授权于伊藤洋华堂，一方面源于外部引力，即来自日本方面（伊藤洋华堂）的授权请求，因为，日本方面除了认为便利商店的形态可在日本发展外，同时也发现可借助便利商店对于物流系统的需求，而使流通产业进行现代化革新；另一方面源于内部引力（内部动力），即在此之前，美国南方公司已将 7 - ELEVEN 推进至加拿大与墨西哥市场，拥有了一定的国际化扩张经验，这时若能将 7 - ELEVEN 这种便利商店形态在北美以外的日本市场中发展成功，这将有助于其在全球范围内的国际化。也就是说，美国南方公司的国际化增长的内在需求，是促成授权于伊藤洋华堂的内在推力。但这都是表面的，笔者认为，美国 7 - ELEVEN 之所以能吸引日本伊藤洋华堂，本质上源于其所拥有的所有权特定优势。正是美国 7 - ELEVEN 拥有所有权特定优势从而才使其拥有国际化扩张的内在动因，当外部条件（伊藤洋华堂的授权请求）成熟则其必然变为国际化扩张的行动，即所有权特定优势内部化。

但在这一阶段，由于美国对日本市场的国际化进入是契约式，从而决定了其所有权特定优势转移是不彻底的，核心的知识并不会得到转移。事实也正是这样，美国南方公司只对伊藤洋华进行了企业品牌名称与业态经营模式的授权与转移，其中并未牵涉太多的经营知识。当然，这一方面为伊藤洋华堂的本土化适应与创新留下了很大的空间与动力，另一方面，美国南方公司也由此失去了对日本 7 - ELEVEN 的经营控制权。

2. 日本 7 - ELEVEN 对美国南方公司的直接投资及知识转移

日本 7 - ELEVEN 之所以并购美国南方公司，其原因也来自两方面：一方面是源于美国南方公司的财务问题，以使日本 7 - ELEVEN 为了保护品牌而被迫投资，并最终导致并购了美国南方公司，这应是促使日本7 - ELEVEN 国际化的外部拉力；另一方面是源于日本7 - ELEVEN 的成熟与发展。日本 7 - ELEVEN 经过 18 年的经营后，在日本市场发展得相当成功，此时为了追求持续增长，除了继续在日本深耕及渗透外，也需要寻求进入国际市场的机会。因此，日本 7 - ELEVEN 购买美国南方公司在夏威夷的 58 家分店的行动，不仅为其提供了进入国际市场的渠道，还为其积累了所有权特定优势内部化与经营国际市场的经验。因为，日本 7 - ELEVEN 之所以能够并购美国南方公司，是因为它引进 7 - ELEVEN 这种新型零售企业形式，不是简单地照搬与复制，而是进行了本土化的适应与创新，从而形成了属于自己的所有权特定优势。

也正因为日本 7 - ELEVEN 是以并购方式进入美国市场的，也就必然决定其对美国南方公司的知识转移是彻底的、完全的。事实也正是如此，日本 7 - ELEVEN并购后就非常积极地将日本 7 - ELEVEN 所发展出的便利商店经营知识、创新技术等进行系统化转移，其中不仅包括信息系统的运用、物流配送系统的重建，还包括商品组合能力的提升等，这是日本 7 - ELEVEN 经过 18 年的持续改善及发展而形成的概念与技术，正是这些宝贵的知识与无形资产而使得美国 7 - ELEVEN 由此起死回生、再造辉煌。

（二）分析结论

1. 企业国际化市场进入方式与企业之间的知识转移高度相关

零售业进入国际市场的主要目的是为了追求增长的机会，而其对于国际市场的增长性与获利性预期，将会反映在进入模式的抉择上。当其认为某特定国家市场的获利前景很高时，便会倾向于以股权投资的方式进入。因此，为了充分掌握获利的机会，便会积极地从事知识的移转。

命题 1 a：当零售商对于某一个特定市场的增长性期望越高时，则越倾向于使用直接投资进入的方式。

命题 1 b：零售商以股权投资进入国际市场之程度，将与之后的知识移转程度呈正相关。

2. 知识转移机制与知识转移程度高度相关

由于零售企业知识的内隐性使然，零售商若欲将较丰富、较深入的经营知识移转至国外子公司，则必须通过频繁的人员交流，以达到组织学习的目标。

命题 2a：零售商以股权投资进入国际市场之程度，将与未来的单位间人员交流呈正相关。

命题 2b：单位间人员交流之程度，与所移转之知识的深度及广度呈正相关。

3. 知识创造及转移与子公司角色高度相关

通过本案例的分析可发现，由于日本 7 - ELEVEN 持续地改善及创造以顾客为导向的经营知识，不仅推动了其销售额的增长，也因为知识的流出而改变了在集团内的知识流动角色。

命题 3a：子公司针对当地市场顾客所发展的知识的多寡，与其销售额的增长呈正相关。

命题 3b：子公司在集团内从事知识移转的程度越高，则越倾向于全球创新者的角色；知识移转的程度越低，则越倾向于地区创新者的角色。

4. 知识扩散模式与知识转移程度高度相关

由于知识为企业经营的重要投入，因此，企业积极管理知识移转的意愿与能力，将影响其知识移转的程度与成功的可能性。另外，若母公司赋予子公司从事知识移转的自主权，则会增加子公司主动搜寻符合当地顾客需求的知识，并积极地从事知识移转工作的意愿。

命题 4a：母公司积极管理集团内知识移转的意愿，与集团内知识移转的程度呈正相关。

命题 4b：若子公司从事知识移转的自主权越高，则其知识流动的程度也会越高。

第三节　本章小结

本章通过对两个案例的深入分析，在经验实证第六章研究结论的基础上，进一步说明了以下三点：

（1）零售企业海外市场进入模式的选择，在约束条件下，可能采取灵活多样的进入模式，但不论进入模式怎样灵活与多样，其对连锁分店的高控制度追求却是始终如一的，并且在时机成熟时即会向独资模式趋近。

（2）零售企业对高控制度模式甚或独资模式的追求，是由其所有权特定优势的性质与特征决定的，也是维护与保持零售企业所有权特定优势的客观要求。

（3）企业海外市场进入模式不同，企业所有权特定优势的转移方式与程度也不同。研究发现：企业国际化市场进入方式与企业之间的知识转移高度相关；知识转移机制与知识转移程度高度相关；知识创造及转移与子公司角色高度相关；知识扩散模式与知识转移程度高度相关。

第八章
综合案例分析：沃尔玛的国际化经营

第一节　发展历程

一　国际化经营概况

沃尔玛，1962 年诞生于美国南部小镇——阿肯色州的罗格镇（后来，由于沃尔玛总部设立在本顿维尔，因此，很多人、很多文献就将其诞生地定为本顿维尔，实际上，罗格镇是离本顿维尔不远的一个小镇）。其自成立后，就以惊人的速度呈规模性增长。1962 年，其成立之初的第一年营业额仅为 70 万美元，而到了 2002 年就以 2198.1 亿美元的营业额超越石油巨子埃克森石油公司，首度夺魁《财富》世界 500 强。此后至今，近乎连年荣膺《财富》世界 500 强榜首。至 2011 年 7 月，其营业收入已高达 4219 亿美元，在全球 15 个国家（包括美国）拥有连锁分店 8445 家（截至 2010 年 4 月底），在美国以外的 14 个国家和地区建立分店 4081 家（包括在中国的 284 家）；雇员人数达 200 多万，其中，在美国国内雇员超过 140 万，国外雇员超过 60 万。截至 2011 年 7 月 10 日，沃尔玛已在中国 21 个省的 127 个城市开设了 345 家商场，全国有近 10 万人在为其工作。与中国近 2 万家供应商建立了合作关系，销售的产品中本地产品超过 95%。曾多次被评为“中国最受赞赏的公司”。2011 年，其又被《财富》评选为全球最受赞赏的公司。

从沃尔玛的发展与扩张来说，无论是在国内还是在海外，采取的都是多样化的扩张模式。即只要有可能，就会将以下四种零售业态以复制/粘贴的模式同时进行扩张与发展：折扣店、山姆会员店、购物广场和社区店。经过多年发展，沃尔玛对这四种零售业态已经完全驾轻就熟了，这四种业态之间也已形成互为补充、相得益彰、协同发展的共生之势。截至 2009 年 5 月，沃尔玛在其美国本土共有折扣店 886 家，山姆会员店 602 家，购物广场 2622 家，社区店 150 家。当然，无论是在美国本土还是在海外，折扣店都是其主力业态。表 8－1 与表 8－2 详细展示了沃尔玛 1992～2003 年间的国内外一体化经营的状况。

表 8－1　沃尔玛的国内—海外市场店铺发展动向（按业态分类）

单位：个

年份		1992	1993	1994	1995	1996	1997	1998	1999	2000	2001	2002	2003
国内	折扣店	1848	1950	1985	1995	1960	1921	1869	1801	1736	1647	1568	1478
	超级中心	34	72	147	239	344	441	564	721	888	1066	1258	1471
	山姆店	256	417	426	433	436	443	451	463	475	500	525	538
	社区店	–	–	–	–	–	–	4	7	19	31	49	64
	合计	2138	2439	2558	2667	2740	2805	2888	2992	3118	3244	3400	3551
海外	折扣店	10	14	186	223	249	500	520	572	612	648	942	982
	超级中心	–	7	11	16	26	61	149	383	406	455	238	257
	山姆店	–	2	25	37	39	40	46	49	53	64	71	80
	社区店	–	0	0	0	0	0	0	0	0	3	37	36
	合计（Y）	10	23	222	276	314	601	715	1004	1071	1170	1288	1355
全球	合计（X）	2148	2462	2780	2943	3054	3406	3603	3996	4189	4414	4688	4906
	Y/X(%)	0.4	0.9	8.0	9.4	10.3	17.6	19.8	25.1	25.6	26.5	27.5	27.6

注：1992 年到 1994 年之间，在墨西哥有一部分未用沃尔玛的名称开设的店铺，此表也包括在内。

资料来源，Wal－Mart Annual Report（1996－2003）。

表 8－2　2003 年沃尔玛全球店铺分布情况

单位：个

国家	店铺数量				
	折扣店	超级中心	山姆会员店	社区店	总计
阿根廷	0	11	0	0	11
巴　西	0	13	10	2	25
加拿大	231	0	4	0	235
中　国	0	28	4	2	34
德　国	0	92	0	0	92

续表

国家	店铺数量				
	折扣店	超级中心	山姆会员店	社区店	总计
韩　　国	0	15	0	0	15
墨 西 哥	487	83	53	0	623
波多黎各	9	3	9	32	53
英　　国	255	12	0	0	267
海外总计	982	257	80	36	1355
美　　国	1478	1471	538	64	3551
总　　计	2460	1728	618	100	4906

资料来源：Wal – Mart Annual Report 2003。

沃尔玛这种惊人的增长速度与骄人的经营业绩不仅让同行望尘莫及，也让生产领域里的制造业巨头刮目相看。因此，沃尔玛作为商业零售企业的典型，研究其一体化经营的发展历程，无疑对于企业理论以及企业国际化理论的丰富与发展、企业国际化经营实践以及零售企业国际化经营实践等，都具有十分重要的意义。由于企业海外一体化经营是国内一体化经营的延伸，因此，为了深入探讨沃尔玛一体化经营的内在规律，以下分别从国内一体化经营与海外一体化经营两方面进行论述。

二　国内一体化经营

通常，人们认为沃尔玛诞生于 1962 年，实际上，这是指以沃尔玛命名并且直到目前仍是其主力业态折扣商店诞生的日期。严格追溯起来，沃尔玛创始人山姆・沃尔顿早在 1951 年就开始了创业经营，当时，他是在阿肯色州的本顿维尔买下一家他人的杂货铺而开始创业的。至 1962 年，他在本顿维尔已开了三家杂货店。这时，一种新的经营形式——折扣商店初露端倪并引起了山姆的浓厚兴趣。这种低价大量进货，便宜卖出，以经营宽系列综合商品为特点的零售形式与山姆多年的实践经验不谋而合，即以同样的商品，只要卖得比别家便宜，销量就能高出别家店许多。他很快意识到，折扣商店注定代表了未来零售业发展的主流，必须尽快进入。于是他大约用了 3 年（1960 ~ 1962 年）时间跑遍了全美，考察了当时国内主要的八家折扣商店连锁集团，最终决定开始行动。终于于 1962 年 7 月 2 日在离本顿维尔不远的罗格镇开了他的第一家折扣百货店，店名为 Wal－Mart（沃尔玛）；其还在店名的两边分别刷上了“低价销售”和“保证满意”的两条标语。自此，沃尔玛诞生了，也由此开始了它迄今无双的独特的成长与发展历程。归纳其成长与发展的历史大致可划分为三个阶段。

（一）第一阶段（1962～1970 年）：经营模式探索阶段

沃尔玛第一家折扣商店成立之后，通过大量进货、强力推销、低价出售这种经营模式大获成功。随后不久，就在本顿维尔附近的城镇相继开设了 2 家分店。到 1970 年，沃尔玛已有了 18 家分店，销售收入从 300 万美元增至 3000 万美元，纯收入也从十几万美元增至 124 万美元，分别增长了近 10 倍。1978 年，彻底关闭了最后一家小杂货店，而后全面开始了折扣连锁百货店的经营（以下如无特殊说明，总营业额 1978 年以前，还包括杂货店的营业额，由于没有专门的资料，因此，与折扣商店合并统计）。但沃尔玛此时的规模和当时的大公司还无法匹敌。例如，同期同样从事折扣百货店连锁经营的大零售商之一凯马特公司，其时已拥有 250 家分店，单店营业额都在 400 多万美元左右。当时市场上分店数最多的前八家公司，每家都有 50 家以上的分店。面对这种局势，沃尔玛认为，只有不断地扩张才有出路。但此时，沃尔玛的扩张速度已经超越其资金筹措的能力。此时唯一的出路，只有让公司股票上市。

（二）第二阶段（1970～1980 年）：公司股票上市，扩张提速

1970 年 10 月 1 日，公司股票上市，沃尔玛正式成为上市公司。当时公司只将 20% 的股份上市，其发行了 20 万股，总计获资金 495 万美元，但已足够还清公司所欠银行的全部债务。从此以后，沃尔玛的扩张再也无须依赖银行，而只需要依靠股票了。

有了资金支持，沃尔玛开始了大刀阔斧的扩张行动。1971 年，也就是股票上市之后的第一年就新开张了 6 家分店，总店数达到 25 家，销售额达到 4400 万美元。1971 年后，为加快发展速度，公司内专门成立了一个不动产和建筑规划部门，专职负责勘测发展新店，包括为新店选址、设计、建房。其方法是将造好的房子卖给某位房地产投资商，公司再以租赁的方式开设新店。这种做法保证了店址的选择以及时间的需要。

从地域来看，1971 年之后，沃尔玛的分店从阿肯色州西北角的本顿维尔

周围百公里的小镇上，开始向外拓展。先是俄克拉荷马州，然后是密苏里州，第23家分店则开在了路易斯安那州的拉斯顿，再从堪萨斯州一路向北一直扩展到内布拉斯加州，其采取的战略是进入一州，然后以一州为中心，让其分店填满所有的小镇，而后再进入另一州，蛛网式前进。到1980年，沃尔玛已扩展到了276家分店，总营业面积为117万平方米，每店平均4200平方米；销售收入从1970年的3100万美元增至1980年的12.48亿美元；利润从120万美元增至4100万美元。1970~1980年的十年间二者的年均增长速度都超过了40%，沃尔玛一跃成为全美最年轻的年销售收入超过10亿美元的零售公司。在1977年，著名的《福布斯》杂志（Forbes）在一项对全美主要折扣百货店、百货公司和小百货连锁店的调查比较中，沃尔玛被评为股票回报率、投资回报率、销售收入和利润增长率四项第一。

（三）第三阶段（1980~1991年）：插上高科技翅膀，高速扩张开始

20世纪80年代初，沃尔玛花费了2400万美元与休斯公司合作，专门为沃尔玛研制了一颗人造卫星。1983年，卫星发射升空，为沃尔玛远距离的分店控制提供了技术保障，使沃尔玛的全国扩张战略可以付诸实施。

从1984年开始，沃尔玛一面加快增建折扣百货分店，一面开始实行多样化扩张计划。“多样化”内容包括：大型仓储式批发俱乐部、小型折扣价药店以及工艺品商店。到1985年，沃尔玛的分店数增至745家，分布在20个州，年销售收入为64亿美元，纯收入为2.71亿美元，分别比五年前增长400%和327%。1987年，沃尔玛的分店数达到980家，分布在全美23个州，总销售收入达120亿美元，在全美零售公司排行榜上的位置升至第7位。1989年，沃尔玛扩展到了25个州，并在该年成为全美大零售公司，同时仍是全美增长最快的公司。1990年，分店数达到1402家，分布在29个州，年销售收入258亿美元，净收入10亿美元，总营业面积1000万平方米，并被评为全美大零售公司，同时被评为全美十大最卓越的公司之一。到1991年初，沃尔玛终于超过百年老店西尔斯，成为全美第一大零售公司，分店数达到1700家，销售收入达326亿美元，分店覆盖全美29个州，从而完成了在国内的一体化经营过程。

沃尔玛自1962年正式成立以来，到1991年，在美国国内一体化经营情况如表8-3所示。

表 8-3　沃尔玛国内一体化（1962～1991 年）经营历程情况

年份	1962	1970	1975	1980	1985	1990	1991
营业额（亿美元）	0.007	0.3	2.36	12.48	64	258	326
分店（个）	1	18	100	276	745	1402	1700
年均营业额增长率（%）	100	523.2	137.33	85.76	82.56	60.63	26.36
年均分店增长率（%）	100	212.5	91.11	35.20	33.99	17.64	21.26

三　海外一体化经营

1991 年 7 月之后，沃尔玛开始进军海外市场。1991 年至今，以是否建立正式的国际业务部为界，又可划分为前后两个时期。

（一）前国际业务部时期（1991～1994 年）：尝试海外一体化经营阶段

在很多年前，也就在沃尔玛势不可当的扩张中，有人曾认为，沃尔玛百货服务顾客的方法无法推展到密西西比河以西、美国南部地区之外甚或大都会区或美国之外。也就是说，沃尔玛只是在一定地域上的成功现象，不可能复制到美国的其他地区，更不可能复制到其他国家。那么，到底能否将沃尔玛企业文化移植到海外呢？实际上，沃尔玛在 1994 年之前，也只是一种试验性的海外进军，我们可从其组织结构方面看到这一点。因为，战略变化必然引起组织结构变化，但沃尔玛 1991 年走向海外市场的这一行动并没有相应地在其企业内部建立起专门的组织架构来承担这一业务的管理。这一方面是因为海外业务刚开始很小，但另一方面也反映出沃尔玛自身也不是信心十足的。

沃尔玛进军海外的第一站是墨西哥，与当地著名的 Cifa. S. A 合作建立了两家合资公司：一家为仓储俱乐部，另一家为进出口公司。同期又紧接着进入加拿大。仅这一年，它在墨西哥就建立了 45 家山姆会员商店和一家沃尔玛购物广场。

1992 年，沃尔玛进入波多黎各。1993 年，沃尔玛国际部成立。波比·马丁出任国际部总裁兼总首席执行官。马丁接受的任务是：把国际计划变成公司主要的成长动力。他希望在五年内，使公司 1/3 的业务增长来自这方面。

这意味着，如果沃尔玛百货保持每年15%的增长速度，则国际业务必须提供其中1/3的增长，一年就得为公司带来100亿美元的营业额收入。沃尔玛这一时期在海外的业务虽无骄人业绩，但起码证明沃尔玛百货有能力在美国之外的地方施展才干，即沃尔玛企业文化可以移植到海外市场。

（二）国际业务部时期（1994年至今）：全球攻略正式开始

国际业务部于1994年成立，标志着沃尔玛与全球化战略相适应的组织结构建立起来了。同年沃尔玛就开始了较大的市场动作。1994年，沃尔玛收购了加拿大的伍尔科122家折扣店；1995年，在阿根廷开设了3家商店，在巴西开设了5家。1996年8月12日，沃尔玛中国有限公司经国务院批准，在深圳成功地开设了亚洲第一家沃尔玛购物广场和山姆会员店。1997年12月20日，沃尔玛成功地收购德国21家超级商店，首次把触角伸进了全球最大的消费市场之一——欧洲；1999年，其在10天之内就达成了收购英国SDA公司232家超市的迅急行动。

这一时期，沃尔玛在向海外加速扩张的同时，国内的扩张也并未停止。因此，仅在2001年感恩节之后的次日销售就高达12.5亿美元，创下了历史性的单日销售新高。至2002年，沃尔玛年营业额达到2465亿美元，横跨全球包括美国在内的10个国家，分店总量达到4688家。至2005年，营业额达3120亿美元，分店数量达到6500多家，配送中心达到110个。

第二节　讨论与分析

一　一体化经营的三个问题

邓宁的折中理论，提出了企业跨国经营的三优势模式，这个分析框架对于跨国零售企业的分析依然适用。因为，它涵盖了零售企业一体化经营或国际化经营中的三个重要决策问题：国际化经营动机（所有权特定优势问题）、国际化经营区位、国际化经营模式（市场进入模式）。这三个问题既是零售企业在国内一体化经营中必须面对的，更是其国际化经营中必然遇到的。因此，对于沃尔玛的海内外一体化经营可以视为一个整体来统而观之。

（一）一体化（或国际化）经营动机

沃尔玛认为，自身所创造的企业文化，是以顾客需求为导向的企业文化，天下顾客的需求从本质上来说是一样的。因而，无论是在国内还是向海外发展，都可以把已成为沃尔玛百货核心能力的企业文化移植到当地，这比解决物流、运输之类的技术限制对于当地商店的带动更大。沃尔玛的企业文化对于企业的贡献比其他任何方面都大。沃尔玛的这个观点在理论上是没错的。沃尔玛自身所认为的所谓沃尔玛企业文化，实际上就是沃尔玛的企业所有权特定优势，即其以品牌与统一经营模式为主体内容的企业所有权特定优势。这在本书的前面章节里已进行了论述分析。沃尔玛正是以此为基础进行在国内以及海外的一体化经营活动的。

事实证明，沃尔玛将其成功的品牌与统一经营模式在国内外的移植是成功的。当然，这里不排除沃尔玛在复制/粘贴过程中所进行的一些适应性调整与革新，尤其是在海外的扩张中，比如在德国，撇开竞争的残酷不谈，单是统一经营模式的复制就遇到了很大的阻力。德国消费者的购物习惯同美国差异较大，在美国，沃尔玛百货商店星期天的生意占了很大的比重，而德国的商店却要在星期六下午早早打烊，一直到星期一上午才开门。极为注重效率的沃尔玛百货在收款台总是发现，德国顾客在没算好账之前就把买好的杂货装进了袋子，这严重影响了结账柜台的作业速度。还有更为严峻的是，严格的区域规划法使兴建商店几乎难如登天，即使原有店面的扩张其作业也进展缓慢。面对这一切，沃尔玛都在努力作适应性的调整（注：2006 年 7 月 28 日，沃尔玛宣布全面退出德国市场。对此，众说纷纭。笔者认为，退出行为本身也可看做沃尔玛对环境适应性调整的一种方式），但沃尔玛所有权特定优势核心的东西不会调整，相反，正是在这种适应性的调整中，不断地丰富其统一经营模式所包含的知识体系。同时，正像世界上很多事物一样，影响与作用总是相互的。对于沃尔玛这种强势的商业文化来讲，其在作适应性调整的同时，也在强力地为自己开道，比如，其在德国坚持提前两个钟头开店这一点，已对德国人的购物文化造成重大改变。沃尔玛到中国来，对中国供应商的行为、消费者行为的影响也是不言自明的。

（二）一体化经营的地域路线（区位选择）

从沃尔玛一体化经营的地域路线来说，国内与国外虽有差异但其基本战略思路是一致的。从存在的差异来说，比如在中国的扩张，其很难如在美国国内一样，以一个个省为中心，步步为营，像蛛网一样向前铺开。由于受制于中国零售市场对外开放进程的约束，其首先是在深圳布点，其次才在广东省境内全面布点，然后再逐步向其他省市铺开。但从其基本的战略思路来看，无论国内还是国外，以及从过去到今天，其区位扩张的延伸路线是一致的，即由近及远、由点成线，点线连网，然后成片地向前推进，整张网是有纲有目，纲目分明，浑然一体的。比如，其在国内的扩张路线，先以阿肯色州西北角的本顿维尔为中心，在填满了以本顿维尔为中心的方圆数百里的小城镇后，再以此为据点向邻近的州扩张。首先是俄克拉荷马州，然后是密苏里州，接着是路易斯安那州、堪萨斯州，直至内布拉斯加州等。在海外的扩张路线也是如此，先进入最为邻近的墨西哥与加拿大，然后才由南美逐渐延伸到欧洲及亚洲各国。

对于沃尔玛这种由近及远的海外市场扩张方式，国内外学者普遍从地理邻近性（Burt，1993；Treadgold，1988、1981；Alexander，1997）、文化邻近性（Burt，1993；Ayes and Alexander，1995；汪旭辉，2005）等方面给予解释。但笔者认为，仅用地理邻近性与文化邻近性似难以圆满解释。因为，如上所述，若将沃尔玛国内与国外的扩张联系起来分析，其扩张的地理路线是一贯的，即其一贯的逻辑思维模式是：由近及远、由点连线、点线成网。如此，这种由近及远的扩张思路与战略抉择，一定有其内在的客观必然性，而这种内在的客观必然性，只能从商业零售企业性质与资源特征以及一体化扩张的客观需要等方面来认识。

因此，若基于商业零售企业性质与资源特征以及商业零售企业一体化扩张的条件来分析，对于零售企业一体化扩张的地域路线选择来说，之所以会呈现以上特点，则是由于以下两个方面的客观要求所致。

1. 零售企业所有权特定优势的内在属性使然

零售企业的性质决定了其与消费需求的不可分离性，其品牌与统一经营模式的形成，很大程度上来源于当地市场与消费需求的条件与特征，统一经营模式中所包含的经营知识体系及其隐含的运行机制具有很强的路径依赖性，因而，其在海外扩张时选择地域邻近且文化也自然具有邻近性的国家（Alexander，1997），也必然意味着消费需求及其条件具有很大的相似性，如此就容易将品牌与统一经营模式进行移植，而一旦扩张成功也就因此积累了国际化经验，有利于完善与补充统一经营模式中的国际化元素以便于进一步扩张。因此，从这个意义上说，沃尔玛由近及远的区位选择模式，是零售企业所有权特定优势的内在属性使然。

2. 零售企业一体化经营必要条件的客观要求

由于零售企业自己不生产商品，其拥有的资源主要包括：①自身的品牌与统一经营模式；②扩张支撑力即商品供应链。具体到沃尔玛来说，就是自己的物流配送中心及其供应链的搭建。沃尔玛在一体化的扩张中是兵马未到，粮草先行。每到一地，先建立配送中心，然后再布点扩张。比如其在进入中国之前，已在香港设有商品采购配送中心，后将其移往深圳。这就如蜘蛛织网一般，先甩出一根丝，布上一个点，这个点如同纲，然后才开始织网，由此步步为营，稳扎稳打，一步步走来。因此，沃尔玛一体化经营的地域路线，包括国内的也包括海外市场的扩张路线，都反映了零售企业一体化经营必要条件的客观要求。

（三）一体化经营的市场进入模式

从沃尔玛一体化扩张的市场进入模式来看，其在国内与国外大致相似，既有新建也有并购，当然也有合资经营以及初期的以少数股权进入的情况（比如在日本），但从整体情况来看，沃尔玛的一体化扩张，并购多于新建以及其他方式，尤其在海外市场更是如此，这也是符合商业零售企业资源特点的。因为，对于商业零售企业来说，适当的店址及区域销售网络都属于垄断性的稀缺资源，其通过并购进入，在赢得市场进入时间的同时，更重要的是获取了零售店址这种稀缺性资源。

综上说明，沃尔玛的一体化经营的成功既得益于其成功的品牌与统一经营模式，还得益于其强劲的扩张支撑力以及合理的海外市场进入模式等。那么，这里就需要进一步研究这样几个问题：沃尔玛的品牌与统一经营模式的内涵到底是什么？它是如何自我成长起来的？其强劲的扩张支撑力的内涵与外延是什么？其一体化经营的市场进入模式的具体特点及其发展趋势又是什么？有哪些因素具体影响其市场进入模式的选择？以下将循着这些问题来作进一步剖析。

二　一体化经营动因

如前所述，零售企业跨国一体化扩张行为，总是在一定的内外因驱动下进行的。沃尔玛的海外一体化扩张的动因也如此。因此，在研究沃尔玛品牌与统一经营模式的内涵与形成机理时，也应将其放在特定的条件下来进行分析，这样才更有理论与实践意义。

（一）自我成长：品牌与统一经营模式的形成

沃尔玛作为全球最著名的企业之一，从来不做广告。它所经营的是矿泉水、餐巾纸等这些最平常不过的廉价商品，却能把卖石油、卖汽车、卖飞机的超级大企业甩到身后；它看上去和高科技一点也不沾边，却早在20世纪80年代就已经发射了私人卫星；它在全球15个国家开设分店总数达8000多家，网上销售却不多；它拥有全世界最庞大的雇员队伍，人数超过200万，但是其中大部分是临时工，而且只有初中文化程度。能使沃尔玛获得如此辉煌业绩的经营模式到底是什么？很多人从不同视角对其进行总结，据多数人的观点认为其经营模式的核心是低成本、低价格的简单服务。不错，全球各地的沃尔玛分店都有沃尔玛的特殊标语——“天天平价，保证满意”，甚至店堂设计、员工服饰、礼貌用语等许多方面都是一样的，那么，这些就是沃尔玛专有的吗？也正是因为如此，有人曾质疑沃尔玛，在当今消费个性化的时代，这种无视人性的大方盒子还能永远成功吗？还有学者认为统一经营模式是因合作性企业文化而使其产生了同行无法与之相竞争的高效率，而这种合作性企业文化所包含的一系列约束和激励人类行为的规范正是沃尔玛进行分店“复制”的基本内容（李陈华，2005）。这无疑抓住了沃尔玛企业文化的关键层面，但是具有合作性企业文化的不仅是沃尔玛，对于沃尔玛这种商业零售企业来说，其经营模式的核心内容又是什么呢？

其实，对沃尔玛经营模式的认知，还得从沃尔玛之于商业零售企业的性质与特征来分析。商业零售企业的业态不同，零售营销因素的结合方式则不同，从而体现出来的特征也不同。比如，沃尔玛的主力业态折扣店，突出特征就是低利润、小库存、大批量、进货低成本，而沃尔玛在保证低价的前提下还保证了质优以及满意服务。沃尔玛的经营模式就是围绕这个特征而形成其特定的企业文化与特定组织架构的。这包括它的利润分配、采购、物流、财务、服务等一系列制度。更重要的是围绕这种低价特征而形成一系列经营管理知识，这种知识的形成是源于顾客导向的经营经验的积累。由于商业零售企业的经营是与最终消费需求不可分离的，某种意义上可以说是沃尔玛的“顾客第一”的经营理念引导其建立了特定的经营知识体系。因此，与其说

“天天平价”诱导沃尔玛建立起了合作性的企业文化，毋宁说由于沃尔玛坚持“顾客第一”的基本经营理念让其抓住了折扣百货店的本质特征，进而围绕其形成了特有的经营模式，致使一提起沃尔玛，人们就会联想到集平价与优质于一身的商品。那么，在这种顾客导向的企业文化下，必然会促使其不断地顺应顾客的变化而变化。沃尔玛海外的成功扩张正说明其具有强劲的创新能力与本土化的适应能力，换句话说，沃尔玛所创造的统一经营模式不是一种僵化的制度或手册，而是一套关于认知顾客的价值需要、分析市场和竞争对手、与供应商做到合作双赢的独特经营知识体系。这种独特的有关顾客的交易设置知识体系可以移转与积累创新。

同时，正由于沃尔玛品牌与统一经营模式代表的是一套由顾客导向而形成的交易设置知识体系，这套交易设置知识体系是沃尔玛在自我成长的实践中不断完善创新积累而成的。正如大卫·格拉斯（其 1998 年接替山姆·沃尔顿，成为沃尔玛总裁和首席执行官）所说，沃尔玛最原始的开店概念非常简单但意义深远：“为什么阿肯色州西北的人们要花更多的钱才能买到在别处廉价的商品呢?”折扣店就是因为充分认识到了客户所要的价值而赢得了生意。而早期折扣店被看成卖便宜货的地方，人们还是喜欢去百货公司购买商品。沃尔玛真正认识到顾客不仅要价廉还要质优，这已经到了 20 世纪 70 年代末期，从而开始强调质量与价值观念。这其中的外界原因是市场竞争的激烈，迫使沃尔玛不断认识顾客的价值需要，并不间断地改善自己，最终形成一套独特的经营模式以满足顾客的需要。

（二）外部扩张：品牌与统一经营模式的成熟与完善

若从沃尔玛一体化经营的地域空间来看，其品牌与统一经营模式的形成与成长过程，大致可分为三个阶段：①沃尔玛初期围绕本顿维尔方圆数百里进行一体化经营的扩张过程，应是统一经营模式的孕育与培养过程；②从其走出阿肯色州向外扩张直至 1988 年，应是其品牌与统一经营模式的成长时期，成熟的标志则是沃尔玛被著名的《Dun’s 商业观察》评为全美管理最佳的五家公司之一，从而确立了其知名品牌的地位并证明其统一经营模式是卓越的、成功的；③从 1991 年开始向海外扩张至今，是其统一经营模式应用时期，即运用其成功的品牌与统一经营模式进行海外市场的一体化复制/粘贴。因此，若从企业内在成长与外部扩张的逻辑关系来说，显然，沃尔玛之所以能够成功地进行海外扩张，是由于其已经拥有了外部扩张的前提与基础，即在企业内部已经完成了有关“交易设置”知识的积累、完善以及共通化、标准化与系统化的过程，从而才能使其进行分店的复制/粘贴。

1. 经营活动的标准化与共通化

沃尔玛在其母公司内部通过经营活动标准化与共通化而形成了全美甚至全球范围的统一经营模式。大家知道，沃尔玛以天天平价在挑战一切竞争者，但它是如何以低廉的成本获取市场优势地位的呢？答案的一部分在于他们可以通过大规模采购从供应商那里压低成本。但是，这只是结果而非原因。沃尔玛成功的精髓在于他们组织内部的“标准化”与“共通化”。在沃尔玛公司经营着超过几万种商品单元，商品覆盖范围从食品杂货到服装、首饰、药品、美容产品等等，琳琅满目。沃尔玛面临的挑战是：如何以低廉的成本将所有这些体现复杂性的商品和服务传递到顾客那里？他们做到了！他们能通过一种地域范围上的标准化，让每一个食品杂货分销中心无论它处理的是易腐食品还是干货，都和其他的一模一样。这种分销中心的设计在阿肯色州（Arkansas）的本顿维尔（Bentonville，沃尔玛总部所在地）以外的地方也同样如此。通过标准化所有的流程和软件，在不到四年的时间里（从1999年到2003年3月），沃尔玛已经将其分销中心从10个增加到28个。标准化使培训和系统具有很强的支持性、可靠性，使他们提供的产品既充足又值得信赖；标准化是推动沃尔玛不断缩短订货交付时间的发动机，可以让存货的增长速度不到销量增长速度的一半。可以说，在沃尔玛，卖食品杂货与销售汽车轮胎的经营模式是一模一样的，即标准化基础上的“共通化”。

2. 样板商店的复制与连锁经营

一旦内部经营模式定型化且标准化之后，沃尔玛立刻便尝试将这种统一的经营模式样板化而进行异地复制并连锁经营。沃尔玛正是通过复制样板店而连锁经营这种模式获得成功的。其一方面使进货与销售分离，即商品采购权集中于总部，分店只负责销售。沃尔玛的配送中心供货的比例达85%，而行业的市场水平只有50%～60%；沃尔玛平均补货时间只有2天，而行业平均水平为5天（杰罗姆、贾尔斯，2004），它很好地解决了零售企业规模经济的特殊性，即规模经营与消费分散之间的矛盾，从而获取了采购方面的规模经济性。另一方面，沃尔玛使各分店销售活动标准化，即把与销售有关的商店标识、门店管理、商品价格、服务规范等全部标准化，所有分店高度一致。这一组织安排为大量的分店复制提供了技术上的可行性，而大量的分店复制又促进了销售方面的规模经济。因此，零售企业水平一体化扩张的规模经济完全实现。

综上，通过对沃尔玛所有权特定优势及其运用的分析，充分说明，跨国零售企业扩张的依据是其所有权特定优势或其成功的品牌与统一经营模式，而其所有权特定优势则是企业在长期的经营过程中积淀而成的有关交易设置的知识体系，这种交易设置知识体系经其规范化、系统化而为统一经营模式，以统一经营模式构成其所有权特定优势的核心内容，这是沃尔玛得以成功地进行一体化经营的内在动因。

三　一体化经营的条件

如前所述，一体化经营的规模经济来源，若从企业组织来看，应包括两个层面：一是单店规模经济，另一个是公司规模经济。对于单店规模经济，沃尔玛在向外扩张的同时，也十分重视每个单店的规模经济。比如，沃尔玛的第一个商店成功之后，曾先后两次对其进行单店扩大，后来直接将其搬进一个5500平方米的新建筑里，年销售额达到了540万美元。之后的每个店的经营也都如此，正如大卫·格拉斯每天对员工所说："我们一次只做一家店，一次只服务一个客户。如果你永远不偏离这个前提，你就永远不会把它搞得乱七八糟。"也就是说，当经营5000家店时，也像只拥有一家店那样尽可能地做精做大，追求每个单店尽可能地成长。对于公司层面的规模经济，则尽力突破企业边界的约束条件，从而努力获取共同管理的经济性。

（一）着力构造商品供应链

对一个零售商业说，要想赚钱，最重要的不过是两方面：一是商品的购进价格尽可能低，二是商品的流通费用尽可能少。用经济学术语来说，就是大批量采购尽可能小库存，从而获取采购规模经济与物流规模经济。但要实现这两个规模经济，必须构造属于企业自己的高效率的商品供应链体系，而这个供应链体系的打造又有一些关键环节，不是任何一个企业都能做好的，但沃尔玛做到了、做好了。

1. 建立自己的配送系统，实行单环节采购

道理很简单，要想采购的商品价格低，就必须撇开中间环节，直接向工厂进货，即所谓单环节采购；要想商品流通费用低，就必须自己来运输。光这一手就已经将批发利润与物流运输利润赚为己有了，更不用说由其连带出来的其他方面的经济性。但是，要做到这两条，不仅需要一定的条件而且还隐藏巨大的风险。因为，传统上，产品从原材料采购到放入顾客的购物车内，至少要经历工厂生产、出口商、进口商、批发商和零售商这些环节，甚至还有若干代理商。它们构成一个稳定的流通系统，彼此负担相应的风险，也获得相应的利润。这个系统的好处是每一方都不必承担太多的风险，当然，利益也是均分的。这个系统的坏处是最终价格肯定和出厂价相差甚远，而且必须有巨大的库存滞留在各个环节中以缓冲各种不测。沃尔玛却一开始就决定要消除传统商品流通系统的坏处，要革它的命。

早在1969年，沃尔玛的第一个配送中心就在公司总部本顿维尔建成了。当时即可集中处理公司所销商品的40%，大大提高了公司大量采购商品的能力，而且沃尔玛还发现，供应商将商品集中大量运输到配送中心，再由公司统一接收、检验、配货、送货，比供应商将商品分散送至各分店更经济。从而1975年第二个配送中心又建成，紧接着，1978年又建了第三个，到20世纪80年代末，沃尔玛的配送中心已增至16个。20世纪90年代初，达到20个，总面积约160万平方米。整个公司销售的8万种商品和300多亿美元的年销售额，85%是由这些配送中心供应的。到1996年，已拥有30个配送中心、2000多辆运输车，可做到商品从仓库到任何一家商店的时间不超过48小时。如此可以说，配送中心的成功，是使沃尔玛从地区性连锁公司发展成为全国性连锁公司的重要保证，也是使其发展成为全球性的连锁公司并持续保持低成本经营的重要保证。这也正是沃尔玛能持续高速增长、在激烈的市场竞争中长盛不衰的重要原因之一 。

2. 建立与先进的配送系统相匹配的管理支持系统

在企业内部，沃尔玛建立了能与先进的配送系统相匹配的管理支持系统，即现代化的供应链管理体系。沃尔玛的管理模式与供应链管理有着天然的适应性。沃尔玛在成立之初就确定了降低成本、省略经销商、简化公司进货环节的策略。而供应链管理的关键就在于供应链上下游企业的无缝链接与合作，但这种合作关系的建立是一个复杂的过程。沃尔玛与供应商建立合作伙伴关系也经历了长时间痛苦的磨合。在众多的供应商眼里，沃尔玛一直是一个强硬得令人生畏的零售商。早在20世纪80年代初，沃尔玛就采取了一项政策，要求从交易中排除制造商的销售代理，直接向制造商订货，同时将采购价降低2% ~6%，大约正好相当于销售代理的佣金数。如果制造商不同意，沃尔玛就终止与其合作。

有一些供应商怕引起连锁反应不同意降价，并为此在新闻界组织展开了一场谴责沃尔玛的宣传运动。直到最近几年，沃尔玛不断推出各种节约成本的技术处理措施，使得供应商能通过其他途径压低成本，这种谴责与反对的声音才逐渐削弱。

为了节约成本和提高管理效率，沃尔玛在其组织内部要求尽可能地减少管理层级。尽管现在的沃尔玛在全球已经拥有了8000多家店铺，而其管理层级只有六层。一般由执行副总裁统一领导区域总裁，每个区域总裁领导3～4个地区经理，每12家商店归属于一个地区经理领导。而商店经理一般会有2名助手，通过他们再将各个商品部门划分为食品和非食品部门进行管理。所以，虽然沃尔玛的分支机构庞大，但是它的组织结构是相对扁平化的，从而不仅为管理的信息化提供了很好的基础，也保证了决策的快速和准确。

此外，在经营品种的选择上，沃尔玛的创始人山姆很早就发现了店里的商品符合2∶8原则，即80%的利润是由20%的商品创造的。所以，在种类上尽量做到精简，这也为此后供应链管理的建立打下了良好的基础。在与供货商的订货会上，面对提出了全部100%产品的供应商，沃尔玛的做法是，给出你最好的10种产品就可以了。这种做法成功地保证了商品质量和销售情况。

从理论上说，零售连锁业的本质和供应链管理的本质是不谋而合的，都是以低成本、高效率和客户导向为目标的管理模式。沃尔玛的供应链是属于大型零售商主导型供应链。所谓大型零售商主导型供应链，是指这样一种状态，供应链中某一大型零售商凭借其资金、信息和渠道等优势，拥有对整个供应链的建立和运行的管理与组织的主导权，而其他参与方如厂商、批发商等供应商则处于从属的地位，各自承担一定的职责，共同努力满足消费者的需求。在沃尔玛建立供应链管理的这段时间内，正好是连锁零售业快速发展的阶段，供应链管理也随着沃尔玛事业的不断成长而逐步完善。

沃尔玛通过成功的供应链管理实现了快速成长。到2002年，其销售总额已达到2445亿美元，年增长率高达22%，毛利率为21.5%，税后净利润为3.3%。成功的供应链管理形成了沃尔玛的核心竞争力，使得沃尔玛的零售王国变得日益坚固。

（二）不惜重金打造信息技术基础

Williamson 说，“复制”必然要辅之以“选择性干预”，现代的信息技术是沃尔玛实行“选择性干预”、保持分店扩张效率的有力手段，因为它扩展了人类的理性程度，使远距离控制效率大大提高。沃尔玛在技术开发和利用上一直领先于同行竞争者。1970 年，建立了第一家配送中心；1974 年，开始在其分销中心和各家商店运用计算机进行库存控制；1983 年，在所有连锁商店都采用条形码扫描系统；同年，花 2400 万美元委托休斯公司发射了私人商用卫星，后来又投入了 7 亿多美元，最终建成了全球性的计算机及卫星交互式通信系统；2004 年，与麻省理工学院联合开发了 RFID 技术（一种装有无线频率发射器的芯片，可自动提供产品的详细信息而无须人工介入），于 2005 年开始全面推广。沃尔玛利用现代信息工具，可在 1 小时之内对全球近 5000 家分店中每种商品的库存、上架、销售量全部盘点一遍。现代信息技术使公司总部对下属机构的监控不但范围扩大、成本降低，而且及时性、准确性也大大提高了，或者说，企业内部的“控制损失”大大减少了，使“选择性干预”成为可能。

正是由于依赖上述现代信息技术的支撑，沃尔玛的全球分店真正实现了连锁经营的六个统一：①统一商品采购；②统一商品配送；③统一管理制度；④统一门店标识；⑤统一商品价格；⑥统一服务规范。

综上，可以看到，沃尔玛之所以能成功地进行一体化扩张，是由于突破了商业零售企业边界的约束条件，构建了自己的扩张支撑力。若再进一步总结其着力构建自己扩张支撑力的原始动因，实际上还是源自市场需求的导向，源自残酷的市场竞争的反复博弈。

如前所述，在沃尔玛创业的初期，美国已经有几家成功的低价位连锁超市企业，其中包括已有百年历史的零售业老店西尔斯和凯马特等，他们以折扣店的形式占领了大中城市市场。对此，沃尔玛避实就虚，选择其竞争对手不愿光顾的偏远小城镇作为主要的发展区域。但是这样的战略选择导致的问题就是专业的配送公司不愿意进行运输。这种尴尬的局面促使沃尔玛只能尽快发展自己的物流信息系统，而这正是沃尔玛供应链管理的前身。自我配送系统的建立虽然花费不菲，但是从长远来看，却极大地降低了整体运输成本。

同时，在沃尔玛创业之初的人员素质也是迫使其建设信息系统的原因。

现在人们常常认为在员工素质比较好的时候建立信息系统比较适合。其实不然，沃尔玛信息系统的建立恰恰是为了弥补管理资源的欠缺或者是人员素质不佳的遗憾。沃尔玛最初的员工素质比较低，以中学生为主，这些人热情高，但是专业素质不足。虽然有效的培训体系也对提高员工素质起到一定的作用，但是要满足迅速扩张的需要，实现成功的管理经验在每一家店面的成功复制，就一定要依赖于庞大的信息系统助其管理水平的提高。

四　一体化经营的市场进入模式

从沃尔玛一体化经营的市场进入模式来看，应该说，其独资化倾向是十分明显的；从其新建与并购的比例来看，并购所占的比例很高，而且是高控制度的。某种程度上可以说，沃尔玛能够发展到今天的规模，是从收购兼并而一路走过来的。

（一）所有权特定优势的孕育阶段：独资分店式的扩张模式

这一阶段，从时间上来说，大约从 1962 年到 1977 年，沃尔玛都是采取直接投全资开分店的扩张模式。从其围绕本顿维尔方圆数百里开分店起，直到 1977 年，分店已经遍布美国的九个州，营业额达到 3.4 亿美元。通过初期的自我成长，沃尔玛的品牌与统一经营模式已经形成，其标志是，在 1977 年，著名的《福布斯》杂志将沃尔玛评为股票回报率、投资回报率、销售收入和利润增长率四项第一（接下来的几年里，沃尔玛连续被评为第一）。

（二）所有权特定优势的壮大阶段：购并为主的扩张模式

沃尔玛开始采取多样化的扩张模式大约在 1977 年，当年它收购了伊利诺伊州的莫尔价值（Mohr Value）这家小型折价连锁店。莫尔价值（Mohr Value）的每家分店年均销售额为 300 万 ~ 500 万美元。这是沃尔玛第一次以收购模式来进行扩张，它认为那是将立足点伸向一些新的领域的一种好办法。不过，从沃尔玛当时在其国内面临的市场形势来看，采取并购模式加速扩张也是大势所趋：一方面是迫于当时的市场竞争形势，只有加速扩张，才能生存；另一方面是当时美国的社会经济条件为其提供了高速发展的温床。

从当时的市场竞争形势来看，在 20 世纪 50 年代，折扣百货业开始在美国发展。进入60年代，折扣百货业进入快速发展期。据统计，1960年，美国折扣百货店的数量为1329家，1966年底增至3503家；单店户均营业面积从3500平方米增至6000平方米；每店平均营业额从148万美元增至428万美元。此时，有几家大规模公司是沃尔玛扩张道路上最强劲的对手。如前所述，一家是凯马特，其前身是杂货连锁店的巨人——克里斯夫公司。1962年，在沃尔玛刚成立之时，该公司也在北部密歇根州底特律城市郊开了它的第一家折扣百货店。由于总公司实力强大，到第二年底，凯马特名下的连锁店就已达50家；5年后，扩展到250家，平均每家店营业面积约1万平方米，总营业额达8亿美元。而此时，沃尔玛还只扩张到9家分店，总营业额不过900万美元。另一家是著名的连锁店伍尔沃思公司，其在俄亥俄州哥伦布开设了一家名为伍尔的折扣店。至1968年底已发展为92家分店，每店营业面积都在1万到1.7万平方米。但总体来说，这些公司的折扣店也都面临类似的问题：单个小杂货店的营业面积太小，而成本上升；又面临超市以及药店连锁店的竞争，等等。

于是，这些折扣店都开始转向单店大规模经营，并以极快的速度进行扩张。一开始，它们均集中于大中城市郊区的购物中心附近，但为了竞争和开辟新的市场，它们也逐渐进入较小的城市。如伍尔沃思在20世纪60年代中期就开始在人口2.5万~7.5万的小城市里建造营业面积为6000~7000平方米的规模较小的折扣百货店。此外，还有一家是总部设在加州圣迭戈的费马特公司，此时甚至已进入了人口只有1.2万~3.5万的小镇。也就是说，已经准备侵入沃尔玛的盘踞地（沃尔玛初期战略扩张定位在小城镇）。

从当时美国整个宏观的政治、经济、社会情况来看，也为沃尔玛创造了高速扩张的条件。主要表现在：①技术创新用于消费领域，使商品供应充分且品种多样化，如各种家庭耐用消费品、电子产品等。②就业充分，人们购买力大幅提高。战后人均实际收入的大幅增长，大大提高了一般美国人的购买力，多数家庭变得更为富裕，人们的购买欲望也增强了许多。③消费观念的改变。战后新一代中的很多人不愿意推迟消费，只要能够借到贷款，他们乐于马上购买住房、汽车、各种家用设施等。④加之政府的政策鼓励消费信贷的增长，因此，美国零售业进入了快速增长期，后来被人们称为“零售革命”。

在上述情况下，零售企业为了抢占市场，吸引更多的消费者，纷纷在郊区建立了庞大的购物中心、百货公司、杂货店、药店、超市，建立起各种地区性甚至全国性连锁店。从零售形式看，战后最重要的发展就是折扣百货店，到20世纪50年初，折扣店已开始成为零售业的主流。但到了20世纪70年代中期（1974～1975年），美国开始面临经济衰退和随之而来的通货膨胀，这使消费者推迟了许多商品的购买，导致百货业销售增长速度放慢；同时，利息、工资、取暖和制冷费用及其他开支却迅速上升，而这一系列问题影响到了折扣业的进货、销售，从而导致销售利润全面下降。一些折扣百货连锁公司破产，另一些被迫放慢发展速度，并且面临诸多问题。即使是一些大的折扣公司也不例外。零售业的不景气，恰好为沃尔玛的扩张提供了大量的购并对象。

（三）所有权特定优势的延伸使用：高控制要求下的多元实现路径

从进入海外市场的模式来看，沃尔玛通过并购模式进入市场的比例较大。比如，1995年收购了加拿大伍尔科这个拥有122家分店的企业之后，1997年，继续通过收购韦特考夫集团的21家商店而进入德国；1998年，其又收购了墨西哥最大的零售企业西弗的多数股权，从而获得了这家公司的控制权，同年又在德国收购了有74家分店的莫特斯帕超级商店而继续扩张；1999年，其收购了英国第三大食品连锁店ASDA而拥有了其旗下的229家分店；等等。

当然，由于海外市场毕竟不可控因素远远大于国内，且文化环境又具有很大的差异性，因此，沃尔玛在海外市场的进入方式也相对灵活且更加慎重。除了以并购模式进入之外，沃尔玛也采取新建模式（在南美洲），或者采用合资模式（多数股权），比如，进入墨西哥与中国；甚至还会在初期采取少数股权的合资进入模式，比如进入日本。因为，沃尔玛发现，日本经济非常发达，消费实力相当富足，对零售来说是个绝好的市场。但是，日本国内的零售市场又非常成熟、稳定，政府不希望有外来势力冲击它。同时，日本有着极传统的、浓厚的民族文化，他们没有学习别国语言的风气，让别人觉得与他们交流很困难。并且，日本人只认为自己的商品质量最好，对外来的都抱有一种抵触的情绪，怀疑其产品质量。所以，沃尔玛早想进入但迟迟未进。直到2001年前后，随着日本经济连年衰退，日本民众的消费心理和习惯也有不少改变。不少日本人一改过去过于看重质量和服务的特点，而开始对价格敏感，只要价格低一点，就愿意多跑路。这一变化，使沃尔玛看到了日本市场的无限商机，因而于2002年收购了西友公司6.196%的股份而进入日本市场。沃尔玛正是想通过西友公司的强劲知名名牌、强大的销售网和商品筹措网，以此来进一步壮大自己的实力，巩固自己的后盾，为全面进军日本市场做准备。

综上，沃尔玛以并购为主的海内外市场进入模式，一方面反映出其强劲的综合实力，另一方面也证明，由于零售企业的性质与资源特征决定其只有采取高控制度的扩张方式，才有利于所有权特定优势的转移，才有利于品牌与统一经营模式的复制/粘贴。这是因为，高控制度的新建方式，由于受到店址这种稀缺资源的限制而难以实施，同时由于新建周期过长，不利于企业迅速占领市场而获取全球竞争优势，因而这就在主客观上都决定了并购（拥有50%以上股权）这种高控制度模式成为其市场进入方式的最佳选择。

第三节　本章小结

本章通过以沃尔玛为例所进行的全面剖析，可以进一步印证本书上一章所作的理论分析结论：

（1）沃尔玛之所以不断地进行水平一体化的高速扩张，是因为内部一体化经营是零售企业获取规模经济的重要途径。

（2）而其水平一体化扩张之所以能够成功，是因为其拥有所有权特定优势，即成熟的品牌及由品牌所代表的沃尔玛独特的经营模式，这正是其在国内外进行连锁分店的复制/粘贴的依据。

（3）沃尔玛的供应链管理、高控制的扩张模式又为其成功地进行快速复制/粘贴提供了保证。

（4）沃尔玛的成功，例证了第七章所提命题，即：①当零售商对于某一个特定市场的增长性期望越高时，则越倾向于使用直接投资进入的方式（命题1a）；②零售商以股权投资进入国际市场之程度，将与其之后的知识移转程度呈正相关（命题1b）；③零售商以股权投资进入国际市场之程度，将与未来的单位间人员交流呈正相关（命题2a）；④单位间人员交流之程度，与所移转之知识的深度及广度呈正相关（命题2b）；⑤子公司针对当地市场顾客所发展知识的多寡，与其销售额的增长呈正相关（命题3a）；⑥子公司在集团内从事知识移转的程度越高，则越倾向于全球创新者的角色，若知识移转的程度越低，则越倾向于地区创新者的角色（命题 3b）；⑦母公司积极管理集团内知识移转的意愿，与集团内知识移转的程度呈正相关（命题 4a）；⑧若子公司从事知识移转的自主权越高，则其知识流动的程度也会越高（命题 4b）。

下篇　零售企业国际化影响与我国零售业安全

第九章
零售企业国际化影响与产业安全的相关性

零售企业国际化如何诱致一国零售产业安全风险发生？显然，一定是零售企业国际化行为本身隐含着零售企业国际化影响与零售产业安全之间相关性的微观基础。因此，本章从零售产业安全风险发生的微观基础——跨国零售企业国际化行为分析入手，以期揭示零售企业国际化影响与零售产业安全间相关性的内在机理，并据以勾勒零售企业国际化行为影响与我国零售产业安全相关性分析的一般理论框架，为进一步实证分析提出研究假设。

第一节　相关性微观基础

零售企业国际化影响与我国零售产业安全相关的微观基础是零售企业国际化行为。所谓零售企业国际化行为，这里主要是指零售企业对外直接投资行为。那么，是什么因素决定零售企业对外直接投资行为？如前所述，关于零售企业国际化行为决定因素的研究，国外学者有“推力”与“拉力”因素的分析，但其本质上都属于企业外部情景因素的分析，企业内部因素尤其是企业所有权特定优势的作用没有被涉及；国内学者虽然指出了企业内部因素的决定作用，但对企业内部因素尤其是所有权特定优势的具体内容是什么，零售企业所有权特定优势的特性是否也是导致跨国零售企业对外直接投资的动因等，却没有分析。同时，企业内部因素与宏观环境因素之间是什么关系？如何综合作用于企业对外直接投资行为？诸如此类问题都未深入讨论。因此，这里拟基于商业零售企业性质与资源特征视角，首先，运用规范分析方法分析零售企业性质与资源特征，并据此提出决定因素假设；其次，以跨国零售企业典型代表沃尔玛及其在华经营为例，验证前述假设；最后，给出决定零售企业对外直接投资行为的一般因素分析框架。①

一　分析与假设

以下将沿着两个理论脉络而延伸：第一，跨国公司对外直接投资理论；第二，商业企业性质理论。

关于跨国公司对外直接投资理论，如前所述，折中范式或三优势模式依然是迄今为止理解和解释企业跨国投资与战略经营的最好理论之一。它是由英国经济学家邓宁（John H. Dunning）于 1977 年提出的。② 该理论初始是以传统制造业为研究背景的。1989 年，邓宁又将其扩展到服务部门。他认为，服务业对外直接投资也应同时具备三优势。商业零售业属于服务业，因而，三优势模式也应是跨国零售企业对外直接投资行为分析的理论出发点。关于商业企业性质的理论研究，人们发现，流通企业（主要指代商业零售企业）的产生根源于分工与交易的两难冲突。而流通企业的主要经济功能正在于降低交易成本，提高交易效率，从而推动交换经济发展和社会福利提高。因此，流通企业的本质是交易的专业化生产者/提供者（李陈华、柳思维，2005）。也正由于商业流通企业是专业化的交易商，使其具有了“类似性活动”的业务属性和“订购性生产”的经营特征（聂正安，2005）。信息技术在提高市场交易效率、推动流通产业发展的同时，也提高了企业管理和控制效率，使流通企业比生产企业更容易利用品牌和统一经营模式进行复制和选择性干预，实现分店扩张。以沃尔玛为代表的一批零售企业，在规模扩张中，成功实施“复制和选择性干预”，并因此成为企业巨人（聂正安，2005）。

如此，这里循着上述研究进一步分析如下。

（一）推理 1：由于零售企业是专业化交易商，则其在经营活动中必然累积形成专有专用的交易设置知识体系

首先，零售企业作为专业化交易商，为了扩大交易、方便交易、减少交

① 樊秀峰：《跨国零售企业行为分析框架：以沃尔玛为例》，《商业经济与管理》2009 年第 7 期。

② 王林生、范黎波：《跨国经营理论与战略》，对外经济贸易大学出版社，2003，第 153 页。

易的摩擦，自然会根据所经营商品的特点，开发形成独特的度量衡工具以体现交易的公正、透明；开发出异形货柜以便展示与演练商品；约定俗成一系列经商行为规范与行业术语以方便交易；还会形成一系列有关商品经营分类与管理的特殊知识。这种独特的度量衡工具、异形货柜、经商行为规范与行业术语及商品分类与管理知识，都是商业零售企业特有的有关交易活动的专有专用知识及其物化形式，是程式化处理和解决交易问题的模式。这种为扩大交易、方便交易、减少交易摩擦的程式化处理问题的模式，即是交易设置，这种有关交易设置的知识即为交易设置知识。累积而成的交易设置知识体系一旦显性化为统一经营模式与企业品牌，则成为其内在成长的源泉和外部扩张的基础（樊秀峰，2008）。

其次，由于零售企业作为专业化交易商的性质决定，这种交易设置知识体系在客观上具有两个特征：易耗散性与通用性。一方面，这种交易设置知识体系，既包含有关于“物”的知识，如商品经营、物流技术、信息技术等显性知识，又包括有关于“人”的组织与管理以及商品经营等隐性知识（许英杰，2005）。就知识本身属性来看，由于知识是由人掌握并专业化于某一领域，且知识产权很弱，市场在协调过程中因隐性知识难以流动，显性知识易被盗用而失效，因此，零售企业性质决定其交易设置知识体系属于“专有技术”性质，具有易耗散性（樊秀峰，2006）。另一方面，由于商业零售企业具有“类似性活动”的业务属性，不存在因技术跳跃形成的“沉没资产”，其资产发展的趋势恰好在于专用性资产向通用性资产（即本书所指的交易设置知识的物化形式）的转变（聂正安，2005）。因而，零售企业在开发物流与信息技术过程中所进行的各种装备投入，甚至包括店面、资金等资产一旦形成，就具有了通用性，由销售某些产品到销售相关系列产品，再到销售企业所有产品，一个店可用，无数个店都可共享，只要在其资产能承受的范围之内就行。因此，其资产具有鲜明的范围经济特征，且具有很强的可复制性，它为零售企业的横向一体化扩张提供了巨大的内在动力（樊秀峰，2006）。

由上可知，由商业零售企业性质所决定，其在长期经营活动中所累积形成的交易设置知识体系，使其天然具有无限扩张的可能性与内在冲动。因此，可提出：

假设1，交易设置知识体系及其特性是决定跨国零售企业对外直接投资的内在动因。

（二）推理2：由于跨国零售企业主要以分店复制方式连锁经营，则供应链管理及本土化适应将对其构成现实约束

1. 源于连锁经营模式的约束条件

由于跨国零售企业所有权特定优势具有易耗散性、通用性及可复制性，因此，在理论上，跨国零售企业更倾向于将所有权特定优势内部化，且这种内部化可能无边界（即模范分店的复制/粘贴可能具有无限性）。但事实上，连锁经营这种商业模式本身潜在着约束条件。因为，商业零售企业之所以连锁经营，就在于连锁经营所产生的规模经济性。这种规模经济性实质上源于共同管理的经济性。而这种共同管理经济性的产生，不只是“连锁”就必得的，是有条件的。其条件主要有两条：一是企业网络；二是供应链（樊秀峰，2006）。假如说连锁经营客观上已使企业形成一个跨越地域空间的组织网络，那么，其网络组织的共同管理经济性则来源于统一高效的供应链管理。连锁经营作为一种先进的商业模式，其先进性体现在它是一整套商业运作的集成。供应链尤其是基于信息技术的供应链，把信息技术的标准化、程序化的特点与供应链所形成的企业网络结构两者完美地结合起来，从而使连锁经营所要求的作业程序化、分工专业化、管理标准化、分销集中化等特点得以落实。但由于对供应链的管理是一门技术性很强、难度很大的学问，需要专门的管理知识及其经验的积累；同时它也是一场组织变革，需要企业内相应的管理与组织结构创新。因此，对供应链的管理其本身就是一种资源与能力的积累与较量（樊秀峰，2006）。其连锁经营的组织边界，实际上取决于企业基于供应链管理的扩张支撑力。

2. 源于跨国经营行为的约束条件

由于零售企业交易设置知识体系的形成，总是与企业所处的社会发展水平、人文历史、消费者行为等密切相关，从而决定了这种交易设置知识体系具有二重性。就零售企业交易设置知识体系中所包含的有关商品购销调存运等方面的经营管理知识与经验来说，其具有很强的技术属性，而零售技术在国与国之间有着较大的共同性，这是跨国零售企业得以将母国成熟与完善的交易设置知识体系进行跨国复制的客观基础；而就零售企业交易设置知识体系所包含的人文历史、民族特性以及一国社会组织形式、经济发展程度等因素的特征来看，其又具有明显的社会属性，决定了其完全的复制/粘贴不可

能，必须针对本土特点进行适应性改造与创新，进行这种适应性改造与创新的能力可称为本土化适应力。因此，假如说，扩张支撑力是连锁经营这种商业模式所内生的约束条件，那么，本土化适应力则是在跨国条件下所外生的约束条件。

于是，可提出：

假设2，扩张支撑力与本土化适应力，是决定跨国零售企业对外直接投资的前提条件。

（三）推理3：由于零售企业经营活动具有立地性，则区位特定优势之于跨国零售企业的意义主要在于稀缺性经营资源的可得性以及扩张支撑力作用的可能性

按照资源观，区位特定优势实际是存在于企业外部环境的资源，这种外部资源获取的权利对所有企业都是相同的，最终导致在资源获取和利用的决策上的不平等性，则既取决于企业性质，还取决于相同企业性质下的企业自身知识与能力的差异（葛京等，2002）。由于商业零售企业是专业化的交易商，其提供的产品实际是交易服务，其是通过提供交易服务而完成商品交换过程。因此，一般服务的三种出口方式,[①] 对于商业零售企业来说，只有服务出口方式，即直接到当地投资开店以提供交易服务的方式是主要的和普遍的。这就从客观上决定了店铺地址这种稀缺性资源是制约其扩张的关键因素。同时，由于跨国零售企业主要以分店复制方式连锁经营，则扩张支撑力的转移复制，需要得到东道国相关产业的技术支撑，其中包括东道国信息技术发展水平与使用政策、供应商的信息化水平、交通基础设施等。若跨国零售企业的扩张支撑力所需的相关产业技术支持条件不能满足，则其连锁经营的规模经济性将受到限制。因此，则有：

假设3，区位特定优势对于跨国零售企业的意义主要在于：①店铺地址等关键性稀缺资源的可获得性；②扩张支撑力作用的可能性。

综上可见，由跨国零售企业性质所决定，邓宁的三优势模式在这里具有了特定的内涵与意义。

① 郑长娟：《服务企业的国际市场进入模式选择》，浙江大学出版社，2006，第45页。

二 沃尔玛例证

（一）例证假设1：跨国零售企业对外直接投资的动因——交易设置知识体系的成熟、完善与复制

如上所述，沃尔玛诞生于1962年，若从沃尔玛连锁经营的地域空间来看，其交易设置知识体系的形成与成熟过程，大致可分为三个阶段：①交易设置知识体系的形成阶段。其初期围绕本顿维尔（Bentonville，沃尔玛总部所在地）方圆数百里进行连锁经营的扩张过程，也是其交易设置知识体系的孕育与培养过程。②交易设置知识体系的成熟阶段。从其走出阿肯色州向外扩张直至1988年，应是其交易设置知识体系的成熟时期。其成熟的标志则是沃尔玛被著名的《Dun's商业观察》评为全美管理最佳的五家公司之一，[①]从而确立了其知名品牌的地位并证明其统一经营模式是卓越的、成功的。③交易设置知识体系的复制阶段。从1991年开始向海外扩张至今，是其交易设置知识体系的应用时期，即运用其成功的交易设置知识体系进行海外市场的分店复制/粘贴。

那么，沃尔玛的交易设置知识体系的核心内容又是什么呢？这可从沃尔玛产生与发展的历史过程来认知。

沃尔玛创业初期，美国已经有几家成功的低价位连锁超市企业，其中包括有百年历史的零售业老店西尔斯和凯马特等。他们以折扣店的形式占领了大中城市市场。沃尔玛作为后起之秀，要生存必须避实就虚，选择其竞争对手不愿光顾的偏远小城镇作为其主要发展区域。其最原始的开店概念非常简单但意义深远："为什么阿肯色州西北的人们要花更多的钱才能买到在别处廉价的商品呢?"因此，其第一家店开业之时，就在店名"Wal-Mart"的两边分别刷上了"低价销售"和"保证满意"两条标语。[②]也就是说，沃尔玛从建立的第一天起就将"顾客第一"确定为他们始终如一的、锲而不舍的追求目标。

首先，沃尔玛在其母公司内部通过经营活动共通化与标准化形成统一经

① 赵凡禹编《零售业连锁经营之王：沃尔玛成功的奥秘》，民主与建设出版社，2002，第43页。

② 李津：《山姆·沃尔顿——零售巨擘从乡村走向世界的扩张神话》，中央编译出版社，2005，第83~93、121~158、197页。

营模式。沃尔玛公司经营的商品超过几万种，商品覆盖范围从食品杂货到服装、首饰、药品、美容产品等等，琳琅满目。沃尔玛面临的挑战是：如何以低廉的成本将所有这些体现复杂性的商品和服务传递到顾客那里？他们的做法是，通过一种地域范围上的标准化，让每一个食品杂货分销中心无论它处理的是易腐食品还是干货，都和其他的一模一样。这种分销中心的设计在阿肯色州的本顿维尔以外的地方也同样如此。通过标准化所有的流程和软件，在不到4年的时间里（从1999年到2003年3月），沃尔玛已经将其分销中心从10个增加到28个。标准化使培训和系统具有很强的支持性、可靠性，使他们提供的产品既充足又值得信赖；标准化是推动沃尔玛不断缩短订货交付时间的发动机，可以让存货的增长速度不到销量增长速度的一半。可以说，在沃尔玛，卖食品杂货与销售汽车轮胎的经营模式是一模一样的。[①]

其次，将母公司这种统一的经营模式通过分店去复制而连锁经营。沃尔玛通过连锁经营这种商业模式，一方面，使进货与销售分离，即商品采购权集中于总部，分店只负责销售。沃尔玛的配送中心为其连锁分店供货的比例达85%，而行业的市场水平只有50%~60%；其平均补货时间只有2天，而行业平均水平为5天。[②] 它很好地解决了零售企业规模经济的特殊性，即规模经营与消费分散之间的矛盾，从而获取了采购方面的规模经济性。另一方面，使各分店销售活动标准化，即把与销售有关的商店标识、门店管理、商品价格、服务规范等全部标准化，所有分店高度一致。这一组织安排为大量的分店复制提供了技术上的可行性，而大量的分店复制又促进了销售方面的规模经济。因此，沃尔玛所创造的统一经营模式不是一种僵化的制度或手册，而是一套关于认知顾客的价值需要、分析市场和竞争对手、与供应商做到合作双赢的独特经营知识体系。这种独特的经营知识体系可以转移与积累创新，从而为其国内外扩张提供了动力。

（二）例证假设2：跨国零售企业内部化优势——扩张支撑力与本土化适应力的打造

1. 扩张支撑力的打造

沃尔玛为了保证天天平价，从成立之日起，就确定了降低成本、省略经

---

① 〔美〕迈克尔·L. 乔治、斯蒂芬·A. 威尔逊：《突破增长极限：沃尔玛、丰田等顶级企业如何驾驭商业复杂性》，郑磊、张巍译，当代中国出版社，2006，第24~25页。

② 杰罗姆·贾尔斯：《沃尔玛连锁经营》，康贻祥译，哈尔滨出版社，2004，第35~40页。

销商、简化公司进货环节的策略，由此引发了一系列有关交易设置的人员组织、物质装备的建立与建设。

（1）建立自己的配送系统。1970 年，建立了第一家配送中心；1974 年，开始在其分销中心和各家商店运用计算机进行库存控制；1983 年，在其所有的连锁商店采用条形码扫描系统；1984 年，花 2400 万美元委托休斯公司发射了私人商用卫星，后来又投入了 7 亿多美元，最终建成了全球性的计算机及卫星交互式通信系统；2004 年，与美国麻省理工学院联合开发了 RFID 技术，进一步提高了客户管理的技术。[①] 这一系列有关交易设置的做法，集中体现在快速高效的物流配送中心。物流配送中心一般设立在 100 多家零售店的中央位置，也就是配送中心设立在销售主市场。这使得一个配送中心可以满足 100 多个附近周边城市的销售网点的需求；运输半径既比较短又比较均匀，基本上是以 320 公里为一个商圈建立一个配送中心。其各分店的订单信息通过公司的高速通信网络传递到配送中心，配送中心整合后正式向供应商订货。供应商可以把商品直接送到订货的商店，也可以送到配送中心。这些中心按照各地的贸易区域精心部署，在通常情况下，从任何一个中心出发，汽车可在一天内到达它所服务的商店。在配送中心，计算机掌管着一切。供应商将商品送到配送中心后，先经过核对采购计划、商品检验等程序，分别送到货架的不同位置存放。当每一样商品储存进去的时候，计算机都会把它们的方位和数量一一记录下来；一旦商店提出要货计划，计算机就会查找出这些货物的存放位置，并打印出印有商店代号的标签，以供贴到商品上。配送中心的一端是装货平台，可供 130 辆卡车同时装货，在另一端是卸货平台，可同时停放 135 辆卡车。配送中心 24 小时不停地运转，平均每天接待的装卸货物的卡车超过 200 辆。[②]

（2）建立与先进的配送系统相匹配的管理支持系统。为了与先进的物流配送系统相匹配，在企业内部，尽量减少管理层级的设置。尽管现在的沃尔玛已经拥有了 6600 多家店铺（2007 年），而其管理层级只有六层。一般由执行副总裁统一领导区域总裁。每个区域总裁领导 3～4 个地区经理，每 12 家商店归属于一个地区经理领导。而商店经理一般会有 2 名助手，通过他们再将各个商品部门划分为食品和非食品部门进行管理。同时，为了降低成本，

---

① 沃尔玛公司（Wal－Mart）：http：//wiki. mbalib. com/wiki。

② 沃尔玛公司（Wal－Mart）：http：//wiki. mbalib. com/wiki。

其严格的商品采购管理也是闻名的。如其要求将采购价降低2% ~6%，如果制造商不同意，沃尔玛就终止与其合作。在经营品种的选择上，不是“来者不拒”，而是要制造商拿出自己最好的10种产品。① 如此等等。如果说组织结构的相对扁平化为管理的信息化提供了良好的组织基础，则商品采购环节的严格管理，就为天天平价提供了质优价廉的物质基础。

2. 本土化适应力的提升

关于沃尔玛本土化适应力问题，以其在我国经营为例。沃尔玛从1996年开始进入我国，一直采取步步为营、稳扎稳打的方针。至2001年底有了15家店铺，初步形成了以深圳、北京、大连、成都四个区域为中心扩展的格局。2002年在深圳建立了全球采购总部，在管理团队、采购和经营方式等方面迅速实施本土化。② 尤其在零售店的经营手段上进行了创新和改变。例如，①将专柜（国外店没有）引入了在我国新开设的店铺；②将供应商的货款结算周期由3 ~7天延长到了2个月；③将熟食业务外包，委托本地餐饮商家制作（在它进入我国之初，熟食部分都是自己亲力亲为。由于不了解我国的饮食文化，起初做得不太好，并且成本也高。为此，沃尔玛考虑走本土化路线，大胆将熟食业务进行外包③）；如此等等，都体现出沃尔玛对我国特殊情况的灵活调整与适应。

（三）例证假设3：区位特定优势之于沃尔玛对外直接投资的意义

也以沃尔玛在我国的扩张为例。

（1）由于店铺地址等关键性资源获取方面的限制，从而使沃尔玛以连锁分店的复制/粘贴扩张模式受到了很大的限制。我国零售市场于1992年试点开放，直到八年后的2000年，才放松对外资零售企业在地域、股权、数量上的限制：地域上放宽至所有省会城市、自治区首府和中心城市，股权上允许超过51%（须经国务院特批），经营方式上允许办连锁。而全面开放则是在2004年底，这之后不再对外资作数量、股权比例方面的限制。④ 因此，从其

---

① 沃尔玛公司（Wal - Mart）：http：//wiki. mbalib. com/wiki。

② 王华、游文丽：《外来零售业“本土化”之路》，《管理在线》2006年第5期。

③ 高智慧、王爱东：《沃尔玛、万佳经营模式分析及启示》，《山西财政税务专科学校学报》2005年第2期。

④ 李飞、王高等：《中国零售业发展历程（1981 ~2005）》，社会科学文献出版社，2006，第557 ~561页。

1996年进入中国市场直到2004年底之前，店铺这种关键性资源的获取是不自由的。

（2）沃尔玛所拥有的强劲扩张支撑力，由于条件与政策的限制也未能充分发挥作用。沃尔玛从进入我国的第一天开始，就全力将其先进的零售技术推向我国。到目前，其本国使用的大多数技术手段都已在我国得到充分的应用发展，已在我国顺利运行的技术包括存货管理系统、决策支持系统、管理报告工具及扫描销售点记录技术等等。但其高效快速的物流配送中心技术直到目前并没有显示其威力：一方面，物流配送中心技术的价值只有当店铺达到相当的规模时才会体现出来，而由于店铺资源获取的限制，使其到目前尚未达到应有的经济规模；另一方面，由于我国供应商素质普遍较低、整个国家物流信息等配套设施较落后，尤其是出于国家安全的考虑，沃尔玛的民用卫星系统也不能在中国发挥效用。因此，就目前来看，我国零售市场对于沃尔玛的区位特定优势还未充分显现出来。或者换句话说，由分店复制所带来的销售规模经济，其迄今为止还未得到。但是，我国物美价廉、品种丰富的日用工业品，却为其获得采购规模经济提供了保障，其每年在中国采购的150多亿美元的商品，① 既为其全世界的分店提供了充足的货源，更为其创造了巨大的利润来源。

至此，由于沃尔玛纯粹的商业零售企业性质（其全部经营活动就是买卖商品）及其连锁经营模式运作的典型性，三优势模式之于跨国零售企业的特定内容与含义，通过沃尔玛得到了完美的例证。

三　结论

综上，关于跨国零售企业三优势模式的特定内涵与外延，即可得出如下结论：

（1）关于跨国零售企业对外直接投资的所有权特定优势。由于商业零售企业专业化交易商性质，决定了其在长期的交易活动中必然累积形成交易设置知识体系，这种交易设置知识体系一旦显性化为统一经营模式与企业品牌，就具有了无限的可复制性；又由于交易设置知识体系的易耗散性与通用性特征，决定其复制方式具有内部化的客观必然性。因此，交易设置知识体

① 沃尔玛公司（Wal-Mart）：http：//wiki. mbalib. com/wiki。

系及其特性是决定跨国零售企业对外直接投资的所有权特定优势，是决定其对外直接投资的内在动因。

（2）关于跨国零售企业对外直接投资的内部化优势。由于商业零售企业规模经济性的特殊性，决定其主要以分店复制方式连锁经营，而连锁经营的成功来源于供应链管理，因此，统一高效的供应链管理是支撑其内部化复制的重要条件；又由于交易设置知识体系的双重性特征（技术属性与社会属性），决定其完全的复制/粘贴不可能，因此，针对本土特点进行适应性改造与创新的本土化适应力，是决定其成功进行内部化复制的又一条件。如此，扩张支撑力与本土化适应力是决定跨国零售企业对外直接投资的内部化优势。

（3）关于跨国零售企业对外直接投资的区位特定优势。由于零售企业经营活动的立地性特征，决定了店铺地址这种稀缺性资源的可获得性是制约其跨国扩张的关键因素；又由于其主要以分店复制方式连锁经营，从而东道国相关产业技术水平与政策规定等将决定其扩张支撑力转移使用的可能性。因此，稀缺性经营资源的可得性与扩张支撑力作用的可能性是决定跨国零售企业对外直接投资的区位特定优势。

那么，上述三优势又如何决定跨国零售企业对外直接投资行为呢？

这里借用行为主义激励理论的观点来作进一步分析。按照勒温的场动力论观点，[①] 一个企业对外直接投资行为的方向与向量应取决于环境刺激（外部引力）与企业内部张力的乘积。用函数关系表述如下：

$$B=f\ (P,\ E)$$

B 为跨国零售企业对外直接投资行为的方向与向量；P 为跨国零售企业对外直接投资行为的内部张力；E 为环境刺激，这里应为吸引企业对外直接投资的“区位特定优势”因素，即外部引力。这个公式表明，任何外部刺激要成为激励因素，还要看内部张力的强度，外部引力与企业内部张力的乘积才能决定企业对外直接投资的行为方向。也就是说，企业对外直接投资行为能否发生以及发生之后能否成功，首先取决于企业内部张力的大小与特征；而在内部张力一定的条件下，对外直接投资行为能否发生以及能否成功，则取决于外部引力的强弱及其特征。内部张力是跨国零售企业对外直接投资的

① 俞文钊编著《管理心理学》，甘肃人民出版社，1989，第228页。

必要条件，外部引力是跨国零售企业对外直接投资的充分条件。只有当内部张力与外部引力同时具备的时候，跨国零售企业对外直接投资行为才能发生，并才有成功的可能性。

如此，我们可对上述三优势作进一步的归纳分析：由于企业的所有权特定优势与内部化优势都是企业自身所拥有的，是企业可控的内在因素，因此，对于跨国零售企业来说，交易设置知识体系及其特性、扩张支撑力与本土化适应力，这两者的相互影响与相互作用共同形成企业对外直接投资的内部张力；而区位特定优势，即店铺地址等关键性资源的可获得性、企业扩张支撑力转移使用的可能性，是企业自身无法控制的，属于企业的外部因素，因而，这两者共同构成吸引企业对外直接投资的外部引力。那么，决定跨国零售企业对外直接投资行为的三优势即可归为两大类：内部张力与外部引力。则跨国零售企业对外直接投资行为一般分析框架就可描述如下（见图9－1）：

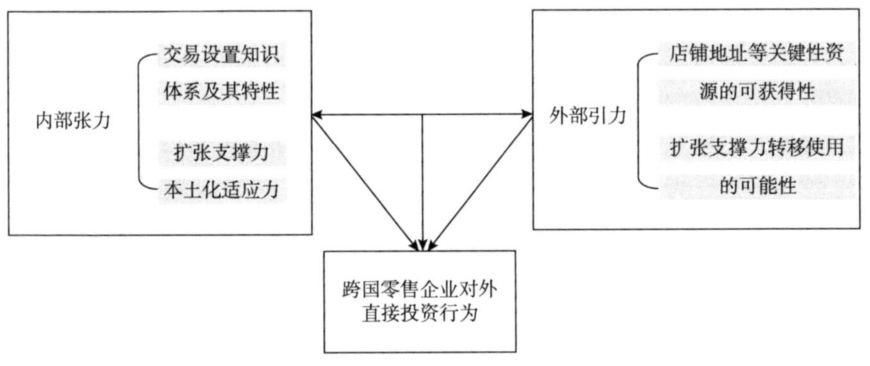

图9－1　跨国零售企业对外直接投资行为一般分析框架

第二节　相关性及其机理

一　相关性静态与动态分析

综上可见，零售企业国际化影响与零售产业安全间的相关性有其微观基础，即零售企业自身所具有的内部张力是其对外直接投资行为以及可能对东道国零售产业安全产生影响的企业基础；而东道国的外部引力即东道国自身的引资政策、零售市场管理制度及其相关因素，是零售企业对外直接投资行为发生以及可能对东道国零售产业安全产生影响的外在条件。那么，在零售企业内部张力一定的情况下，外部引力因素则是决定零售企业国际化影响方向与力度的关键因素，也是决定零售企业国际化对东道国零售产业安全产生影响的关键因素。由于这个外部引力因素是东道国可以把握与掌控的，于是，似乎只要根据东道国零售产业安全受到威胁的程度而采取拧紧或放松相关制度设计就行了。目前的一些有关零售产业安全的相关研究实际上就隐含着这一前提假设。但问题在于，这个外部引力条件是吸引外资进入的充要条件，但其并不必然引致零售产业安全风险发生。同时，要使零售产业安全风险防范的制度设计有效，也必须针对其影响的关键环节来进行设计，即针对零售企业国际化影响的主要因素与关键路径来进行制度设计。因此，零售企业国际化影响过程与机理应是零售产业安全风险防范要首先回答的理论问题。这是因为，经济学常识告诉我们，零售企业国际化问题属于微观经济学范畴，而零售产业安全问题属于宏观经济学范畴，这两个并不在一个平台上的理论与实践问题，是在怎样的条件下、通过什么路径产生相关的？或者说，外资零售企业的内部张力是在东道国怎样的外部引力条件下，怎样发生影响作用并最终能够诱致东道国零售产业不安全？

（一）相关性的静态分析

显然，分析这两者之间的相关性，只能结合以下两个理论而展开：一是产业组织理论，二是跨国公司理论。

一方面，根据产业组织理论可知，在开放条件下，一国零售产业安全问题发生，实际是东道国零售产业系统在零售企业国际化这个外生变量作用下的一种可能结果，其属于市场绩效范畴。因此，要分析零售产业安全问题，产业组织理论应是重要的理论依据；同时，产业组织理论还告诉我们，要研究市场和产业的运行状况，如产业安全等问题，企业之间的竞争行为及策略互动关系将是研究这类问题的逻辑起点。而根据传统的 SCP 范式可知，在运用其进行问题分析时，一定要注意不同产业、市场形成的基本条件。比如，对于零售业，如前述分析所揭示，由其专业化交易商的性质与地位所决定，其具有完全不同于制造业的市场起始条件，其经营技术更具有专有技术特征，其不仅具有独特的销售规模经济性与采购规模经济性，还具有独特的范围经济性特征等。由于不同产业的性质与特征所决定的这些市场基本条件的不同，从而导致不同产业有不同的市场结构与行为模式，进而，衡量其绩效的指标也是不同的。在东道国零售产业结构既定的前提下，随着外资企业的进入，其外资企业母国的零售产业组织及零售市场发展的特征，包括零售产业组织的基本条件、市场结构及其行为与绩效特征等也都一并被携带进来，从而其对东道国零售产业的影响将是全面而复杂的。其可能在市场条件、市场结构、市场行为及其绩效等多层次产生平行的以及纵向的冲击，从而打乱产业系统原本运行的逻辑次序。

另一方面，根据跨国公司理论可知，跨国公司对外直接投资行为及其特征是研究跨国公司国际化影响作用的逻辑起点，而要研究跨国零售企业国际化对东道国零售产业的影响问题也如是。对于零售企业对外直接投资行为及其特征来说，从前述分析可知，外资零售企业之所以能进行国际化扩张，一般来说，是由于其在本国已完成了自我成长过程，已完成了传统商业向现代商业的转型与改造过程，其已具有国际化扩张的内部张力。因而，其进入东道国之后的国际化行为主要是将其成熟的经营模式与知名品牌进行复制/粘贴，即连锁分店的复制与粘贴。这种连锁分店的复制/粘贴行为，会在东道国引起破坏性的创新效应，即使产品、流程或服务不具有组织先前行为的特征或具有相似特征的创新，它将使现有市场发生改变或者创造出一个全新的市场。而这种破坏性创新是通过改变企业竞争所遵循的衡量标准从而改变竞争基础的技术来实现的（Danneels E.，2004）。因此，外资零售企业的进入，不仅会直接影响本土零售企业行为，在企业之间的行为互动中还会间接影响本土零售业市场结构，从而形成对东道国市场结构的纵向冲击，即刺激市场集中度的提高；而这改变了的市场结构又会影响市场行为与市场绩效，最终会对传统的零售产业系统产生直接与间接的影响与作用。

若将上述两方面结合起来分析就会发现，零售企业国际化影响与我国零售产业安全相关，实际上是隐藏在外资零售企业背后的其母国零售产业组织系统对我国零售产业组织系统的影响中。发达国家的现代零售产业组织系统与我国开放之初的零售产业系统相比，甚或是与我国今天的零售产业组织系统相比，这两者之间显然存在着明显的位势差。因此，外资零售企业进入所带来的破坏性创新效应必然是多层次且纵横交错的。这种错综复杂的影响关系可用图直观地描述如下（见图9-2）：

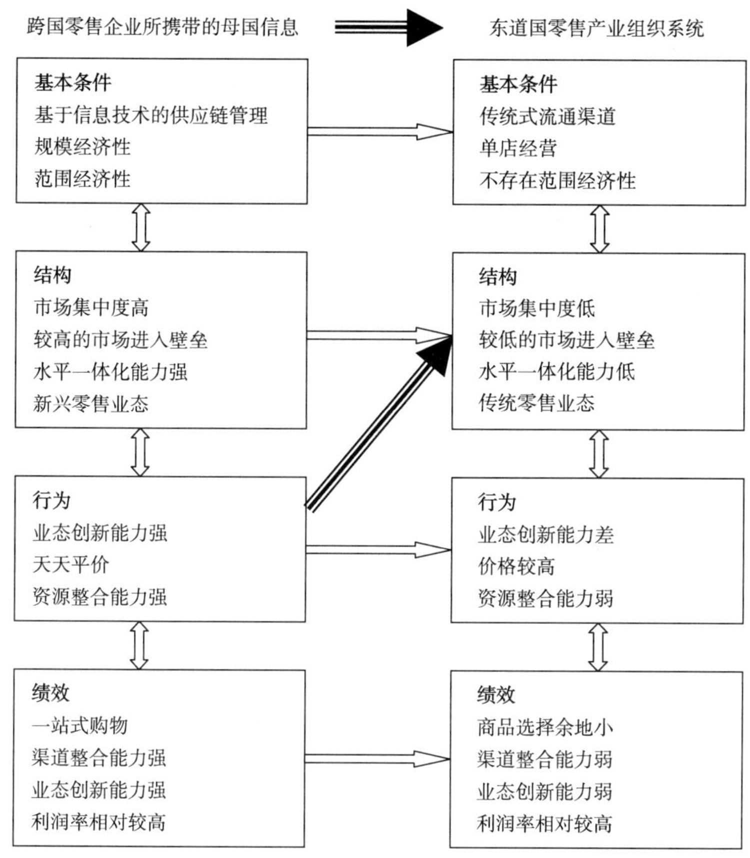

图 9-2　零售企业国际化影响与我国零售产业安全相关性静态分析

（二）相关性动态分析

上述分析只是静态地说明了零售企业国际化与零售产业安全之间的关系，实际上，这种影响是在跨国零售企业与本土零售企业的互动与博弈中进行的，在客观上存在着一个渐进过程。因为，企业国际化从企业自身来讲，是企业“从本土到世界”的一个演变过程，这个演变过程一般要经历以下三个阶段：一是国外市场进入阶段，这是在跨国经营初期，企业刚进入东道国市场，需要经历一个本土化学习与适应的过程；二是国外市场渗透阶段，企业通过前一阶段的本土化学习与适应，在这一阶段则需要有一个落地生根、发展壮大的过程；三是全球优化组合阶段，在这一阶段，企业由于已在海外各国市场落地生根并发展壮大起来，这时需要对全球资源进行战略整合与调整，以形成全球竞争优势的过程（梁能，1999）。上述企业国际化经营的三个阶段，对于商业零售企业国际化来说也是如此，只不过每个阶段的具体内容与形式有所不同而已。因此，要揭示零售企业国际化对我国零售产业安全乃至国家经济安全的影响机理，还需要沿着企业国际化的上述三阶段，循着结构——行为——绩效的技术分析路径，从动态上来观察零售企业国际化影响的作用过程及其可能结果。

1. 市场进入阶段：跨国零售企业国际化的本土化学习与适应期

在这一时期，跨国零售企业以商业存在形式进入东道国市场。其国际化行为主要表现在将其本土发展成熟的品牌及统一经营模式，以分店复制/粘贴的方式移植到东道国市场。这种连锁分店由于其携带着母国零售业基本条件的“DNA”因子，因此，在其进入的同时也就潜在影响着东道国零售业的“基本条件”水平。这在发展中国家表现得尤为明显，外资零售企业的进入会潜在地抬高东道国零售产业组织的“基本条件”。当然，这种基本条件的提高与改变，在其进入的第一阶段，还是潜在的，甚至是人们觉察不到的。其主要表现为东道国市场的“鲶鱼效应”。

这是因为，对于发展中国家来说，所引进的外资一般都属于发达国家的大型跨国零售企业，它们拥有先进的经营理念与现代经营模式，它们的进入，对于东道国本土零售企业来说，既是其竞争对手，又是其学习的榜样与对象。也就是说，在跨国零售企业自身进行本土化适应与学习的同时，本土零售企业也处于学习和模仿时期。本土零售企业面对一个强势的新进入者，在保持高度警觉的同时，还会主动通过近距离的观察以及防御性的竞争过招等途径，来“触摸”竞争对手，借以感知、学习、模仿对手，从而获得关于现代零售企业经营的相关知识以及先进的经营理念等，随着这种新经营知识的学习与积累，进而会引起其经营态度的改变，最终引起其经营行为的改变。本土零售企业或在学习与竞争中成长，或在学习与竞争中垮掉，外资企业或可取得局部市场垄断。本土企业到底成长还是垮掉，这既取决于制度安排，还取决于企业自身的学习力等因素。

2. 市场渗透扩张阶段：跨国零售企业国际化的落地生根期

跨国零售企业通过第一阶段的学习与适应，已逐渐熟悉了当地市场，因此，则进入战略性的扩张阶段，即谋求在当地市场以及跨地区市场进行连锁分店式扩张。而与此同时，本土零售企业经过第一阶段的学习与模仿，也逐渐熟谙这种连锁分店模式经营的真谛，比如优质店铺资源的重要性。由此，进入这一阶段也会谋划抢占市场、抢占资源。由此，这种连锁分店的复制/粘贴模式在客观上必然会引起从众效应。而当内外资企业形成群体行动时，则必然加剧市场竞争，从而使零售业市场结构发生改变。在我国，既会促使零售业由竞争性行业变为垄断竞争性行业，与此同时还会引起零售业呈集聚趋势。尤其需要特别指出的是，当跨国零售企业开始进行渗透扩张时，零售产业组织的基本条件完全改变，竞争将以跨国零售企业自身所拥有的基本条件为标准而展开。这是因为，跨国零售企业将以连锁分店模式进行跨地区扩张，而跨地区扩张所需要的扩张支撑力，它本身就意味着现代技术支撑与巨额资金的投入，这对于传统的原子型的商业企业组织条件来说是不可同日而语的。因此，跨国零售企业国际化由学习与适应期过渡到市场渗透阶段，也即意味着东道国零售业进入壁垒将显著提高，意味着零售业集聚将加速进行。

3. 全球资源优化组合阶段：跨国零售企业国际化全球竞争优势确立期

所谓全球资源的优化组合，对于跨国零售企业自身来说，进一步可分为两个层次：一是，对其在东道国市场的连锁分店资源进行战略整合与提升。通过战略整合与提升，旨在使其以连锁分店为节点的实体网状组织与其以现代信息技术为支撑的现代供应链系统相对接，以实现连锁经营的规模经济性。二是，将其在世界范围内的零售店铺资源进行全球整合，使之符合全球竞争优势塑造的战略要求，最终形成全球范围的网状组织结构，实现连锁经营的全球规模经济性。对于东道国本土零售企业来说，在这一阶段同样会进行战略整合与调整，只不过主要表现在本土范围内的店铺资源整合，以期形成全国范围内的战略竞争优势。因此，这一阶段上的内外资竞争，已不是连锁分店之间的竞争，而是供应链的竞争，是全球一体化市场的竞争。其竞争优势取决于全球范围内资源整合与调配的能力。从而，这种竞争格局必然会影响东道国零售产业集聚的变化，这种产业集聚的结果与趋势或以外资为主导，或以内资为主导，但当东道国零售产业集聚趋势呈现为以外资为主导时，则视为零售产业不安全风险出现。

上面剖析了跨国零售企业国际化过程的不同阶段可能对东道国零售企业与零售产业产生的影响作用及其可能结果，用图可直观地描述如下（见图9－3）。

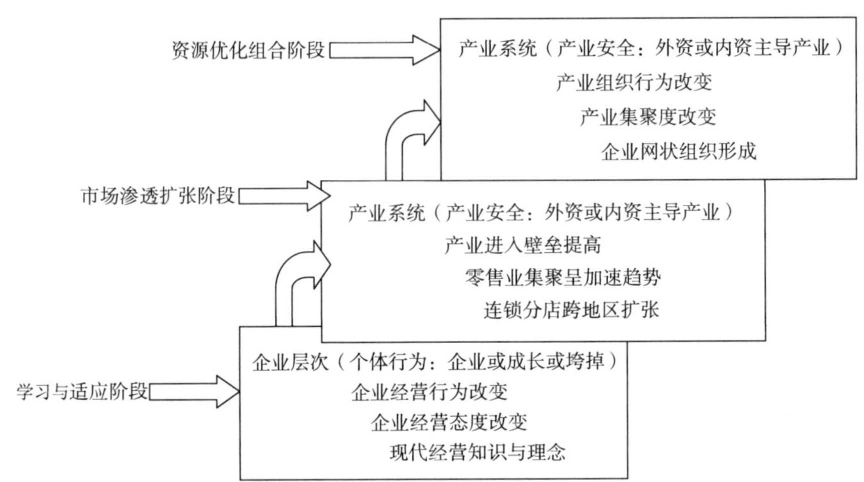

图 9-3　零售企业国际化影响与我国零售产业安全相关性动态分析

以上是基于零售企业国际化行为本身的特征与属性而进行的一般逻辑推理，而当引入东道国制度壁垒因素时，则必须在无约束条件与有约束条件下来分别讨论。

二　无约束条件下：跨国零售企业国际化影响的可能结果

所谓无约束，是指东道国未设置商业存在壁垒，即不存在以削弱或抵消跨国零售商竞争优势为目的的各种制度安排，包括市场准入限制和非国民待遇承诺。具体来说，在市场准入方面，不存在禁止跨国零售商进入本国开业或者是限制跨国零售商的数量、股权参与比例等；在非国民待遇方面，不存在国家标准设立、政府采购、外汇管制等方面对跨国零售商的差别待遇等。由于本书主要讨论外商进入对本国零售业的影响，因此，这里的无约束条件，主要指不存在市场准入限制。也就是说，跨国零售企业可以在任何时间、任何地点以任何方式进入。如此，跨国零售企业国际化影响的可能结果又会是怎样的呢？这里，我们依然分三个阶段来进行分析。

（一）本土化适应阶段：零售市场局部垄断形成

在这一阶段，跨国零售企业作为一个同业竞争者闯入东道国市场，无疑会促使东道国某一地（或某一市）的市场竞争加剧。但由于各东道国零售业发展水平不同，其零售市场结构也大相径庭，因此，所可能引起的市场竞争状况各不相同。对于发达国家来说，其零售业发展一般都比较成熟，市场集中度较高，因此，新企业的加入一般会引起在位者较为激烈的市场反击，外资零售企业能否在竞争中取胜，主要取决于其自身扩张能力的强弱，即既取决于其所有权特定优势及其特性，还取决其扩张支撑力以及本土化适应力的强弱。也就是说，一地（或一市）的市场竞争格局，主要取决于竞争双方的力量对比。

而对于发展中国家来说，由于跨国零售企业拥有成熟的品牌与统一经营模式，尤其在新兴主流零售业态的经营方面较本土零售企业明显占有优势。因此，其通过跨国连锁分店的复制/粘贴，很快且很容易抢占高端消费市场，从而取得在局域市场的竞争主动权。虽然，在其进入初期，由于文化差异而引起的消费需求及其条件差异的障碍，会造成一时的水土不服，但因其在本国内已完成了自我成长过程，企业已拥有知识学习、知识积累以及知识传递的完善机制，因此，这种水土不服将是短期的。一旦迈过水土不服期，其相比本土零售企业而特有的竞争优势就会显现出来。首先，其会追求单店规模经济的实现，而当其单店营业面积达到5000～20000平方米、经营商品品类在20000种左右时，单店就能够实现“一站式购物”，从而满足消费者的多样化消费需求，最大限度地吸引周边消费者。其次，会将其经过本土化适应性改造的分店模式进行本地区的复制/粘贴，以实现销售规模经济。而一旦实现了销售规模经济就可促使采购规模经济实现，进而可支持其“天天平价”销售商品。这时，就会出现如沃尔玛所到之处的“五公里死亡圈效应”，即在外资开店地区，本土中小型零售商大量倒闭。结果是局部市场由其垄断。

在这一阶段，对于发展中国家的局部市场来说，零售店铺资源竞争不是焦点，焦点主要在于不同经营业态的竞争，即新型零售业态与传统经营业态的竞争。这一时期，店铺资源之所以不成为竞争焦点，一方面是因为发展中国家零售发展水平不高，零售网点资源尚未充分利用；另一方面是因为，跨国零售企业从事的主要是新型零售业态，其在店铺选址上与本土零售商不构成直接竞争。但在这一阶段发展的末期，外资进入所产生的致命影响可能在于，潜在地改变了产业组织的基本条件，直接摧毁了本土企业自我成长的环境与机会。因为，缺乏竞争力的本土企业在实力强、来势猛的跨国零售企业攻击下，若无本国政府的制度保护则必然迅速溃败，根本没有其向对手学习而获得自我成长的时间与空间。

（二）企业渗透扩张阶段：东道国零售产业被控制

经过本土化适应阶段之后，跨国零售企业必将遭遇连锁经营企业无边界性与消费需求有限性之间的矛盾与冲突，要解决这两者之间的矛盾与冲突，其必将迅速地跨入战略发展的第二阶段，即跨地区高速扩张。这一时期具体可分为两个阶段。

1. 连锁分店跨区域复制/粘贴

如上所述，当一地市场被其连锁分店填满时，它就会谋求跨地区扩张。一般路径是：选择一个尚有市场容量和发展空间的城市和周边地区，建立分公司总部和配送中心，进而不断地开设新店铺，尽早使新区域的销售额达到规模经济的要求。当其取得该地区的绝对垄断地位之后，则又会向下一个区域进行扩张，如此反复地如法炮制，直到这一国再无新的发展空间时为止。

2. 东道国范围内的系统整合

这一般是在跨区域扩张战略基本完成之时，跨国零售企业就会进入从微观到宏观、从分散到系统的整合时期。这是因为，在跨区域扩张过程中，可能往往出于抢占先机、攫取资源的战略考虑，所开的连锁分店无论在分店自身的经营上，还是在总部与分店的关系上，存在诸多问题。尤其是在发展中国家的跨地区扩张中，其为了争夺市场，连锁分店的布点往往更多的是出于战略需要，因此，当其在全国范围内的战略布点已基本完成时，就需要对连锁分店进行系统化整合，让其真正连锁起来。其整合完成，也就意味着其在东道国的一体化网状组织结构形成。当跨国零售企业在东道国的一体化网状结构形成之时，由于这种网状组织结构的最大竞争特征在于对于新进入者形成有进难退的市场壁垒，此时，也就意味着，外资零售企业全国范围内市场权力已经形成。它既可凭借其实施纵向约束，还可以凭借其进行横向约束，通过成本壁垒、技术壁垒以及空间壁垒等，钳制住中小零售商，并有效阻止潜在进入者。如此结果是，使东道国零售业市场高度集中于几家外资零售企业，最终东道国零售产业被其控制与主导，零售产业安全风险形成。

在这一阶段，市场竞争的焦点是优质店铺资源的争夺。因为，经过第一阶段之后，本土零售企业也会进行防御性的进攻，开始进行连锁分店的扩张，从而使优质店铺资源会逐渐变成稀缺资源。同时，这一时期，由于外资零售企业经过系统整合，其结果是，内外资企业之间的市场竞争由单个企业之间的竞争而演变为供应链之间的竞争。市场竞争的强度与范围将迅速提高，竞争将促使东道国零售产业加速集聚，加速向外资集聚的趋势。主要表现为：优质店铺资源向外资集聚，新型零售业态被外资主导，流通渠道的话语权落入外资手中。

（三）全球竞争优势塑造阶段：国家经济安全风险出现

经过第二阶段之后，跨国零售企业还会进一步谋求全球竞争优势塑造，会进一步寻求将东道国的零售网络组织嵌入其全球一体化组织的网络内，并对其进行统一管理、统一进行资源调度与整合。其全球一体化整合完毕，则东道国零售产业的调控权就会转移至外商手里。进而，由于零售业的专业化交易商地位所决定，由于其现代经济活动中的终端地位所决定，则东道国的经济安全风险形成。

上述无约束条件下的跨国零售企业国际化影响过程，或者说国家经济安全风险形成过程，可用图直观地描述如下（见图9－4）：

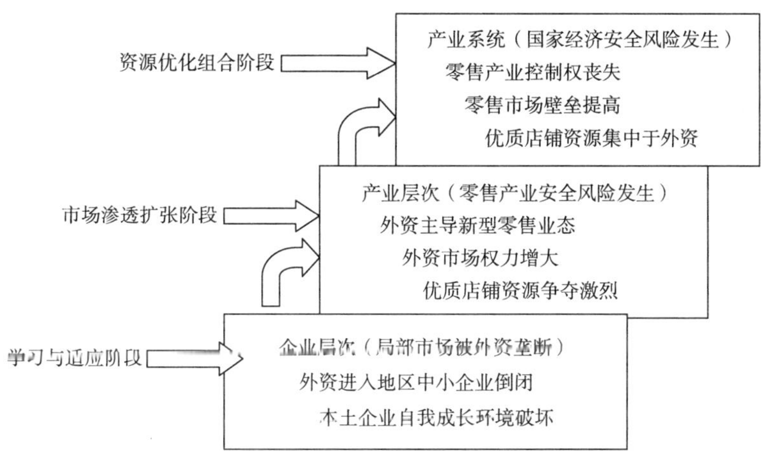

图9－4 无约束条件下零售产业安全形成机理

三 约束条件下：跨国零售企业国际化影响的可能结果

显然，上述无约束条件的前提假设只存在于理论状态。就目前服务贸易实践来看，各国为了保护其自身服务贸易利益，都程度不同地设置了服务贸易壁垒。这些壁垒有些比较明显，是直接针对外商而设立，有些则相对隐蔽。但不管是隐性的还是显性的进入壁垒，其作用都在于约束跨国零售企业的野性生长。同时，我们还应注意到，上述讨论是在比较静态的意义上来展开分析的，即假设本土零售企业竞争力不变。这显然也不符合客观事实。实际上，内外资零售企业是在相互影响、相互竞争中共同发展的。因此，要对跨国零售企业国际化影响作出客观的准确评价，还需从动态角度，将其放在进入壁垒的约束条件下来进行观察与讨论。

从我国来看，对于外资零售企业的市场准入，实际上经历了从完全禁止到试点开放，再到全面开放的一个历史演进过程。从时间上看，从 1992 年我国零售业对外资试点开放至今，已经过了 18 年。这 18 年，应该说是在内外资双方相互学习、相互适应并互为竞争对手的博弈中走过来的。若从跨国零售企业国际化对我国本土零售企业的影响来看，这个历史演进过程可分为三个阶段。

（一）外资进入与我国本土企业的学习模仿时期（1992～1999 年）

在这一时期，我国开始允许外资以商业存在方式进入，但对其活动的空间范围（只允许在试点城市）、投资形式（严禁独资与控股）、业务范围（不得经营批发业务）作了严格限制。显然，这种限制性开放市场的目的在于：既要引进先进的零售业态与经营理念，以搞活国内商业，同时又要限制外资企业进入所可能带来的不利影响。无疑，这是在专为本土企业成长打造一个练兵平台。本土企业可以通过与竞争对手的尝试性过招而“干中学”，通过近距离的观察、触摸而了解竞争对手，为双方正式交战作心理与技术方面的准备与适应。这个准备与适应期用了 7 年。7 年时间意味着什么呢？可以沃尔玛为例。7 年时间使沃尔玛从一个小镇的街头小杂货店走向了成熟，开始将其自身的品牌与统一经营模式以连锁分店模式向周边地区进行复制。因此，7 年是个不算短的时间概念，它完全可以使一个企业完成其内部成长过程。从这个意义上说，这一阶段的零售企业国际化影响是，训练与造就了本土竞争对手。这一点还可以本土零售企业早于 20 世纪 90 年代中期就开始进行连锁分店的扩张行为为证。因为这一扩张行为本身就足以说明，本土零售企业已悟出了连锁分店经营的关键因素之一——优质店铺地址资源的价值。

（二）内外资零售企业之间的省会城市竞争时期（2000～2004年）

在这一时期，我国在对前期各地越权审批的违规企业清理整顿后，随即对外资在市场准入和国民待遇方面的壁垒迅速降低，即在进入地点（扩大至所有省会城市及重庆和宁波）、投资形式（允许控股）、经营范围（允许经营批发）等方面的限制都全面减少。假如说，前一阶段，中外双方的竞争还处于模拟、试探阶段，那么，在这一阶段，则意味着中外双方全面竞争的帷幕正式拉开。本土零售企业能否在竞争中取得优势地位，则需要看其竞争实力了。应该说，本土零售企业既具有了先动优势，也完成了自我成长过程，在理论上说也应进入高速扩张期。

（三）内外资零售企业之间的全面自由竞争时期（2004年底至今）

2004年12月11日以后，我国零售市场全面对外资开放，也就是说，外资零售企业可在任何地区、以任何股权形式进行商业存在，从而，内外资零售企业之间全面的、公开平等的自由竞争时期开始。在战略上，就外资零售企业来说，其在我国的扩张行为也已进入成熟时期，在战略上也作了大的调整。一方面，其着手对先期设立的各种经营网点资源进行战略整合；另一方面，其继续加快扩张的步伐进入新的市场。其在我国东部继续扩张的同时，开始向我国中西部地区投资设店。在获取店铺资源方式上也由新设投资向并购投资、由合资控股向独资方式转变。同时，积极实施本土化战略，包括产品本土化、人力资源本土化、营销本土化以及融资本土化等，以期塑造在中国市场的整体竞争优势。就内资企业来说，此时也应进入战略调整时期，其战略调整的方向应是，由粗放走向内涵与精细，由简单模仿走向自我创新，要向信息技术要效率，以获取连锁经营的规模经济效益。因此，从整体上说，进入这一时期，内外资企业都需要在创新博弈中寻找胜出的路径。竞争双方谁能在市场竞争中获取相对优势地位，还需经受市场过程的筛选。

但从2004年至今的情况来看，似乎外资较内资的战略调整更迅速、及时，而且呈现出更加迅猛的扩张势头。面对外资来势迅猛的收购与兼并势头，本土零售企业生存状况以及零售产业安全乃至国家经济安全风险形势似乎更加严峻。

在约束条件下，零售企业国际化影响与我国零售产业安全相关性状况如图9－5所示。

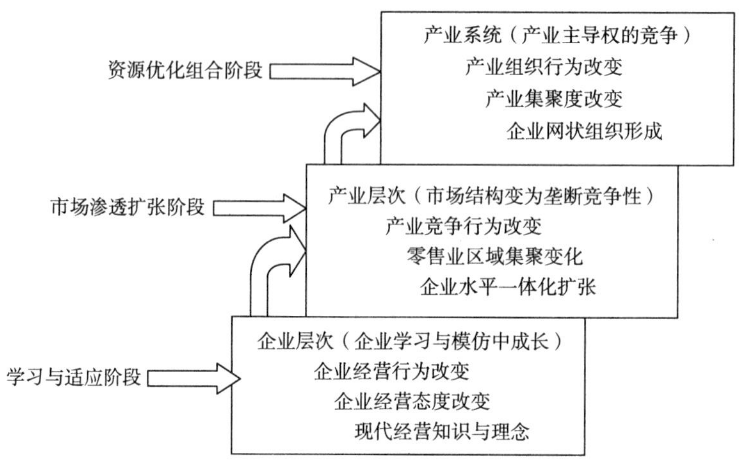

图 9－5　约束条件下零售产业安全形成机理

四　结论

综上分析，关于零售企业国际化影响与零售产业安全两者之间的相关性，在理论上应可得出结论：零售企业国际化影响与零售产业安全之间有其内在逻辑相关性。其逻辑上的相关性则主要表现为以下关节点的相关性并进而由其传递形成：

（1）外资零售企业进入与东道国（我国）零售产业集聚相关。零售产业集聚是零售业发展的必然趋势，但在外资进入下，将会使东道国零售产业集聚呈加速趋势；而当本土零售企业在外资刺激下也加速扩张但在整体上呈现扩张乏力时，产业集聚必将趋向于外资；而当零售产业集聚趋向于外资时，则我国零售产业安全风险将可能发生。

（2）外资零售企业进入与东道国（我国）零售市场绩效相关。以上的产业集聚不仅会促使区域市场结构发生改变，还会促使整个零售市场结构发生变化，将逐步使我国零售市场由竞争性市场变为垄断竞争性市场结构。这种垄断竞争性的市场结构会进一步促使市场竞争加剧，即诱使企业进一步加速扩张；而当本土企业扩张支撑力、内部化能力与其扩张速度不相匹配时，必然导致其市场绩效下降，在长期内，则跨国零售企业强势的兼并与扩张势必迫使本土大中型零售企业或退出市场，或因市场绩效下降而陷入困境；而当本土零售企业市场绩效在整体上呈下降趋势之时，则我国零售产业安全风险将可能发生。

（3）外资零售企业进入与东道国（我国）零售企业竞争力相关。一方面，外资进入有助于本土企业在竞争中学习而提高竞争力，而另一方面，由于外资的进入与扩张，又会使零售市场进入壁垒趋于提高，而当市场壁垒提高的速度超过了本土零售企业竞争力提高的速度时，则会在限制市场新进入者的同时，使本土在位企业陷入有进无退的困境。这是因为，过高的市场进入壁垒，无疑会使企业一旦进入即表现为巨大的沉没成本而很难轻易退出；而一旦本土零售企业在整体上竞争力趋于下降时，则我国零售产业安全风险将可能出现。

（4）外资零售企业进入与东道国（我国）经济安全相关。这是由跨国零售企业具有全球资源的整合与调配能力所决定的。当其在东道国零售产业中处于主导地位时，它在全球资源优化组合的优势就会完全发挥出来，这时，不仅东道国的零售产业被其控制，更重要的是东道国的制造业也将被其控制与约束。这种纵向约束的结果将直接挤压了制造业的生存与发展空间，最终将危及东道国的经济安全。

以上前三个方面的任何一个方面只是可能诱致我国零售产业安全风险发生的因素，但并不必然发生。只有当这三方面同时出现时，才能确定我国零售产业安全风险出现。因此，上述前三方面相互联系，缺一不可，共同构成综合观测我国零售产业安全风险状况的重要指标。上述结论及其逻辑关系如图9－6所示。

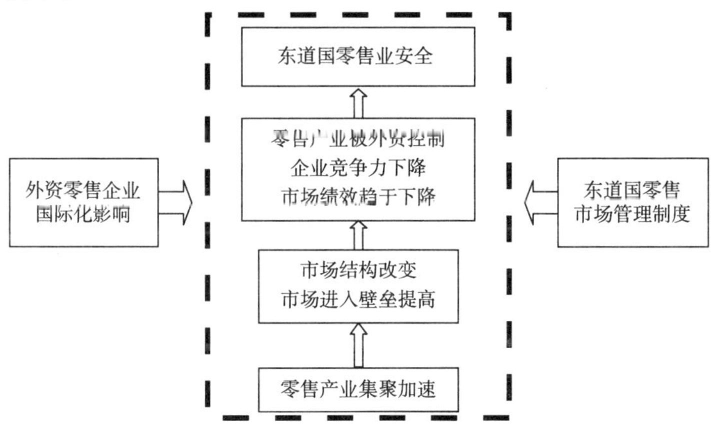

图9－6　零售企业国际化影响与东道国零售业安全相关性分析框架

这里需要特别指出的是，上述结论显然只是一种理论上的逻辑推理，这里实际暗含着东道国零售市场管理制度无效或无所作为。但在实际上，迄今为止，还没有任何一个国家允许外资服务业包括外资零售企业在本国任意发展，其差别只在于管理的方式与程度上的不同而已。因此，上述有关理论上的逻辑分析及其分析结论，在实践上的意义起码有以下几点：

其一，为我们评估与防范零售产业安全风险问题提供了进一步研究的理论切入点与思路。

其二，由于零售企业国际化呈现渐进性特点，零售企业国际化影响也呈现过程的渐进性，由此为我们研究制度演进及制度设计提供了理论指导。

第三节　本章小结

综上，关于零售企业国际化影响与我国零售产业安全相关性问题我们可得到以下基本结论：

（1）零售企业国际化与东道国零售产业安全之间在理论上具有内在逻辑相关性，而相关性的微观基础在于零售企业国际化行为。即零售企业国际化行为，尤其是发达国家零售企业国际化行为自身潜在着可能威胁我国零售产业安全风险发生的因素。

（2）这种潜在的风险因素与可能路径主要表现在以下三个相关的节点上：

第一，外资零售企业国际化将影响我国零售业集聚，而外资零售业所具有的强大内部张力则可能致使我国零售业集聚趋向于外资。

第二，外资零售企业国际化将影响我国零售业市场绩效，这是由于外资零售企业所具有的竞争优势可能致使我国零售市场结构与进入壁垒形成更利于外资的特征，于是，使本土零售业市场绩效可能呈下降之势。

第三，当以上两种情况出现时，从长期来看，则本土零售业竞争力状况将趋于恶化，国家零售产业安全风险将会出现。

（3）零售企业国际化影响与我国零售产业安全间的相关关系，在实践上要受制于我国有关市场制度的安排与约束，即通过影响其对外直接投资行为的“外部引力”因素而起作用。

综上，我们可提出以下理论假设：①零售企业国际化与我国零售产业集聚相关；②零售业国际化与我国零售业市场绩效相关；③零售业国际化与我国零售业竞争力相关；④零售业国际化与我国零售产业安全相关。

第十章
零售企业国际化影响与产业集聚及绩效

本章拟对零售企业国际化影响与我国零售产业安全相关性的以下两方面进行实证与评估：（1）零售企业国际化影响与我国零售产业集聚相关性，以验证假设①：零售企业国际化与我国零售产业集聚相关，以揭示其影响的主要路径与发展趋势；（2）零售企业国际化影响与我国零售业市场绩效相关性，以验证假设②：零售业国际化与我国零售业市场绩效相关，以揭示其影响的具体路径与发展趋势。

第一节　零售企业国际化影响与我国零售产业集聚①

一　分析与假设

（一）理论分析

2004 年底我国零售市场全面对外开放以来，外资零售企业在我国市场扩张的速度明显提高，规模明显增大，从而使我国东部发达地区零售市场竞争更加激烈，中西部地区二、三线城市的零售市场竞争也被迅速激活，并被纳入全国市场一体化竞争格局中。这一切预示着，我国零售产业集聚整合的历史时期正在到来。这既包括产业内企业集聚，也包括产业的区域集聚。而不

① 樊秀峰：《外资进入对我国零售产业集聚的影响》，《西安交通大学学报》（社会科学版）2010 年第 5 期。

管是哪种类型的集聚，对于本土零售企业来说，能否在这场集聚整合中崛起，无疑直接关系到我国零售产业安全问题。其中涉及的理论与实践问题很多，首要一个问题是：外资企业将如何作用于我国零售产业集聚过程？在理论上，即零售企业国际化与东道国零售产业集聚相关性问题。

就现有文献看，西方学者对这一问题关注不多，只有少数学者作了研究。例如，Marion 和 Nash（1983）考察了美国食品零售业的外国直接投资特点以及这些投资对美国企业和市场的影响，发现外国直接投资在带来新产品和新的商业技术的同时，对东道国市场结构和市场竞争情况也有重要影响：由于在美国食品零售业的投资大都是通过兼并进行的，所以提高了该行业的行业集中度，产生了垄断势力，抑制了竞争。他们同时也发现，即使美国的食品零售产业有大量的外资进入，但是这些投资很大程度上是受到美元贬值影响而进入的，他们市场份额有限且单纯是为了获取市场势力而进入，所以不会对美国国内的企业和产业产生决定性的影响，反而是本国大的零售企业的兼并活动可能对市场结构影响巨大，应该受到关注。Toktali 和 Boyaci（1998）对土耳其市场进行了实证研究，结果表明，跨国零售商的市场兼并活动迫使土耳其的一些零售商退出市场，而且潜在的扩张趋势给那里的大型零售商形成了巨大的压力，等等。

相对而言，我国学者对此研究较多，但研究大多还处于直观描述和猜测阶段。如李晓锦（2004）通过分析认为，虽然短期内入世加剧了我国零售业市场竞争，降低了市场集中度，但由于以下几点原因，我国零售业市场集中度在长期内将不断升高：①零售业规模不断扩大和规模经济壁垒的作用导致市场集中度不断提高；②开放条件下，跨国零售企业越来越倾向于通过兼并进入中国零售市场，兼并手段在帮助企业迅速扩大规模、增强竞争实力、占据市场份额的同时，直接推动了产业集中度的提高；③技术进步使零售产业的规模经济效益更为显著，提高了零售业的规模经济壁垒，进一步推进了市场集中的趋势。胡春艳（2006）认为，相对于生产企业，零售企业的规模经济更为明显，除了可以通过采购成本的节约、固定成本的分摊、风险抵御能力的提高、单位面积交易量的增大等多方面降低其成本之外，还可以通过高度统一的连锁经营模式，低成本“复制”扩张来实现较强的规模经济，所以具有较强竞争优势的跨国零售企业进入可能使东道国产业市场集中程度提高。

综上可见，关于零售企业国际化对东道国零售产业集聚影响的研究，总体上还处于初步阶段。现有为数不多的研究已经表明，外资进入会对我国零售产业集聚产生影响，但缺乏实证且没有回答如何影响。同时，现有研究更多地注意了对产业内企业集聚的影响，即对市场集中度的影响，而缺乏对区域集聚影响的研究，当然，更缺乏对影响路径的深入分析。因此，这里拟基于零售产业性质与资源特征视角，探索外资零售企业国际化对我国零售产业集聚的影响及其主要路径。若对零售企业国际化与零售产业集聚这两个相互独立的客观事物，分别从内涵与特征上予以剖析，就会得出如下基本认知。

（1）零售企业国际化影响的主要路径是：加剧东道国零售店铺资源的企业集聚。

这里所说的零售企业国际化，依然主要是指跨国零售企业对外直接投资行为。所谓零售企业国际化影响，则是指由跨国零售企业对外直接投资行为而客观形成的对东道国零售产业集聚的影响。大家知道，跨国零售企业对外直接投资行为，或者说零售企业国际化行为，在我国，主要是以连锁分店的复制/粘贴方式进行的。跨国零售企业之所以能进行连锁分店的复制/粘贴，是因为其拥有独特的竞争优势，即一方面拥有在长期的经营活动中累积形成的专有专用的交易设置知识体系，且这种交易设置知识体系已显性化为企业统一经营模式与品牌，从而使其天然具有了无限扩张的可能性与内在冲动；另一方面还拥有基于供应链管理的扩张支撑力（樊秀峰，2009），从而使其进行跨国连锁分店的复制/粘贴行为成为现实。当携带有上述种种独特竞争优势的跨国零售企业进入东道国，必然会对东道国零售产业集聚产生影响。当然，这种影响作用的大小与力度，则取决于店铺地址这种稀缺性资源的可获得性。由零售企业立地性特征所决定，店铺地址这种稀缺性资源会对其扩张构成现实约束。因而，跨国零售企业进入东道国后的扩张行为及其对东道国零售产业集聚的影响，将集中表现为对店铺地址这种稀缺性资源的争夺。激烈竞争的结果必然会促使店铺资源的企业集聚，即店铺这种稀缺性资源最终将集聚于少数大型企业。至于这少数的大型企业是外资企业还是本土企业，或者二者兼有，则取决于东道国市场竞争结构的特征，在深层次上也取决于东道国的市场制度安排。

因此，假如说，零售产业企业集聚是市场竞争机制作用的客观必然，那么，在开放条件下，外资零售企业的进入则会加剧这种企业集聚进程，其加剧作用的主要路径是店铺资源的企业集聚。

（2）零售企业国际化影响的主要特征是：加速企业集聚趋高与区域集聚趋低之势。

什么是集聚？集聚是正外部性、规模经济和范围经济以及相联系的生产机构的共定位，它既包括产业内的行业区域集聚，又包括行业内的企业集聚。作为零售产业集聚，也如是。但由于零售业性质与资源特征不同于其他行业，从而决定了其区域集聚与企业集聚的内在含义以及两者之间的关系有其特殊性。

大家知道，零售业与传统的制造业相比，无论在其职能定位上还是在资源属性方面都有着明显的不同。一方面，零售业与传统工业相比，具有更强的地域性特征。这是由于零售业直接面向最终消费者，较传统的制造业更易受到人口地区分布和消费能力分布的影响，从而更加强调企业的布局问题（马龙龙，2006）；且其发展越成熟，服务的提供者越需要靠近服务需求者，其行业区域集聚程度越趋低（李文秀、谭力文，2008）。具体表现就是，店铺资源分布的区域离散化。另一方面，随着高速运输工具的产生和信息技术的快速发展，零售业这个一直以来被认为是缺少规模经济的“地方性”行业和“原子性”行业，也开始呈现产业内企业集聚发展的特征。但其产业内企业集聚的内涵以及与产业的区域集聚的关联却不同于制造业。由于零售企业扩张是以连锁分店式扩张为主，而这种连锁分店式扩张，很类似于蜘蛛结网的方式，众多的连锁分店犹如蛛网上的“结”，流通渠道犹如蛛丝，当一地一市的店铺被其布满或是受到消费需求约束了，就会进入下一个地区（或城市），如此最终会在全国织成一张巨大的跨区域的网状组织。一般来说，一个大型的跨国或跨地区连锁企业，如沃尔玛，其店铺资源拥有量一定是相对大的，而其区域分布一定是相对广阔分散的。因而，这就决定了零售产业集聚的区域集聚程度与产业内企业集聚程度并不总是存在一致性，其在企业集聚度提高的过程中区域集聚度会趋于下降。也就是说，当店铺资源在向少数企业集聚的同时，其店铺资源的区域集聚可能会趋向于分散。由此决定了零售产业集聚评价的二维特征，即以产业内企业集聚为横轴、产业的区域集聚为纵轴的二维评价模型特征。

由上可见，连锁分店的这种蛛网式扩张实际上正回应了零售产业集聚特征的客观要求，二者具有天然的拟合性。因此，在开放条件下，零售企业国际化必然在客观上加速东道国零售产业企业集聚趋高与零售产业的区域集聚趋低之势。

（二）研究假设与指标设计

综上，可就零售企业国际化与零售产业集聚之间的关系，进一步提出如下假设：

假设1：跨国零售企业国际化与我国零售产业集聚相关。

假设2：跨国零售企业国际化行为与我国零售产业内企业集聚正相关。

假设3：跨国零售企业国际化行为与我国零售产业的区域集聚负相关。

如此，若要实证零售企业国际化对我国零售产业集聚的影响，只需要进一步作如下研究：首先，证明零售企业国际化与我国零售产业集聚相关，以验证假设1；其次，证明零售企业国际化行为，即店铺资源及其相关变量与我国零售产业内企业集聚正相关、与我国零售产业内的区域集聚负相关，以验证假设2与假设3。问题就自然解决。

根据以上研究构思，这里拟分两步进行考察：第一步，利用赫芬达尔指数与基尼系数考察在外资进入下我国零售产业集聚的变动趋势，以求证假设1；第二步，把外资零售企业国际化行为放在我国零售产业集聚的二维空间下进行相关性分析，考察外资零售企业国际化影响的主要路径，以验证假设2与假设3。

具体指标设计如下：

（1）关于零售企业国际化行为的指标描述。以跨国零售企业进入我国后所拥有的连锁分店数、营业面积、营业人员、销售额分别与我国相应总量的比率来描述。

（2）关于零售产业集聚的指标评价。具体分为两个指标来衡量：企业集聚度与区域集聚度。

企业集聚度，拟用衡量市场结构的一个重要指标赫芬达尔指数来反映。

$$H = \sum_{i=1}^{N} s_i^2, S_i = \frac{x^i}{T} \times 100\%$$

其中，H为赫芬达尔指数，该指数将随着产业内企业集中度的增加而上升；x^i为各企业的销售额，T为市场总规模；s_i是第i家企业的销售额占整个产业的销售额的比例；N表示该行业中最大的N家企业。

区域集聚度，拟采用判断平均分配程度的空间基尼系数来评价。该系数最早是在20世纪初由意大利经济学家基尼根据洛伦茨曲线找出的判断分配平均程度的指标，这里作为区域集聚指标来反映零售产业区域分布的不均程度。计算公式可表述为：

$$G = \sum_{i} (x_i - s_i)^2$$

其中，G表示空间基尼系数，系数越大，代表产业的区域集聚程度越高；反之，则越低。受数据可得性的影响，本书用 i 地区 GDP 总量和全国 GDP 总量的比值来计算 x_i，s_i 则代表该地区限额以上批发和零售业商品零售总额与全国限额以上批发和零售业商品零售总额的比值。根据空间基尼系数的原意，数据的如此处理并不影响对问题的说明。

从而，（1）通过赫芬达尔指数与基尼系数的计算，可观察在外资进入下，我国零售产业内企业集聚和产业的区域集聚的趋势与特征；（2）通过将外资零售企业国际化行为指标化，即按其拥有的店铺数、营业面积、从业人员以及销售额在我国的占比数据，放在反映我国零售产业集聚状况的二维空间下进行相关性分析，可观察其对我国零售产业集聚的影响及其主要作用路径。

二　验证假设 1

（一）外资进入下，我国零售产业内企业集聚的变动趋势

考察在外资进入下我国零售产业内企业集聚的变动趋势，从理论上说，应从 1992 年我国零售业对外试点开放至今作为数据观察期，但由于 1992 ~ 2000 年期间的数据难以收集，同时，由于这一期间外资零售企业在我国的扩张行为是受到严格控制的，其国际化行为对我国零售产业集聚的影响不是十分明显，因此，这里以 2000 ~ 2007 年为观察期，以我国国家统计局所公布的社会消费品零售总额代表我国市场总规模，以中国连锁经营协会所公布《中国连锁百强企业》的 100 家企业来代表 N 企业，按照上述赫芬达尔指数公式，计算了反映我国 2000 ~ 2007 年间零售产业内企业集聚度的赫芬达尔指数。详情如表 10 - 1 所示。

表 10 - 1　2000 ~ 2007 年我国零售产业赫芬达尔指数

年　份	2000	2001	2002	2003	2004	2005	2006	2007
H 指数	0.000021	0.000040	0.000071	0.000120	0.000260	0.000351	0.000448	0.000459

从表 10 - 1 可看出，我国零售产业内企业集聚度从 2000 年开始一直呈现增长势头，从 2000 年的 0.000021 上升到了 2007 年的 0.000459，七年间增长了 20 多倍；从具体增长过程来看，在 2003 年之前比较平缓，而从 2003 年开始后呈现加速之势，直到 2006 年才重新趋于平缓。如此走势，正与我国零售

产业开放的历史进程相吻合。因为，我国零售市场在2004年底以后全面对外资开放，而从2003年开始，一方面，外资零售企业不管是已进入的还是未进入的都加快了扩张步伐，尤其2005年之后，跨国零售企业在华扩张出现了质的飞跃，不仅扩张速度加快，而且扩张的方式也呈现多样化，更多地采用独资、收购、兼并、战略联盟等形式，以图尽快获取竞争优势；另一方面，在外资加速扩张的刺激下，我国本土零售企业也加快了扩张步伐，企业间的联合与兼并频频发生。因此，假如说，我国零售产业在入世前后，即在2000年前后曾出现过第一次扩张潮的话，2003年前后，即我国零售市场全面开放前后，应是第二次扩张潮，从而我国零售市场竞争进一步加剧，激烈的竞争加速了产业内企业集聚。这就是在2003年之后赫芬达尔指数出现快速上升的内在原因。这也充分说明，外资进入是加速我国零售产业内企业集聚的重要因素。

如此，假设1得到部分验证。

（二）外资进入下，我国零售产业区域集聚的变动趋势

由于连锁经营是影响零售产业区域集聚变动的主要方式，且跨国零售企业在我国的市场进入也主要是以连锁分店方式进行的，因此，以下分两个层次来计算我国零售产业区域集聚的基尼系数。首先，计算能反映全国范围内零售产业分布状况的基尼系数，借以考察零售产业在全国省市之间均匀分布程度；其次，计算能反映连锁经营企业在全国省市之间分布状况的基尼系数，为进一步考察零售企业国际化行为影响作准备。

1. 零售产业整体视角下的空间基尼系数

这里以1999～2007年全国31个省市的国民生产总值数据、1999～2007年全国31个省市限额以上批发和零售业商品零售销售总额数据为依据，按照上述基尼系数计算公式，计算了我国在此期间的零售产业的区域集聚度，详情如表10－2所示。

表10－2　1999～2007年我国零售产业的空间基尼系数

年份	1999	2000	2001	2002	2003	2004	2005	2006	2007
G	0.020908	0.020063	0.011821	0.010361	0.008363	0.009163	0.007610	0.007161	0.005922
增速（%）		－4.04	－41.08	－12.35	－19.28	9.57	－16.95	－5.90	－17.30

由表10－2可知，1999～2007年，我国零售产业的区域集聚度总体上呈

下降趋势，从 1999 年的 0.020908 下降到了 2007 年的 0.005922，说明我国零售产业在空间分布上逐渐趋于发散。这一发散趋势在 2001 年间最为显著，空间基尼系数下降了 41.08%，之后大概以每年 10% ~20% 的速度逐渐下降，而且没有看到停止的迹象（2004 年除外）。结合我国零售产业对外开放历程可知，我国零售产业的区域集聚度之所以在 2000 ~2001 年产生如此剧烈的变化，是因为，伴随着入世，我国零售市场也进一步对外资开放。1999 年 6 月，国务院批准了《外商投资商业企业试点办法》，将开放地域由原来的 15 个城市扩大到所有省会城市和计划单列市，同时允许外商开办连锁分店，股权比例经国务院特批可超过 51%。因而在这之后，很多外资零售企业如沃尔玛、家乐福、麦德龙等零售巨头，为抢占先机，纷纷杀入中国二三线城市，部分企业甚至不惜违规抢摊设点，跑马圈地。与此同时，本土企业也加快了扩张步伐。因此就形成了自 1999 年之后我国零售产业的区域集聚度持续下降的现象。

2. 连锁零售企业视角下的空间基尼系数

这里以《连锁零售商业企业专题数据 2002 ~2007》中所公布的 2002 ~2007 年限额以上连锁零售商业企业统计数据为依据，以各省市国民生产总值与全国国民生产总值之比为参照，按照开店数、营业面积、从业人数以及销售额这四个指标，分别计算了 2002 ~2007 年间我国连锁零售商业企业的区域集聚度。按这四个指标分别计算的基尼系数值分别用 SIG、SIA、SIS、SIB 来表示。具体计算结果如表 10 –3 所示。

表 10 –3 2002 ~2007 年我国连锁零售企业的基尼系数

年份	SIG	SIA	SIS	SIB
2002	0.027415	0.036910	0.035870	0.080919
2003	0.028022	0.036453	0.036527	0.079922
2004	0.032349	0.027635	0.035615	0.066842
2005	0.011169	0.017218	0.023407	0.024438
2006	0.009456	0.011928	0.018167	0.020014
2007	0.008827	0.011796	0.016460	0.019044

根据计算结果可知，连锁零售企业无论从店铺分布还是从营业面积与从业人员以及销售额的分布来看，总体上区域集聚度都呈现不断下降的趋势。

之所以如此，从上述分析可知，外资零售企业在此期间的连锁分店式扩张应是主要诱因，这里不再赘述。

由此，假设 1 得到充分例证。

三 验证假设 2 与假设 3

（一）相关性计算

基于以上讨论，这里进一步将外资零售企业国际化行为变量引入，以考察其与我国零售产业集聚度之间的相关性。即把外资零售企业国际化行为变量放在我国零售产业内企业集聚与产业的区域集聚这个二维空间下进行评价，以考察其对我国零售产业集聚的影响。

关于外资零售企业统计范围及其国际化行为度量等具体指标的计算问题，还需要作如下说明：这里所说的外资零售企业主要是指外商投资的连锁零售企业，具体包括中外合资经营企业、中外合作经营企业、外商独资企业以及外商投资的股份有限公司，不包括港澳台投资的连锁零售企业。其国际化行为度量，具体用连锁零售企业店铺资源及其相关变量数据占我国相应总量的比值来表示。比如，连锁分店数与我国连锁分店总量之比表示外资零售企业分店扩张的影响情况，以此类推。但由于统计数据收集的限制，难以将所有外资零售企业包括进来，只能以限额以上的连锁零售企业统计数据为依据。表 10－4 即是按照上述思路所计算的我国 2002～2007 年期间，限额以上外资零售企业的店铺数量、店铺面积、从业人员数量、销售额这四项指标分别占我国相应总量的比值，分别用 FG、FA、FS 和 FB 来表示。

表 10－4 2002～2007 年外资连锁零售企业所占比值

年份	FG	FA	FS	FB
2002	0.023	0.063	0.068	0.102
2003	0.022	0.068	0.065	0.106
2004	0.045	0.077	0.099	0.115
2005	0.042	0.06	0.112	0.102
2006	0.033	0.07	0.116	0.09
2007	0.079	0.103	0.143	0.12

进而，可以表 10 - 1、表 10 - 2、表 10 - 3 以及表 10 - 4 为依据，计算 2002 ~ 2007 年外资零售企业国际化行为与我国零售产业集聚之间的相关性，即分别计算 FG、FA、FS、FB 与 HI、SIR、SIG、SIA、SIS 以及 SIB 之间的相关系数，所得结果如表 10 - 5 所示。

表 10 - 5　2002 ~ 2007 年间外资零售企业国际化行为与我国零售产业集聚度的相关系数

	HI	SIR	SIG	SIA	SIS	SIB
FG	0.71	-0.72	-0.52	-0.68	-0.65	-0.63
FA	0.54	-0.63	-0.32	-0.48	-0.49	-0.39
FS	0.95	-0.84	-0.79	-0.95	-0.90	-0.91
FB	0.03	-0.16	0.22	0.04	0.10	0.10

（二）相关性分析

从表 10 - 5 可看出：

1. 外资零售企业国际化与我国零售产业内企业集聚呈正相关

（1）FS 与 HI 的相关系数为 0.95、FG 与 HI 指数的相关系数为 0.71，说明相关度较高。因此，可以认为，就目前来看，外资进入主要是通过从业人员的增加以及连锁门店的迅速扩张，进而加剧行业竞争的机制，促进了我国零售产业集聚度的提高。

（2）外资零售额份额 FB 与 HI 指数的相关系数仅为 0.03，说明二者没有密切关系。也就是说，从目前来看，外资零售额份额的变化并不是引起行业集聚度上升的主要原因。换句话说，仅从营业额上目前无法观察到外资零售企业国际化行为的影响及其程度。这也说明，只通过市场集中度指标，即用 CRn 来观察外资进入对我国零售产业集聚的影响过于简单，难以揭示外资零售企业国际化影响的真实状况。

2. 外资零售企业国际化与我国零售产业的区域集聚呈负相关

（1）从零售产业空间基尼系数（G）来看，除了 FB，FG、FA、FS 与 SIR 的相关系数均较高，且为负数，表明有较强的负相关。这表明我国零售产业从销售额来看，其区域分布趋于分散，这与外资的连锁门店扩张及其关联的营业面积、从业人员占比的增加密切相关。由此可认为，外资零售企业国际化行为是促使我国零售产业空间基尼系数下降的主要原因。

（2）从与连锁门店扩张相关的各因素来看，影响程度又有区别，首先表现为营业人员影响，其次是连锁门店。这可从其相关系数看到。如 FS 与 SIG、SIA、SIS 以及 SIB 的相关系数分别为 -0.79、-0.95、-0.90、-0.91，FG 与 SIG、SIA、SIS 以及 SIB 的相关系数分别为 -0.52、-0.68、-0.65、-0.63，都呈现出较强的相关性。唯独 FB 与 SIG、SIA、SIS 以及 SIB 的相关系数均为正，而且较小，这也从另外一个角度说明，外资进入在市场份额上的扩张目前并未对零售产业的区域集聚产生较大影响。

至此，假设 2 与假设 3 得到实证。

四 结论与政策隐含

综上，关于零售企业国际化与我国零售产业集聚的相关性，在理论与实践上可得出如下结论与启示：

（1）外资零售企业国际化行为是影响我国零售产业内企业集聚趋高、区域集聚趋低的重要因素。

（2）外资零售企业国际化行为的主要影响路径，在我国目前主要表现为店铺扩张与人力资源的竞争，而外资零售企业市场份额的变化并不是使零售产业企业集聚度上升的主要原因。如此，若要评价我国目前零售产业安全状况，仅依据外资零售额占比的变化是不足以说明问题的。

（3）从未来看，在相当一段时期内，店铺资源的争夺与人才的竞争仍将是外资对我国零售产业集聚影响的主要因素。这是由我国零售产业结构在地域发展上的不平衡性所决定的。一方面，在我国中西部地区由于流通产业发展相对落后，仍会把吸引外资作为加速当地零售产业发展的重要手段来运用，甚至不惜“过度开放”，因而内外资企业之间在店铺资源与人力资源方面的竞争将在所难免；另一方面，在我国东部地区，由于零售市场开放较早，零售网点已趋于饱和，外资要想在东部地区继续扩张，购并必将为重要方式，从而势必进一步加剧东部地区零售店铺资源与人才资源的竞争。

（4）在市场制度安排上应有如下启示：①零售店铺资源作为关键性稀缺资源，应作为零售市场管理制度安排的重要手段与工具予以高度重视；同时，在进行零售产业安全评价时，或者说在观察外资零售企业的发展动向时，不仅要考察外资零售企业在我国的市场相对份额，还要考察其连锁分店占有量的相对比重及其发展趋势，这样才能全面描述在外资进入下我国零售产业集聚的发展趋势与特征。②作为我国中西部地区的各级地方政府，在零售店铺等关键性资源的市场管理制度安排上，如何防止过度开放，如何创造内外资公平竞争的市场环境等，应提到零售产业安全风险防范的高度来认识。

第二节 零售企业国际化影响与我国零售业市场绩效①

一 市场绩效评价与比较的依据

市场绩效是零售企业国际化影响与零售产业安全相关性的一个关键节点，因此，通过市场绩效视角来评估我国零售产业安全状况应是不可或缺的视角之一。

但就现有文献看，相关的国外研究尚未见到，相关的国内研究也很少，且主要以定性研究为主。例如，徐淳厚、梁慧敏（2003）通过对北京零售业对外开放的进程、新的竞争格局以及发展趋势的分析，认为内资零售企业必须通过整合资源增强实力并培育自己的核心竞争力；周瑾、周文婕（2003）通过对外资并购我国零售企业的动因、积极效应与负面影响的分析，认为外资公司在短期内会迅速扩大市场份额来谋取垄断特权，内资企业需要进一步扩大规模、抢占细分市场来形成自身的优势业务并开展合作等策略来应对外资并购；黄学锦、曾德高（2009）认为重庆本土零售业与外资零售业在资金实力、技术、管理等方面存在差距，只有通过积极挖掘自身优势、整合流通渠道等方法才能提高内资零售企业的竞争力。少量的学者进行了定量研究，但目前还主要局限于业态、区域层面，并且使用的指标数据较单一。如李林芳、曾思渝（2007）收集了1993～2005年内资零售业社会消费品总额、外资零售企业销售总额的数据，建立计量模型，经分析认为外资进入后抢占了国内零售企业的市场份额，国内企业应把握先机、提高竞争力；孔令刚、蒋晓岚等人（2006）以安徽市场为例，先从理论上分析了外国商业资本直接投资对本土零售业市场进入壁垒的突破、重建以及对市场集中度的影响，然后通过零售业市场结构模型对外资零售企业在中国开放较早城市的进入进行了实证分析；尤建新、陈江宁（2007）运用DEA方法对在国内外上市的12家

① 樊秀峰、王美霞：《开放条件下内外资零售业市场绩效评价与比较——基于DEA产出模型的实证分析》，《统计与信息论坛》2011年第7期。

零售企业的市场效率进行了分析；徐建、汪旭晖（2009）收集了我国30个省、直辖市、自治区的限额以上零售业从业人员数、资产总额、企业门店数、主营业务收入和主营业务利润等截面数据，结合DEA方法对东中西三大区域零售业效率进行了评价；等等。

综上可见，现有研究尚缺乏从整体与系统的角度，分析与评价外资进入对我国本土零售业市场绩效的影响。因此，这里拟运用DEA产出模型，测算全国以及内、外资零售业的综合效率、纯技术效率和规模效率，通过对我国内、外资零售业市场绩效水平变迁的对比与评价，深入揭示外资进入对我国零售业市场绩效影响的趋势及其路径。

二 评价方法、模型及其指标设计

（一）评价方法

零售业，从其生产要素的结构特征来看，它是典型的劳动力和资金密集型行业；从属性与特征来看，由于其是专业化的交易商，直接面向最终消费者，决定了其对经营场所的位置和数量具有高度的依赖性；从作用与地位来看，零售业是连接生产与消费的重要环节，对上游产业有明显的拉动和主导作用，是传统的周期性行业，其发展受宏观经济的影响和制约（白永秀、慧宁，2008）。显然，零售业是一个多投入、多产出的复杂系统，要对这样一个复杂系统进行市场绩效分析，所选取的分析评价方法必须既要满足产业经济学关于市场绩效评价指标选取的基本要求，又要充分体现零售业的产业特点，只有这样，才能得出符合客观实际的科学结论。

因此，本书拟采用数据包络分析法（Data Envelopment Analysis），即DEA分析法来进行评价。此方法是由著名的美国运筹学家Charnes和Cooper等学者在“相对效率评价”概念上发展起来的一种新的效率评价方法。其通过对投入和产出比率的综合分析，计算投入产出效率，由于不需要考虑投入与产出之间的函数关系，也不需要预先估计参数及任何权重假设，特别适用于多投入、多产出的复杂系统的效率评价。同时它还能判断各决策单元的投入规模是否恰当，可给出调整投入规模的正确方向和程度。本书选用这一评价方法，既可以弥补传统评价方法的不足，又能够客观、全面地反映零售产业多投入、多产出的复杂系统特征，应是可行而恰当的。

（二）DEA 产出模型

根据投入或产出距离函数，DEA 可分为基于投入的与基于产出的两种不同方法。基于投入的 DEA 方法目的是为了测算生产单元相对于给定产出水平下最小可能投入的效率，而基于产出的 DEA 方法则是为了度量实际产出与给定投入水平的最大可能产出差距。本书采用基于产出的 CCR 模型和 BCC 模型对我国限额以上零售企业的综合效率、纯技术效率和规模效率进行测算和分析。

1. 基于产出的 CCR 模型

假设某系统中有 n 个决策单元（DMU），每个决策单元都有 m 种类型的输入和 r 种类型的输出，则某决策单元的输入向量为 $X=(X_1, X_2, \cdots, X_m)$，输出向量为 $Y=(Y_1, Y_2, \cdots, Y_r)$，通过引入非阿基米德无穷小量 ε，建立的 CCR 模型为：

$$
\begin{cases}
\min\left[\theta-\varepsilon\left(\sum_{j=1}^{m}s^{-}+\sum_{j=1}^{r}s^{+}\right)\right]=\theta^{*} \\
s.t.\ \sum_{j=1}^{m}X_j\lambda_j+s^{-}=\theta\lambda_0 \\
\sum_{j=1}^{n}Y_j\lambda_j-s^{+}=Y_0 \\
\lambda_j\geqslant 0 \\
s^{+}\geqslant 0, s^{-}\geqslant 0
\end{cases}
$$

上式中，ε 为非阿基米德无穷小量，一般取 10^{-6}，s^{+}、s^{-} 为松弛变量。上式的主要经济学含义是：λ_j 将各个有效点连接起来，形成有效生产前沿面；非零的松弛变量即过剩量 s^{+} 或不足量 s^{-} 使得有效面可以沿着水平或者垂直的方向延伸，从而形成包络面。θ 则表示 DMU 距离包络面的投影。

利用 CCR 模型可计算出在规模报酬不变条件下的内外资零售业的综合效率，也称为技术效率。

2. 基于产出的 BCC 模型

由于 CCR 模型是假设在固定规模报酬下来衡量整体效率，但并不是每一个 DMU 的生产过程都是处在固定规模报酬之下，于是，去除 CCR 模型中规模报酬不变的假设，而以规模报酬变动取代，就发展成 BCC 模型。具体的

BCC 模型如下所示：

$$
\begin{cases}
\min\delta = \delta^{*} \\
s.t.\ \sum_{j=1}^{n} X_j\lambda_j \leqslant \delta X_0 \\
\sum_{j=1}^{n} Y_j\lambda_j \leqslant Y_0 \\
\sum_{j=1}^{n} \lambda_j = 1 \\
\lambda_j \geqslant 0, j = 1,2,\cdots,n
\end{cases}
$$

利用 BCC 模型可计算出在规模报酬变动条件下的内外资零售业的纯技术效率。纯技术效率和规模效率是对综合效率的细分，系统的综合效率等于纯技术效率和规模效率的乘积。

（三）指标设计与数据处理

1. 市场绩效指标

根据产业经济学理论，所谓市场绩效是指在一定的市场结构下，通过一定的市场行为使某一产业在价格、产量、成本、利润、产品质量、品种及技术进步等方面达到的现实状态。它实质上反映了市场运行的效率。因而，市场绩效的评价指标应主要体现在以下四个方面：资源配置效率、产业的规模结构效率、技术进步程度、x 非效率（尤建新、陈江宁，2007）。

2. 投入、产出指标

根据 DEA 分析法，这里将 1999 ~ 2008 年期间的每一个年份定义为 DEA 的一个独立决策单元，同时又定义了决策单元的投入和产出向量，具体选取了以下投入（输入）与产出（输出）指标，如表 10 – 6 所示。

表 10 – 6　输入输出指标

输入指标	输出指标
x_1 年末从业人员数（人） x_2 资产总额（亿元） x_3 营业网点数（个）	y_1 商品销售利润（亿元）

从输入指标来看，年末从业人员数、资产总额、营业网点数指标既可以直观地反映我国零售业的规模结构及其产业地位，又可以从不同的角度反映我国零售业人力、财力、物力的投入构成；从输出指标来看，商品销售利润可直接反映零售业生产经营活动所取得的成果，直接体现生产者的生产效率、资源利用效率水平的高低，并且与零售业市场绩效水平密切相关。

3. 样本数据来源与处理

这里所采用的数据均来源于2000～2009年《中国统计年鉴》，涵盖了外资进入我国零售业的三个阶段：1999～2001年底外资试探性地大规模进入、2002～2004年入世后3年市场过渡期、2005～2008年零售市场全面对外开放期。由于这里拟研究外资进入后对我国零售产业整体市场绩效的影响趋势与程度，故经笔者计算整理，将港澳台、外商投资零售企业数据合并记为“外资零售业”相关数据。此外，由于2004年各类统计年鉴中统计口径均为“批发零售业”，难以分离出“限额以上零售业”数据，故为了统计口径一致并进行连续的时间序列分析，笔者将2003年与2005年的相关数据进行算术平均得到2004年的数据。

三　内、外资零售业市场绩效实证分析与评价

基于我国零售业的研究现状与产业经济学中关于市场绩效的相关理论，结合零售业的产业特点，本书主要从DEA产出模型出发，选取了表10－6所示的输入、输出指标，测度我国限额以上零售业市场绩效水平。

（一）实证分析结果及其评价

笔者运用DEAP 2.1软件，对相关数据进行分析，得到了1999～2008年期间各年的零售业综合效率、纯技术效率、规模效率和规模特征值，详见表10－7。

表 10－7 按照注册类型划分我国限额以上零售业效率值

指标 DMU	全国零售业				内资零售业				外资零售业			
	综合效率	纯技术效率	规模效率	规模特征	综合效率	纯技术效率	规模效率	规模特征	综合效率	纯技术效率	规模效率	规模特征
1999 年	0.096	1.000	0.096	irs	0.490	1.000	0.490	irs	0.252	1.000	0.252	irs
2000 年	1.000	1.000	1.000	－	0.540	1.000	0.540	irs	0.427	1.000	0.427	irs
2001 年	0.112	1.000	0.112	irs	0.482	1.000	0.482	irs	0.725	1.000	0.725	irs
2002 年	0.116	0.919	0.126	irs	0.427	0.939	0.455	irs	0.332	0.814	0.408	irs
2003 年	0.124	0.906	0.137	irs	0.452	0.934	0.484	irs	0.327	0.708	0.463	irs
2004 年	0.266	0.798	0.333	irs	0.600	0.922	0.651	irs	0.785	0.892	0.880	irs
2005 年	0.376	0.715	0.526	irs	0.659	0.912	0.723	irs	0.977	1.000	0.977	irs
2006 年	0.448	0.666	0.672	irs	0.749	0.919	0.815	irs	0.911	1.000	0.911	irs
2007 年	0.497	0.604	0.824	irs	0.788	0.898	0.877	irs	0.937	0.985	0.951	irs
2008 年	0.758	1.000	0.758	drs	1.000	1.000	1.000		1.000	1.000	1.000	
均　值	0.379	0.861	0.458		0.619	0.952	0.652		0.667	0.940	0.699	

注：irs 代表规模报酬递增，drs 代表规模报酬递减，－代表规模报酬不变。

资料来源：《中国统计年年鉴》(2000～2009)，经笔者计算所得。

由表10－7数据可知，限额以上全国以及内、外资零售业的市场绩效具有以下特点：

（1）全国零售业与内、外资零售业的综合效率水平普遍较低，但从整体上看呈逐年递增的趋势（见图10－1）。

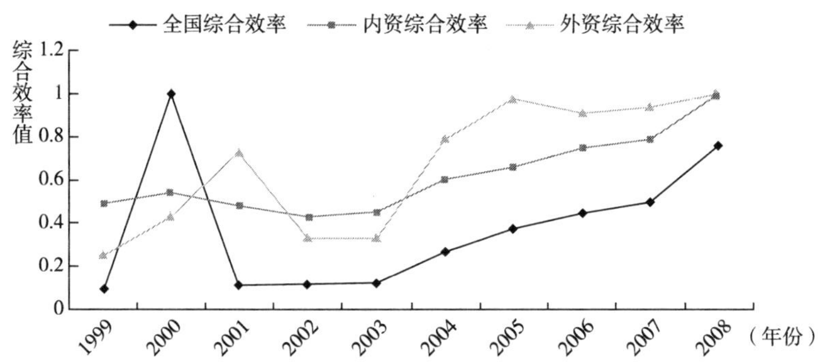

图10－1　1999～2008年我国限额以上零售业综合效率趋势

由图10－1可发现：从发展趋势来看，内资零售业综合效率在曲折中平稳上升，尤其是从2003年开始直线式上升；外资零售业综合效率水平波动较大，2001年前快速上升，过渡期内急剧下滑，但从2005年开始不断飙升，并在2008年实现最优水平。从具体指标值看，零售业的综合效率都与最优效率水平存在一定差距，均有9个年份未实现DEA有效，其中，全国零售业的综合效率水平最低，10年均值仅为0.379；内资零售业次之，均值为0.619；外资零售业综合效率水平最高，均值为0.667。全国零售业仅在2000年实现DEA有效，内、外资零售业仅在2008年实现DEA有效。这说明了我国零售企业在长期内利用现有技术的有效程度差，资源配置效率低，粗放利用严重，在生产经营中劳动力、资金、营业网点等投入相对过大。

（2）全国零售业与内、外资零售业的纯技术效率虽有波动但保持稳定增长（见图10－2）。

由图10－2可知：全国与内、外资零售业的纯技术效率均值分别为0.861、0.952、0.940，外资零售业纯技术效率均值虽比内资零售业小0.012，但外资零售业在10年间累计6年均实现DEA有效，而内资零售业纯技术效率仅在1999年、2000年、2001年和2008年累计4年实现DEA有效。这说明了在开放条件下，外资零售企业在入世后的三年过渡期内不断调整，适应我国环境和产业政策，且市场反应更加灵敏，调整步伐与速度都较快，在

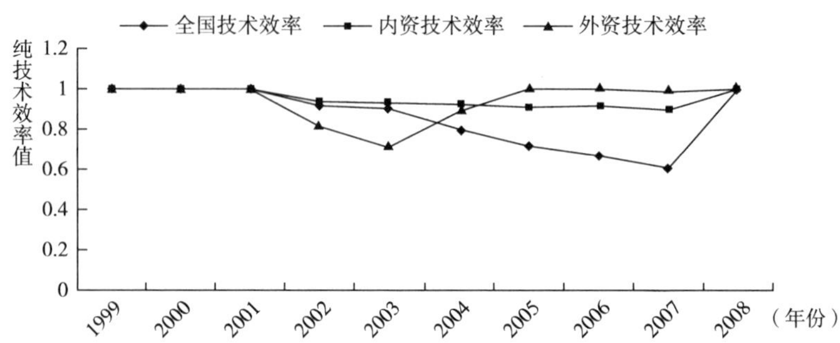

图 10－2　1999～2008 年我国限额以上零售业纯技术效率趋势

2005 年快速完成调整并持续实现 DEA 技术有效；内资零售业则表现出在跨国零售业大批进入后对新市场环境反应迟钝、调整适应能力差且调整期长、技术更新缓慢等特点。

（3）内、外资零售业规模效率绝大多数年份均未实现 DEA 有效，但外资零售业规模效率调整速度快且总体保持稳中有增趋势，内资零售业规模效率平滑递增但速度相对缓慢（见图 10－3）。

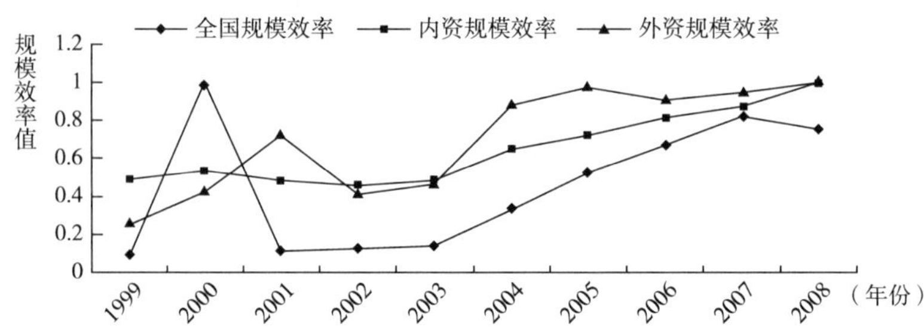

图 10－3　1999～2008 年我国限额以上零售业规模效率趋势

据图 10－3 可知：从规模效率值看，全国零售业的规模效率水平最低，均值为 0.458；内资零售业规模效率水平次之，均值为 0.652；外资零售业规模效率水平最高，均值为 0.699。从规模特征来看，全国零售业除 2000 年、2008 年实现规模报酬不变和规模报酬递减外，其余年份均处于规模报酬递增；内、外资零售业除 2008 年实现规模报酬不变外均实现规模报酬递增。从发展趋势来看，内、外资零售业规模效率都呈现不断递增的趋势，且外资规模递增速度更快，内资零售业规模效率虽保持平滑递增趋势但速度相对缓慢。

（二）非 DEA 技术有效 DMU 投入冗余情况分析

本书通过使用投影方法，分析了非 DEA 技术有效 DMU 的输入变量，即从业人员数、资产总额和营业网点数等指标的改进方向和程度，具体的投入冗余情况如表 10－8 所示。

表 10－8　我国限额以上零售业冗余投资情况分析

指标 / DMU	全国零售业冗余量			内资零售业冗余量			外资零售业冗余量		
	从业人员数（人）	资产总额（亿元）	营业网点数（个）	从业人员数（人）	资产总额（亿元）	营业网点数（个）	从业人员数（人）	资产总额（亿元）	营业网点数（个）
2002 年	181685	374.9	2325	128985	257.4	1707	24351	76.8	138
2003 年	215321	524.2	2773	140469	332.2	1870	41197	143.8	257
2004 年	528010	1410.9	10411	191004	497.5	3924	19170	68.9	160
2005 年	840696	2400.8	21020	241598	674.5	6330	－	－	－
2006 年	1067535	3330.4	28291	235394	721.2	6458	5712	21.5	72
2007 年	1408533	4681.1	38223	325039	1063.1	9380	－	－	－

由表 10－8 可知，2002～2007 年全国与内资零售业有 6 个非 DEA 技术有效决策单元，外资零售业有 4 个非 DEA 技术有效决策单元。这说明了在现有的产出水平下，这些非 DEA 技术有效年份内，内、外资均存在不同程度的投入冗余。从投入冗余量绝对值来讲，内资零售业从业人员数、资产总额和营业网点数均高于外资企业；从投入冗余比例来讲，内资零售业各指标随着生产规模的扩大呈逐年增加趋势，而外资零售业在 2003 年达到最大值后呈逐年递减的趋势，并且有 2 年实现了 DEA 有效。这再次证明了我国零售业市场全面对外开放后，外资零售业虽然存在投入结构不合理、技术效率低等原因造成的相对冗余，但其适应与调整能力强，在投入结构及技术水平上优于内资零售业。

四　结论及政策建议

综上分析，可初步得出以下结论：

（1）外资进入对我国零售业的技术效率影响不明显，也就是说，外资进入并没有刺激内资零售业加速技术进步与研发投入以提高技术效率。当然，内外资零售业均存在投入结构不合理、技术效率低的相对冗余，但外资企业调整能力强，能迅速实现 DEA 技术有效，相比内资零售业更具有技术方面的竞争优势。这可从以上的纯技术效率与投入冗余分析中看出。

（2）外资进入对我国内资零售业的规模发展影响明显，但这种规模扩张主要是以外延式规模扩张为主。换句话说，自开放零售业市场以来，我国内外资零售业的主要竞争方式是外延式规模扩张，即跑马圈地。这可从内外资零售网点均呈快速增长的同时而其综合效率与规模效率均不高的矛盾现象中看出。

（3）从长期看，技术效率与规模效率仍将是外资进入对我国内资零售业产生影响或构成威胁的主要方面。这可从外资零售业在 2003 年之后，其规模效率与投资冗余指标都呈较快增长的势态中得出。

因此，针对上述结论，我们不难发现，提高我国零售产业市场绩效的主要路径应包括以下两方面：

一方面，本土零售企业要重视研究与开发，尽快完成从外延式扩张模式到内涵式扩张模式的转变，走集约经营的发展道路。在这方面，国家或地方政府可通过一定的产业政策与财政金融政策来支持其研发与信息技术投入对资金的需求。

另一方面，管理理念与信息技术需要同步推进。我国零售企业经营很复杂，零售企业需要脱离原有的传统模式，由手工管理切换到计算机管理，加大与加快信息技术的投入。同时，零售企业应该转变观念，树立全新的生存与发展意识；加大对人力资本的投资，加快零售业人才开发和培养，提高管理者素质。市场竞争是人才的竞争，抓紧人才培养，建立与现代零售业发展相适应的人才队伍，是内资零售业发展的关键。

第三节　本章小结

本章实证分析结果表明以下几点：

（1）零售企业国际化影响与我国零售产业集聚相关。其相关性主要在于：外资零售企业国际化行为是影响我国零售产业内企业集聚趋高、区域集聚趋低的重要因素；外资零售企业国际化行为的主要影响路径，在我国目前主要表现为店铺扩张与人力资源的竞争，而外资零售企业市场份额的变化并不是影响零售产业内企业集聚度上升的主要原因；从未来看，在相当一段时期内，店铺资源的争夺与人才的竞争仍将是外资对我国零售产业集聚影响的主要因素。由此，“假设①　零售企业国际化与我国零售产业集聚相关”得到验证。

（2）零售企业国际化影响与我国零售产业市场绩效相关。其相关性在我国目前呈现以下特征：外资进入对我国零售业的技术效率影响不明显，也就是说，外资进入并没有刺激内资零售业加速技术进步与研发投入以提高技术效率；外资进入对我国内资零售业的规模发展影响明显，但这种规模扩张目前主要是以外延式规模扩张为主；从长期看，技术效率与规模效率仍将是外资进入对我国内资零售业产生影响或构成威胁的主要方面。由此，“假设②　零售业国际化与我国零售业市场绩效相关”得到验证。

第十一章
零售企业国际化影响与零售业竞争力

零售企业国际化影响与我国零售业竞争力相关性问题，即外资零售企业进入对我国零售业竞争力有无影响及如何影响的问题。本章在对前述有关零售企业国际化对东道国零售业竞争力影响的理论分析与假设进行验证的基础上，揭示其影响的主要路径与趋势，并就研究结论的政策性隐含提出相应的对策性建议。

具体来说，首先，对现有文献进行梳理以构建外资进入对我国零售业竞争力影响的一般分析框架；其次，对一般分析框架进行指标化分析，以确立评估指标体系；再次，运用该指标体系对我国外资进入下的零售业竞争力变迁情况进行主成分分析，以探寻在外资进入下我国零售业竞争力变化趋势及其变化的主要路径；最后，引入外资变量，观察其与我国零售业竞争力变迁的相关性，分析影响趋势及其主要路径。

第一节 外资进入对我国零售业竞争力影响分析

一 外资进入对我国零售业竞争力影响的相关研究

关于零售企业国际化对我国零售业竞争力影响的相关研究，其直接涉及的相关理论应包括两方面：一是零售业竞争力的相关研究，二是外资进入对我国零售业竞争力影响的相关研究。

（一）零售业竞争力的相关研究

迄今为止，相关研究在国内外都相对较少且观点不一。这一方面是因为有关产业竞争力一般范畴的概念界定及其衡量问题尚未定论，另一方面也因为关于零售业竞争力问题还并未引起理论界的足够重视。

1. 国外相关研究

从国外现有研究看，还主要侧重于对零售业竞争力的内涵与外延进行界定。代表性的学者与观点主要有：迈克尔·利维（2000）等从零售企业对顾客需求的满足程度出发认为，零售业的核心是顾客和竞争对手；大卫·E. 贝尔（2000）等从零售企业综合竞争力角度出发认为，零售企业的竞争力主要表现在管理水平、充足资本、营销技术、组织技术、后勤技术、信息管理系统技术、会计技术和员工管理方面；皮特瑞夫人等从资源角度出发认为，企业要有安排、使用资源并取得一定结果的能力。公司能力是基于信息的、有形的或无形的组织程序，由长期而复杂的资源互动产生的。企业的关键资源必须满足以下三点：a. 有价值性；b. 稀缺性；c. 不可模仿和替代性。

2. 国内相关研究

从国内现有研究看，学者们在界定零售业竞争力的基础上，更试图构建零售业竞争力的评价指标体系。比如，祝波、吕文俊（2002）构建了零售企业竞争力的五方面，即企业基本资源状况、经营能力、学习能力、创新能力和文化亲和力，并通过模糊判断法判断具体零售企业的竞争力现状；申建刚、杨念梅（2003）研究构建了北京连锁零售企业营销竞争力评价体系，从营销理念、营销信息、营销战略、营销策略、营销组织等五方面对零售企业的营销竞争力进行了客观评价；邵一明、钱敏（2003）从市场占有能力、营运能力、获利能力、信息技术水平、人力资本等五方面构建了零售业竞争力评价指标体系；石忆邵、朱为峰（2004）从规模指数、增长指数、市场潜力、业态及结构指数、国际化程度、基础建设条件和社会经济水平等方面构建了商贸零售业竞争力评价指标体系；杨亚平、王先庆（2005）主张从规模竞争力、产业增长力、结构竞争力、产业效益能力等方面来对区域零售业竞争力进行测评；李志玲（2005）认为零售业竞争力评价指标体系应包括零售业投入运转能力、零售业回报能力、零售业竞争度这三部分，即零售业竞争力＝零售业投入运转能力×零售业回报能力×零售业竞争度；张传忠（2000）认为，在评价零售业竞争力时需要考虑零售业创新能力、零售业成长性、零售环境和产业吸引力等因素，评估本土零售业竞争力需要依据本土零售业自身规模、结构、功能、成长性和发展力等来进行综合评判；岳中刚（2006）则基于数据的可获得性，提出了包括5大要素、18项指标的零售业竞争力综合评价体系，并利用因子分析法对我国30个省市在2003年的零售业竞争力进行了定量分析；冉净斐（2007）认为零售业竞争力影响因素既包括产业内部因素也包括产业外部因素，评价指标体系需要综合考虑内外部因素来设置，具体指标可分为产业规模指标、产业发展指标、产业绩效指标、产业生态指标；吕春成（2008）认为零售业竞争力存在地区差异性，需要通过因子分析法，找出对零售业竞争力最具影响的几个指标，经加权运算后，得出各省市零售业竞争力排名，然后再通过地区间的比较来分析我国零售业竞争力问题；等等。

综上可见，关于零售业竞争力评价指标体系的设计，国内外学者由于研究角度不同，指标设计存在较大的差异；国外学者倾向于从微观企业层面来进行指标设计，国内学者则倾向于从中观产业层面来进行指标设计，但都具有一定的理论与实践参考意义。由于零售业是由零售企业构成的有机整体，零售企业的竞争力是零售业竞争力的客观基础，因此，影响企业层面与影响产业层面的竞争力形成要素会有所区别，竞争力评价指标体系应将这种区别与差异反映出来。

（二）外资进入对我国零售业竞争力影响的相关研究

从外资进入对我国零售业竞争力影响的相关研究来看，现有研究是将外资进入对我国零售业竞争力的影响同我国零售产业安全问题联系起来进行认识的，且研究还处在描述性的或感性的分析阶段。比如，郎咸平、孙捷（2003）对于国际零售巨头在欧洲赔钱而在中国赚钱的现象进行了评说，认为，其很有可能在占领中国零售市场后，上抬零售价、下压进货价，对我国零售业竞争力造成一定程度的影响；王俊（2006）认为外资进入后影响了我国零售业市场结构、产业控制力和产业竞争力，从而使我国零售业发展安全受到威胁。当然，在总体上就外资进入对我国零售业竞争力的影响作用来看，存在两种不同的观点：有人认为外资进入带来了先进经验，起到了激励和示范作用；也有人认为我国零售业开放过度，与我国目前的经济发展水平不相一致。至于外资进入对我国本土零售业竞争力到底产生了怎样的影响，是如何影响的，到目前尚未见到基于数据所作的实证分析。

二　外资进入对我国零售业竞争力影响的一般分析框架

综上可见，虽然关于零售业竞争力的相关研究以及关于零售企业国际化也即外资进入对我国零售业竞争力影响的相关研究，在总体上还处于初级阶段，但都为本书的进一步研究提供了基础。归纳上述各家之言可发现，零售业竞争力是一个综合概念，在经济全球化的背景下，它也是一个相对概念。因此，关于零售业竞争力的概念可这样来描述，是指零售产业通过生产要素和资源禀赋的高效配置及转换，相对于他国或地区同一产业在生产效率、满足市场需求、持续获利等方面所体现的竞争的能力和比竞争对手更强的创造财富的能力。在这个定义下来看零售业竞争力的构成要素，在微观方面应包括零售业的盈利能力、扩张能力和控制能力；在宏观方面应包括影响零售业发展的宏观环境指标，如地区经济状况、人口数量和分布、收入水平等。结合零售业自身的性质与特征，上述因素可进一步归纳为四个重要部分，即规模因素、发展因素、绩效因素和环境因素。以下将在分别分析这四种因素与外资进入的相关性上构建零售业竞争力的综合评价指标体系。

（一）外资进入与我国零售业规模

零售作为生产与消费的中介，其规模效应非常明显：规模大可以使零售商有强大的议价能力，而“物美价廉”对消费者极具诱惑力，客户多了，零售业销售额增加，相应的利润也就增加了，利润增加致使零售商又进一步扩大规模，这是一个良性循环的过程。因此，企业竞争力与零售商规模成呈正相关关系。而从产业层面看，市场集中度是反映零售规模的重要因素，是体现产业规模大小的重要指标，其描述了市场份额集中在少数大企业手中的程度。因此，一定程度上的市场集中度提升有利于提高产业竞争力与产业效率。而就我国目前来说，不仅单个零售商规模偏小，而且零售业整体上的市场集中度也较工业为低。因此，扩大零售商规模，提高市场集中度，有利于提高零售业的整体竞争力水平。

外资零售企业一般采取连锁经营，经营规模大，市场集中度高，从而使其在与供应商打交道时具有很强的议价能力，可以享受较低的进货成本。美国《财富》杂志数据表明，世界排名前200家贸易公司都是连锁集团。以世界零售巨头沃尔玛为例，2000年其销售收入超过2000亿美元，而我国最大的零售企业——华联仅为111.4亿元。但在最近几年，特别是在零售业全面对外开放之后，我国零售业市场集中度不断提高，大型连锁企业成长迅速。换句话说，外资进入后，由于“鲶鱼效应”在实际上加快了我国零售业市场集中度的提高进程。

这是因为，一方面，由于外资进入，我国本土零售业大多出于生存与发展的需求会加快扩张步伐，提高零售业市场集中度，同时相对于外资零售业而言，其具有在位优势，因此，在外资进入之初，其扩张速度一般较快；而另一方面，由于外资进入，其在信息技术、连锁经营等现代流通技术与方式的应用方面也为本土零售业作了表率，从而可以带动本土零售业进行技术改造与技术创新，企业具有了一定的加速扩张能力与基础，同时由于优质零售网点的稀缺性使然，在外资进入之后的扩张压力下，我国零售业为了生存和发展，也会采取并购和重组等方式扩大规模，从而也会在客观上加速提高零售业市场集中度。从表 11 - 1 数据可见，我国零售业规模在外资大举进入后发展非常快，呈现明显的增长趋势。仅就这一点来说，外资进入对我零售业规模扩大的影响是积极的。

表 11 - 1　我国零售业 2003 ~ 2008 年发展规模数据*

年份	FDI（亿美元）	零售业销售额（百亿元）	零售业固定资产投资总额（亿元）	零售业增加值（十亿元）
2003	535.05	446.60	922.7	1116.95
2004	606.30	502.57	1273	1245.38
2005	603.25	565.89	1716.4	1353.45
2006	630.21	643.26	2265.3	1547.11
2007	747.68	750.40	2880.3	1886.61
2008	923.95	911.99	3741.8	2310.07

*数据来源：《中国零售和餐饮连锁企业统计年鉴（2007）》、《中国连锁零售业统计年鉴（2004 ~ 2006）》。

（二）外资进入与我国零售业发展

产业竞争力的关键是产业的发展能力，发展能力越强，产业竞争力就相应越强；而发展能力的提高需要产业不断地增强自身素质，“扬长避短”。目前我国零售业发展水平相对于发达国家而言还有很大差距，要想有长足的进步和持久的发展，需要借鉴先进国家的经验及手段，不断提高自身的硬件设施和软件素质。因此，产业的发展能力在零售业中就主要体现在科学技术的运用和人员资源的开发方面。

1. 外资进入与零售业中科学技术运用

零售业虽属于劳动密集型行业，但科学技术能对其进行改造和提升，从而加快其发展速度和提升其竞争力。如上所述，沃尔玛通过其商用卫星，对产品库存和配送进行统一管理，不仅使其自身管理效率提高且成本降低，还大大提高了整个产业链的运行效率。而我国的零售业大多以人工操作，不论在采购、库存，还是在配送、销售等方面都比较落后。但自我国零售业对外开放以来，外资零售业的进入，其对现代科学技术的开发与使用无疑为我国零售业发展起到了示范效应。虽至目前我国零售业的科学技术运用水平相比外资差距还很大，但有不断增多的趋势。

2. 外资进入与本土零售业人力资源开发

人才相对于企业的发展来说永远都是匮乏的，但由于我国商业零售业传统所致，人才尤显匮乏。自古以来我国就有“重农轻商”的观念，零售业从业人员的地位相对比较低。加之新中国成立以来又有“重生产、轻流通”的思想盛行，致使很多高学历的优秀人才不愿意从事商业零售业。从目前情况来看，我国零售业中具有大专及以上学历的从业人员只占3%左右。我国零售业正处于高速扩张期，不论是供应链管理还是门店管理以及市场营销策划等都需要大量的人才，而人才储备的严重匮乏直接阻碍了我国零售业的发展。

我国零售市场对外开放后，外资大量进入，外资零售业对人力资源的重视以及其开发培训技术无疑使我国本土零售企业对人力资源开发有了危机意识，使我国本土零售业对于人才的重要性有了新的认识，也开始重视人力资源开发与培训。由于零售业属于劳动密集型产业，人员素质越高，产出越多，社会消费得也就越多，人均消费水平也会相应提高。应该说，我国零售业自对外开放以来的飞速发展，其人力资源开发也起到了一定的作用。这可从表11－2中的数据变化中窥见一斑。

表11－2 FDI与我国零售业的发展状况*

年份	零售业增加值增长率	社会消费品零售总额（亿元）	居民人均消费水平（元）	FDI（亿美元）
1996	0.171829	28360.2	2774.424	417.26
1997	0.129953	31252.9	2986.548	452.57
1998	0.092581	33378.1	3144.356	454.63
1999	0.083594	35647.9	3332.676	403.19

续表

年份	零售业增加值增长率	社会消费品零售总额（亿元）	居民人均消费水平（元）	FDI（亿美元）
2000	0.089106	39105.7	3617.92	407.15
2001	0.117765	43055.4	3856.018	468.78
2002	0.096015	48135.9	4092.649	527.43
2003	0.117509	52516.3	4398.028	535.05
2004	0.114983	59501	4910.723	606.3
2005	0.086777	67176.6	5446.595	603.25
2006	0.143086	76410	6122.337	630.21
2007	0.219441	89210	7084.206	747.68
2008	0.224456	108487.7	8161.94	923.95

*数据来源：《中国统计年鉴（2004~2009）》。

表11－2数据显示，随着外资的进入，我国零售业增加值每年都呈现强劲的发展势头，增长率逐年增高。增长率由最低时候的0.0836增长到最高时候的0.224，可以说发展的速度非常快。假如说人均消费增长速度加快是拉动零售业发展的外部因素，则零售业自身零售能力的提高应是重要的内部因素。而零售能力的提高，其中无论是科学技术的运用，还是人才的培养，都不同程度地促进了我国零售业的发展。

3. 外资进入与我国零售业市场绩效

从前述分析可知，市场绩效与零售业竞争力密切相关，零售业市场绩效即零售业的盈利能力和运营能力。发达国家零售业竞争力强的重要标志就是其市场绩效好。而零售业的市场绩效主要与零售业人均营业额、销售利润率、零售业增加值占GDP比重、资产负债率等因素密切相关。比如在2003年，我国企业500强中零售企业利润率平均为1.06%，而沃尔玛2002年就已经达到3%。同期，我国零售业的资产负债率也比较高，大多在70%以上。市场绩效决定了零售业的持续发展能力，所以，市场绩效无疑是评价一国零售业竞争力的重要指标。具体来说，外资进入会在以下两方面与我国零售业市场绩效发生作用与影响：

（1）外资进入与我国零售业盈利能力。外资零售商的商品销售价格普遍较低，甚至很多低于国内企业同种产品的进货价格，这对国内零售企业的盈利能力造成了很大的冲击，使得相当部分本土零售企业感到无法与外资企业竞争。外资连锁零售企业经营的基本战略是“低成本、低价格、低毛利”。比如沃尔玛“天天平价，始终如一”，把商品价格相比其他零售商便宜这一条放在了最重要的位置，对成本严格控制，才最终得以做到“天天平价”。外资对进货成本、物流成本和其他成本的控制非常严格。外资企业的这种低价诱惑，在使我国本土零售商失去了很多客户源，遭受巨大冲击的同时，也使我国本土零售业在供应链管理、成本控制等方面获得很大的启发和受益，开始重视供应量管理，加强成本控制，很多零售业也开始通过收购重组，做大体量，以谋求同供应商讨价还价的话语权。从而，其盈利能力也有明显的提升。根据统计年鉴有关数据计算可发现，1996 年我国零售业的销售利润率仅为 0. 004797，而 2003 年则达到 0. 035272，2003 年是 1996 年的 7. 36 倍，足见发展速度之快。2008 年我国零售业的销售利润率更是达到了 0. 07361，已是 2003 年的两倍多。因此，随着我国零售市场的逐步开放以及外资的大量进入，我国零售业的盈利能力在不断提升，竞争力也有所提高。

（2）外资进入与我国零售业的运营能力。外资零售业不仅具有先进的运营管理经验，且拥有先进的经营理念与经营技巧。零售业是一个资金占用非常明显的行业，要提高运营能力，应尽量减少占用自有资金和存货水平。一些外资到我国零售市场进行考察，认为我国零售市场的竞争还很不够，还有很多文章可以做。外资在运营方面的优势，使得他们可以很快适应中国市场，形成对我国本土零售业的挑战与压力。例如，家乐福经常运用“价格组合”的运营方式，比如，人们耳熟能详的知名品牌的价格比较低，不常见的商品价格则较高；不同时段不同价格，如某天某时段的价格低得惊人，以使消费者形成低价的错觉。而我国零售企业的运营方式相对比较单一，大多采用打折促销、赠礼品等方式吸引顾客。在外资全面进入我国零售市场后，我国的零售企业也在竞争中成长，现代运营方式与经营技巧也开始多样化，运营能力也在不断提高，或者说竞争力也有一定程度的提高。这可从外资进入后，我国零售人员的人均营业额的快速变化中看到，详见表 11 – 3。

表 11－3　FDI 与我国零售业人均营业额*

年份	FDI（亿美元）	人均营业额（万元/人）
2003	535.05	67.67
2004	606.3	81.02
2005	603.25	97.03
2006	630.21	113.91
2007	747.68	134.26
2008	923.95	160.26

*数据来源：《中国统计年鉴（2004～2009）》。

从表 11－3 可清晰地看到我国零售业人均营业额与 FDI 是呈高度相关的同方向关系，即随着外资进入的增加我国零售业人均营业额也呈现一个走高的趋势。也就是说，外资的进入，对我国零售业运营能力的提升或我国零售业竞争力的提升具有一定的促进作用。

4. 外资进入与我国产业环境

由迈克尔·波特的产业竞争力理论可知，产业环境要素是决定零售业竞争力的重要因素。外资进入虽然不能直接通过某种途径或手段改变我国零售业的外部环境，但它可通过某些新的消费文化与消费理念或方式影响我国消费者，可通过商品购销方式影响供应商，影响银行甚至政府，进而影响与改变我国零售业的外部环境。因此，外资进入与我国零售业环境因素是一对相互影响的因素。为了构造更完整的零售业竞争力分析框架，更清楚地分析外资进入对我国零售业竞争力的影响，需要将外资进入对我国零售产业环境的影响因素考虑进来。这些环境因素包括需求条件、政府、相关和支持产业等。由零售业的地位与作用所决定，环境因素应主要包括国民经济水平、市场需求、物流发展、政府和交通五个方面。

（1）国民经济水平。一国经济的整体发展水平高，其各类产业的发展水平和竞争力也相对较高。零售业作为产业链中的特殊环节，对整个国家的产业发展具有重要作用。在现代大工业发展时期，一方面，生产环节的商品需要借助零售业将使用价值转换为价值；另一方面，广大消费者的需求只有通过零售业的经营活动才能得到满足。因此，具有国际竞争力的零售业无一不是成长于经济发达的国家或地区。据统计，进入 2003 年世界零售业 20 强中，欧美国家的占 80% 以上。美国能产生零售业巨头沃尔玛，其中一个重要原因就是其经济发展水平高。在我国也如此，2002 年零售业前 20 强中，其中 70% 以上属于东部发达地区的零售企业。[①] 因此，国民经济水平是影响一国零售企业竞争力的重要因素。

（2）市场需求。根据迈克尔·波特的“钻石理论”可知，需求条件是影响产业竞争力的四要素之一，而市场需求又取决于三个变量：人口数量、消费能力和消费倾向。显然，人口越多，零售业潜在的市场需求就越大。我国东部地区相对于西部地区，人口密集，消费能力强，东部的零售业发展也就相对较快。而消费能力主要取决于居民可支配收入水平，收入水平越高，消费能力就越强。我国农村地区人口众多，但是人均收入水平低下，很多连锁超市很难进入农村地区。当然，在收入一定的条件下，消费倾向也是决定市场需求的重要因素。消费倾向越强，意味着人们愿意把收入更多地投入零售业中去。在美国很多居民都是信贷消费，而对中国的大多数人来说，借债消费很难接受。这实际上也在一定程度上制约了我国零售业的长足发展。近年来，政府把扩大内需作为工作重点，采取各种措施提高居民消费水平，其中零售业的销售方式创新，也是刺激消费需求扩大的重要手段。从这个意义上说，外资的进入，既为我国零售业带来了新兴业态，也在一定程度上刺激了消费者的购买欲望。“外商主要在中国投资大型综合超市和仓储式超市。而我国零售业主要以传统的百货店为主体，但近几年来百货店普遍业绩大幅下滑，处于衰退期，无法与外商投资的大型综合超市相抗衡。我国零售业的发展遇到瓶颈。”[②] 外资的进入给我国零售市场带来了许多新鲜的符合消费者心理的业态形式，增加了市场需求，对我国零售业竞争力的发展具有一定的推动作用。

（3）物流业。物流业与零售业是孪生兄弟。连锁零售业发展离不开现代物流业的支持。没有发达的物流业就没有发达的零售业。物流业作为零售业的支持性产业，它的发展水平直接关系到零售业的发展水平。由中国商务部、中国物流与采购联合会和中国物流信息中心共同发布的一份研究报告显示：2004 年我国物流总成本达到 9 万亿元，社会物流成本占 GDP 的比重远远高于发达国家水平。“我国商品的仓库周转率仅为发达国家的 30%，商品配送的差错率却是发达国家的数倍。”[③] 从世界上大多数零售巨头的物流配送来

① 数据来源：《中国连锁经营年鉴（2003）》。

② 钱寿海：《国内外零售业竞争力分析及其启示》，《商场现代化》2008 年第 22 期。

③ 转引自钱寿海《国内外零售业竞争力分析及其启示》，《商场现代化》2008 年第 22 期。

看，其多采用自建配送中心的方式，而我国由于零售业规模小，资金实力弱，大多不能负担自营配送中心的成本。同时，由于我国现有的物流配送中心大多以原有的仓库改建而成，物流和供应链还处于起步阶段，物流自动化水平低且配送效率低，还缺少统一的规范，存在配送中心建设不统一、配送不及时等问题，严重影响了我国零售业的发展。当然，随着我国零售业对外开放的不断深入，内资零售企业也在不断吸取国外的先进经验，在物流配送方面也取得了一定的进步。以连锁上市公司的平均存货周转率为例，随着我国零售业的对外开放，我国物流配送也取得一定的进步，平均存货周转率从 2002 年的 6.74 上升到 2006 年的 15.66，可见进步还是比较大的。详情见表 11－4。

表 11－4　15 家连锁零售上市公司平均存货周转率*

年　份	15 家连锁零售上市公司平均存货周转率
2002	6.74
2003	7.64
2004	9.14
2005	10.23
2006	15.66

＊数据来源：《中国连锁经营年鉴（2003～2007）》。

（4）政府支持。根据制度变迁理论，需要有强大的利益集团充当制度变迁的创新者。政府作为制度变迁的主体，在推动制度变迁的过程中发挥着重要的作用。在零售业竞争力的问题上，我国政府也采取了许多推动零售业的发展措施，例如，2005 年 8 月，国务院专门颁布了《国务院促进流通产业发展的若干意见》，旨在通过财政与金融政策促进零售业的发展。因此，政府支持是影响一国零售产业竞争力的重要因素之一。

（5）交通状况。零售业发展与交通发展水平密切相关。零售业的运输、配送和销售需要借助物流的力量，而交通是物流发展的基础。凡是交通便利和位置优越的地方，发展零售业就相对便利。我国的珠江三角洲和长江三角洲由于地理位置便利、交通发达，因此，其零售业相对于我国地理位置偏僻、交通落后的西部地区就发达得多。

三　外资进入对我国零售业竞争力影响的评价指标

综上，外资进入与我国零售业竞争力变化有着密切的关系，且其密切关系主要表现在以上四个方面。因此，以下就从四个方面对其进行指标量化，以深入分析其影响作用的大小与趋势。

（一）规模指标

关于零售业规模指标，拟用以下四个指标来反映：销售额、零售业增加值以及零售业增加值的增长率与固定资产投资额。这是由零售业是专业化交易商性质所决定的。零售业销售额应作为衡量零售业规模的指标之一。销售额越多，说明零售业的市场占有率越高，规模越大。零售业增加值，是指在一个统计周期内（在我国，一般指一年）零售销售额比上一周期的增加值。增加值以及增加值的增长率在一定程度上体现了其规模扩大的程度，所以将其作为规模指标。零售业固定资产投资额，指的是用于零售业的固定资产投资。固定资产投资越多，说明零售业的沉淀成本越多，从而表明零售业的规模扩大的潜力与实力越大，故将其作为衡量零售业发展规模的指标之一。

（二）发展指标

关于发展指标，拟用零售业职工人数、社会消费品零售总额和居民人均消费水平来表示。这是因为，零售业作为劳动密集型产业，对劳动力的需求量可在一定程度上反映其发展水平；社会消费品零售总额反映了整个社会的最终消费需求水平，体现了市场的潜力；居民人均消费水平反映了居民的消费能力，消费能力越高，说明我国零售业的发展潜力越大。

（三）绩效指标

根据产业组织理论以及关于零售业竞争力构成要素的分析，产业绩效是表示零售业竞争力产生经济效益的能力，而获利是产业存在和发展的重要动力，无利可获，产业也就无可发展。因此，零售业的产业绩效主要通过利润创造能力、劳动生产率和零售业占 GDP 的比重体现出来。在本书中具体采用零售业利润率、零售业人均营业额和零售业增加值占 GDP 的比重表示。

（四）环境指标

同样，根据迈克尔·波特的钻石理论，零售业竞争力形成的环境条件大的方面包括需求条件、相关支持产业和政府。根据以上分析，关于零售业竞争力的环境指标，拟用 GDP 总量、邮电总量、公路通车里程和货运周转量来表示。

具体指标体系设置见图 11－1 所示。

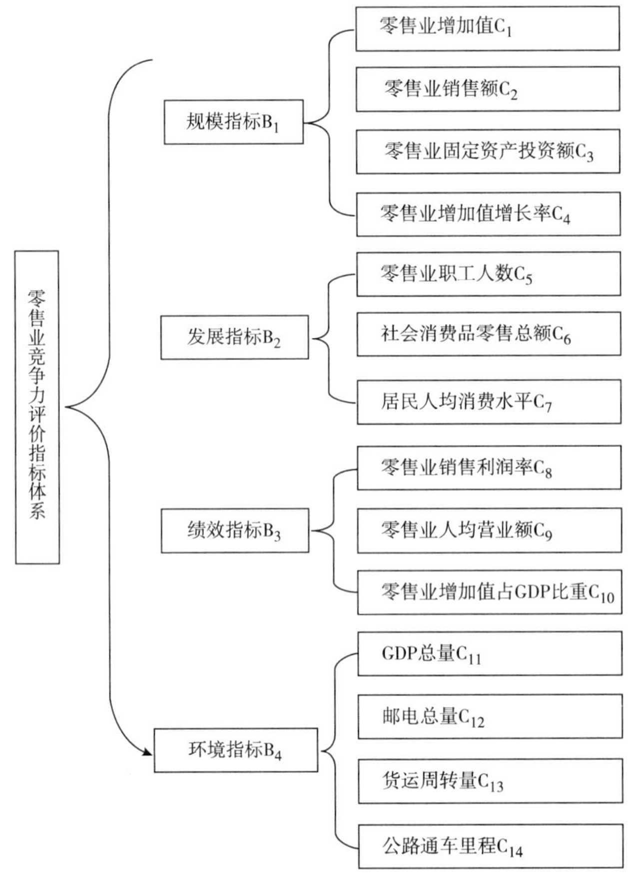

图 11－1　零售业竞争力评价指标体系

四　外资进入对我国零售业竞争力影响的评价方法

本书拟通过两步来分析评价外资进入对我国零售业竞争力的影响：第一

步，分析评价外资进入后我国零售竞争力的变化趋势并揭示其影响的主要路径；第二步，基于第一步的分析结果，将外资这一变量引入来分析观察其对我国零售业竞争力影响的程度与趋势。具体评价方法，第一步采用主成分分析法，第二步运用回归分析法。

（一）主成分分析法

对产业竞争力综合指标的评价方法，目前主要有两种：层次分析法和主成分分析法。李飞（2003）认为零售业竞争力综合评价指标体系适合采用主成分分析法，因为影响零售业竞争力的因素具有多层次性，并且层次之间具有一定的相关性。通过主成分分析法，既保证了影响因素的完整性，又排除了影响因素之间的相关性。所以，本书也采用主成分分析法对零售业竞争力进行评价。

主成分分析法的精髓在于降维，即把多个指标转化为少数几个综合指标，把所设置的相关性很高的变量转换成相互独立或者相关性不高的变量。通过数学变换的方法，使所设定的众多指标“浓缩”成较少的指标，即不管所设定的指标之间的理论关系，而是把给定的一组相关的指标通过线性变换转成另一组不相关的指标。在数学变换中保持变量的总方差不变，使第一主成分具有最大的方差，第二主成分的方差第二大，并且和主成分不相关，依次类推。①

具体分析过程如下：

（1）利用 SPSS 统计软件的因子分析法对数据进行标准化处理。因为我们在选取评价指标的时候中不免会出现所选取的指标具有一定的相关性，通过 SPSS 的因子分析法可以消除一定的信息重叠性，使我们的统计更加科学。

（2）通过因子分析法中的主成分分析法，取累计贡献率达到一定值以上的所有特征值，确定为主成分，使尽可能较少的变量能够反映原来的统计指标的统计特性，而又保持变量之间的独立性。

（3）通过每个观测量在新变量上的得分以及根据 $V_i = x_i/(x_1 + x_2 + \cdots)$ 计算每个特征值的贡献率 V_i。

（4）依据相应的公式，将标准化的数据代入，测算出最后分数。

（二）相关性回归分析法

这里拟通过分析 FDI 与我国零售业竞争力的相关系数，来定量判断外资进

① 苏金明等：《统计软件 SPSS 系列应用 实战篇》，电子工业出版社，2002，第 10～60 页。

入对我国零售业竞争力的影响以及程度。1996～2008 年外资进入量和我国零售业竞争趋势及具体数值见表 11－5。由表 11－5 我们可以看出，外资进入与我国零售业竞争力具有相同的变化趋势，但仅止于此，显然还难以描述外资进入对我国零售业竞争力影响的程度与水平，因此，以下再借助统计分析及回归分析方法，以进一步观察外资进入与我国零售业竞争力相关关系的具体性状。

表 11－5　外资进入和我国零售业竞争力 1996～2008 年具体数值

年　份	FDI（亿美元）	F
1996	417.26	－0.6102
1997	452.57	－0.64242
1998	454.63	－0.65161
1999	403.19	－0.59872
2000	407.15	－0.49699
2001	468.78	－0.3913
2002	527.43	－0.3139
2003	535.05	－0.15017
2004	606.3	0.121134
2005	603.25	0.407846
2006	630.21	0.721266
2007	747.68	1.137253
2008	923.95	1.46781

第二节　外资进入对我国零售业竞争力影响实证

一　外资进入对我国零售业竞争力影响的统计分析

（一）统计数据的搜集整理

根据 1997～2009 年的《中国统计年鉴》，这里选取 1996～2008 年的数据为分析对象。因为从 1995 年开始我国零售市场对外开放进入过渡阶段，在此之前，外资进入很少且发展缓慢。本书研究的目的在于分析外资进入对我国零售业竞争力的影响，因此，选取 1995 年以来外资明显进入情况下的数据来进行分析。所选数据除明显标注之外，为了便于统计和搜集整理，均以“批发和零售业”为对象进行统计。所整理数据见表 11－6、表 11－7 所示。

表 11－6　1996～2008 年我国"批发和零售业"发展指标（一）

年份	零售业增加值 C_1（亿元）	零售业销售额 C_2（亿元）	零售业固定资产投资总额 C_3（亿元）	零售业增加值增长率 C_4	批发零售业职工人数 C_5（万人）	社会消费品零售总额 C_6（亿元）	人均消费水平 C_7（元/人）
1996	5599.7	23747.[illegible]	254.61	0.171829	1807	28360.2	2774.424172
1997	6327.4	26169.[illegible]	265	0.129953	1774	31252.9	2986.548137
1998	6913.2	27859.2	295.37	0.092582	1256	33378.1	3144.356009
1999	7491.1	29708.[illegible]	279.23	0.083594	1110	35647.9	3332.676132
2000	8158.6	32697.[illegible]	292.59	0.089106	977	39105.7	3617.919727
2001	9119.4	36014.[illegible]	342.45	0.117765	840	43055.4	3856.017927
2002	9995	40926.5	397.45	0.096015	732.5	48135.9	4092.648673
2003	11169.5	44659.4	922.7	0.117509	759.4	52516.3	4398.028276
2004	12453.8	50256.3	1273	0.114983	713.5	59501	4910.722528
2005	13534.5	56589.2	1716.4	0.086777	674.8	67176.6	5446.595185
2006	15471.1	64325.5	2265.3	0.143086	655.5	76410	6122.33735
2007	18866.1	75040.3	2880.3	0.219441	650.9	89210	7084.205587
2008	23100.7	91198.5	3741.8	0.224456	665.2	108487.7	8161.940332

表 11－7　1996～2008 年我国“批发和零售业”发展指标（二）

年份	零售业销售利润率 C_8	零售业人均营业额 C_9（万元/人）	零售业增加值占 GDP 比重 C_{10}	GDP 总量 C_{11}（亿元）	邮电总量 C_{12}（亿元）	货运周转量 C_{13}（亿吨·公里）	公路通车里程 C_{14}（万公里）
1996	0. 004797	13. 14195	0. 0798332	70142. 5	1342. 04	36590	118. 58
1997	0. 001889	14. 75191	0. 08105733	78060. 8	1773. 29	38385	122. 64
1998	0. 016845	22. 18089	0. 08326719	83024. 3	2431. 21	38089	127. 85
1999	0. 035809	26. 76468	0. 0846651	88479. 2	3330. 82	40568	135. 17
2000	0. 034957	33. 46704	0. 0832506	98000. 5	4792. 7	44321	140. 27
2001	0. 03138	42. 87476	0. 0843856	108068. 2	4556. 26	47710	169. 8
2002	0. 035689	55. 87249	0. 0839241	119095. 7	5695. 8	50686	176. 52
2003	0. 035272	58. 80879	0. 08263054	135174	7019. 79	53859	180. 98
2004	0. 055659	70. 43700	0. 07803783	159586. 7	9712. 29	69445	187. 07
2005	0. 060023	83. 86069	0. 07352166	184088. 6	12028. 54	80258	334. 52
2006	0. 061144	98. 13196	0. 07258939	213131. 7	15325. 87	88840	345. 7
2007	0. 064048	115. 28698	0. 07276934	259258. 9	19805. 06	101419	358. 37
2008	0. 07361	137. 09936	0. 07627684	302853. 4	23649. 52	110301	373. 02

有关指标统计数据来源及公式：

（1）零售业增加值 C_1 采用的是《中国统计年鉴》中“国民经济核算”一栏中对第三产业的统计数据，零售业增加值的数据统计口径是批发零售业。

（2）零售业销售额 C_2 采用的是《中国统计年鉴》中“国内贸易”一栏中的社会消费品零售总额中的批发和零售额。

（3）零售业固定资产投资总额 C_3：1996～2002 年采用的是批发零售和餐饮业的数据，2003～2008 年采用的是批发零售业的数据。在 2002 年之前我国餐饮业的发展相对比较缓慢，对整体数据影响不大，用零售批发和餐饮业的数据具有一定的代表性。数据来源为《中国统计年鉴》中“固定资产投资”一栏中按行业分的统计数据。

（4）零售业增加值增长率 C_4 采用的是环比计算方法。

（5）零售业职工人数 C_5 采用的是《中国统计年鉴》中“就业和职工工资”一栏中按行业分职工人数的数据。

（6）社会消费品零售总额 C_6 采用的是《中国统计年鉴》中“国内贸易”一栏中的社会消费品零售总额的数据。

（7）人均消费水平 C_7 = 居民消费支出/居民数。其中居民消费支出采用《中国统计年鉴》中以“支出法”计算的国内生产总值结构的“居民消费支出”一栏的数据；居民数采用的是《中国统计年鉴》中“人口”一栏中的数据。

（8）零售业销售利润率 C_8 =（限额以上批发和零售）主营业务利润/（限额以上批发和零售）销售额。（限额以上批发和零售）主营业务利润和（限额以上批发和零售）销售额均来自《中国统计年鉴》中“国内贸易”一栏中各地区限额以上批发和零售业主要财务指标以及各地区限额以上批发和零售业购、销、存总额。

（9）零售业人均营业额 C_9 = 零售业销售额/零售业职工人数。零售业销售额和职工人数在前述已有详细说明。

（10）零售业增加值占 GDP 比重 C_{10} = 零售业增加值/GDP。零售业增加值在前述也已说明，GDP 的数值来源于《中国统计年鉴》中“国民经济核算”一栏中的国内生产总值。

（11）GDP 总量 C_{11} 来源于《中国统计年鉴》中“国民经济核算”一栏中的国内生产总值。

（12）邮电总量 C_{12} 数据来源是《中国统计年鉴》中“运输和邮电”一

栏中的邮电业务量。

（13）货运周转量 C_{13} 来源于《中国统计年鉴》中“运输和邮电”一栏中的货物周转量。

（14）公路通车里程 C_{14} 数据取自《中国统计年鉴》中“运输和邮电”一栏中交通运输业基本情况。

（二）主成分的提取

首先，将数据通过软件进行标准化处理，结果如表 11－8 和表 11－9 所示。

表 11－8　标准化数据（一）

年份	Z_1	Z_2	Z_3	Z_4	Z_5	Z_6	Z_7
1996	−1.11	−1.08	−0.765	0.8765	1.897	−1.07726	−1.0991
1997	−0.971	−0.963	−0.756	0.0037	1.8261	−0.95935	−0.97207
1998	−0.859	−0.881	−0.73	−0.775	0.7129	−0.87272	−0.87758
1999	−0.748	−0.792	−0.744	−0.963	0.3991	−0.78019	−0.76481
2000	−0.621	−0.647	−0.733	−0.848	0.1133	−0.63924	−0.594
2001	−0.437	−0.487	−0.69	−0.25	−0.181	−0.47824	−0.45142
2002	−0.269	−0.25	−0.643	−0.704	−0.412	−0.27114	−0.30973
2003	−0.044	−0.069	−0.193	−0.256	−1.644	−0.09258	−0.12686
2004	0.2017	0.2013	0.1069	−0.308	−0.453	0.19214	0.18015
2005	0.4086	0.5073	0.4865	−0.896	−0.536	0.50502	0.50104
2006	0.7794	0.8811	0.9565	0.2774	−0.578	0.8814	0.90568
2007	1.4294	1.3988	1.483	1.8689	−0.588	1.40317	1.48166
2008	2.24	2.1796	2.2206	1.9734	−0.557	2.18899	2.12703

表 11－9　标准化数据（二）

年份	Z_8	Z_9	Z_{10}	Z_{11}	Z_{12}	Z_{13}	Z_{14}
1996	−1.52099	−1.15349	0.02727	−1.02541	−1.00846	−0.97136	−0.94658
1997	−1.64913	−1.11361	0.29468	−0.91848	−0.94833	−0.90157	−0.90593
1998	−0.99014	−0.93594	0.77741	−0.85145	−0.85659	−0.91308	−0.85376
1999	−0.15456	−0.82406	1.08277	−0.77778	−0.73114	−0.8167	−0.78046
2000	−0.19212	−0.65998	0.77378	−0.64921	−0.52729	−0.67079	−0.7294

续表

年份	Z_8	Z_9	Z_{10}	Z_{11}	Z_{12}	Z_{13}	Z_{14}
2001	-0.34973	-0.42937	1.02172	-0.51325	-0.56026	-0.53903	-0.43371
2002	-0.15984	-0.10355	0.92091	-0.36433	-0.40136	-0.42333	-0.36642
2003	-0.17822	-0.01321	0.63833	-0.1472	-0.21674	-0.29997	-0.32177
2004	0.72006	0.2718	-0.36492	0.18248	0.15871	0.30598	-0.26079
2005	0.91231	0.61378	-1.35145	0.51336	0.4817	0.72637	1.21564
2006	0.96172	0.9744	-1.5551	0.90557	0.94149	1.06002	1.32758
2007	1.08967	1.40903	-1.51579	1.52849	1.56609	1.54907	1.45445
2008	1.51098	1.96419	-0.7496	2.1172	2.10217	1.89439	1.60114

通过 SPSS 计量统计软件，求出相关系数矩阵的特征根及主成分贡献率见表 11－10，旋转成分矩阵见表 11－11。由分析可以看出，前两个主成分包含了全部指标所需要描述的大部分信息，累计方差贡献率为 94.824%，并且没有丢失变量，因而提取了两个主成分。

主成分的提取原则是选取所对应的特征值大于 1 的前 m 个主成分。旋转的成分矩阵在一定程度上可看成是主成分对不同原始变量的影响力度大小。通过主成分提取分析，选取了两个主成分，即 m＝2，由表 11－10 旋转的成分矩阵可以看出，第一主成分与 C_1、C_2、C_3、C_4、C_6、C_7、C_9、C_{11}、C_{12}、C_{13}、C_{14}显著相关，说明第一主成分与零售业增加值、零售业销售额、零售业固定资产投资总额、零售业增加值增长率、社会消费品零售总额、人均消费水平、零售业销售利润率、零售业人均营业额、GDP 总量、邮电总量、货运周转量和公路通车里程显著相关；而 C_5 批发零售业职工人数和 C_8 零售业销售利润率在第二主成分上具有较高的载荷，表明第二主成分更多地反映了这两个指标的信息。因此，所提取的两个主成分能代表所选取的综合指标的全部信息，可以采用两个变量来代替原来的 14 个变量。

表 11－10　主成分提取

Component	Initial Eigen values			Rotation Sums of Squared Loadings		
	Total	% of Variance	Cumulative%	Total	% of Variance	Cumulative%
1	12.112	86.517	86.517	7.961	56.862	56.862
2	1.163	8.307	94.824	5.315	37.962	94.824

表 11 - 11　旋转成分矩阵

指标名称	Component	
	1	2
零售业增加值 C_1	0. 773	0. 620
零售业销售额 C_2	0. 777	0. 622
零售业固定资产投资总额 C_3	0. 860	0. 499
零售业增加值增长率 C_4	0. 918	-0. 096
批发零售业职工人数 C_5	-0. 032	-0. 955
社会消费品零售总额 C_6	0. 781	0. 618
人均消费水平 C_7	0. 782	0. 619
零售业销售利润率 C_8	0. 511	0. 826
零售业人均营业额 C_9	0. 732	0. 677
零售业增加值占 GDP 比重 C_{10}	-0. 797	-0. 279
GDP 总量 C_{11}	0. 803	0. 593
邮电总量 C_{12}	0. 807	0. 586
货运周转量 C_{13}	0. 805	0. 588
公路通车里程 C_{14}	0. 761	0. 589

（三）主成分关系表达式

成分得分系数矩阵（见表 11 - 12）是根据回归算法计算出来的因子得分函数的系数，根据这个表格可得到因子得分函数。

$$F_1 = 0.058 * Z_1 + 0.059 * Z_2 + 0.136 * Z_3 + \cdots + 0.065 * Z_{14}$$

$$F_2 = 0.059 * Z_1 + 0.059 * Z_2 - 0.042 * Z_3 + \cdots + 0.046 * Z_{14}$$

表 11 - 12　成分得分矩阵

指标名称	Component	
	1	2
零售业增加值 C_1	0. 058	0. 059
零售业销售额 C_2	0. 059	0. 059
零售业固定资产投资总额 C_3	0. 136	-0. 042
零售业增加值增长率 C_4	0. 383	-0. 401
批发零售业职工人数 C_5	0. 348	-0. 527

续表

指标名称	Component	
	1	2
社会消费品零售总额 C_6	0.061	0.055
人均消费水平 C_7	0.061	0.055
零售业销售利润率 C_8	-0.119	0.274
零售业人均营业额 C_9	0.021	0.107
零售业增加值占 GDP 比重 C_{10}	-0.195	0.143
GDP 总量 C_{11}	0.079	0.032
邮电总量 C_{12}	0.083	0.027
货运周转量 C_{13}	0.082	0.029
公路通车里程 C_{14}	0.065	0.046

通过 SPSS 计算这三个因子得分函数，自动计算 13 个样本的 2 个因子得分，见表 11－13。

（四）我国零售业竞争力的具体数值

以每个主成分所对应的特征值占所提取主成分的特征和之和的比例作为权重计算主成分综合模型：$F = a_1/(a_1 + a_2) * F_1 + a_2/(a_1 + a_2) * F_2$

利用上面的数值具体为：$F = 0.599658 * F_1 + 0.400342 * F_2$

根据上面提出的主成分计算模型可以计算主成分的具体数值，便于对不同年份的竞争力进行比较，见表 11－14。

表 11－13　两个主成分所对应的每一指标的系数（特征向量）

F_1	F_2
0.47492	-2.23556
0.13317	-1.80416
-0.67988	-0.60926
-0.96617	-0.04834
-0.87431	0.06819
-0.69054	0.05693
-0.85008	0.48923

续表

F_1	F_2
0. 47492	-2. 23556
-0. 89525	0. 96587
-0. 18753	0. 58347
0. 03994	0. 95892
0. 7754	0. 64018
1. 72389	0. 25855
1. 99645	0. 67598

表 11-14　我国零售业竞争力 1996~2008 年具体数值

年份	F_1	F_2	F
1996	0. 47492	-2. 23556	-0. 6102
1997	0. 13317	-1. 80416	-0. 64242
1998	-0. 67988	-0. 60926	-0. 65161
1999	-0. 96617	-0. 04834	-0. 59872
2000	-0. 87431	0. 06819	-0. 49699
2001	-0. 69054	0. 05693	-0. 3913
2002	-0. 85008	0. 48923	-0. 3139
2003	-0. 89525	0. 96587	-0. 15017
2004	-0. 18753	0. 58347	0. 121134
2005	0. 03994	0. 95892	0. 407846
2006	0. 7754	0. 64018	0. 721266
2007	1. 72389	0. 25855	1. 137253
2008	1. 99645	0. 67598	1. 46781

通过构建综合指标和主成分分析，得出在外资进入下我国零售业竞争力的逐年变化值，通过零售业竞争力的趋势（见图 11-2）可直观地看出，在外资进入下，我国零售业竞争力呈现上升趋势，因此可以说，到目前为止，外资进入对我国零售业的影响作用是积极的。

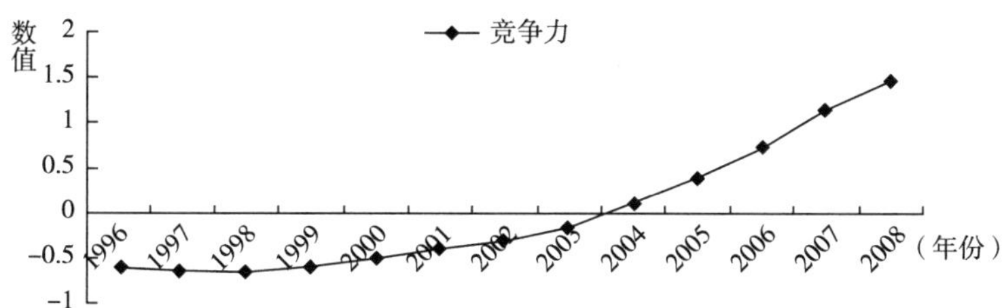

图 11－2　我国零售业竞争力变化趋势

二　外资进入与我国零售业竞争力的相关性分析

研究外资进入与我国零售业竞争力的关系，需要使用回归分析模型。在回归分析模型的选择上，由于零售业竞争力包含负数，无法进行对数变换，所以没办法计算复合模型、幂模型、S 模型、增长模型、指数模型和对数模型。基于此，本书比较了一次线性模型、二次回归模型和三次回归模型的结果。

1. 一次线性模型分析

从表 11－15 模型汇总中看出相关系数 R＝0.963，判定系数 R^2＝0.928，调整 R^2＝0.921，回归估计值的标准误差 S＝0.280，说明样本回归方程的代表性很强。从表 11－16 中可以看到统计量 F＝141.663，相伴概率值 sig＜0.05，说明自变量 FDI 与因变量 F 之间存在回归关系。由表 11－17 中看到，常数＝－6.519E－16，回归系数为 0.963，而回归系数检验统计量 t＝11.902，相伴概率值 sig＜0.05，则说明回归系数与零有显著区别，该回归方程有意义，即公式：

$$F = -6.519E-16 + 0.963FDI$$

表 11－15　一次模型汇总

R	R 方	调整 R 方	估计值的标准误差 S
0.963	0.928	0.921	0.280

注：自变量为 FDI。

表 11-16 ANOVA

	平方和	df	均方	F	sig
回归	11.135	1	11.135	141.663	0.000
残差	0.865	11	0.079		
总计	12.000	12			

注：自变量为 FDI。

表 11-17 一次模型系数

	未标准化系数		标准化系数	t	sig
	B	标准误	Beta		
FDI	0.963	0.081	0.963	11.902	0.000
(常数)	-6.519E-16	0.078		0.000	1.000

虽然一次回归在数理统计方面是可行的，但从经济学角度来讲是不合理的。虽然外资进入对我国零售业竞争力的作用是积极的，但是事物具有两面性，过分的开放不仅不会促进我国零售业竞争力的提高反而会起到阻碍作用。换句话说，不论在实践上还是在理论上，绝对开放式都是不合理的。所以，虽然一元回归模型在统计上是合理的，但并不适合所研究对象的特征，还需要进行二次线性模型分析来进一步观察。

2. 二次线性模型分析

由表 11-18 二次回归模型汇总可看到模型的相关系数 R=0.967，判定系数 $R^2=0.936$，调整 $R^2=0.923$，回归估计值的标准误差 S=0.278，说明样本回归方程的代表性很强。从表 11-19 中可看到 F=72.524，sig<0.05，说明自变量 FDI 与因变量 F 之间存在回归关系。由表 11-20 系数表格中又可以看到，FDI 的回归系数的 t 检验值 $t_1=9.091>2$，则 FDI 的回归系数是合理的，而 FDI 平方的 t 检验值 $t_2=-1.082$，绝对值小于 2，是不合理的。所以二次模型是不合理的。

表 11-18 二次模型汇总

R	R 方	调整 R 方	估计值的标准误差 S
0.967	0.936	0.923	0.278

注：自变量为 FDI。

表 11－19　ANOVA

	平方和	df	均方	F	sig
回归	11.226	2	5.613	72.524	0.000
残差	0.774	10	0.077		
总计	12.000	12			

注：自变量为 FDI。

表 11－20　二次模型系数

	为标准化系数		标准化系数	t	sig
	B	标准误差	Beta		
FDI	1.054	0.116	1.054	9.091	0.000
FDI^2	−0.079	0.073	−0.124	−1.082	0.304
常数	0.703	0.102		0.710	0.494

3. 三次回归模型分析

由表 11－21 三次回归模型汇总可看到模型的相关系数 R＝0.985，判定系数 R^2＝0.971，调整 R^2＝0.962，回归估计值的标准误差 S＝0.196，说明样本回归方程的代表性很强。从表 11－22 中可看到 F＝100.902，sig＜0.05，说明自变量 FDI 与因变量 F 之间存在着回归关系。由表 11－23 系数表格中又可看出，FDI 的回归系数的 t 检验值 t_1＝11.352＞2，则 FDI 的回归系数是合理的；FDI 平方的 t 检验值 t_2＝2.558＞2，是合理的；FDI 立方的 t 检验值 t_3＝－3.332，绝对值大于 2，是合理的，所以可取。

表 11－21　三次模型汇总

R	R 方	调整 R 方	估计值的标准误差 S
0.985	0.971	0.962	0.196

注：自变量为 FDI。

表 11－22　ANOVA

	平方和	df	均方	F	sig
回归	11.654	3	3.885	100.902	0.000
残差	0.346	9	0.038		
总计	12.000	12			

注：自变量为 FDI。

表 11-23　三元模型系数

	未标准化系数		标准化系数	t	sig
	B	标准化	Beta		
FDI	1.336	0.118	1.336	11.352	0.000
FDI^2	0.365	0.143	0.582	2.558	0.031
FDI^3	-0.228	0.069	-0.950	-3.332	0.009
常数	-0.094	0.088		-1.073	0.331

三　量化结果与说明

通过比较分析，本书选择了三次模型作为分析外资进入与我国零售业竞争力相关性的模型。根据三次模型的有关数值可以得出外资进入与我国零售业竞争力的具体相关关系式如下：

$$F = -0.094 + 1.336FDI + 0.365FDI^2 - 0.228FDI^3$$

从上述函数式可见，在外资进入的初始阶段，FDI 的数值相对较小，FDI 和 FDI 平方的作用大于 FDI 立方的作用，即外资进入有助于我国零售业竞争力的增大，表现在上述函数式中则体现在 F 数值的增大。随着 FDI 的逐步增多及深入，基于数学及计量经济学的相关知识，可以分析得出 FDI 立方的影响远大于 FDI 和 FDI 平方的影响。所以，可大胆地预测，如果我国零售业竞争力在今后长期内没有显著性的提高，则可能在外资大量进入的情况下竞争力逐渐变弱，甚至会使外资占领我国零售市场，使我国零售业安全受到威胁。

第三节　本章小结

综上，就外资进入对我国零售业竞争力的影响来看，至少可以得出以下结论：

（1）外资进入下我国零售业竞争力在整体上是呈上升趋势。就前述分析可看出，外资进入对我国本土零售业的发展起到一定的促进作用，有助于我国本土零售业竞争力的提高。通过定量分析，我们发现我国零售业竞争力的数值呈逐年上升的趋势，竞争力水平逐渐提高。可见，我国零售业竞争力的整体发展趋势是乐观的，竞争力水平的提高是值得肯定的。

（2）外资进入对我国零售业竞争力的巨大压力与挑战将长期存在。从前述分析可知，虽然我国零售业竞争力呈现逐年增长的趋势，但是也应该看到外资大量进入给我国零售业带来的巨大压力和挑战将会长期存在。因为通过相关性分析，我们得出了外资进入和我国零售业竞争力之间的具体相关形状与特征，从中可以看出，外资进入既有促进作用又有挤占作用。虽然就目前外资进入的情况看，积极作用占主导地位，但是我国零售业相对于国外零售业来说，起步比较晚，并且在规模、技术、业态、物流、人力和品牌等方面存在很大差距。如果我们不能意识到我国零售业所存在的问题，抓紧学习和整改，我国零售业很可能经受不住外资大量进入的考验。

（3）外资进入对我国零售业竞争力的影响，就目前看，尚未危及我国零售产业安全。

第十二章
零售企业国际化影响与产业安全关系实证[①]

如前所述，零售企业国际化影响与东道国（我国）零售产业安全相关有其微观基础，即跨国零售企业国际化行为本身包含着可能对东道国零售产业形成控制的因素与能力。因此，本章以前文关于跨国零售企业国际化行为的研究为依据，对决定其国际化行为的关键因素与能力进行指标化，进而对我国零售产业安全进行评估与判断。具体来说，首先，基于跨国零售企业对外直接投资行为对零售产业安全评估进行指标分析；其次，分别运用加权平均模型与模糊综合评价模型对我国零售产业安全状况进行评估；最后，得出在跨国零售企业国际化影响下我国零售产业安全状况以及发展趋势的基本评价。

第一节　跨国企业行为视角：零售产业安全评估指标设计

据前述分析可知，决定零售企业对外直接投资行为的因素包括两大类：内部张力与外部引力。内部张力具体由三个因素构成：交易设置知识体系及其特性、扩张支撑力与本土化适应力；外部引力由两个因素构成：店铺地址等关键性资源的可获得性、扩张支撑力转移使用的可能性。以下即以此为基础进行指标化分析。

---

① 张丽淑、樊秀峰：《跨国企业行为视角：我国零售产业安全评估》，《当代经济科学》2011年第1期。

一 “内部张力”的指标设计

（一）“交易设置知识体系及其特性”的指标设计

交易设置知识体系是决定跨国零售企业对外直接投资的所有权特定优势，是决定其对外直接投资的内在动因。而又由交易设置知识体系及其特性所决定，其一旦显性化为统一经营模式与企业品牌，就具有了无限的可复制性，即企业可以无限制地进行连锁分店式扩张。一个企业可以拥有数十个、成百个甚至上千个连锁分店，比如沃尔玛。一个零售企业一旦获得了这种分店的复制能力，也即意味着具有了对一地市场甚而对一国市场的影响力，当一国范围很多外资零售企业都具有这种影响力时，则零售产业就潜在着不安全。因此，外资零售企业门店数以及与此紧密关联的营业面积等指标的比重变化，就可作为重要指标来描述交易设置知识体系及其特性。由于交易设置知识体系及其特性是企业进行跨国扩张的内在动因，它既是企业的知识财富更是企业扩张能力的基础，因此，为了便于讨论，在此将其称为“扩张内驱力”。

（二）“扩张支撑力”的指标设计

由于跨国零售企业主要以连锁分店形式进行扩张，因而，基于信息技术的供应链是连锁企业产生共同管理经济性的重要来源，是零售企业进行水平一体化扩张的重要支撑平台（樊秀峰，2006）。因此，基于供应链管理而形成的扩张支撑力，从外部来看，是决定其扩张边界的关键因素；从内部来看，则是企业经营管理水平高低的反映。循着这样的思路，对跨国零售企业“扩张支撑力”的衡量可以通过其经营管理水平来反映，亦即通过反映企业经营效率与效益的指标来实现。诸如资产利润率、营业利润率、销售平效、利润平效等。

（三）“本土化适应力”的指标设计

本土化适应力，是指由交易设置知识体系的社会属性所决定，在跨国条件下，零售企业连锁分店的完全复制不可能，必须针对本土特点进行适应性改造与创新（樊秀峰，2008）。而跨国零售企业所拥有的这种适应性改造与创新能力的强弱、大小，会直接影响一个企业的扩张速度。因此，要考察跨国零售企业在国外市场的本土化适应能力，则可通过其在目标市场的扩张速度来衡量，具体可通过跨国零售企业门店数、销售额、利润增长速度等指标来衡量。

二 “外部引力”的指标设计

外部引力即是指东道国区位优势是否构成对外资企业进行跨国直接投资的吸引力，因此，也可称为“外部吸引力”。店铺地址等关键性资源的可获得性与扩张支撑力转移使用的可能性是构成外部吸引力的两个关键因素。而这两个因素是跨国零售企业没法掌控的，是外资进入东道国的市场的初始条件，主要表现为东道国的市场集中度大小与市场进入壁垒的高低。这是因为，无论是店铺地址等关键性资源的可获得性还是扩张支撑力转移使用的可能性，都是一方面取决于东道国零售产业以及相关产业的发展水平，另一方面还取决于东道国政府零售产业及相关产业政策与制度安排。一般来说，当东道国零售产业相对于发达国家而言处于弱势或劣势时，其市场集中度相对较低，店铺地址等关键性资源就相对丰富，就容易获得；反之，则市场集中度就高，店铺地址等关键性资源就稀缺，就难以获得。与此同时，由于东道国零售产业发展水平较低，其他相关产业如通信、物流等产业的发展水平也相对落后，这也就从技术上牵制了跨国零售企业扩张支撑力转移使用的可能性，沃尔玛在我国的早期发展即是如此。上述两方面因素作用的可能结果，就是东道国政府对外资实施较为严格的市场准入限制，以达到对本国零售产业保护的目的。比如，我国在 1992 ~ 2004 年底期间，即在店铺地址等稀缺性资源（对外资扩张的地域、股权、数量等方面都有限制）以及扩张支撑力转移使用的技术因素（卫星通信的使用）等方面都采取了较严格的管制措施，从而在客观上构成了市场进入壁垒。由此也可见，店铺地址等关键性资源的可获得性与扩张支撑力转移使用的可能性这两个因素，存在着本源上的一致性。因此，可将其合并在一起用两个指标来衡量：市场集中度与进入壁垒。

分析至此，基于跨国零售企业行为视角的产业安全评估指标体系，就可由 4 个一级指标、16 个二级指标所构成，具体内容如图 12 - 1 所示。

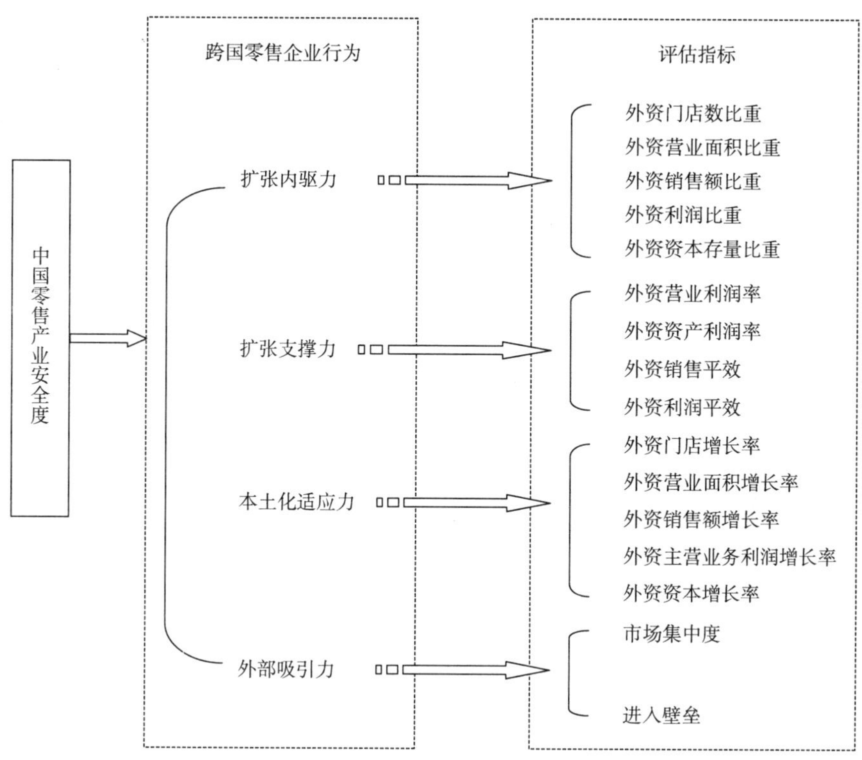

图 12－1　零售产业安全评估指标体系

第二节　跨国企业行为视角：零售产业安全评估实证

由于2004年底我国零售产业全面对外开放，因而，2004年之后我国零售产业安全状况如何是人们关注的焦点，因此，本书以我国2003～2009年数据为样本，对2003年以来我国零售产业安全状况进行实证评估，一方面检验上述指标的可行性、合理性，另一方面也以此回答“目前我国零售产业安全与否”、“保护政策取消后我国零售产业安全状况发生了怎样的变化”等现实问题。

这里就实证检验模型还需要作以说明。目前比较成熟的产业安全评价模型为“加权平均模型”，故本书也将利用此模型进行实证检验。但由于此模型对各指标的赋权以及由指标数值向指标得分转换时难免带有一定的主观性，因此，这里拟采用基于改进层次分析法的模糊综合评价模型进行实证分析。由于该模型通过建立判断矩阵的方法对各指标赋权，减少了由指标数值向指标得分的转换环节，从而可以使评价的客观性大大提高。

一　加权平均模型

该模型为：$S = \alpha X + \beta Y + \gamma Z + \delta W$

其中，S 为产业安全度；X、Y、Z、W 为四个一级指标，在本书即指“扩张内驱力”、“扩张支撑力”、“本土化适应力”、“外部吸引力”四个具体内容。

α、β、γ、δ 为四个一级指标的权重，且满足 $\alpha + \beta + \gamma + \delta = 1$；

其中，各一级指标的计算方法为：$X = \sum a_i x_i$，$Y = \sum b_j y_j$，$Z = \sum c_k z_k$，$W = \sum d_l w_l$；

x_i、y_j、z_k、w_l 分别为各一级指标下的二级指标，a_i、b_j、c_k、d_l 则分别为对应的二级指标的权重，且满足 $\sum a_i = 1$，$\sum b_j = 1$，$\sum c_k = 1$，$\sum d_l = 1$，本书二级指标即为图 12－1 中的“评估指标”。

根据上述公式，就可以定量地计算出中国零售产业安全度，但首先要对各个指标赋值和赋权。

（一）指标赋值

赋值是对构成评估指标体系的二级指标，根据其评价结果给予相应评价值的过程。已有研究成果多采用了如下思路：首先，根据各二级指标定量或定性分析结果，把其评定为五个等级，即很好、较好、一般、较差、很差，然后分别给予相应的评价值分数：90、70、50、30、10。

本书也借鉴这种思想，但具体操作中作了如下几点改进和修正：

（1）本书的评估指标（除“进入壁垒”）均是根据统计数据计算而来的定量指标值，减少了定性分析的主观性。

（2）本书对各个评估指标 2003～2009 年的数值均进行了统计，通过时间序列的纵向对比来对各指标评分，这在一定程度上减少了指标评分的主观性。

（3）本书对“扩张支撑力”、“本土化适应力”下设的二级指标进一步细化，使外资零售企业的经营绩效、增长速度均转化为以内资零售企业为参照对象的相对值（即外资零售企业与内资零售企业的比值）。因为，外资零售企业在中国市场扩张支撑力的大小、本土化适应力的强弱均是相对于内资零售企业而言的，失去了与竞争者的比较，对“大小”、“强弱”的评价也就变得毫无意义。因此，这种以“1”为临界值的相对指标数值为指标评分提供了重要参考。当“扩张支撑力”、“本土化适应力”下属的评估指标相对值大于1时，则说明外资零售企业的扩张速度快于内资零售企业的扩张速度，外资零售企业的经营绩效好于内资零售企业的经营绩效，相对值越大说明内资零售企业与外资零售企业的差距越大，中国零售产业安全的潜在威胁也越大；反之，对中国零售产业安全是有利的。

（4）对“市场集中度”指标的进一步剖析。从产业安全角度看，本国企业的市场集中度越高，对本国市场的控制力就越强，产业就越安全。近两年来，中国零售产业市场集中度不断提高的观点频频被提及，但是，一个内、外资零售企业混合概念上的市场集中度的提高是否真正意味着中国零售产业安全程度的提高呢？为此，本书对包括外资零售企业的市场集中度 $CR_{10/100}$ 以及仅内资零售企业的市场集中度 $CR_{D10/100}$ 分别进行了测算。因为零售产业市场集中度相对较低，本书没有选用 CR_4 或 CR_8，而是构建了 $CR_{10/100}$，即零售企业前十的销售额占总销售额的比重；$CR_{D10/100}$ 是剔除了外资零售企业影响，仅以内资零售企业为研究对象的市场集中度。通过这两个市场集中度的对比分析即可得出中国零售产业“市场集中度”的提高是来源于某些内资零售企业规模的扩大，还是来源于外资零售巨头对市场份额的进一步占领；然后，进一步判断这种“市场集中度”的变化是否真正意味着中国零售产业安全程度的提高。

（5）值得说明的是，“进入壁垒”是这里唯一的定性评估指标。由于内、外资零售企业面临的进入壁垒不同，因此，进一步在“进入壁垒”指标下设了内资零售企业的“进入壁垒（D）”和外资零售企业的“进入壁垒（F）”两个指标。中国零售业完全对外开放之前，中国零售产业的进入壁垒以政策性壁垒为主，对于外资零售企业而言进入壁垒较高，而对于内资零售企业而言进入壁垒较低。2004年底，伴随着我国零售业对外资进入的政策性壁垒已经取消，2005年以后的进入壁垒逐渐体现在经济性壁垒上，由于外资零售企业规模大、成本低，它们享有的绝对成本优势和规模经济在一定程度上就成了内资中小零售商进入的壁垒。因而，2005年以来，外资零售企业进入壁垒逐渐降低，而内资零售企业进入壁垒相对提高，经过几年的动态调整而达到相对稳定状态。由于这两方面的进入壁垒对产业安全的影响方向也是相反的，因此，实证分析中仍只用一个“进入壁垒”指标。

本书根据从《中国统计年鉴》、《中国连锁经营年鉴》、《中国连锁零售商业企业统计年鉴》等文献中所搜集的原始数据，以及指标内涵计算得出各评估指标数值如表 12－1、表 12－2、表 12－3、表 12－4 所示。

表 12－1　“扩张内驱力”下各评估指标数值

单位:%

	评估指标	2003 年	2004 年	2005 年	2006 年	2007 年	2008 年	2009 年
扩张内驱力	外资门店数比重	5.01	6.69	7.61	12.08	11.90	10.42	11.45
	外资销售额比重	17.08	16.84	19.94	19.70	21.15	26.89	27.46
	外资营业面积比重	13.39	16.68	17.10	16.07	18.30	20.59	23.07
	外资主营业务利润比重	8.30	13.60	13.86	15.48	17.32	15.81	17.70
	外资资本存量比重	8.86	9.02	9.37	10.58	11.99	13.39	14.41

表 12－2　“扩张支撑力”下各评估指标相对值

	评估指标	2003 年	2004 年	2005 年	2006 年	2007 年	2008 年	2009 年
扩张支撑力	外资主营业务利润率	0.78	0.78	1.46	1.57	1.63	1.31	1.45
	外资资产利润率	0.85	0.77	1.56	1.55	1.54	1.21	1.28
	外资销售平效	1.33	1.01	1.21	1.28	1.20	1.42	1.26
	外资利润平效	0.54	1.87	1.69	1.54	1.48	1.18	1.25

表 12－3　“本土化适应力”下各评估指标相对值

	评估指标	2003 年	2004 年	2005 年	2006 年	2007 年	2008 年	2009 年
本土化适应力	外资门店数增长率	0.35	2.17	1.93	3.03	0.87	－0.02	5.58
	外资销售额增长率	1.23	0.93	2.46	0.96	1.64	(－2.59)	1.34
	外资营业面积增长率	1.13	1.89	1.16	0.77	2.67	(－4.29)	3.31
	外资主营业务利润增长率	－5.99	2.91	2.57	1.66	1.83	0.77	4.55
	外资资本存量增长率	0.69	0.62	1.17	2.01	2.07	1.50	1.59

注：（1）2004、2005 年的年鉴中对利润的统计口径为“利润总额”，故 2003 年与 2004 年的“外资主营业务利润增长率”由“利润总额”指标计算得来。（2）2002 年外资利润额为负数，2003 年外资利润额为正数，故 2003 年“外资主营业务利润增长率”相对值为负数；2008 年“外资门店数增长率”相对值情况类似。(3) 2008 年内资销售额增长为－9.35%，外资销售额增长为 24.26%，故 2008 年“外资销售额增长率”相对值为－2.59；2008 年“外资营业面积增长率”相对值情况类似。

表 12－4　“外部吸引力”下各评估指标数值

评估指标		2003 年	2004 年	2005 年	2006 年	2007 年	2008 年	2009 年
市场集中度	$CR_{10/100}$	42.45	45.42	44.32	47.63	50.18	48.31	47.01
	$CR_{D10/100}$	41.37	44.82	43.91	46.22	47.90	45.74	45.23
	$CR_{10/100}-CR_{D10/100}$	1.08	0.6	0.41	1.41	2.28	2.57	1.79
进入壁垒	进入壁垒（D）	0.70	0.70	0.85	0.90	0.95	0.95	0.95
	进入壁垒（F）	0.95	0.95	0.80	0.75	0.70	0.70	0.70

注：进入壁垒是本书唯一定性指标，在定性分析及借鉴已有研究成果的基础上对其进行了量化。

根据各评估指标的数值、评估指标的内涵、时间序列值的纵向比较，以及已有的产业安全评价指标的警戒线，对各个评估指标的评分如表 12－5 所示。

表 12－5　各评估指标得分统计

评估指标	2003 年	2004 年	2005 年	2006 年	2007 年	2008 年	2009 年
外资门店数比重	90	90	90	70	70	70	70
外资营业面积比重	70	50	50	50	50	50	50
外资销售额比重	70	70	50	50	50	50	50
外资营业利润比重	90	70	70	50	50	50	50
外资资本存量比重	90	90	90	70	70	70	70
外资门店增长率	90	10	10	10	90	90	10
外资营业面积增长率	90	10	90	90	10	10	10
外资销售额增长率	70	90	10	90	30	10	10
外资利润增长率	90	10	10	30	10	90	10
外资资本存量增长率	90	90	90	10	10	10	10
外资主营业务利润率	90	90	30	30	30	30	30
外资资产利润率	90	90	30	30	30	50	50
外资销售平效	50	70	50	50	50	30	50
外资利润平效	90	10	10	30	30	50	50
市场集中度（$CR_{10/100}-CR_{D10/100}$）	90	90	90	90	70	70	70
进入壁垒	90	90	70	70	50	50	50

（二）指标赋权

从产业安全一般研究成果来看，已有文献中均对“产业控制力”一级指标赋予权重0.4，其余一级指标权重相等，学者们对此已经达成了共识（李孟刚，2006；等）。笔者认为，这样的赋权是比较合理的，并且可以应用到本书的实证检验中。因为，从逻辑层面来讲，“扩张内驱力”是离零售产业安全度最近的指标，其他的“扩张支撑力”、“本土化适应力”、“外部吸引力”的变化最终都要影响到“扩张内驱力”，并且通过“扩张内驱力”对零售产业安全产生影响。故这里对“扩张内驱力”一级指标赋予权重0.4，其余三个一级指标的权重均为0.2，同一个一级指标下属的各个评估指标权重相等。

（三）加权平均实证结果

在完成了对各级指标赋权，以及各个评估指标由指标数值到指标得分的转换之后，就要对“产业安全度”综合得分进行计算。参照已有研究成果，当评价结果分值落在［85，100］、［65，85］、［45，65］、［25，45］、［0，25］的某一区间上时，产业安全状况相应界定为：很安全、安全、基本安全、不安全、很不安全。按照加权平均模型计算得出2003～2009年中国零售产业安全度下属的各一级指标以及中国零售产业安全综合得分如表12－6所示。

表12－6　中国零售产业安全度综合测算

年份	扩张内驱力	扩张支撑力	本土化适应力	外部吸引力	产业安全综合得分	产业安全状况
2003	82	86	80	90	84	安　全
2004	74	42	65	90	69	安　全
2005	70	42	30	80	58.4	基本安全
2006	58	46	35	80	55.4	基本安全
2007	58	30	35	60	48.2	基本安全
2008	58	42	40	60	51.6	基本安全
2009	58	10	45	60	46.2	基本安全

从加权平均模型评价结果来看，2003～2004年中国零售产业安全状况为“安全”，而2005～2009年的安全状况为“基本安全”。零售产业安全得分呈现下降趋

势，2007 年和 2009 年的得分最低，而且已经接近“不安全”的分数界限。

二　模糊综合评价模型

（一）模糊综合评价指标体系的建立

模糊综合评价的第一步是根据所研究问题的实际情况建立模糊综合评价指标体系，用各评价指标的样本数据建立单评价指标相对隶属度的模糊评价矩阵。我国零售产业安全评估指标体系 2003 ~ 2009 年的数据构成了 16 × 7 的矩阵，各指标数值如表 12 – 1、表 12 – 2、表 12 – 3、表 12 – 4 所示。

（二）数据标准化

这里实证检验用到的 16 个评估指标在七年中的具体数值构成了一个 16 × 7的数据集，为确定单个评价指标相对隶属度的模糊评价矩阵，需要先对数据进行标准化处理，消除各评价指标在量纲上的差别，使模型中的数据具有可比性。因为，这里实证用到的都是越小越好的指标，因此，在此使用了针对越小越好指标设计的标准化方法。对表 12 – 1、表 12 – 2、表 12 – 3、表 12 – 4 中的指标数值进行标准化，以标准化后的评价指标值 $r(i,j)$ 为元素组成单评价指标的模糊评价矩阵 $R = (r(i,j))_{16\times7}$，如表 12 – 7 所示。

表 12 – 7　单评价指标的模糊评价矩阵

评估指标	2003 年	2004 年	2005 年	2006 年	2007 年	2008 年	2009 年
外资门店数比重	0.7068	0.6085	0.5547	0.2932	0.3037	0.3903	0.3300
外资销售总额比重	0.6144	0.6199	0.5499	0.5553	0.5226	0.3930	0.3801
外资营业面积比重	0.6327	0.5425	0.5310	0.5592	0.4981	0.4353	0.3673
外资主营业务利润比重	0.6808	0.4769	0.4669	0.4046	0.3338	0.3919	0.3192
外资资本存量比重	0.6193	0.6124	0.5973	0.5453	0.4847	0.4246	0.3807
外资门店数相对扩张力	0.9375	0.6125	0.6554	0.4589	0.8446	0.9964	0.0036
外资销售额相对扩张力	0.6506	0.7358	0.3011	0.7273	0.5341	0.2642	0.6193
外资营业面积相对扩张力	0.7767	0.6265	0.7708	0.8478	0.4723	0.1522	0.3458
外资主营业务利润相对扩张力	0.8120	0.4530	0.5169	0.6880	0.6560	0.8553	0.1447
外资资本存量增长率	0.7435	0.7695	0.5651	0.2528	0.2305	0.4424	0.4089
市场集中度	0.6376	0.7987	0.8624	0.5268	0.2349	0.1376	0.3993

续表

评估指标	2003 年	2004 年	2005 年	2006 年	2007 年	2008 年	2009 年
进入壁垒	0.5758	0.5758	0.4848	0.4545	0.4242	0.4242	0.4242
外资相对主营业务利润率	0.6763	0.6763	0.3942	0.3485	0.3237	0.4564	0.3983
外资相对资产利润率	0.6352	0.6695	0.3305	0.3348	0.3391	0.4807	0.4506
外资相对销售平效	0.4527	0.5844	0.5021	0.4733	0.5062	0.4156	0.4815
外资相对利润平效	0.7759	0.2241	0.2988	0.3610	0.3859	0.5104	0.4813

由以上各指标的标准化值得到 16 个评价指标的标准差值分别为：0.4072、0.2382、0.2123、0.2991、0.2338、0.8343、0.4740、0.6307、0.5966、0.5296、0.6713、0.1683、0.3638、0.3495、0.1287、0.4416。

（三）判断矩阵的建立及权重确定

根据单指标模糊评价矩阵 $R=(r(i,j))_{16\times 7}$ 构造用于确定各评估指标权重的判断矩阵。模糊综合评价的实质是一种优选过程，从综合评价的角度看，如果评价指标 i_1 的样本系列 $\{r(i_1,j)\mid j=1,2,\cdots,7\}$ 的变化程度比评价指标 i_2 的样本系列 $\{r(i_2,j)\mid j=1,2,\cdots,7\}$ 的变化程度大，则评价指标 i_1 传递的综合评价信息比评价指标 i_2 传递的综合评价信息多。因此，可用各评估指标的样本标准差来反映各评估指标对综合评价的影响程度，并以此构造判断矩阵 B，其中每个向量 b_{ij} 的公式为：

$$\begin{cases} b_{ij}=\dfrac{s(i)-s(j)}{s_{\max}-s_{\min}}(b_m-1)+1, & s(i)\geq s(j) \\ b_{ij}=\dfrac{1}{\dfrac{s(j)-s(i)}{s_{\max}-s_{\min}}(b_m-1)+1}, & s(i)<s(j) \end{cases}$$

上式中的 $s_{\max}$、$s_{\min}$ 分别为 $\{s(i)\mid i=1,2,\cdots,16\}$ 的最小值和最大值；相对重要程度为 $b_m=\min\left\{9,\mathrm{int}\left[\dfrac{s_{\max}}{s_{\min}}+0.5\right]\right\}$，这里建立的判断矩阵 $B=(b_{ij})_{16\times 16}$，如表 12-8 所示。

再根据 $b_{ij}=\dfrac{w_i}{w_j}$，以及 $\sum_{i=1}^{16}w_i=1$ 就可以计算得出每个指标的权重，具体权重如表 12-9 所示。

表 12 - 8　判断矩阵 B

指标	1	2	3	4	5	6	7	8	9	10	11	12	13	14	15	16
1	1.00	2.20	2.38	1.77	2.23	0.25	0.68	0.39	0.43	0.54	0.35	2.69	1.31	1.41	2.97	0.80
2	0.45	1.00	1.18	0.70	1.03	0.19	0.37	0.26	0.28	0.33	0.25	1.49	0.53	0.56	1.78	0.41
3	0.42	0.85	1.00	0.62	0.87	0.18	0.35	0.25	0.27	0.31	0.24	1.31	0.48	0.51	1.59	0.38
4	0.57	1.43	1.61	1.00	1.46	0.21	0.45	0.30	0.32	0.38	0.27	1.93	0.69	0.74	2.21	0.50
5	0.45	0.97	1.15	0.68	1.00	0.19	0.37	0.26	0.28	0.32	0.24	1.46	0.52	0.55	1.74	0.40
6	4.03	5.22	5.41	4.79	5.26	1.00	3.55	2.44	2.68	3.16	2.16	5.72	4.33	4.44	6.00	3.78
7	1.47	2.67	2.85	2.24	2.70	0.28	1.00	0.47	0.54	0.72	0.42	3.17	1.78	1.88	3.45	1.23
8	2.58	3.78	3.96	3.35	3.81	0.41	2.11	1.00	1.32	1.72	0.78	4.28	2.89	2.99	4.56	2.34
9	2.34	3.54	3.72	3.11	3.57	0.37	1.87	0.76	1.00	1.48	0.65	4.03	2.65	2.75	4.32	2.10
10	1.87	3.06	3.25	2.63	3.10	0.32	1.39	0.58	0.68	1.00	0.50	3.56	2.17	2.28	3.84	1.62
11	2.87	4.07	4.25	3.64	4.10	0.46	2.40	1.29	1.53	2.00	1.00	4.56	3.18	3.28	4.84	2.63
12	0.37	0.67	0.76	0.52	0.68	0.17	0.32	0.23	0.25	0.28	0.22	1.00	0.42	0.44	1.28	0.34
13	0.76	1.89	2.07	1.46	1.92	0.23	0.56	0.35	0.38	0.46	0.31	2.39	1.00	1.10	2.67	0.64
14	0.71	1.79	1.97	1.36	1.82	0.23	0.53	0.33	0.36	0.44	0.30	2.28	0.91	1.00	2.56	0.61
15	0.34	0.56	0.63	0.45	0.57	0.17	0.29	0.22	0.23	0.26	0.21	0.78	0.38	0.39	1.00	0.31
16	1.24	2.44	2.62	2.01	2.47	0.26	0.81	0.43	0.48	0.62	0.38	2.94	1.55	1.65	3.22	1.00

表 12－9　2003～2009 年中国零售产业安全度统计

评估指标	指标权重 w_i	2003 年 $w_ir(i,j)$	2004 年 $w_ir(i,j)$	2005 年 $w_ir(i,j)$	2006 年 $w_ir(i,j)$	2007 年 $w_ir(i,j)$	2008 年 $w_ir(i,j)$	2009 年 $w_ir(i,j)$
外资门店数比重	0.0466	0.0329	0.0283	0.0258	0.0136	0.0141	0.0182	0.0154
外资销售总额比重	0.0212	0.0130	0.0131	0.0116	0.0118	0.0111	0.0083	0.0081
外资营业面积比重	0.0196	0.0124	0.0106	0.0104	0.0109	0.0097	0.0085	0.0072
外资主营业务利润比重	0.0264	0.0179	0.0126	0.0123	0.0107	0.0088	0.0103	0.0084
外资资本存量比重	0.0209	0.0129	0.0128	0.0125	0.0114	0.0101	0.0089	0.0080
外资门店数增长率	0.1875	0.1757	0.1148	0.1229	0.0860	0.1583	0.1868	0.0007
外资销售额增长率	0.0686	0.0446	0.0505	0.0207	0.0499	0.0366	0.0181	0.0425
外资营业面积增长率	0.1203	0.0934	0.0754	0.0927	0.1020	0.0568	0.0183	0.0416
外资主营业务利润增长率	0.1090	0.0885	0.0494	0.0564	0.0750	0.0715	0.0933	0.0158
外资资本存量增长率	0.0869	0.0646	0.0669	0.0491	0.0220	0.0200	0.0385	0.0355
外资主营业务利润率	0.1337	0.0852	0.1068	0.1153	0.0704	0.0314	0.0184	0.0534
外资资产利润率	0.0173	0.0100	0.0100	0.0084	0.0079	0.0073	0.0073	0.0073
外资销售平效	0.0356	0.0241	0.0241	0.0140	0.0124	0.0115	0.0163	0.0142
外资利润平效	0.0330	0.0210	0.0221	0.0109	0.0111	0.0112	0.0159	0.0149
市场集中度	0.0157	0.0071	0.0091	0.0079	0.0074	0.0079	0.0065	0.0075
进入壁垒	0.0579	0.0449	0.0130	0.0173	0.0209	0.0223	0.0295	0.0279
中国零售产业安全度(Z)	—	0.7484	0.6194	0.5881	0.5234	0.4890	0.5031	0.3082

（四）模糊综合评价实证结果

根据各指标的标准化值 $r(i,j)$ 和权重 w_i，就可以计算出 $w_i r(i,j)$，进而根据模糊综合评价模型 $Z(j) = \sum_{i=1}^{16} w_i r(i,j)$，计算出2003～2009年我国零售产业安全度数值，如表12－9所示。

从模糊综合评价模型结果来看，中国零售产业安全度在2003～2009年期间同样呈现下降的趋势，已由2003年的0.7484下降至2009年的0.3082，2007年和2009年的产业安全度最低，这与加权平均模型的评价结果是一致的。

第三节　本章小结

综上，可得出如下结论与启示：

1. 理论启示

综上分析在理论上可初步说明，基于跨国零售企业行为研究来评估我国零售产业安全的理论构思是可行的。这是因为，不仅两种方法的实证检验结论自身相一致，而且与我国自开放零售业以来零售产业安全现状相吻合，同时也与我国其他学者的判断相吻合。众所周知，2004～2005年我国零售产业安全度之所以下降快，是因为2004年底之后我国零售市场全面对外资开放。一方面，各先期进入我国的外资企业已经过前期的适应性调整，此时完全可放开手脚大干；另一方面，前期未进入的其他国际零售业巨头，则欲抓住机遇尽快进入，这就造成一时间跨国零售企业争向我国一、二线城市进军的热闹景象，这必然显示出这两年零售产业安全度下降快的特点。2005～2007年我国零售产业安全度呈现相对稳定的下降趋势，这也是符合客观事物发展规律的。一方面，在外资企业扩张的同时内资企业也加速了扩张而形成对外资企业的制衡；另一方面，优质的店铺资源毕竟是稀缺的，在内外资企业双方都加速扩张的条件下，外资企业要轻松地完全以新建方式进入已不那么容易，因而外资扩张速度趋缓，这在指标上就会显示出这几年产业安全度相对稳定，以及“基本安全”的产业安全状态。2007～2009年期间，我国零售产业安全度呈现出小幅回升之后明显下降的态势，这是因为，在国际金融危机最严峻的2008年，外资零售企业在我国采取了极为谨慎的扩张行为，这一点从外资零售企业门店数目指标便可见一斑；而在经济形势有所回暖的2009年，外资零售企业的扩张行为得到了全面释放，无论门店数、营业面积，还是经营业绩均显著增长，这也就必然出现零售产业安全度明显下降的结果。

2. 实践启示

综上分析在实践上可初步证明，基于跨国零售企业行为视角来探寻零售产业安全风险防范的制度安排是可行的、有效的。从上面的讨论可知，跨国零售企业国际化行为是零售产业安全风险发生的微观基础，若基于跨国零售企业国际化行为的认知、预测，从而建立在引导与控制思路之上的制度安排，将不失为防范我国零售产业安全风险发生的一条有效路径，它是一种着眼于事前与事中进行风险防范的有效且经济的问题解决思路。比如，对影响跨国零售企业国际化行为的关键因素像店铺地址这类稀缺性资源，通过恰当的制度设计与政策安排来进行引导与控制，就可以起到事半功倍的效果。再比如，对于外资零售企业市场集中度的监控也是如此。

第十三章
我国零售产业保护政策及其国际比较

2004年之后，即我国零售市场全面开放之后，零售产业安全问题日益凸显，从制度上来看，零售市场规制乏力应是重要原因之一，也就是说，是由于旧的市场规制失效而新的市场规制缺位而造成的。因此，新的零售市场规制应如何建立，依据什么来建立，等等，亟须在理论上予以说明。本章试图从零售业保护视角来探寻这一问题。首先，对我国零售市场对外试点开放以来的零售市场规制政策沿革进行总结与回顾，以从中探寻其成功的经验；其次，对主要西方发达国家零售市场规制的一般做法进行总结与分析，以从中找出市场经济下零售市场规制的一般规律；最后，在中西比较分析中给出我国未来零售市场规制设计的主要依据与基本思路。

第一节　我国零售产业政策历史沿革及面临的困境

一　我国零售产业政策历史沿革

我国零售业对外开放历程是与跨国零售企业在中国的发展进程密切相关的。从1992年的《关于商业零售领域利用外资问题的批复》、1999年的《外商投资商业企业试点办法》，到2004年6月1日生效的《外商投资商业领域管理办法》，再到2004年12月11日零售市场全面开放，我国零售业走过了一段从试点、半开放到全开放的历史进程，与此同时，跨国零售企业进入我国市场也经历了一个逐步渗透到全面扩张的过程。因此，从外资零售企业国际化行为来看，我国零售市场规制历史沿革可划分为以下三个阶段。

（一）对外试点开放期（1992～1999年）

这一时期，我国零售业由完全封闭状态开始尝试对外开放，但这一时期，依据开放度或者依据外资进入的情况，还可进一步划分为两个小阶段。

1. 1992～1995年

1992年7月，国务院第一次正式批准我国零售业对外试点开放，试点地域限于北京、上海、天津、广州、大连、青岛6个城市和深圳、珠海、汕头、厦门、海南5个经济特区，每个城市允许试办一个至两个中外合资或合作经营的企业，经营范围为百货零售业和进出口商品业务，中方必须控股51%以上。批发业则禁止外资进入。[①] 其时，我国改革开放已历时13年，除零售业外，其他产业尤其是制造业已具有很高的开放度。相对于制造业的长足发展，流通业包括零售业已显得十分滞后。零售业态陈旧，经营方式与经营手段落后，企业经营规模小，因此，零售业亟须改革开放，亟须通过改革开放提高其现代化经营水平。于是，1992年7月《关于商业零售领域利用外资问题的批复》应运而生。

实际上，在实践方面，1992年5月15日，中日合资企业——上海第一八佰伴有限公司的成立，已标志着外资进入我国零售业拉开了序幕。1992年6月30日，北京燕莎友谊商城开业，中国有了第一家中外合资零售百货店。《批复》出台之后，当年的12月12日，北京的赛特购物中心开业。北京燕莎与赛特购物中心的开张标志着中国现代百货商店产生。但总体来说，在这一阶段，我国的零售业仅仅是对外开放了一个小窗口。从1992年到1995年10月前，国务院只正式批准了15家中外合资、合作经营零售企业，且进入中国市场的大部分是港资或其他华资背景的企业。

如前所述，我国的零售业规模小，远远不能适应现代化大工业发展的要求；而要使零售业上规模，提高产业集中度，必须引入连锁经营这种现代的流通业组织形式。1990年12月，我国第一家连锁超市——广东东莞美佳超市虎门镇一号店开业，连锁经营在我国迈出了第一步。但我国最初的连锁经营，多数是在原行政所属的基层店中发展起来的，是将原行政公司实体化，改建为连锁经营公司总部，而下属的各基层店则改造成了连锁经营门店。因此，直到

① 李飞、王高：《中国零售业发展历程（1981～2005）》，社会科学文献出版社，2006，第557～563页。

1995 年，我国的连锁企业多数是由原国有中小型百货店、饰品店、杂货店等改造而成的，并不具备现代连锁商业的一些本质特征。于是，1995 年 6 月，国务院出台了《指导外商投资方向暂行规定》和《外商投资产业指导目录》，将商业零售列入“限制外商投资产业目录”的一类项目，允许有限度地吸引外商投资，但不允许外商独资。这标志着从制度安排上正式明确了我国零售市场开始对外资开放。在实践上，同年，家乐福在中国开设了第一家超级购物广场；麦德龙集团与上海锦江集团成立合资公司，这是第一家被批准在中国所有主要城市经营的外资零售商。这实际上隐含着允许外资在我国发展连锁经营。

2. 1996～1999 年

1996 年 4 月，为进一步推动我国现代连锁经营的发展，国务院首次正式批准两个中外合资连锁经营公司：由中国糖业酒类集团公司与日本伊藤洋华堂株式会社等合资建设经营的“华堂有限责任公司”；由中国土畜产进出口公司与荷兰 SHFMAKRO 公司、台湾丰群投资公司联合经营的“中土畜万客隆有限公司”。这两个公司的成立，不仅标志着中国零售业对外开放由零售环节延伸到了批发环节，而且标志着外资连锁零售业可以正式进入我国发展。1997 年 3 月，经国务院同意，国内贸易部印发了《连锁经营管理规范意见》，这是国内有关连锁经营首次出台的部门规章。该《规范意见》对于连锁经营作了系统的解释和规范，并将连锁经营列入国家技术专项贷款计划和国家技术开发拨款计划。政府的高度重视以及连锁经营这种组织形式自身所具有的优势使其在我国获得迅速发展。

在这期间，除了国家明文试点开放城市之外，各地方政府亦以各种形式越权自行批准了若干家中外合资零售企业。当然，这中间不仅有地方政府越权违规的行为，也有跨国零售企业违规扩张的行为。例如，家乐福由于违反中国政府关于零售业开放的有关规定，违规扩张，于 2000 年 2 月 8 日被明令整改。据国内贸易部报告，截至 1999 年底，正式获得中央批准的外资零售企业仅 21 家，而地方越权审批设立的却有 277 家，一时间造成零售市场开放无序与过度。因此，在这一时期，我国一方面正式鼓励发展连锁经营企业，另一方面又对零售业市场的无序开放与违规行为进行清理整顿。经过清理整顿，认可 42 家、注销 36 家，其余的 199 家限期（1998 年底）整顿。整顿方式主要是补办审批手续、调整股权结构（独资改合资、外方控股改中方控股）、合资期限缩短到 30 年以内等。

配合整顿，我国在这期间出台了一系列有关零售市场规制的制度安排。

比如，1996 年 12 月，经国务院批准，国家计委、经贸委、对外经济贸易合作部修订了《指导外商投资方向暂行规定》和《外商投资产业指导目录》，把商业零售、批发和物资供销统称为“国内商业”，继续列入限制系列，重申“不允许（外商）独资”，并增加了“中方控股或占主导地位”的规定。1997 年 1 月 16 日，国家工商局公布《传销管理办法》，这是我国第一部关于传销的行政法规。1997 年 11 月，国内贸易部出台《商业特许经营管理办法（试行）》。1998 年 6 月，国务院通知要求禁止任何形式的传销，已批准登记的企业一律停止传销活动。1998 年 6 月，国内贸易部出台《零售业态分类规范意见（试行）》。上述一系列零售市场规制制度的出台，整顿了零售市场的无序开放，既规范了外资零售企业的无序竞争行为，也约束了各地政府无序开放行为，为我国零售市场的进一步开放奠定了基础。

在这一时期末，即于 1999 年 6 月，国务院公布了《外商投资商业企业试点办法》，正式允许外商投资商业领域，允许外商开办连锁店，股权比例经国务院特批亦可超过 51%，同时将开放地域由原来的 15 个城市扩大到所有省会城市和计划单列市。这是我国流通领域对外开放跨出的具有历史性意义的一步。

（二）对外半开放期（2000 ~ 2004 年）

2001 年 12 月 11 日，中国正式成为 WTO 成员国，由此，意味着中国零售市场向世界敞开了大门。因为，在加入 WTO 的协议中，中国政府郑重承诺：2002 年前零售业允许外商控股；2003 年前取消在合营公司的数量、地域、股权比例和企业设立方式方面的限制；2004 年前，经营少数重要商品和仓储式超市业态的 30 家店铺以上的连锁企业，仍必须由中方控股，除此之外，取消其他一切限制。因此，相对于零售市场的完全开放，2000 ~ 2004 年可说是我国零售市场的对外半开放期。

这一期间，我国零售领域有几件大事可说明此时期的开放力度：2000 年 4 月 18 日，物美超市与国际著名的“和黄天百”达成协议，在零售界率先导入第三方物流；2000 年 9 月，中国出台吸引外资新政策，包括允许跨国公司收购国有大中型企业，除关系国民经济命脉的产业须由中方控股外，其他产业允许外商持股超过 49%；2001 年 7 月，上海一百集团和日本丸红株式会社共同投资组建了第一个中外合资批发企业——上海百红商业贸易有限公司，标志着中国批发业的正式对外开放；2002 年 3 月，英国最大的零售商 TESCO

进军中国市场；2003 年 1 月 1 日，根据对世界贸易组织的承诺，中国医药零售系统将基本对外资开放；2004 年 4 月 16 日，商务部出台《外商投资商业领域管理办法》，并于 2004 年 6 月 1 日起实行。《办法》的第 17、18 条中除对部分产品有所限制，以及规定在开放的时间上略有先后以外，在其他方面，无论是流通领域的经营形式、经营的地域，还是经营的范围都全面开放，而且在第 22 条中明确提出取消批发地域限制，同时废止 1999 年制定的《外商投资商业企业试点办法》。由此，中国流通领域的对外开放进入了一个全方位、多层次、跨地域、重规范的崭新时代。该《办法》进一步为跨国零售集团提供了建立控股流通企业的政策保障。紧接着，2004 年 7 月，TESCO 收购台湾顶新集团在中国内地创办的乐购连锁超市（在内地拥有 25 家超市），这是外资零售商以并购方式进入中国的第一例。

这个半开放时期，也是我国零售市场发展过程中一个重要的过渡时期。对于跨国零售企业来说，随着我国零售业对外开放政策的一步步明朗，先期进入我国的跨国零售业巨头的扩张逐步提速，随着在华经营经验的丰富，他们越来越清楚自己该如何利用我国本土资源来助推其扩张战略。因此，在这一时期，他们纷纷加快了市场扩张的步伐，试图在完全开放到来之前完成在中国市场的战略部署。对于我国本土零售企业来说，也必须充分利用这最后的政策性保护时机，加快占领市场的步伐，提高企业的竞争能力，为下一阶段更为残酷的市场竞争打下坚实基础。因此，在这一时期，我国零售市场展开了一场无硝烟的地盘争夺战。对于政府这个“游戏规则”的制定者来说，自然必须抓住时机，建立与完善政策以迎接零售市场的全面开放，因而，在这一期间，我国政府也确实相应出台了不少“游戏规则”。

（三）对外全面开放期（2005 年至今）

经过对外半开放期之后，从 2005 年开始，中国零售市场取消一切限制，开始进入真正的市场竞争时代。据统计，仅 2005 年 1 ~ 9 月，商务部就批准新设 554 家外商投资商业企业，开设了 1130 个店铺，营业面积约 333.8 万平方米。而从 1992 年到 2004 年底，商务部累计批准设立的外商投资商业企业总共才 314 家，开设了 3997 个店铺，营业面积达 920 万平方米。因此，不仅跨国零售企业扩张的步伐在进一步加快，其经营策略也作出了调整，更多地开始采用收购、兼并、战略联盟等形式来进行扩张。应该说，2005 年是我国的“零售元年”，也是零售行业跑马圈地的一年，跨国零售企业在华国际化行为也展现出新的特征。

1. 独资化成为其内部整合的重要手段之一

2005年2月，易初莲花悄然在山东济南开设了一家其独资拥有的超市，为外资零售巨头在中国内地设立独资超市首开先河。这以后，其接着于2005年9月，以近1亿港元的代价实现了京津地区的店铺的独资化；2005年12月实现上海地区的独资化；后来易初莲花在广州的独资化工作也告完成。2005年10月25日，家乐福以4171.5万元人民币的代价实现昆明家乐福店独资。之后，家乐福又通过收购股权的方式将新疆、长沙的门店变成独资，而其温州店、海口店一开始注册时就标明是独资经营。2005年5月，麦德龙将其在我国以合资公司注册的注册资金从500万美元增至1亿美元，其股份亦从60%猛涨至90%。

2. 并购成为其外部扩张的重要方式之一

零售网络资源的稀缺性决定了资本运作成为国内外强势零售商构建全国连锁经营网络分点布局的重要手段。仅2005年一年就接连发生多起并购案。在2005年初，百安居收购了由借牌运营而倒闭的普尔斯玛特，2005年4月又收购了欧倍德在我国的所有资产；2005年9月，华润以2.8亿元收购了宁波慈溪市最大的零售企业慈客隆超市的100%股权；2005年11月，英国Ashmore投资管理公司以3亿元价格收购了深圳民润农产品配送连锁商业有限公司52.24%的股份。2005年12月初，家乐福接收了乐客多大卖场上海七宝店，实现进入中国十年来的首次收购；而乐客多在上海大华店和浙江的4家店则由乐购包揽。2006年，外资企业则普遍采取了并购的扩张方式。其中，具有代表性的是百思买控股江苏五星电器，家得宝并购家世界家居，特易购增资并控股乐购，百盛收购百盛输出管理百货店的股权，等等。这些并购往往战略意图明显。据商务部发布的《2006年中国连锁100强经营分析》显示，在通过并购等方式进入中国市场后，外资零售企业在华的效益水平已远远高于我国本土零售企业。据“分析”称，中国连锁100强中18家以国外品牌经营的零售企业店铺数量增幅只有20%，不及连锁100强企业的平均水平，但销售规模增幅却高达27%，高于连锁100强企业的平均水平。其中，11家以经营大型超市为主的外资企业单店销售额为2.15亿元，同比增长5%，大大高于我国本土同业态店铺的销售增长。①

① 资料来源：《商务部：外资零售企业在华效益远高于国内同行》，2007年3月27日《北京晨报》。

3. 商业地产资源的占领成为新的战略目标

自2006年起，外商投资于我国商业地产的趋势就已初露端倪，之后持续升温。据报道，仅2007年第一季度就有9起收购内地商业地产的案件。如，2007年1月，摩根士丹利曾以5.3亿元收购上海徐汇区的高档住宅项目——永新城；美国私募基金华平集团出资3000万美元，收购上海中凯房地产开发管理有限公司25%的股权，以期进入我国内地楼市；2007年2月，美林国际等海外基金认购地产公司上海置业本金总额为12.396亿元的债券，从而间接介入其在沈阳及无锡的新城项目；荷兰金融机构ING集团旗下的中国房地产开发基金（ING基金）收购深圳地产企业金地集团一下属公司49%的股权;① 等等。

假如说，从以上案件还不能完全看出外资试图控制我国商业店铺稀缺资源的战略意图，那么，以下案例则可直接说明问题。2008年10月，美国黑石集团（又名“百仕通集团”）以5.4亿元人民币净价，成功购入上海长寿商业广场项目95%的股权，率先吹响此次外资抄底中国购物中心的集结号。2009年1月，在我国内地已拥有40家百货店铺的马来西亚百盛集团以11.287亿元的价格收购了北京双全大厦。该大厦是双全中心物业的一部分，涉及土地总面积约5.4万平方米，其中双全大厦所占土地面积约1.4万平方米。2011年6月22日，美国铁狮门房地产公司携手上海城投置地集团在沪宣布尚浦领世项目正式开工。该项目是一个地标性的多功能社区，也是铁狮门继成功开发天津和成都商业项目后，在沪开发的首个大型城市综合体项目。尚浦领世项目地处杨浦区新江湾城板块，毗邻淞沪路、殷高路和闸殷路，占地面积26.75万平方米，总建筑面积逾90万平方米。一期将开发约900套住宅及商业零售区域和各类配套设施，预计2014年竣工；二期将开发LEED金奖标准的A级办公园区，建筑面积约19.47万平方米，预计将于2012年开工；三期将开发办公商厦、服务式公寓、零售商业、酒店和文娱设施，建筑面积约52.5万平方米，建成后将成为新江湾城乃至上海东北角的一个地标性多功能综合社区。

以上事件充分说明，外资在我国国际化扩张已呈现新特点与新动向，即投资于商业地产。外资之所以如此热衷投资于中国商业地产，一方面是

① 资料来源：《近期外资进入中国商业地产大事记》，http：//www. linfenlr. gov. cn/gxgt/contents/241/3121. htm，2007－10－25。

因为，商业地产回报率比住宅类高一倍；另一方面也因为，零售商业的长期走势是趋高的，占据了零售商业的优质店铺资源，对于零售业经营来说，就等于胜券在握。因此，为了获取这种宝贵的稀缺性资源，他们不惜采用曲线迂回的战术。比如在广东的商业地产资源的获取。与京、沪相比，广州的优质商业物业不多，且开发商一般不考虑转手，如天河城，所以，外资多采取从已经购得广州商业用地的港资企业手中购买股权，间接介入商业地产项目的开发。如新加坡丰树、加拿大亿万豪剑桥等都是如此。

针对上述零售市场变化的新特点，我国零售市场规制也作了应对。比如，2005 年 8 月，颁布了《国务院关于促进流通业发展的若干意见》，这是中华人民共和国成立以来，首次以国务院名义就流通下发的文件。就在同月，又公布实施了《直销管理条例》、《禁止传销条例》。2005 年 12 月 9 日，又下发了有关部委委托地方部门审核外商投资商业企业的通知，该通知规定下放了三类符合条件的外商投资商业企业的审批权限：①单一店铺面积不超过 5000 平方米，且店铺数量不超过 3 家，其外国投资者通过设立的外商投资商业企业在中国开设的同类店铺数量不超过 30 家的企业；②单一店铺面积不超过 3000 平方米，且店铺数量不超过 5 家，其外国投资者通过设立的外商投资商业企业在中国开设的同类店铺数量不超过 50 家的企业；③单一店铺面积不超过 300 平方米的企业。这三类企业今后将由地方省级商务主管部门审批后，报请商务部备案。此举意味着外商投资中国零售领域的审批程序进一步简化，标志着我国零售市场对外开放的壁垒基本消除。

二　我国零售业保护政策效果及面临的困境

（一）我国零售业保护政策效果

从我国零售市场对外开放以来所实施的产业保护政策的效果来看，从前面几章的实证分析可知，我国所采取的渐进式开放政策是得当的，零售市场规制效果也是好的，对本土零售业起到了既促进又保护的效果。零售业规制之所以有效，个中经验有以下几方面值得总结。

1. 抓住了零售业国际化市场进入的主要特征

如前所述，商业零售业属于服务类产业，跨国零售贸易活动则属于服务贸易范畴；而从服务贸易的性质与特征来说，由于服务贸易所具有的无形性、不可存储性、生产和消费的同时进行性等特点，在国际服务贸易的跨境交付、境外消费、商业存在和自然人流动这四种类型中，商业存在是目前商业零售业跨国提供服务贸易活动的主要方式，即企业通过对外直接投资而在东道国设立商业零售企业，仍是目前零售企业国际化的主要方式。从而，东道国出于对本国服务贸易利益保护而设置的服务贸易壁垒，也将主要表现为商业存在壁垒，即直接针对零售企业及其国际化行为而进行的约束与规制。我国零售业对外试点开放以来，针对外资的股权、经营范围、经营地域等方面所作的严格限制，都是直接针对企业及其行为的，也是有效的，因为，这直接抓住了跨国零售业国际化扩张的主要特征。

2. 抓住了零售业国际化扩张的关键资源与能力

正由于跨国零售企业国际化主要是以商业存在方式为主，而其商业存在方式又主要表现为连锁分店的复制与粘贴，即将本国成熟的店铺管理模式进行复制/粘贴到东道国。因此，如前述分析，零售企业国际化成功的关键就在于店铺资源的获取以及扩张支撑力的延伸运用。而我国零售市场对外试点开放以来，零售业保护政策则主要在于通过规制约束了外资零售业的关键资源获取及其能力的有效发挥。比如，规定外资企业不得经营批发业务，进口商品比例不得超过30%，不允许外资控股，更不允许其独资经营，同时，在经营地域上也对其作了严格的规定与限制，这些政策直接限制了其优势的发挥——如连锁经营及其规模经济性等，从而使得本土零售企业在渐进式开放中得到有效保护。

总之，结合前述分析可发现，在我国零售市场渐进式开放的制度安排下，随着外资零售企业的进入，我国本土零售企业的竞争力在趋于提升，市场绩效趋于提高，市场结构也在一定程度上得到优化。这些都足以证明，改革开放以来，我国零售产业保护政策设计是恰当的，抓住了零售企业国际化的主要特征，并把握住了零售企业国际化的关键资源与能力控制的着力点，即店铺资源的获取、连锁经营模式的运用等。

（二）我国零售业保护政策面临的困境

但是，上述关于我国零售业保护政策有效的结论，只适用于2004年底之前。2004年底之后，由于零售市场全面对外开放，上述所有所谓有效保护的政策与措施都面临着巨大挑战，而新的适应市场经济的零售业规制又未能建立起来，因此，致使我国零售产业安全风险凸显，面临产业保护政策缺位的困境与挑战。

1. 政策出台背景变化所带来的困境与挑战

2004 年底之后，我国零售市场全面对外开放，也就是说，针对外资的商业存在壁垒限制完全消除，不管是市场准入壁垒还是非国民待遇承诺都完全消除。这时，对我国零售市场规制来说，意味着要从商业存在壁垒向市场壁垒进行过渡。因为，对于一个主权国家来说，市场开放并不意味着完全放弃市场规制。实际上，从我国零售市场对外开放的过渡期开始，就意味着原有的商业存在壁垒要向市场经济下的市场壁垒过渡。

2. 外资零售企业行为变化所带来的困境与挑战

2004 年底之后，外资零售企业在我国的国际化行为与国际化战略都发生了很大的变化。其重大变化主要表现在以下几方面：在投资战略上，一方面，表现为从新建投资到并购投资的战略变化，跨国公司并购行为的活跃，使其获得了进入市场快、成本低、效率高、较易获取本地零售品牌、快速消灭竞争对手等优势；另一方面，表现为从合资到合资控股乃至独资的战略变化，从而使其能更好地垄断与保护其核心技术以满足占领我国市场与全球市场的战略需要。在经营战略上，正如前所述，跨国公司正进行着战略整合与区域推进战略。所谓战略整合，即是对在华企业管理有一个从微观到宏观、从分散到系统的发展过程。比如，跨国公司在华设立投资股份有限公司的个数在从无到有地快速增加就说明，外资企业试图通过设立投资性公司或地区性总部来整合在华各个经营机构以及各种资源。所谓区域推进战略，即是指跨国零售企业在我国零售市场完全开放之后，正从东部沿海开放城市而向我国中西部二、三线城市推进。与此同时，跨国零售企业还积极实施本土化战略、高新技术战略、业态战略等。在资源战略上，由关注现有店铺资源而转向关注新的商业地产，而这对于正处在城市化发展过程中的我国来说，影响将是深远的、更为重要的。

如此等等，说明未来我国零售市场竞争将日趋激烈，我国零售业保护依然是一个重要的实践问题。在原有的产业政策失效的情况下，如何针对外资零售企业国际化行为的新特征而进行有效的规制设计，这将是我国零售业保护亟待解决的新课题。

三　政策缺位困境：以“万村千乡市场工程”为例

（一）“万村千乡市场工程”及其争议

客观地说，对于我国零售业保护问题，我国政府一直未等闲视之。例如，“万村千乡工程”应该说也是对我国零售业实施的保护措施之一。但若对其作深入分析，却恰恰可发现其中所显现的政策缺位困境。

所谓“万村千乡市场工程”，是指由我国商务部牵头抓的，贯穿于整个“十一五”期间的一项农村现代流通体系建设工程。该工程自2005年开始实施，至2010年10月，中央财政累计投入资金达43亿元，地方财政累计投入配套资金为19.3亿元。计划到“十一五”末，在全国农村建成超市52万个，覆盖全国80%的乡镇和65%的行政村；农村超市商业面积达4500万平方米，平均单店面积达87平方米，平均单店品种达400多种；在农村建设2667个物流配送中心，实现每个县平均拥有1个，每个配送中心面积达1700万平方米。① 也就是说，通过该项工程的实施，构筑以城区店为龙头、乡镇店为骨干、村级店为基础的农村现代商品流通网络，改善农村消费环境和促进农业产业化发展。应该说，这项工程给人们描绘了一幅改善农村商品流通落后状况的美好蓝图。但由于该工程采取的是政府补贴、企业承办的模式，人们很快就发现，在我国农村消费市场存在巨大差异的情况下，以全国范围内的推广补贴和市场推广相结合的“万村千乡”推广方式将面临“推广悖论”，即工程的普遍服务职能与企业追求利润目标之间的冲突，从而政府财政补贴可能会造成财政资金的浪费。还有学者对该工程试点县之一——四川自贡市荣县进行了实地调查，认为上述担忧不无道理。据调查，在我国东部地区，响应商务部推广“万村千乡”工程的大中型零售企业所占比例仅有20%，而一些企业却在既缺乏行业经验，又没有配送中心、物流体系和管理能力的情况下，借政府大力推广之机，在短时间里大量收编本地乡村的“夫妻店”，进行连锁加盟经营，为的是套取政府财政补贴（林超群，2007）。从而，该项工程实施以来，并没有使农民感到购物更方便、更放心以及更实

① 《关于印发常晓村、曹德荣同志在全国万村千乡市场工程工作会议上讲话的通知》，http：//jmw. lishui. gov. cn/csdh/nmhyglbgs/xxdt/t20101228_702238. htm。

惠。于是，有学者对该项制度安排本身提出了质疑，认为，产生上述问题的原因在于政府角色定位不当，是由于政府忽视了市场的主导作用（张武康，2007；刘玉萍等，2008；等等）。

那么，构建农村现代商品流通体系，政府力量该不该介入？实践中所出现的上述问题深层原因到底在哪里？应如何解决？这些问题亟须我们在理论与实践两方面予以回答。笔者认为，对上述问题的认知，若放在零售产业安全的视角下来看，不是国家力量该不该介入的问题而是如何介入的问题。“万村千乡”工程中之所以出现上述问题，实际上是由于政府与企业在战略市场定位方面的差异与冲突引起的，本质上则是由于政府代表国家所追求的商业利益即国家“公利”与企业所追求的商业利益即企业“私利”之间存在冲突。寻找这两者之间协调的恰当路径与措施，才是保证这项制度安排效率的关键所在。

（二）政府视角：农村市场的战略意义

我国是一个农业大国，60%以上的人口生活在农村，因此，农村市场历来在我国各级政府的商务主管部门心中占有重要的地位。尤其是2004年我国零售市场全面开放以来，农村市场在我国整体市场格局中更具有战略意义。这一点可从关于零售产业安全问题的争论中得到佐证。

自1992年我国零售市场对外试点开放迄今，外资的进入是否已影响到我国经济安全，对这一问题存在着两种不同的观点：一种认为，直至目前外资零售企业进入的数量和规模并没有威胁到我国国家经济安全；另一种则认为，外资零售企业的大规模进入已开始威胁到国家经济安全。持第一种观点的大多数为零售企业对外开放的主管部门，持第二种观点的大多数为学者和零售企业的经营者。政府主管部门认为，到目前为止，外资零售企业数还不到我国零售企业的千分之一，网点数仅占全国零售网点数的十万分之三左右，销售总额还不到5%；即使在自行批准合资零售企业最多的上海市和深圳市，外商投资零售企业的市场占有率也不到10%。而我国人口多、地域广，广大的农村市场还是一个软肋，便利店、折扣店、大型专业店等新兴业态在我国很多地方尚属空白，这无疑为国内企业提供了新的发展空间。而大多数学者与企业经营者则不以为然，他们认为，面对携带有现代经营理念且拥有所有权特定优势的外资零售商，其对我国经济安全的影响是不能简单地通过外资零售企业只占3%～5%的较低市场份额来反映的。因此，到目前为止，争论双方并没有就此达成共识。但显然，“万村千乡”工程应是政府主管部门基于我国零售产业安全的战略思考，尤其是基于我国农村市场是一个潜在大市场的基本认知而作出的一项制度安排。

那么，我国农村市场是不是一个潜在的大市场呢？这在学界的看法也是有分歧的。尤其是在全球金融危机蔓延的情况下，对这个问题的认识更形成了两种截然对立的观点。

一种观点认为，我国农村是一个巨大的待开发市场。其理由主要是：经过改革开放30年的发展和积累，农村已告别了温饱阶段，正向更高水平的小康社会迈进，农民的口袋里是有钱的；更何况国家目前还正加大力度启动农村市场。而农村商品流通渠道不畅，流通环节多，商业网点少，服务功能差，市场不健全，这些已成为制约逐步富裕起来的农村消费需求实现的重要因素。因此，农村是扩大国内需求的“阿基米德支点”，问题在于农村市场的潜力如何挖掘。①

另一种观点则认为，农村市场消费并不是具有巨大潜力的市场。学者们也列举了一些很有说服力的数据：1978年社会消费品零售总额中农村占2/3强，而城市只有1/3弱；1993年这一数字为各占50%；到了2007年则恰恰与1978年相反，城市占2/3强，农村占1/3弱；2008年农村消费所占比重还在继续下降。原因部分在于城市化率在不断提高，2007年城市化率达44.9%。近几年，每年的城市化率以1%的速度增长，有时高达1%~2%，现在一半以上的消费人口都在城市，城市与农村的消费力之比为3.33∶1，如果再算上其他收入的话，这一比例将高达5~6∶1。② 而我国农村市场消费总量相当可观，但人均水平很低，且全国各县差距大、层次多。目前农村商品零售总额已达万亿元的水平，但人年均只有1500元，一个百万人口大县也不过15亿元。若把农村市场视为潜在大市场是不符合客观实际的。

上述两种观点，由于都是针对当前扩大内需而进行的对策性分析，着眼点在于短期内是否应把启动内需的重点放在农村，因而分歧很大。实际上，从长期来看，农村市场无疑是一个值得培育开发的大市场，关于这一点，就

① 《农村市场是扩大国内需求的“阿基米德支点”》，http：//views. ce. cn/view/economy/200902/04。

② 《重视流通政策 促进农村流通——第58次中国商品流通论坛召开》，《商经学会通讯》2009年第2期。

是上述的第二种观点也不否认：农村市场总量可观，只是全国各县差距大。其言下之意是说，若将农村市场作为解决内需问题的着力点以求它“刀下见菜”是不可能的，而是需要长期的开发与培育。因此，若通过构建现代商品流通网络，使现代商业发挥对生产的先导作用，农村市场完全可能由潜在的大市场变为现实的大市场。这是由于现代商业具有传统商业所不具备的“双优”本质和功能，即在时间上“消灭耽搁迟滞、库存积压和断档脱销”，加快节奏，优化经济流程；在空间上“消灭无效生产，优化资源配置，优化产业结构”（宋则，2006）。从这个意义上说，“万村千乡”工程的实施，对于改善农村商品流通的基本设施，促进超市下乡，使现代的商业模式进入农村，无疑将起到历史转折性的作用。它不仅可以将城市的工业品带入农村市场，而且也可以带动农产品进城，构建起稳定的农产品流通渠道，促进农村产业结构调整和经济结构的调整，有利于增加农民收入（王勇，2007）。同时，由于它旨在鼓励国内零售企业向目前外资尚未触及的中小城镇和农村市场扩展，抢先布好网点，发展特色化、便利性的标准超市和卖场，为中国零售企业带来新的市场（杜志渊，2007），从而使其更具有防范零售产业安全的战略意义。也正由于此，可以说政府眼里的农村市场是一个具有战略意义的潜在大市场。

（三）企业视角：城市市场的战略意义

对于商业零售企业尤其是大中型商业零售企业而言，他们眼里的大市场在哪里呢？结论是显然的，在城市，而且在大中城市。原因似乎也是显而易见的，即源于商人的逐利性：农村购买力水平低，且居住分散，公共基础设施发展水平低，商品经营成本高，无利可图。但是，对企业市场定位的解读仅止于此，就会有失之肤浅之嫌。因为，这种认识既忽视了我国零售市场开放的大背景，也忽视了全球零售商业模式革命的大环境，从而难以深刻感知我国大中型零售企业正面临的深层次竞争压力。

从20世纪80年代开始至今，在全球范围内发生的商业革命，不仅改变了资本主义公司的本质，而且改变了全球经济生产的组织方式。商业零售业也不例外。在过去的20多年中，发达国家的零售业集中度不断提高。以欧洲最大的三个零售市场德国、法国和英国为例，其最大的五家公司分别占有本国零售市场的65%、72%和57%的份额。随着经营规模的扩张，这些大型零售商在获得巨大的采购规模经济和销售规模经济的同时，对供应链的改造、对信息技术的运用，以及与顶级供应商的协作加强了其在供应链上的系统集成功能。[①] 系统集成功能的增强，使得大型零售企业享有许多重要的优势并促使其向发展中国家扩张，而这种扩张的目标市场必然是发展中国家高收入人群聚集的经济发达地区及省会城市。目前进入我国的零售商绝大部分正是这些发达国家的系统集成者，其进入我国扩张的目标市场定位也正如上所述。从而，一个严峻的现实问题摆在中国零售业面前：未来供应链的系统集成者是谁？是外资零售业还是我国民族零售业？这无疑直接关系到我国本土零售业的生死存亡。因此，城市市场对于大中型零售企业而言，不仅是高额利润的来源之地，更是决定生死存亡的战略要地。

同时，从我国零售企业的发展状况与组织特征来说，也决定了其必须首先从城市市场做起，并且是从能产生规模经济的大中型城市市场做起。这是因为，一方面，在零售市场开放条件下，我国本土零售业已不再拥有得以自然成长的历史空间与时间，它们的成长必须是在与发达国家大型零售商的竞争较量中来完成的。显然，商业利润尤其是超额利润的获取是保证其成长的关键；而能提供这高额利润来源的必然是城市市场，尤其是发达地区的城市市场。另一方面，由于我国大中型零售企业发展普遍采用的是连锁经营，而这种组织形态本身的特征也决定其必将目标定位于收入增长率高的城市市场。这是因为，连锁经营这种组织形式作为商业服务业的一种先进的管理制度和企业组织形态，生命力正在于打破了单店零售商对扩大经营规模的限制，从而使其获得了两个重要的规模经济来源——采购规模经济和销售规模经济。这两种规模经济好似鸡与蛋的关系，很难说谁更先于谁，或谁比谁更重要。但有一点是可以肯定的，没有一定的销售规模作基础，是难以获得采购规模经济的，庞大的销售规模是零售企业获取竞争力的重要保证。例如，世界零售企业巨头沃尔玛，其 2003 年一天的销售额就达到 14.2 亿美元，超过 36 个国家的 GDP。[②] 这种庞大的销售额无疑使其在与供应商讨价还价中处于优势地位。因此，在市场的激烈竞争中，谁拥有这双重规模经济，谁就可以在竞争中游刃有余，谁也就可能在系统集成者地位的角逐中最终胜出。对

① 〔美〕彼得·诺兰、刘春航、张瑾：《全球商业革命：产业集中、系统集成与瀑布效应》，南开大学出版社，2007，第 11、107 页。

② 〔美〕彼得·诺兰、刘春航、张瑾：《全球商业革命：产业集中、系统集成与瀑布效应》，南开大学出版社，2007。

于我国大中型零售企业来说，要想在竞争中快速成长并胜出，必须抓住能给其带来巨大销售规模的城市市场，这样才能支撑其连锁分店的高速扩张。

综上，无论是从我国企业生存的历史大环境来看，还是从我国企业发展状况及其组织形态特征来说，城市市场对于我国大中型零售企业都是极具战略意义的。

（四）两种战略市场定位的冲突及其本质

分析至此，再看“万村千乡”工程实施中已出现或可能出现的前述问题，就可以发现，其表面上是由于政府的全面服务职能与企业逐利目的的冲突所致，而实际上是政府与企业对于战略市场定位的不同而引致的。本质上，则是源于国家出于国家商业利益考虑的“公利”与企业出于自身商业利益考虑的“私利”之间的冲突。

在开放条件下，商业利益有国家层面与企业层面之分。所谓商业利益，就其实质而言，是一国国民的私利，是以追求物质利益或凭借其可获得物质利益的其他利益为目的，直接表现为最大限度的利润以及利润预期或利润分成预期，间接表现为最大限度的资本增值。① 就这个层面来说，商业利益就是我们通常所说的企业利益，即企业通过商业活动所获得的利益，它是企业基于一己的“私利”。而国家层面的商业利益则是着眼于全民的、长远的、整体的战略利益，它是一国相对于他国而言的民族利益，是一国的“公利”。比如，在开放条件下，零售产业安全问题的提出，则是源于一国“公利”的考虑。一般来说，在国家之间，一国的商业利益与其本国企业的商业利益是统一的、没有矛盾的。因而，一国会不惜驱动国家力量为本国企业开辟国际市场，不惜动用国家手上的工具来保护本国企业的商业利益。尤其是现代国家更是这样。而在开放的一国范围内，国家商业利益与企业商业利益，即国家“公利”与企业“私利”之间则会呈现出既对立又统一的复杂关系。

说它们是对立的，是因为在一国范围内，就企业本质而言，作为经营活动的主体，遵循的是利润最大化原则，它在追求一己私利时，不可能基于国家商业利益，如基于国家零售产业安全的视角来思考与决策问题。在当其拥有稀缺的优良店铺资源而又面临是“自制”还是“盘出”的选择时，其权衡的标准是看哪种方式能使自己获利更高，即它衡量的出发点是企业的一己私

① 李金轩：《现代国家商业利益断语》，《商经学会通讯》2008 年第 12 期。

利。在当农民购物不方便、不实惠、不放心而急需现代商业网点进驻时，到底要不要进驻，其决策的依据主要是有无利润可图，或者看其是否合乎自己的战略利益。例如，西安一家本地民营连锁企业——海星超市，一直在当地消费者中口碑不错并被当地人引以为荣。然而，就在2009年2月25日清晨，当其他商家正开门迎客时，这家在全市拥有109家店铺的连锁超市却突然关门歇业，提前并未作任何安民告示，一时间给居住在该超市店铺周围的居民生活带来很大不便，也使一方社会的安定受到了影响。随后据查，这家海星超市早在2005年已将其旗下所有店铺转让给了具有澳大利亚背景的购宝商业集团公司，但财产交割至今尚未完全清楚以致关门歇业。[①] 这里且不管责任在谁，事实是，由于企业的随意歇业行为，已经伤及了社会公利。因此，国家"公利"与企业"私利"正是在这一层面上是矛盾的、冲突的。

当然，企业所有权性质不同，这种冲突的最终行为还是有所区别的。当企业属于国有企业时，它承担的是国策使命，履行着追求国家利益、经济利益的职责，从而，当企业的私利与国家的公利发生剧烈冲突时，它会以公利为重而最终放弃企业的私利；而当该企业是外企时，则在东道国公利与其私利发生重大冲突时，只要不违反东道国法律，它是不会因东道国"公利"而放弃企业私利的，相反，可能会全力保护自己的私利。而又当这家外企在市场中的地位举足轻重时，那么，这家外企对一己私利的保护与追求将无疑会危及东道国零售产业安全，最终会使国家经济安全受到影响。

说它们是统一的，起码应在以下两个层面统一：一是统一在同一个主权国家下；一是统一在国家经济安全的视角下。关于第一点不用多言。第二点道理也是显然的。因为在国家经济安全的层面，政府与企业间两种不同视角下的战略市场定位不仅不矛盾而且是互为基础的。因为，在一国开放条件下，若本土企业力量不济，城市市场由外资垄断，国家公利即国家经济安全必然受到威胁。同时，如前所述，时值全球零售商业模式革命的历史环境下，本土零售企业若仅凭其自身力量要想在竞争中胜出，不是不可能但应是非常艰难的，而时不我待，因此，国家力量的适度介入是必要的。事实上，正如上述所指出，"万村千乡"工程的启动，其目的也正在于培育未来的大企业，帮助本土大中型企业在竞争中成长起来。这可从该项工程对承办企业

① 《陕西海星超市停业续：供货商无处讨要货款》，2009年3月3日《阳光报》。

的要求中看到：一是承办企业的注册资本在东部地区不得低于300万，中西部地区不低于200万；中西部地区销售额不低于3000万，东部地区是5000万。二是要求“农家店”的配送率不能低于40%，农资农家店配送率不能低于70%。① 显然，能具备上述条件的必定是当地具有一定规模的大中型企业（当然，在这里，国家并没有明文限定承担企业的所有权性质，这正是下文将要讨论的）。因此，从这个意义上说，国家公利与企业私利这两者之间应是统一的。

（五）结论与对策性建议

1. 分析结论

（1）“万村千乡”工程不仅旨在解决农民的“三不问题”，更是一项具有防范零售产业安全意义的战略工程，它体现的是国家利益诉求，因而，该工程具有国家“公利”性质。

（2）具有国家“公利”性质的事业，国家力量的介入是必然的，具体承办企业只能是具有国策使命性质的国有企业，这是由国家“公利”与企业“私利”之间存在着既对立又统一的复杂关系性质所决定的。

（3）在“万村千乡”工程实施中，一些具有国策使命的大中型国有企业之所以不积极，个中原因不仅在于逐利性，更在于农村市场在目前，既不在其战略视野，也不在其力量范围之内。

从上述结论可看出，要解决“万村千乡”市场工程实施中的前述问题，实际上就转化为，如何协调与解决政府和企业之间在战略利益方面的矛盾与冲突问题。

在提出对策性建议之前，在上述结论中还隐含了两个问题需要略作说明与讨论：一是关于代表国家“公利”事业的投入方式选择问题。从理论上讲，同样也存在“购买”或“自制”的选择，所谓“购买”，在这里即是指目前实践中已采取的模式：谁在农村开店我给谁补贴。但由于商务部本身还没有能力完全清理企业的动机问题，也缺乏有效的确认拨下去的资金是否真正作用于工程本身的科学、严格的监督体系（蔡勇，2009），从而，一些企业的机会主义行为就在所难免。因此，为了保证国家“公利”投入的权益，通过股权的控制和治理将是有效的方式，即国家“自制”。二是关于政府与

① 《商务部将新建15万家农家店》，http：//www.sina.com.cn，2009－02－09。

企业之间发生战略利益冲突的前提条件问题。实际上，还是资源有限性这个经济学基本命题在作祟。它既包括流通产业政策资源的有限性，也包括企业自身资源的有限性。所谓流通产业政策资源的有限性，即在我国目前众多产业（2009 年国家出台了十大产业支持政策）需要支持的背景下，国家财政资源不可能对流通产业过多地投入；而就农村流通网点建设来说，按政策标准，试点企业在乡镇开店补贴 2800 元/家，在村组开店补贴 3800 元/家，而实际上要开设一家乡镇店需数十万元以上，在企业面临城市市场系统集成权激烈争夺的紧要关口，要腾出大量资源去开拓农村市场，这对于我国很多企业来说是力所不及的。

2. 对策性建议

因此，要具体落实“万村千乡”工程，使其所代表的国家“公利”与国有企业所承担的“国策使命”的属性相吻合，必须将有限的流通产业政策资源统筹配套使用，并根据各地实际情况鼓励大中型国有企业分阶段、分地区来落实推进。具体来说，可采取以下措施：

（1）可将“万村千乡”市场工程建设与培育国有控股大型流通企业集团的产业政策相结合，在鼓励国有大中型零售企业跨地区购并的过程中，尤其要鼓励对那些商业发展有较好基础的县、乡镇的零售企业实行购并。购并所需的资金可用财政店铺补贴的资金以国有股权置换的方式进行支持。这样做的好处是显而易见的，一方面，先期发展较好的县、乡镇的零售企业，网点已经具备，通过大中型国有企业的购并，从而导入先进的品牌与统一经营模式可使其迅速得到提升；另一方面，由于这些在当地已有先期发展的县、乡镇零售企业熟悉本地区情况，他们知道应在哪里布店，该店应建多大规模等，再给予必要的业务指导与资金支持，就可使其进一步向村组进驻，从而使得城市的流通企业很自然地将渠道与市场延伸至农村。

（2）由于我国各地农村发展水平的差异性与不平衡性，对于目前尚无条件发展现代流通模式的农村地区，可大力发展新型国合商业，这种新型国合商业的部分股权可由原用于店铺补贴的财政资金来投入。待时机成熟，仍可按照上述的操作办法来进行，即最终推动国有大中型企业来接管，以保证国家“公利”的实现。

至于在实施中如何将政府投资转换为国有股，现已投入的资金如何置换为国有股权，以及新型国合商业如何创建等操作层面的问题还有很多，需要专门讨论，这里限于篇幅不再展开。

第二节　主要西方国家零售产业政策及其产业保护效果

为保证市场公平竞争、保护中小商业企业发展、尊重当地居民文化和消费习惯等，发达国家普遍对设立大型商业网点采取较严格的规制措施。法国、英国、德国、西班牙、意大利、日本、韩国等都有专门的法律，要求制定详细的商业网点规划，对大型商业设施规定了严格的市场准入条件和申报审批程序，有的在审批前还要求组织专家、行业组织及消费者代表等进行听证。这都在客观上起到了对外资进入的屏障作用。由于日本零售业保护很不同于大多数西方市场经济国家，其有专门针对大型零售企业开设的《大店法》，同时由于日本的零售业规制问题近年来被我国学者广泛引以为鉴，因此，这里特对其作重点分析。

一　日本零售产业政策及其产业保护效果

日本零售产业保护，若以众所周知的《大店法》为界，可划分为前后两个时期：一是大店法时期；二是城建三法实施期。

众所周知，长期以来，日本国内的流通政策是以《大店法》为代表，其基本宗旨是限制大型零售商业对小规模零售商业的冲击。这一政策对发展大规模的零售商业有较为严格的规定，如此也就在客观上限制了外资的进入。因此，日本流通业的开放在很大程度上取决于对《大店法》的改革。然而，无论是《大店法》还是其废止后所出台的新政策，都在客观上起到了对日本本土零售业保护的作用。

（一）《大店法》对外资进入的直接屏障作用

1. 《大店法》的主要内容与实施目的

所谓《大店法》，全称为《大规模零售店铺零售事业活动调整法》，于1974年3月1日正式颁布，至1998年5月废止，实施了20多年。其主要内容是对在一个建筑物中店铺面积在1500平方米（东京及其他指定城市为3000平方米）以上的零售商店的开业按照一定程序进行审查与调整的一种制度安排。其审查的内容包括开店日期、店铺面积、闭店时间、休息天数等；

在对大型店进行审议时，有一套严格的审批程序。其审批程序一般是：第一步，由大型零售店铺承建方提出申请，该申请必须向通商产业省大臣或都道府县知事提出；第二步，地区通告说明，承建方向预定开设店铺的当地零售业者、消费者作出建设店铺计划的概要说明；第三步，由大型零售商店的经营者提出申请，该申请必须向通商产业省大臣或都道府县知事提出，有关事项包括店铺面积、营业时间和年休息天数等，闭店时间在晚 8 时以前或年休息日不足 24 天的不需要申请；第四步，在大型零售商店的经营活动有可能对周围中小零售企业的经营产生较大影响的情况下，召开大型零售店铺审议会（由通商产业省或都道府县设置）并听取其意见，审议会委员除了要听取当地零售业者和消费者的意见之外，在必要的情况下，审议会还要进一步听取商工会议所和商工会等地方自治团体的意见；第五步，大型零售店铺审议会对每一项申请进行审议；第六步，由通商产业省大臣或都道府县知事发出劝告或有关命令，内容可能涉及压缩经营天数、削减店铺面积、闭店时间提前和增加休息天数等，在不服从命令时，可以处以罚款等。

《大店法》颁布的初衷在于：①保护消费者的利益；②适当保障周边中小企业的经营活动和发展机会；③促进中小企业的正常发展。当然，最终目的还在于促进国民经济的健全发展。至于《大店法》颁布实施之后是否有违其初衷，以及本国内为何有众多的反对之声，这里且不予评说。但从产业保护角度看，《大店法》的实施，确实在客观上屏障了外资的进入而发挥了保护本国零售产业的作用，因此，引起了很多发达国家的一致反对。

2.《大店法》的调整与改革

《大店法》之所以在客观上能起到阻碍外资零售企业进入的作用，一方面是因为，《大店法》限制了大型店之间的竞争，客观上保护了既有大型店铺的优势地位，助长了大型零售商之间的摩擦与矛盾，同时也使市场竞争的淘汰机能退化，从而使在位者对新加入者构筑起巨大的反击壁垒；另一方面是因为，《大店法》中对于新建店铺的复杂而拖沓的审批程序，也在客观上将市场新进入者挡在了门外。由于《大店法》的整个申请程序在时间上没有明确的规定，当地方自治团体包括同行业对于新建大型零售商店存在不同意见时，便被长期搁置下来，从而形成对行业进入的一种实际障碍。对此，欧美国家曾予以严厉指责，批评其流通系统的复杂性、封闭性、落后性与不透明性，认为这是典型的自由贸易的“非关税壁垒”，强烈要求日本修订有关条款。这就是后来日美之间达成《日美构造协议》的出台背景。日本承诺：

在短期内放缓某些条款的限制，分三步对规制进行缓和，并逐步修订。对此，西方国家认为很不够，美国于1996年6月，以日本的《大店法》违反WTO的一般规定为由向WTO提出诉讼，最终迫使日本政府承诺在1997年12月前对《大店法》进行全面修订，并最终废止。①

这里需要指出的是，日本对其《大店法》进行修订，并非完全是迫于外界的压力，在一定程度上也可以说，更多是源于对《大店法》实施效果的检讨。比如，1989年，日本通商产业省在公开发行的《90年代的流通展望》的报告中就提出了“过分强调保证中小零售商的事业活动，对大型商店进行规制，却不能保证消费者利益”的认识与判断。但是，通商产业省考虑到如果让大型商店自由开设新店可能会给市场秩序带来混乱，因此，仍决定“维持《大店法》框架本身”，但在实际运用中有所改进。这在一方面说明，《大店法》是平衡当时日本各种利益关系的特殊产物，具有历史阶段性；另一方面也说明，日本的流通业开放是以国内政策调整为特征的。

（二）城建三法对外资的间接屏障作用

正是在上述的内外部改革呼声中，日本于1997年12月，在“产业构造审议会流通分会”和“中小企业政策审议回流通宵委员会”的联系会议上，决定废止《大店法》。1998年7月之后，相继颁布了所谓的“城建三法”，即《大规模零售店铺选址法》、《新城市规划法》与《中心市街地活性法》。②“城建三法”的出台，使日本零售市场规制模式开始与其他西方国家趋同，即“城建三法”开始基于城市交通、环境及城市建设等问题的视角来设计有关大型店的政策问题。比如，《大规模零售店铺选址法》的环境方针规定，大型店必须设置一定规模的停车场和废弃物管理场所，噪音的标准要符合环境基本法的要求，等等。总之，“城建三法”的出台，应该说，标志着日本零售市场规制进入了一个新的阶段：由单纯限制大型店发展转变为规划大型店铺的发展，即从城市发展的系统化角度来规划零售业的发展问题。应该说，法律的发展趋向于成熟，在趋于市场经济下一般零售市场规制的方向发展。若从对零售产业保护的角度来说，应该说更具有弹性，也更隐蔽，而且

① 孙前进：《日本〈大店法〉的形成与废止》，《中国流通经济》2005年第9期。

② 夏春玉：《当代流通理论——基于日本流通问题的研究》，东北财经大学出版社，2005，第279～313页。

并没有弱化对大型店的规制。正如美国政府的一位高级官员指出的："《大店选址法》将审查主体由中央政府转移到地方政府，名义上是要求大型店的开设必须考虑对周边环境的影响，但实际上却强化了对大型店的规制。"因为，"交通堵塞、停车、噪音等问题是与道路等公共设施相关的，并非大型店自己能够解决的，因此，《大型店选址法》仍然给大型店的开设设置了障碍。"① 况且，"业态不同，店铺战略也不同，因此，不论业态如何，一律使用同一个法律进行开店调整是不合适的。不仅如此，环境、垃圾处理和噪音问题也不是大型店所独有的问题，其他商业或服务设施同样也会存在这些问题"，如此等等。实际上城建三法出台之后，同样遭到了国内外的批评。但更重要的是，从产业保护角度来说，其比《大店法》更能起到保护本国零售产业的目的。

二　其他西方国家零售产业政策及其产业保护效果

（一）法国的《商业手工业法》及其产业保护效果

若仅从对大型店铺的规制来看法国零售市场政策，法国也有着与日本类似的《大店法》，即《商业手工业法》。该法规定，建筑面积在3000平方米以上、营业面积在500平方米以上的店铺，或者现有属于规制范围内的大型店增设200平方米以上的面积时，要向地方城市计划委员会提出申请，并由该委员会决定是否开设或增设。当企业对地方商业城市计划委员会的决定有争议时，则由全国商业城市计划委员会来最终裁决。② 显然，从规制的内容看，也与日本的《大店法》很相似。但是，两国在针对大型店开设进行规制的目的却有很大的差别。日本是迫于对中小企业利益的保护而出台的《大店法》，而法国则是出于城市开发与土地利用的角度来进行规制设置的。法国在1975年颁布了《土地政策改革法》，目的是进一步限制土地私有产权，但同时也使大店的规制更加严格。这种并不直接针对外资进入而设计的制度，在实际上依然对外资进入起到了屏障作用，其间的机理与日本相同。

（二）美、德等国的零售产业政策及其产业保护效果

除法国等少数国家有直接针对大型店铺进行规制的法律设置之外，大多

① 夏春玉：《当代流通理论——基于日本流通问题的研究》，东北财经大学出版社，2005。

② 夏春玉：《国外大型零售店铺的规制政策》，《中国工商管理研究》1998年第8期。

数西方国家没有专门针对大型零售店铺的法律规制，但并不意味着不对大型店铺的发展进行规制，只是法律路径不一样而已。大多数西方国家主要出于对土地利用与城市建设进行规制的目的而对商业零售业店铺进行规制。比如美国和德国的零售业市场规制政策就是如此。

1. 美国零售产业政策及其产业保护效果

美国没有专门的商业网点立法，但宪法（修订案）第 14 条和第 15 条赋予了州政府在区域规划和土地利用计划中规划使用土地的权力，其中包括商业规划。商业规划一经批准，不得随意变动，对商业建设项目的管理主要是依据规划进行审批。① 此外，美国及其地方政府还制定了许多限制连锁店过度发展的政策，主要内容是征收连锁店税。比如，马里兰州规定，第 1 ~5 个店铺各店征税 5 美元；第 6 ~10 个店铺，各店征税 20 美元；第 11 ~20 个店铺，各店征税 100 美元；第 21 个店铺以上，各店征税 150 美元。另外，法律还禁止连锁店的不公正交易，主要是禁止连锁店以倾销商品来引诱顾客的不正当行为。② 这显然在实际上削弱了大型店的规模经济优势，起到了限制其野性成长的实际作用。而这一点恰恰对于以连锁分店复制/粘贴为主要扩展模式的跨国零售企业来说是致命的。

同时，美国政府也为保护国内中小零售商出台了一系列法律与政策。1937 年颁布了关于反对价格歧视的《鲁宾逊—帕特曼法》，以及专为保护中小零售商利益的《米勒—泰丁斯法》。由于大型连锁店向制造商进行大规模采购商品可得到大幅度的价格折扣，享受优惠的零售商就可以此压低销售价格，从而使中小零售商尤其是夫妻老婆店生存困难。《鲁宾逊—帕特曼法》就是针对这一价格行为所设计的，该法为这种行为贴上了有害竞争的标签。《米勒—泰丁斯法》则规定，即使是最小的零售商也可以强迫最大的企业放弃价格折扣行为。③

2. 德国零售产业政策及其产业保护效果

德国与美国类似，虽没有直接针对大店开设的规制，但要求大型店的开设必须服从城市的整体规划及土地开发计划。这在《城市建设法》中有专门的条款进行具体规定。但总体来说，所开设店铺只要没有负面影响，即只要

---

① 蔡勇：《论对我国大型商业网点设立的规制》，《商业时代》2009 年第 8 期。

② 夏春玉：《国外大型零售店铺的规制政策》，《中国工商管理研究》1998 年第 8 期。

③ 夏春玉：《当代流通理论——基于日本流通问题的研究》，东北财经大学出版社，2005。

没有环境公害、交通、地区景观和传统风格及其他公共事业的影响，零售店铺的开设在理论上是自由的，但在实际上仍存在着较高的经营限制壁垒，尤其是对外资的进入更是这样。因为，这种在表面上是出于土地利用和城市规划与建设目的的经营行为规制，实际操作起来弹性很大。比如，对地区景观与传统风格的负面影响，在具体衡量时完全没有一种统一的标准，需要论证，而论证审批的程序十分复杂，这就在无形中将新进入企业挡在了门外，尤其是外资企业。这同日本《大店法》对外资零售企业的屏障作用是异曲同工的。

因此，在理论上，西方各国的服务贸易包括零售贸易活动是自由化的，但在实际上，隐形的非国民待遇壁垒确实实在在地将外资挡在了国门之外，或者让其进入之后却难以生存发展。

第三节　中西零售产业保护政策比较与启示

一　中西零售产业保护政策比较

如上所述，虽然在西方很多发达国家没有直接针对外资而进行零售市场规制，但其所采取的规制政策在事实上起到了对本土零售产业的保护作用，同时还不违反 WTO 的基本原则。其中的经验很值得总结。因此，这里不妨基于零售产业保护视角，将我国 1992～2004 年底之前的零售业保护政策及其效果与西方主要发达国家作一比较，以从中寻找启示。

（一）中西零售业保护政策的主要区别

1. 规制产生的背景不同

我国自 1992 年到 2004 年零售市场规制产生的背景与西方发达国家有很大不同。我国当时的零售业乃至整个流通业还十分落后，正处于计划经济向市场经济转变过程中，国营商业还处于主导地位，经营体制僵化，经营方式落后保守，与发达国家相比完全属于弱势产业。因此，在这种情况下，一方面，我国要通过对外开放，通过引进西方现代零售技术而迅速改变我国流通业的落后状态，加速我国流通体制改革进程；另一方面，正由于我国零售产业还属于弱势产业，因而又不能完全对外资开放，否则就可能彻底摧毁我国的流通业，包括我国本土的零售业。因此，我国 1992～2004 年期间的零售市场规制政策就是在这一背景下产生的。

西方主要市场经济国家则不同，其是在成熟的市场经济背景下专门针对本国零售业出现的具体问题而设计的。比如日本，其《大店法》的出台，目的主要在于解决其国内当时面临的大中小企业利益如何平衡问题；“城建三法”的出台，则是由于城市环境问题日益突出而需要对零售业发展提出规制。因此，各国的经济运行环境不同，面临的问题也就不同，从而，零售市场规制的目的、对象与内容就会很不同。

2. 规制作用的对象不同

正由于中西零售市场规制出台的背景不同、要解决的问题不同，因此，中西方零售市场规制作用的对象也不同。我国自 1992 年零售市场对外试点开放至今，或者至少到 2004 年底，应该说，我国对零售市场规制的主要目的在于保护本土零售业，规制作用的对象主要是外资零售企业及其行为。通过对外资进入在时间、地点、经营范围等方面的约束，为本土零售企业提供了一个可向竞争对手学习、适应并提高的机会，同时还达到了对本土零售业实施保护的目的，这一点在前面已作了很多阐述，这里毋庸多言。

西方主要发达国家出于对中小企业保护，或者出于对城市规划与建设的需要，或者出于对传统文化保护的目的等等，其规制作用的对象是所有企业，并不是直接针对某类企业如外资企业而进行的制度设计。比如，日本的零售市场规制设计主要是为保护中小零售企业利益；美国及其他大多数西方国家则是为了土地利用和城市建设与规划等，但它们都在客观上起到了保护本国零售产业的作用，也同时对外资筑起了很高的市场进入壁垒。

若从服务贸易自由化视角来评价这两种规制设计，显然，前者效果直接且明显，但容易产生争议，对零售市场已完全开放的我国来说已无可能；后者效果间接且不明显，但符合国际通行的做法。因此，就我国来说，如何根据零售业面临的问题，以市场经济下一般零售企业及其行为规制为对象，同时在客观上还可达到保护零售业安全的效果，这应是我国未来相当长一段时期内思考零售业规制问题的基本出发点。

3. 规制的形式不同

针对商业存在的壁垒形式，一般有两大类：市场准入限制和经营限制。在市场准入方面主要表现为禁止外国服务提供商进入本国开业或者是限制外国服务提供者的数量、服务交易的数量、股权参与比例等。所谓经营限制，是指政府对外国服务提供者进入本国市场后不给予国民待遇的方法，以削弱其在本国的竞争力和盈利能力（冯宗宪等，2004）。这种经营限制一方面表现为非国民待遇，如在国家标准设立、审批程序、政府采购、外汇管制等方面对外国和本国服务提供者实行差别待遇，以此达到削弱或者抵消外国服务提供者竞争优势的目的（赵凯，2009）；另一方面表现为政府对本国服务提供者提供优惠措施，具体包括财政补贴、优惠贷款和减免税收等手段，以扶持本国服务业的发展，使外国服务提供者处于不利的竞争地位（冯宗宪等，2004）。就国际范围内的服务贸易实践来看，随着服务贸易协议的签订，以开业权进行限制的方式在国际上面临越来越大的压力，而经营限制由于具有极强的“弹性”，正日益成为服务贸易保护的一种十分重要的形式。显然，零售业作为服务类行业，经营限制这种壁垒形式更能在客观上起到对本土零售业保护的作用。经营限制不仅具有弹性，而且隐蔽，因为它是在统一国民待遇下的经营限制，从而往往使外资的反击难以入手。尤其是“审批程序”这个无形壁垒，其对外资市场进入的杀伤力更强。日本《大店法》以及“城建三法”的实施就是最好的例证。这也正是大多西方发达国家乐于采取经营限制的内在原因。

而就我国来看，1992～2004 年，对外资的商业存在壁垒主要是以市场准入规制为主；2004 年之后，在市场准入规制基本消除之后，新的市场规制还没有完全建立起来，面对外资的强势扩张，我国零售产业安全问题日益凸显。因此，未来我国零售业保护问题，依然是零售市场规制设计的重要出发点。问题在于如何规制。作为商业存在壁垒的重要手段之一的经营限制，无论从操作的弹性上、隐蔽性上来看，还是从可行性来考虑，统一国民待遇下的经营限制应成为我国零售业保护壁垒设计的主要形式。

4. 国内法规体系完善程度不同

中西方零售市场规制的出台背景差异比较大，其法律运行的机制也表现有较大的差异。从我国来看，由于我国还正处于由计划经济向市场经济转型的过程中，国内法规体系还不够健全与完善，而西方发达国家却拥有完善的国内法规体系，而这正符合了服务贸易保护要求的基本属性。这是因为，服务产品的生产与消费具有同一性，使得国际服务贸易的发生并不受一国贸易政策即关税或非关税措施的控制，而主要是通过国内政策的调整对服务贸易的发展规模加以控制。所以，要建立健全国内相关行业的政策法规，通过完善的国内法规体系从客观上形成对外资进入的屏障作用。在这方面，日本零售市场规制的指导思想非常明确。杨圣明、冯雷两位学者在20世纪90年代考察日本后就提出问题：日本在20世纪60~70年代，在许多行业就已经取消了对外资进入的限制，也就是说，在对待外资的国内政策方面，基本上实现了国民待遇，对外资企业既不存在什么特殊的限制，也没有什么特殊的照顾，但是，为什么外资进入日本国内市场的规模还相当小呢？最后，他们发现原因之一是其国内政策的完备性与严肃性。日本在国民待遇的基本原则下，制定了较为严格的国内行业政策，不论是国内企业还是外资企业，都必须按照既定的国内政策进行运作，一律不搞特殊。这就既满足了世界贸易组织实施自由贸易的原则要求，又能够根据本国的实际情况，通过对行业发展规模的国内政策控制，适度地开放国际服务贸易。① 而就我国情况来看，国内行业政策的建立与发达国家相比差距还很大，而我国零售业又需要予以适度保护，如此，学习西方发达国家经验，制定较为严格的行业政策，才有可能解决这一两难问题。

5. 正式规制之外的影响因素不同

从中西方零售业保护的运行机制来说，我国主要是以政府为主的各级、各种官方组织在发挥作用；而西方的行业协会、消费者协会等民间组织的力量强大，而且效果好。比如在日本，要想开设一个新的流通企业或新建一个店铺，都需要经过一个较为严格的审批过程，其中包括广泛征求同行业和所在社区民间团体的意见。如果同行业或社区对新店表示疑虑，申请就会被搁置下来。这种机制为政府间接地控制服务贸易的开放度提供了方便，而又不违背世界贸易组织的原则。这在其他西方国家也是一样。比如在德国，其各个行业几乎都有自己的协会组织。这些协会组织，尤其是商业领域、服务业领域注册的协会在其行业的发展、法律法规的制定以及促进内外交流、提供信息等方面都发挥着重要的作用。再比如英国。外资企业要进入本区域市场，必须先申请成为本区域甚至全国性的相关行业组织的会员。这种以私法理论指导下产生的行业规定，成为市场准入与退出程序的组成部分。② 而就我国来看，行业协会组织在经济运行中的作用还并未显示出来，部分原因在

① 杨圣明、冯雷：《日本服务贸易的开放与发展》，http：//bic. cass. cn/info/Arcitle_ Show_ Study_ Show，1998 -03 -01。

② 张经：《强化非正式规制 引导国外零售商在中国市场行为》，载人民网，2006年8月23日。

于并未在审批程序上给予其法律地位。因此，要想使商业存在壁垒的经营限制方式运行有效，商业惯例以及行业协会组织在其中的地位与作用不可忽视。

（二）中西零售业保护政策的相同之处

1. 都着眼于企业及其行为的约束与规制

关于这一点，无论是从我国1992年零售市场对外试点开放以来的零售业保护政策的设计特点来看，还是从西方主要发达国家零售业保护政策的特点来看，都是着眼于企业及其行为的约束与规制来进行政策设计。这一点似乎是不言而喻的。在市场经济条件下，企业是市场活动的主体，行业政策或市场规制以企业及其行为为实施对象则是必然的。这里之所以要如此加以强调，是因为，我国理论界在讨论我国零售产业安全风险防范问题时，很少基于微观视角，即从企业层面来思考问题。比如，对零售业风险形成的微观机理到底是什么，如何能够有效约束与规范企业行为，及其资源与能力的关键点在哪里等等此类问题缺乏深入的研究，从而在零售产业安全评价与预警指标体系的设计上，主要着重于中观层面与宏观层面的指标设计，从而在实际上难以真正观察到风险源，显然也就难以起到风险防范的作用。因此，只有着眼于微观即企业层面来研究零售业保护问题，才能抓住问题的要害与关键，才能使约束与规制有效。

2. 都着力于企业资源与能力的约束与规制

无论是从日本还是从美国与德国等其他西方国家来看，其具体的行业保护政策虽有差异，但最终都是对零售企业发展的关键资源与能力实施约束与控制。实际上，也只有对企业的关键资源与能力进行约束与控制，才能有效地削弱其竞争优势或在一定程度上抵消其竞争优势。所谓零售业的关键资源与能力，据上分析已知，实际就是优质店铺地址资源及其规模经济实现能力（其单店规模经济、连锁分店的复制/粘贴所获得的公司规模经济）。如果能有效地对优质店铺资源进行约束与控制，能有效地约束与控制其连锁分店的无限扩张，则其竞争优势必然受到削弱与抵消。我国1992年以后的零售业保护政策之所以有效，正是因为有效地调控了其经营范围、经营地点，且约束了其连锁经营的规模经济优势，从而为本土零售业赢得了成长的时间与空间；日本之所以能有效地将外资零售业挡于国门之外，也是由于《大店法》以及后来的“城建三法”直接约束了零售业的单店规模经济，约束了连锁分店的野性扩张自由，从而才起到了对本土零售企业的保护作用；美国及其他国家也如是。其成功之处都在于着眼对企业发展与扩张的关键资源与能力的约束与调控。

二　对建立与完善我国零售产业保护制度的启示

（一）零售产业安全风险防范应是零售市场制度安排的主要目的

2004 年之后，我国零售市场完全对外资开放，也就是说，针对外资的商业存在壁垒限制完全消除，不管是市场准入壁垒还是非国民待遇承诺都完全消除。这时，对于我国零售市场规制来说，意味着要从商业存在壁垒向市场壁垒过渡。因为，对于一个主权国来说，市场开放并不意味着完全放弃市场规制。实际上，从我国零售市场对外开放的过渡期开始，商业存在壁垒已悄然在向市场壁垒过渡。

所谓市场壁垒，在一般意义上即是指，在完全统一的国民待遇下，依据现代市场经济规则而形成的市场进入壁垒。这种意义上的市场进入壁垒，根据现代产业组织理论可知，一般由以下因素构成：规模经济壁垒、产品差异壁垒、相对费用壁垒和行政法规壁垒。若从上述四项壁垒因素来看，应该说，随着我国零售市场对外开放的逐步深入，随着我国零售业由竞争性行业向垄断竞争性行业的过渡，尤其是随着外资进入力度的加大，上述四种市场壁垒因素正悄然发生着改变，且改变的趋势是一般意义上的市场准入门槛在日趋提高，在某种意义上也可以说是相对于本土零售企业的市场准入门槛在日益提高。

之所以如此说，是因为，在我国零售市场试点开放以来直到今天，虽然外资零售业在总量上并不占主导地位，但在新兴业态上如大型超市、大卖场上其实际影响力是远远不可低估的。在这些业态上的市场进入壁垒逐步以外资为准，或者说，在这些行业的市场进入标准正逐步由外资所拥有的竞争优势所主导。比如，以先进的信息技术为依托的现代物流与供应链管理、连锁经营的规模经济效应、现代经营技术的投入等等，这些经营要素若不具备，是无法与外资大型零售超市相抗衡的。因此，正是从这个意义上来说，零售业领域里的逆向市场进入壁垒，即相对于本土零售企业的零售市场进入壁垒正悄然趋高。但从我国零售市场规制建设来看，应该说，还没有完成从针对外资的商业存在壁垒的规制模式向市场经济下的市场规制模式的转变。这可从2004年之后的我国零售市场规制的政策与法规设计的情况中看出来。针对零售市场完全开放的零售市场规制没有出台，这也正是人们对零售产业安全产生忧虑的主要原因之一。因此，在未来相当长时间内，我国零售业保护问题，或者说零售产业安全问题依然严峻，零售产业安全风险防范仍应作为我国零售市场规制设计的重要目的来考虑。

（二）完善市场经济下的国内零售业立法是零售产业安全的制度保障

至于国内零售业立法具体应该包括哪些立法，这还需要作专门研究，但通过以上分析与讨论，对于零售业政策或规制的设计方向应已清楚，即建立与完善以经营限制为主的国内零售业政策体系。这种经营限制的手段与立法内容很多，既包括直接针对企业竞争行为的立法或政策，还包括间接针对经营行为控制的立法或政策。比如，在德国，就有为保证企业之间的公平竞争而颁布实施的一系列法律，诸如《反不正当竞争法》（Gesetz gegen den unlauteren Wettbewerb）、《折扣法》（Rabatt-gesetz）、《赠品法》（Zugabeverordung）等。根据《反不正当竞争法》规定，企业不得做不符合实际情况的广告宣传；《赠品法》和《折扣法》规定，不可赠送顾客太多的礼物以变相降价。同时，规定只有在以下情况才可给予折扣：最终用户现金付款，最多可获得3%的折扣；一次性采购金额高，可给予通行的数量折扣（Mengennachlass）；公司员工折扣（Personalnachlass）。除此之外，还有《商场营业时间法》，以对零售和批发企业的营业时间进行限定。该法律规定，除火车站、机场、加油站等场所的商店外，其余商场只能在法定时间营业。①

在西方国家，除了上述对企业经营行为的直接限制与约束的立法或政策之外，还有一些约束与限制是通过城市建设与城市规划的相关立法来体现的。仍以德国为例，你如果拟投资于批发、零售业，建立大型零售或批发商场，则须遵循《建筑使用法规》（Baunutzungs-verordung），当地的建筑局将对建筑方案进行审批，审批的标准包括以下因素：建筑计划、开发费用、对环境的影响等。另外，新建立的商场不得损害市内已有零售企业的利益，对其形成排挤性竞争，等等。对于我国来说，目前正面临城市化过程，如何通过城市规划与土地有效利用以及传统文化保护等方面的相关立法与政策来对

① 信息来源于中国驻德国经商参处：http：//www. fdi. gov. cn/pub/FDI/dwtz/ggtzzc/oz/dg/t20060423。

企业行为进行约束与规制，已成为迫切的现实课题。

（三）确立商业惯例与商业协会的法律地位是零售产业安全的机制屏障

（1）零售业规制问题，实际是个利益关系的平衡问题，因此，代表各方利益的组织与团体一定要有充分的发言权，这样才能在相互制衡中形成相对公正、客观的规制政策。这在西方发达国家，由于其市场经济发展相对成熟，从而各种行业协会、消费者协会以及商业惯例等一套有利于市场经济运行的机制要素都很健全，从而可避免一些错误的发生。比如，早在几年前，当普尔斯马特在我国过度扩张，从而引起债权人和业界的声讨以后，人们才奇怪地发现，号称零售业巨头的普尔斯马特居然在美国本土没有一家超级市场。于是有人就感慨，如果我们零售业行业协会的职能是健全的，相信普尔斯马特的行为一定逃不过协会的内部监管。所以，在入世以后，目前国内的市场秩序、行业秩序的维持是一个非常紧迫的问题，仅靠政府的监管和单方决策难以解决根本问题，迫切需要行业协会发挥其应有的职能作用（王伦强、孙尚斌，2006）。虽然在我国近年来行业协会无论在数量还是所起作用方面都较过去有了较大的改观，但若与发达国家行业协会在经济运行中所发挥的作用相比，其差距仍是十分明显的。

（2）由于我国行业协会基本是由政府催生，依附于主管局、行政性公司或由其转变而来的集团公司，带有很强的行政色彩，从而使得行业协会过度依赖于政府，缺乏独立性。不少协会的工作只是延伸了部分政府职能，工作人员大多为原政府成员，从思维方式到工作方式仍带着机关的痕迹；协会缺乏主观能动性，不主动寻求职能上的突破，为企业服务的意识明显不足；行业协会的职能主要还停留在信息交流、岗位培训等有限的范围内。当然，追究其原因是多方面的，除了行业协会在拓宽职能上没有下工夫外，政府在委托一些行业协会办理某些事项时，往往没有正式的手续，随意性很大也是重要原因。不同行业协会的职能强弱差距也较大。为促进行业协会的建设和发展，目前各地在有关行业协会的法制建设方面也作了一定的尝试。其中上海市是最为先行的城市之一，已经出台了地方性法规和一些政府规章，但是以法律的形式对行业协会的性质、功能、结构、成立、准入、活动范围、经营方式、权利与义务、法律责任、与政府和会员的关系等内容作出系统规定还不太现实。因此，制定全国性的《行业协会法》或者《行业协会条例》的立法工作应该引起全国人大和国务院的重视,[①] 从而从法律上确立商业惯例与商业协会的法律地位，使其真正在保护零售业安全方面发挥作用。

第四节　本章小结

本章基于零售产业保护视角，对中西方零售市场规制制度安排进行了系统的比较研究。

（1）系统回顾了1992年零售市场对外试点开放以来，我国零售市场规制政策的变迁过程。经系统研究后发现，1992～2004年，我国零售市场规制的主要特征表现为商业存在壁垒的市场准入限制，规制的主要目的在于保护本土零售业，即在我国零售市场对外资渐进式的开放中不至于直接威胁到内资零售企业的生存与发展，或者说，零售市场规制的主要目的在于限制与约束外资零售企业的市场进入行为。结合前述的理论与实证分析，可以肯定地说，我国在1992～2004年间的零售市场制度安排是恰当的，达到了在渐进式开放下对本土零售业保护的目的，且符合当时我国尚未加入WTO的国内外实际情况。但到了2004年底之后，我国零售市场全面对外开放，这种以限制外资商业存在为壁垒特征的市场准入规制已完全失效，而新的既符合WTO基本原则又符合我国实际情况的商业规制又尚未建立与完善。因此，2004年之后所显现的零售产业安全问题，若从零售市场规制角度来看，实际是市场规制缺位问题。这可从我国“万村千乡”工程中隐含的一些矛盾与问题中得到部分说明。

（2）分析了主要西方国家零售市场规制的内容与特征，经研究发现，其零售市场规制的特征主要是以商业存在壁垒的经营限制为主，规制的目的主要在于保护中小企业利益，或者城市建设与规划以及传统文化保护，或者土地利用与消费者利益保护等。总体来说，其是按照市场经济下一般规制模式来进行设计的，但其规制在客观上起到了对本土零售业保护的良好效果。

（3）对中西零售市场规制进行了比较研究，研究发现，中西方零售市场规制虽存在诸多不同，比如，由于规制产生的背景不同，从而规制的对象与

---

① 《上海市促进行业协会发展法律问题研究》，http：//www. sls. org. cn/xuezhe_ article_ detail. jsp？ main_ id =7&id =20051122。

目的不同、规制的形式与运作机制也不同，但有两点却是相同的：第一，都是基于企业及其行为的规制；第二，都是针对零售企业稀缺资源与关键能力的规制。

（4）针对我国目前零售业面临的现实问题提出了对策建议，研究认为，我国未来零售市场规制形式应以商业存在壁垒的经营限制为主，规制依然要以本土零售业保护为主要目的，规制的对象应是统一国民待遇下的所有商业企业及其行为，但规制的手段或实现的路径则需要从根本上转变，由过去限制其经营地点、经营范围、股权比例等，而转变为以城市规划、土地利用以及传统文化保护或者中小企业利益保护、消费者利益保护等为主，尤其应针对外资企业在我国国际化扩张行为的新特点、新动向而进行制度设计，比如，对我国城市化过程中的商业地产资源以及商业并购中的优质店铺资源等，应作为重要的规制要素给予重点监控。

第十四章
结语

第一节　主要结论

一　零售企业国际化的研究结论

（一）零售企业国际化经营环境的研究结论

1. 历史环境的基本特征是零售产业全球化

跨国零售企业所处的历史环境（国际环境变化）中，有两股力量正在强有力地推动零售产业的全球化：一是经济全球化为零售企业的全球扩张提供了前所未有的地理可能性；二是科学技术进步为零售企业全球扩张创造了史无前例的物质技术可行性。因此，各国的零售企业正面临着零售产业全球化压力。所谓零售产业全球化的压力，对于企业来说，具体表现为全球资源整合的压力。即一方面，企业要通过全球扩张而使经营活动分布在全球的不同环境，并以此作为获取竞争优势的平台；另一方面，这些分布于不同环境的活动还需要彼此加以整合，以获得全球整合所带来的各种优势。换句话说，对于一个意欲保持持续竞争优势的企业来说，必须获取全球范围内的竞争优势，才能获得进一步发展的机会。成功的企业往往是那些在各国市场上都拥有相对优势的企业，一个纯粹的当地企业难以与之竞争。这就使得那些没有进行跨国经营的企业将被推到被动的境地。

2. 产业环境的基本特征是本土化

零售企业国际化面临的国际零售产业环境（零售企业市场环境），既是全球的、开放的，同时也是差异的、多变的，其中竞争与垄断并行不悖。全球化的零售市场本质是一个多国环境，它在消费者偏好、分销渠道、东道国政府政策和需要、基础设施、文化传统、竞争条件等诸多方面有着很大的差异。因此，尽管全球整合会给企业带来各种利益，但政策限制、文化差异和民族主义等各种因素又会使企业的全球整合受到限制，而且国家环境的差异性也会限制一个企业从全球整合中所享有的利益，这一限制使零售企业在国际化经营中必须考虑当地的特殊需要，进行本土化适应。

3. 零售企业性质与资源特征决定其平衡压力的路径与方式

由于零售产业全球化与各国零售业本土化这两种趋势并行不悖，因而，零售企业国际化将面临产业全球化与多国本土化的双重压力，这双重压力将会从不同方面对其国际化行为产生直接与间接的影响。虽然，在经济全球化下，所有的企业都会面临这两种压力的考验，但不同产业的性质与资源特征不同，其承受这两种压力的大小及其组合程度也不同。因此，要深入讨论零售企业国际化中平衡这两种压力的途径与方式，则必须从零售企业的性质与资源特征出发，针对国际化经营过程中的具体问题来探索。

（二）零售企业国际化经营动因的研究结论

1. 零售企业所有权特定优势的核心内容是品牌与统一经营模式

由于零售企业是专业化的交易商，品牌与统一经营模式是其完成专业化交易职能的客观要求，因而，品牌与统一经营模式是构成商业零售企业所有权特定优势的核心内容；又由于品牌与统一经营模式具有无形资产属性与知识属性，决定了其所有权特定优势的转移与国际市场进入方式及其程度密切相关。

2. 品牌与统一经营模式是交易设置知识体系沉淀与物化的产物

研究了企业所有权特定优势的形成机理，就进一步揭示了品牌与统一经营模式的本质及其对企业成长的意义。这里，借助企业生命周期理论，运用历史唯物主义分析方法，研究了零售企业自我成长的轨迹，发现交易设置是商业零售企业内部一种特有的知识积累，这种知识积累经过统一化、标准化、个性化、专有化的过程，表现为企业的品牌与统一经营模式；成熟与完善的交易设置知识体系对于企业自我成长与组织增长有着十分重要的经济效应。其直接效应在于，可使单店规模经济在消费需求约束的可能性边界内达到最大化；其间接效应在于，可使企业获得内在成长与外部扩张的基础和前提。

3. 所有权特定优势内部化路径与方式是连锁分店的复制/粘贴

研究发现，在单店情况下，无论是内涵式扩张还是外延式扩张，最终都会遭遇市场消费需求及其条件的制约，或者说其规模扩张边界的主要约束因素为消费需求及其条件；而内部一体化扩张则存在三种情况：纵向一体化、横向一体化以及流通职能的内部化。由于交易专业化优势的作用将使其无论是前向一体化还是后向一体化甚或流通职能内部化，都会产生不经济或实践上不可行，从而使其纵向一体化只能是局部的、有限的；而横向一体化或者水平一体化，即分店式扩张，则由于零售企业所有权特定优势的核心内容及其属性，决定其理论上具有无限延伸的可能性，且延伸运用其所有权特定优势的方式是连锁分店方式，即将其母公司成功的企业品牌与统一经营模式进行跨越空间的无限复制/粘贴。

（三）零售企业国际化经营边界的研究结论

1. 零售企业国际化经营边界制约因素之一：扩张支撑力

基于信息技术的供应链是连锁企业产生共同管理经济性的重要来源，也可以说是零售企业进行水平一体化扩张的重要支撑平台。而由于供应链与供应链管理及供应链管理的实现这三者之间是有很大差别的，因此，只有当零售企业的供应链管理实现了基于需求管理基础上的敏捷供应链管理，共同管理的经济性才能实现。一个企业若拥有了如上所述的供应链管理也就意味着具有了连锁经营扩张的支撑力，进而也就意味着拥有了国际化经营的扩张支撑力。这种“扩张支撑力”将构成企业水平一体化经营边界的重要约束条件之一。

2. 国际化经营边界制约因素之二：本土化压力

由于零售企业面对的是一个非常难以“标准化”的市场，很难采用一种全球通行的原则、方法来经营不同国家或地区的零售企业，因此，零售企业在运用品牌与统一经营模式进行世界范围内的国际化经营中必然遭遇“本土化压力”。所谓本土化压力，即是由于跨国零售企业性质与资源特征决定其在一体化经营中，将品牌与统一经营模式进行完全地复制与粘贴不可能，国际化经营的实际边界与经营绩效取决于其在全球化压力下的本土化适应能力的大小。“本土化压力”将构成企业国际化经营边界的重要约束条件之一。

（四）零售企业国际化市场进入模式的研究结论

1. 市场进入模式独资化倾向的客观必然性

首先，本书通过运用规范分析方法研究发现，由于零售企业性质与资源特征同生产性企业相比具有特殊性，从而决定其在国际化的市场扩张中，对分店的高控制要求或独资模式具有逻辑上的客观必然性；其次，本书通过运用现代统计分析方法的多元方差分析和主成分分析方法，通过对各种进入模式内在特性的评价分析，又证明了独资化倾向具有其内在合理性。

2. 约束条件下独资化倾向实现路径的多元化

零售企业海外市场进入模式选择是一项多目标决策，在实际进行市场进入模式决策时，是否采取独资方式，取决于东道国的环境因素、母国的环境因素以及企业自身的经营规模、国际化经验、资源特征等因素的综合作用和影响。这些变量的综合作用最终决定零售企业跨国投资决策目标的定位。从跨国零售企业现有实践来看，其实现高控制要求的特殊路径主要有以下几种：建立特殊的组织架构，以保证对新设分店最大可能的控制与把握，比如，沃尔玛在中国的进入；在其二次或多次市场进入时，则趋向于高控制度的控股或独资化模式。例如，2004 年 12 月之后，跨国零售企业在我国不论是初次进入，还是进入后的增资扩股、股权回购、并购等行为，都显露出独资化倾向。因此，零售企业海外市场进入模式选择是在内外部因素综合作用下进行的。若其暂时不能或长期不能采取高控制的独资模式，则会根据情况实施灵活的多元化进入模式；而在多元化进入模式下，由其性质与资源特征的本质所决定，其仍会寻求实施控制的恰当路径；一旦内外部条件允许，则将会不失时机地向高控制度的独资模式趋近。因此，零售企业扩张中的高控制要求，是一种基于企业性质与资源特征的内在规律，具有高控制特征的独资模式将是跨国零售企业发展的战略趋势。

（五）零售企业国际化经营案例的研究结论

本书以沃尔玛一体化经营过程为例，分为两个层面（国内一体化经营与海外一体化经营）、三个维度［一体化经营的方式（所有权优势的问题）、一体化经营的地域（区位选择或区位优势）、一体化经营的模式（市场进入模式）］，对沃尔玛的海内外一体化经营进行了系统剖析。通过全面剖析的结果进一步印证了本书在前述几章的理论分析。

1. 水平一体化是其国际化扩张的主要方式

沃尔玛之所以能够不断进行水平一体化的高速扩张，是因为水平一体化是零售企业获取规模经济的重要途径。

2. 所有权特定优势是其扩张得以成功的内在原因

沃尔玛在全球范围内的水平一体化扩张之所以得以成功，则是因为其拥有所有权特定优势，即沃尔玛的企业品牌及其统一经营模式，这是其在全球能进行连锁分店式的复制/粘贴的依据。

3. 供应链管理以及高控制要求的组织架构是其成功扩张的保证

沃尔玛的供应链管理、高控制要求的组织架构，为其成功地进行快速复制/粘贴提供了扩张支撑力及其组织保证。因此，沃尔玛的成功，是其基于零售企业性质与资源特征之上的企业自我成长的结果。

二　零售企业国际化影响与我国零售产业安全的研究结论

（一）零售企业国际化影响与我国零售产业安全相关性理论分析的研究结论

1. 零售企业国际化影响与我国零售产业安全相关的观点

我国零售产业安全问题，在理论上，实质是跨国零售企业国际化对我国零售产业安全的影响问题。而在开放条件下，零售企业国际化影响是一个客观存在。问题在于揭示其为何能影响，如何影响，影响的结果是什么，等等，从而才能据此进行零售产业安全风险的防范。本书正是基于这一观点，对零售企业国际化影响与我国零售产业安全的相关性展开了深入而系统的剖析。从对其相关性基础的分析入手，进而分析其相关性机理，接着实证检验了上述理论假设，最后对我国零售市场规制的历史沿革进行了回顾与国际比较。经过上述全面系统的分析，从而，本书就零售企业国际化影响与我国零售产业安全的相关性得出了下述研究结论。

2. 零售企业国际化行为是二者相关的微观基础

本书首先运用规范分析方法分析零售企业的性质与资源特征，并据此提出了决定因素假设；其次以跨国零售企业典型代表沃尔玛及其在华经营为例，验证了前述假设；最后给出了决定零售企业对外直接投资行为的一般因素分析框架。该分析框架显示了企业国际化与东道国之间的基本相关关系：企业对外直接投资行为能否发生以及发生之后能否成功，首先取决于企业内部张力的大小与特征；而在内部张力一定的条件下，对外直接投资行为能否发生以及能否成功，则取决于外部引力的强弱及其特征。内部张力是跨国零售企业对外直接投资的必要条件，外部引力是跨国零售企业对外直接投资的充分条件。只有当内部张力与外部引力同时具备的时候，跨国零售企业对外直接投资行为才能发生，并才有成功的可能性。

3. 二者相互影响是循着企业行为、群体行为再到组织行为而递进的

由于零售产业安全问题在理论上属于产业组织范畴的问题，而零售企业国际化影响属于微观个体层面范畴的问题，因此，零售企业国际化影响威胁至东道国零售产业安全风险出现，在客观上存在一个递进与演变的过程，即由量变到质变的积累与演变过程。从其演进的路线与特征来看，具体是循着企业行为、群体行为再到组织行为而递进的，这个递进过程又是依据企业国际化一般发展阶段而展开的。从其由量变到质变的演进过程来看，在由个体层面抵达组织层面的演变过程，需要经过很多中间环节，这些中间环节正是零售产业安全风险可能形成的关键环节。

4. 零售产业安全风险防范重点在于风险形成的关键环节

（1）外资零售企业国际化将影响我国零售业集聚，而外资零售业所具有的强大内部张力则可能致使我国零售业集聚趋向于外资。

（2）外资零售企业国际化将影响我国零售业市场绩效，这是由于外资零售企业所具有的竞争优势可能致使我国零售市场结构与进入壁垒形成更利于外资的特征，于是，使本土零售业市场绩效可能呈下降之势。

（3）当以上两种情况出现时，从长期来看，则本土零售业竞争力状况将趋于恶化，国家零售产业安全风险将会出现。

5. 国际化影响无约束下零售产业安全风险必然发生

在零售企业国际化行为无约束下，东道国零售产业安全风险将沿着以下零售市场指标的显示路径逐步显现：零售产业集聚加速→零售市场集中度提高→本土零售业竞争力下降→本土零售业市场绩效下降→外资控制零售产业→最终零售产业安全风险形成。

6. 国际化影响约束下零售产业安全风险只具有可能性

因为在实践上，迄今为止，还没有任何一个国家允许外资服务业包括外资零售企业在本国任意发展，其差别只在于管理的方式与程度上的不同而已。因此，我国零售产业安全风险最终是否发生，主要取决于我国有关市场制度能否追随跨国零售企业国际化行为变迁以及国内市场环境的变化而进行变革。

（二）零售企业国际化影响与我国零售产业集聚及市场绩效相关性的研究结论

1. 跨国零售企业国际化影响与我国零售产业集聚相关

就零售企业国际化影响与我国零售产业集聚的相关性来看，外资进入是影响我国产业区域集聚离散、企业集聚提高的关键因素。

(1) 外资零售企业国际化行为是影响我国零售产业内企业集聚趋高、区域集聚趋低的重要因素。

(2) 外资零售企业国际化行为的主要影响路径，在我国目前主要表现为店铺扩张与人力资源的竞争，而外资零售企业市场份额的变化并不是影响零售产业内企业集聚度上升的主要原因。如此，若要评价我国目前零售产业安全状况，仅依据外资零售额占比的变化是不足以说明问题的。

(3) 从未来看，在相当一段时期内，店铺资源的争夺与人才的竞争仍将是外资对我国零售产业集聚影响的主要因素。这是由我国零售产业结构在地域发展上的不平衡性所决定的。一方面，在我国中西部地区由于流通产业发展相对落后，仍会把吸引外资作为加速当地零售产业发展的重要手段来运用，甚至不惜“过度开放”，因而内外资企业之间在店铺资源与人力资源方面的竞争将在所难免；另一方面，在我国东部地区，由于零售市场开放较早，零售网点已趋于饱和，外资要想在东部地区继续扩张，购并必将成为其重要方式，从而势必进一步加剧东部地区零售店铺资源与人才资源的竞争。

2. 跨国零售企业国际化影响与我国零售业市场绩效相关

其相关性在我国目前呈现以下特征：

(1) 外资进入对我国零售业的技术效率影响不明显，也就是说，外资进入并没有刺激内资零售业加速技术进步与研发投入以提高技术效率。当然，内外资零售业均存在投入结构不合理、技术效率低的相对冗余，但外资企业调整能力强，能迅速实现 DEA 技术有效，相比内资零售业更具有技术方面的竞争优势。这可从以上的纯技术效率与投入冗余分析中看出。

(2) 外资进入对我国内资零售业的规模发展影响明显，但这种规模扩张主要是以外延式规模扩张为主。换句话说，自改革开放以来，我国内外资零售业的主要竞争方式是外延式规模扩张，即跑马圈地。这可从内外资零售网点均呈快速增长的同时而其综合效率与规模效率均不高的矛盾现象中看出来。

(3) 从长期看，技术效率与规模效率仍将是外资进入对我国内资零售业产生影响或构成威胁的主要方面。这可从外资零售业在 2003 年之后，其规模效率与投资冗余指标都呈较快增长的势态中得出。

（三）零售企业国际化影响与我国零售业竞争力相关性的研究结论

1. 跨国零售企业国际化影响与我国零售业竞争力相关

本书首先通过对现有文献进行梳理构建了外资进入对我国零售业竞争力影响的一般分析框架；其次，对一般分析框架进行指标化分析，以确立评估指标体系；再次，运用该指标体系对我国外资进入下的零售业竞争力变迁情况进行主成分分析，以探寻在外资进入下我国零售业竞争力变化趋势及其变化的主要路径；最后，引入外资变量，观察其与我国零售业竞争力变迁的相关性，分析影响趋势及其主要路径。无论是统计分析结果还是相关性分析结果都显示，跨国零售企业国际化影响与我国零售业竞争力密切相关。

2. 跨国零售企业国际化对我国零售业竞争力影响在目前还是积极的

本书就外资进入对我国零售业竞争力影响的特征与趋势得出了以下研究结论：

（1）在外资进入条件下我国零售业竞争力在整体上呈上升趋势。就前述分析可看出，外资进入对我国本土零售业的发展起到了一定的促进作用，有助于我国本土零售业竞争力的提高。通过定量分析，我们发现我国零售业竞争力的数值呈现逐年上升的趋势，竞争力水平逐渐提高。可见，我国零售业竞争力的整体发展趋势是乐观的，竞争力水平的提高是值得肯定的。

（2）外资进入对我国零售业竞争力的巨大压力与挑战将长期存在。从前述分析可知，虽然我国零售业竞争力呈现逐年增长的趋势，但是也应该看到外资大量进入给我国零售业带来的巨大压力和挑战将会长期存在。因为通过相关性分析，我们得出了外资进入和我国零售业竞争力之间的具体相关形状与特征，从中可以看出，外资进入既有促进作用又有挤占作用。虽然就目前外资进入的情况看，积极作用占主导地位，但是我国零售业相对于国外零售业来说，起步比较晚，并且在规模、技术、业态、物流、人力和品牌等方面存在很大差距。如果我们不能意识到我国零售业所存在的问题，抓紧学习和整改，我国零售业很可能经受不住外资大量进入的考验。

（3）外资进入对我国零售业竞争力的影响就目前看，还未危及我国零售产业安全。

（四）零售企业国际化影响与我国零售业安全相关性实证研究结论

1. 跨国零售企业国际化影响与我国零售业安全具有明显的相关性

本书以笔者有关跨国零售企业国际化行为研究成果为依据，对决定零售企业国际化行为的关键因素与能力进行指标化，进而据其对我国零售产业安全进行了评估与判断。具体来说，首先，基于跨国零售企业对外直接投资行为对零售产业安全评估进行指标分析；其次，分别运用加权平均模型与模糊综合评价模型对我国零售产业安全状况进行评估；最后，得出在跨国零售企业国际化影响下我国零售产业安全状况以及发展趋势的基本评价。就零售企业国际化影响与我国零售产业安全的相关性来看，实证研究显示，这两者具有明显的相关性。

2. 跨国零售企业国际化影响在目前还未危及我国零售产业安全

这是因为2004年底之后我国零售市场全面对外资开放，一方面，各先期进入我国的外资企业已经过前期的适应性调整，此时完全可放开手脚大干；另一方面，前期未进入的其他国际零售业巨头，则欲抓住机遇尽快进入，这就造成一时间跨国零售企业争向我国二三线城市进军的热闹景象，这必然显示出这两年我国零售产业安全度下降快的特点。2005～2007年我国零售产业安全度呈现相对稳定的下降趋势，这也是符合客观事物发展规律的。一方面由于，在外资企业扩张的同时内资企业也加速了扩张而形成对外资企业的制衡；另一方面也由于，优质的店铺资源毕竟是稀缺的，在内外资企业双方都加速扩张的条件下，外资企业要轻松地完全以新建方式进入已不那么容易，因而外资扩张速度趋缓，这在指标上就会显示出这几年产业安全度相对稳定，以及“基本安全”的产业安全状态。2007～2009年期间，我国零售产业安全度呈现出小幅回升之后明显下降的态势，这是因为，在国际金融危机最严峻的2008年外资零售企业在我国采取了极为谨慎的扩张行为，这一点从外资门店数目指标便可见一斑；而在经济形势有所回暖的2009年，外资零售企业的扩张行为得到了全面释放，无论门店数、营业面积，还是经营业绩均显著增长，这也就必然出现零售产业安全度明显下降的结果。

（五）我国零售产业保护政策及其国际比较的研究结论

1. 2004年之后我国零售产业安全风险显现其原因在于市场规制缺位

本书系统回顾了1992年零售市场对外试点开放以来，我国零售市场规制政策的变迁过程。经系统研究后发现，1992～2004年，我国零售市场规制的主要特征表现为商业存在壁垒的市场准入限制，其规制的主要目的在于保护本土零售业，即在我国零售市场对外资渐进式的开放中不至于直接威胁到内资零售企业的生存与发展，或者说，零售市场规制的主要目的在于限制与约束外资零售企业的市场进入行为。结合前述的理论与实证分析，可以肯定地说，我国在1992～2004年间的零售市场制度安排是恰当的，达到了在渐进式开放下对本土零售业保护的目的，且符合当时我国尚未加入WTO的国内外实际情况。但到了2004年底之后，我国零售市场全面对外开放，这种以限制外资商业存在为壁垒特征的市场准入规制已完全失效，而新的既符合WTO基本原则又符合我国实际情况的商业规制又尚未建立与完善。因此，2004年之后所显现的零售产业安全问题，若从零售市场规制角度来看，实际是市场规制缺位问题。这可从我国“万村千乡”工程中隐含的一些矛盾与问题中得到部分说明。

2. 主要西方国家的零售市场规制主要以商业存在壁垒的经营限制为主

本书分析了主要西方国家零售市场规制的内容与特征，经研究发现，其零售市场规制的特征主要是以商业存在壁垒的经营限制为主，其规制的目的主要在于保护中小企业利益，或者城市建设与规划以及传统文化保护，或者土地利用与消费者利益保护等。总体来说，其是按照市场经济下一般规制模式来进行设计的，但其规制在客观上却起到了对本土零售业保护的良好效果。

3. 企业行为及其关键能力与稀缺资源的规制是中西方规制的共同点

本书通过对中西零售市场规制进行了比较研究，研究发现，中西方零售市场规制虽存在诸多不同，比如，由于规制产生的背景不同，从而规制的对象与目的不同，规制的形式与运作机制也不同，等等，但有两点却是相同的，第一，都是基于企业及其行为的规制；第二，都是针对零售企业稀缺资源与关键能力的规制。

4. 我国未来零售市场规制形式应以商业存在壁垒的经营限制为主

本书通过研究，针对我国目前零售业面临的现实问题提出了对策建议。笔者认为，我国未来零售市场规制形式应以商业存在壁垒的经营限制为主，规制依然要以本土零售业保护为主要目的，规制的对象应是统一国民待遇下的所有商业企业及其行为，但规制的手段或实现的路径则需要从根本上转变，由过去限制其经营地点、经营范围、股权比例等，而转变为以城市规划、土地利用以及传统文化保护或者中小企业利益保护、消费者利益保护等为主，尤其应针对外资企业在我国国际化扩张行为的新特点、新动向而进行制度设计，比如，对我国城市化过程中的商业地产资源以及商业并购中的优质店铺资源等，应作为重要的规制要素给予重点监控。

第二节 研究展望和有待进一步研究的问题

笔者对本书研究投入了相当的精力，也取得了一些进展，但毕竟限于时间、精力、能力和条件的诸多限制，仍存在一些不足，因此，特提出以下问题有待进一步研究。

首先，关于零售企业国际化问题的研究。由于零售企业国际化经营问题是一个涉及因素众多且非常复杂的研究领域，本书只是基于零售企业性质与资源特征视角进行了初步的研究，尚有很多问题没有而且也不可能一一涉及。仅就本书的研究范围而言，也存在一定的局限性和需要进一步研究的问题。例如，跨国零售企业控制到底具有哪些特殊性？其特殊的控制方式与路径，除了本书列举的几种之外还存在其他方式吗？这种种控制方式如何根据企业的具体情况来进行选择与权变应用？等等，这都需要进一步作专题研究。

其次，关于零售企业国际化影响与零售产业安全问题的研究，由于这一问题既涉及理论问题又涉及实践问题，且实践问题需要持续跟踪才能掌握数据并据以得出科学结论，因此，就本书所涉范围仍有以下问题需要继续跟踪研究：

（1）应以零售企业国际化行为的特征及其变化趋势的研究为基础，尽快建立与完善以经营限制为主的零售市场规制体系。也就是说，这种经营限制的对象应从市场准入限制下的以外资企业为主，而转为统一国民待遇下的以企业行为为主。规制的内容设计应借鉴西方发达国家的做法，以一定时期本国零售市场面临的主要问题尤其是零售企业国际化行为的特征为导向来进行。

而从我国目前面临的问题来看，一方面，我国城市化进程正在加快，伴随而来的是对大量商业网点的需求；另一方面，外资零售企业在我国的规模扩张也正在提速，独资化、并购、商业地产的投资正成为其扩张经营的主要手段与方式。因此，基于外资零售企业这种新的行为特征，必须一方面防止其对新的商业地产资源形成垄断；另一方面，防止其并购行为引起店铺资源的过度集中与垄断。至于规制的方式，对于新的店铺地址资源（包括新的商业地产资源、新店铺开设、原有店面的扩充等），可通过城市土地利用、城市规划与环境保护以及传统文化保护等路径来加以规制，至于对原有的店铺资源的并购行为则适合用反垄断法来规制。

（2）确立商业惯例与商业协会的法律地位，以建立健全零售产业安全保护的运行机制屏障。由于零售业规制实际是个利益关系的平衡问题，这里既有内外资企业之间利益的博弈，也有大中型企业之间利益的博弈，当法律缺乏明确的量化指标来评判时，这种非正式组织与惯例的作用就不可低估，它可以有效起到保护本土零售产业安全的作用。这从以上对西方发达国家零售市场规制的经验中可以看到。

（3）深化对跨国零售企业国际化行为的认知研究，建立与完善基于零售企业国际化行为的零售产业安全风险预警机制。基于零售企业国际化行为视角的零售产业安全的预警指标体系，起码应该包括以下指标：外资门店的相对比率（具体包括业态占有的比率、区域市场的占有比率）、零售业集聚比率变动趋向（外资集聚的相对指标、内资集聚的相对指标）、内外资零售企业竞争力相对变动趋向、内外资市场绩效变动趋向等。至于这些指标可能就某一个指标难以准确说明其在一个水平上即意味着会对零售产业安全造成威胁，但这些指标综合起来并结合其变化趋势，就可使我们得出一个相对客观的结论与判断。这是因为，基于零售企业国际化行为的引导与控制思路之上的制度安排，将不失为防范我国零售产业安全风险发生的一条有效路径，它是一种着眼于事前与事中进行风险防范的有效且经济的问题解决思路。比如，对影响跨国零售企业国际化行为的关键因素像店铺地址这类稀缺性资源，通过恰当的制度设计与政策安排来进行引导与控制，就可以起到事半功倍的效果。再比如，对于外资零售企业市场集中度的监控也是如此。应将以营业额计算的市场集中度与以门店数计算的市场集中度结合起来考察，可能更符合零售企业国际化经营与扩张的特征。

参考文献

[1] 黄维礼编著《零售管理》，经济科学出版社，1996。

[2]〔美〕迈克尔·利维、巴顿·A. 韦茨：《零售学精要》，张永强译，机械工业出版社，2005。

[3] Dawson, J. (1993), "The Internationalization of Retailing", in Bromley, RDF and Thomas, C. J. (eds), *Retail Change*: *Contemporary Issues*, UCL Press, London, pp. 15 – 40.

[4] Dawson, J. (1994), "Internationalization of Retailing Operations", Journal of*Marketing Management*, 10, pp. 267 – 282.

[5] Alexander. N., "International Retailing", *Blackwell Business*, Oxford, 1997.

[6] 汪旭晖：《零售国际化：动因、模式与行为研究》，东北财经大学出版社，2006。

[7] Davis, G. and McGoldrick, P. J. (1995), *Internatinal Retailinag*: *Trends and Strategies*, Pitman Publishing, London.

[8] 夏春玉：《零售商业的国际化及其原因分析》，《商业经济与管理》2003年第4期。

[9] 刘钧：《国际化涵义浅探》，《齐鲁学刊》1995年第2期。

[10] 王允贵：《产业安全问题与政策建议》，《开放导报》1997年第1期。

[11] 于新东：《中国加入WTO后产业保护和产业安全研究及对策》，《学习与探索》2000年第2期。

[12] 张碧琼：《国际资本扩张与经济安全》，《中国经贸导刊》2003年第6期。

[13] 赵世洪：《国民产业安全若干理论问题研究》，《中央财经大学学报》1998年第5期。

[14] 杨公朴等:《中国汽车产业安全性研究》,《财经研究》2000 年第 1 期。
[15] 夏兴园、王瑛:《国际投资自由化对我国产业安全的影响》,《中南财经大学学报》2001 年第 2 期。
[16] 景玉琴:《产业安全概念探析》,《当代经济研究》2004 年第 3 期。
[17] 李连成、张玉波:《FDI 对我国产业安全的影响和对策探讨》,《云南财贸学院学报》(经济管理版) 2002 年第 2 期。
[18] Michael E. Porter, The CompetitiveAdvantage of Nations, MY: The Free Press, 1990, pp. 136 - 138.
[19] Rugman A. Girod S., "RetailMultinationals and Globalization: The Evidence is Regional", *European Management Journaal*, 2003 (3), pp. 24 - 37.
[20] Stephen H. Hymer, International Operation of National Firms: A Study of Direct Foreign Inuestment, 1976.
[21] Charles P. Kindleberger, "Monopolistic theory of direct foreign investment", International Political Economy, 1975.
[22] 葛京、杨莉、李武:《跨国企业集团管理》,机械工业出版社,2002,第 101 ~ 136 页。
[23] Frederick T Knickerbocker, "Oliopolistic Reaction and Multinational Enterpirst", 1973.
[24] Raymond Vernon, "International investment and international trade in the product cycle", Quarterly of Economics, May, 1966.
[25] 徐二明编著《国际企业管理概论》,中国人民大学出版社,1995,第 65 页。
[26] M. Pfaffermayr, "Foreign Direct Investment and Exports: A Time Series Approach", *Applied Economics*, (1994) 26, pp. 237 - 351.
[27] Peter J. Buckley Mark Casson, "The Future of The Multinational Enterprise", 1976; Allan M Rugman Inside the Multinationals, 1981.
[28] Dunning, J. H. Trade, *Location of Economic activity and the Multinational Enterprise: A Search of an Eclectic Approach*, Macmillan, London, 1977, p. 87.
[29] J. H. Dunning, *International Production and the Multinational Enterprise*, London: Geoge Allen and Vnwin, 1981, pp. 23 - 24.

[30] 邹昭晞编著《跨国公司战略管理》，首都经济贸易大学出版社，2004，第16~17页。

[31] 韩福荣、黄铁主编《国际企业管理》，北京工业大学出版社，2001，第8页。

[32] J. O. Thompson (1967), "Organization in Aation", New York, McGrawhill.

[33] 联合国跨国公司中心：《'93世界投资报告》，对外贸易教育出版社，1994。

[34] 杨瑞龙：《现代企业产权制度》，中国人民大学出版社，1996。

[35] 秦斌：《一体化国际经营：关于跨国公司行为的分析》，中国发展出版社，1999。

[36] 〔英〕新帕尔格雷夫：《经济学大辞典》（第一卷），经济科学出版社，1992。

[37] 郑厚建：《零售企业跨国经营战略》，中国市场出版社，2005。

[38] Peter J. Buckley, "Mark Casson, An Economic Model of International Joint Venture Strategy", Journal of International Business Studies, Special Issue, 1996.

[39] Alexander, N. UK, "retail expansion in North America and Europe: a strategic dilemma", *Journal of Retailing and Consumer Services*, 1995, 2 (2), pp. 75-82.

[40] Alexander N., "Retailers and international markets: motives for expansion", *International Marketing Review*, 1990, 7 (4), pp. 75-85.

[41] Quin B. (1999), "The Temporal Context of UK Retailers' Motives for Interational Expansion", *The Service Industries Journal*, Vol. 19, No. 2 (April 1999), pp. 101-116.

[42] 〔日〕山冈隆夫：《关于大型零售企业的国际化战略》，《关西大学商学论集》1989年第5期。

[43] 汪旭晖：《探析零售企业国际化动机》，《商业经济文萃》2004年第6期。

[44] Burt S. (1993), "Temporal trends in the internationalization of British retailing", *International Review of retailing*, Distribution and consumer Research, Vol. 3, No. 4, pp. 391-410.

[45] 汪旭晖：《国际零售商海外市场选择机理——基于市场邻近模型与心理距离视角的解释》，《中国工业经济》2005 年第 7 期。

[46] Mcgoldrick. PJ (1995), "Introduction to international retailing", in Mcgoldrick. PJ and Davies G (eds.), *International retailing: trends and strategies*, Pitman publishing, London, pp. 1 – 14.

[47] Ruman, A. M. (1980), "Internalization as a general theory of foreign direct investment: a reappraisal of literature", *Weltwirtschaftliches Archive*, Vol. 116, No. 2, pp. 365 – 379.

[48] Madhok. A. (1997), "Cost, value and foreign market entry mode: the transaction and the firm", *Strategic Management Journal*, Vol. 18, pp. 39 – 61.

[49] Doherty A. M. Quinn B. (1999), "International retail franchising an agency theory perspective", *International Journal of Retail and Distribution Management*, Vol. 27 No. 6, pp. 224 – 236.

[50] Pillips, M., Retail franchising-a strategy for international expansion, FT Retail & Consoler Publishing London, 1996, pp. 35 – 26.

[51] Rudebeck Christensen J., "The choice of entry mode in international", *retailing Cop Business School*, 1999, pp. 20 – 45.

[52] 汪旭晖、夏春玉：《跨国零售商海外市场进入模式及其选择》，《中国流通经济》2005 年第 6 期。

[53] Toktali N. and Boyaci Y., "The changing retail industry and retail landscapes: the case of post – 1980 Turkey", Cities, (1998) 15, pp. 345 – 359.

[54] Goldman A., "Supermarkets in China: the case of Shanghai", *International Review of Retail, Distribution and Consumer Research*, (2000) 10, pp. 1 – 21.

[55] Lo, TW – C, Lau, H – F and Lin, "G – S. Problems and prospects of supermarket development in China", *International Journal of Retail and Distribution Management*, (2001) 29, pp. 66 – 76.

[56] 汪旭晖：《外资零售企业进入中国市场的现状分析》，《商业经济文萃》2005 年第 6 期。

[57] 荆林波：《关于外资进入中国流通业引发的三个问题》，《国际经济评论》2005 年第 5 期。

[58] 汪旭晖：《外资零售企业在华区域发展态势、战略及影响：以辽宁为例》，《北京工商大学学报》（社会科学版）2007 年第 2 期。

[59] Toktali N. and Boyaci, Y., "The changing wholesaling industry in post - 1990 Turkey: three case studies", *Journey of Euromarketing*, (2001) 10, pp. 65 - 92.

[60] Weatherspoon, D. and Reardon T., "The rise of supermarkets in Africa: implications for agrifood systems and the rural poor", *Development Policy Review*, (2003) 21, pp. 1 - 17.

[61] Reardon, T. and Berdegué, J A., "The rapid rise of supermarkets in Latin America: challenges and opportunities for development", *Development Policy Review*, (2002) 20, pp. 371 - 388.

[62] Hewison K., "Emerging social forces in T hailand", in Robison R. and Goodman, D S G (eds.), *The new rich in Asia: mobile phones, McDonald's and middle - class revolution*, London: Routledge, 1996, pp. 137 - 160.

[63] 黄爱光：《零售国际化的影响浅议》，《北京市财贸管理干部学院学报》2007 年第 1 期。

[64] 胡祖光等：《中国零售业竞争与发展的制度设计》，经济管理出版社，2006。

[65] 李朝鲜：《试论零售商业的基础产业性质及其功能作用》，《北京工商大学学报》（社会科学版）2004 年第 3 期。

[66] 王如忠：《外资零售业巨头的大规模进入与国家经济安全》，《上海经济》2005 年第 S1 期。

[67] 王俊：《对外资进入后我国零售业发展安全问题的探讨》，《世界经济》2006 年第 6 期。

[68] 王水平：《零售业安全评估指标体系构建》，《中国流通经济》2010 年第 6 期。

[69] Michael E. Porter, *The Competitive Advantage of Nations*, MY: The Free Press, 1990, pp. 136 - 138.

[70] Minten B, Randrianarson L, Johan FM. Swinnen, "GlobalRetailChains and PoorFarmers: Evidence from Madagascar", *World Development*, 2009 (11), pp. 1728 - 1741.

[71] 李飞、汪旭晖：《零售业开放度对国家经济安全影响的测评研究》，

《国际贸易》2006 年第 8 期。

[72] 王丽、王苏生、黄建宏：《我国零售业产业安全研究》，《中央财经大学学报》2008 年第 6 期。

[73] 吴英娜、伍雪梅：《开放条件下中国零售流通产业安全评价分析》，《宏观经济研究》2011 年 11 期。

[74] 康荣平主编《大型跨国公司战略新趋势》，经济科学出版社，2001。

[75] 上海市商业经济研究中心、上海科学技术情报研究所编著《2004 国际商业发展报告》，上海科学技术文献出版社，2005。

[76] 姜红、曾锵：《零售业开放的经济安全评价预警指标体系构建》，《国际贸易问题》2009 年第 6 期。

[77] 朱涛：《中国零售业的产业安全评价体系研究》，《商业经济与管理》2010 年第 9 期。

[78] 孙元欣：《零售业国际化的动因和战略选择》，《商业研究》1999 年第 9 期。

[79] 姚琼：《跨国零售企业在中国市场发展的动因及趋势》，《商业研究》2005 年第 15 期。

[80] Devies K. and Fergusson F. , "The Imitational Activities of Japanese Retailers", In: Akehurst G and Alexander, N. (eds.), *The Internation of Retailing*, Frank Cass, London , 1996.

[81] Davies B. , and Jones, D. , "The International Activity of Japanese Department stores", *The Service Industries Journal*, 1993 (13) .

[82] Lane H. and Hildebrand D. , "How to Survive in us Retail Markets", Quartetly Business, 1990 (54) .

[83] CIG , "Cross – Border Retailing in Europe" The corporate Intelligence Group, London, 1991.

[84] Burt, S. , "Trends in the intercalation-alizarin of grocery retailing: the European experience", *The International Review of Retail*, Distribution and Consumer Research, 1991, 1 (4), pp. 487 – 515.

[85] Ruman, A. M. (1980), "Internalization as a general theory of foreign direct investment: a reappraisal of literature", *Weltwirtschaftliches Archive*, Vol. 116, No. 2, pp. 365 – 379.

[86] 汪旭晖：《国际零售商海外市场进入方式研究》，《中国零售研究》（清

华大学）2005 年第 1 期。

［87］汪旭晖、李飞：《跨国零售商在华战略及本土零售商的应对》，《中国工业经济》2006 年第 2 期。

［88］李陈华、文启湘：《流通企业的（规模）边界》，《财贸经济》2004 年第 2 期。

［89］夏春玉、张闯：《大型零售企业规模扩张的理论解读——兼论流通企业的性质、规模与边界》，《商业经济与管理》2004 年第 11 期。

［90］冯根福、权利霞：《连锁经营与单体经营中的交易费用分析》，《财贸经济》1996 年第 4 期。

［91］Martinez, J. I. & Jari110, J. C, "The Evolution of Research on Coordination Mechanisms in Multinational Corporations", *Journal of International Business Studies*, 1989, Vol. 20.

［92］聂正安：《零售企业扩张实践质疑威廉姆森命题》，《财贸经济》2005 年第 9 期。

［93］M + M Planet Retail. Global grocery retailing M&A summary 2003.

［94］王忠明：《世界 500 强在华经营战略》，广东经济出版社，2002。

［95］张德金：《浅谈商业零售业态相互渗透的发展趋势》，《北京市财贸管理干部学院学报》2001 年第 4 期。

［96］杨天明：《浅析新型商业业态奥特莱斯》，《新疆社科论坛》2005 年第 1 期。

［97］陈镜波：《日本零售商店发展现状与趋势》，《北京财贸管理干部学院学报》2000 年第 1 期。

［98］周新健：《挪威流通业现状及发展特点》，《国际商报》2003 年 12 月 8 日。

［99］陈文玲：《现代流通体系的主要表现形式——关于现代流通问题的研究报告之二》，《中国经济时报》2004 年 5 月 18 日。

［100］汪旭晖：《从国外实践看零售国际化对东道国的影响及应对策略》，《财贸经济》2005 年第 7 期。

［101］德仔、夏彦超：《韩国零售业的开放》，《国际商业技术》1999 年第 6 期。

［102］张志耀、李贵赏：《交易费用及其社会功用分析》，《科技情报开发与经济》2005 年第 3 期。

[103] 李洪江：《跨国公司新发展及其经济效应分析》，黑龙江人民出版社，2002。

[104] 何佳讯：《品牌形象策划——透视品牌经营》，复旦大学出版社，2000。

[105] 曹兰兰：《零售企业品牌形象对企业顾客忠诚度的影响研究》，《中国零售研究（清华）》2005 年第 1 期。

[106] 陶伟军、文启湘：《零售业态的生成与演进：基于知识的分析》，《当代经济科学》2002 年第 6 期。

[107] 许英杰编著《零售创新：7 – ELEVEN 成功之秘》，经济管理出版社，2005。

[108] 樊秀峰：《零售企业交易设置效应研究》，《浙江工商大学学报》2007 年第 6 期。

[109] 董锡健、潘肖珏主编《CIS：中国企业形象战略》，复旦大学出版社，1995。

[110] 〔美〕迈克尔·L. 乔治、斯蒂芬·A. 威尔逊：《突破增长极限：沃尔玛、丰田等顶级企业如何驾驭商业复杂性》，郑磊、张巍译，当代中国出版社，2006。

[111] 徐康宁编著《现代企业竞争战略——新的规则下的企业竞争》，南京大学出版社，2001。

[112] 樊秀峰：《基于供应链的零售企业水平一体化边界分析》，《商业经济与管理》2006 年第 1 期。

[113] 潘鸿海：《突破供应链管理的“天花板”——供应链管理最基本的范畴和概念》，《当代经理人》2004 年第 1 期。

[114] 范黎波：《互联网对企业边界的重新界定》，《当代财经》2004 年第 3 期。

[115] 陆颖馨、梁朝华、黄培伦：《基于供应链的企业边界分析》，《科技进步与对策》2004 年第 7 期。

[116] 肖怡：《商业连锁企业跨国经营的动因及其管理模式》，《商业经济与管理》2006 年第 4 期。

[117] 郭冬乐、王成慧：《零售业进入供应链竞争时代——“国美现象”透视》，《价格理论与实践》2004 年第 6 期。

[118] 田雪：《就这样成为第一——沃尔玛成功的供应链管理》，《电子商务世界》2004 年第 5 期。

[119] 张子刚、张伟、刘华:《需求链管理——供应链管理的新趋势》,《物流技术》2004 年第 5 期。

[120] Devies K. , and Fergusson, F. , "The Imitational Activities of Japanese Retailers", In Akehurst G and Alexander, N. (Eds.) *The Internation of Retailing*, Frank Cass, London , 1996.

[121] Jones K. , Evans W. , and Smith, G. , New Formats in the Canadian Retail Economy: Centre for the Study of commercial Activity, Ryeson Polytechnic University Toronto, Ontario Canada, 1994.

[122] Lane H. and Hildebrand, D. , "How to Survive in us Retail Markets", *Business Quartetly*, 1990 (54) .

[123] 〔英〕多纳德·海、德理克·莫瑞斯:《产业经济学与组织》,何鸿钧、王勇等译,经济科学出版社,2001。

[124] 聂元昆、吴健安:《论本土化营销的经济学意义》,《云南财经学院学报》(社会科学版) 2005 年第 5 期。

[125] 吕宜男:《不妥协中的妥协——星巴克在海外的成功:新品牌的艰难创立与完整风格》,《中国商贸》2002 年第 4 期。

[126] 〔美〕保罗·A. 郝比格:《跨文化市场营销》,苏建伟等译,机械工业出版社,2000。

[127] 王华、游文丽:《外来零售业"本土化"之路》,《管理在线》2006 年第 5 期。

[128] 高智慧、王爱东:《沃尔玛、万佳经营模式分析启示》,《山西财政税务专科学校学报》2005 年第 2 期。

[129] 寒冰:《家乐福海外扩张的成功之路》,《中国工商》2001 年第 6 期。

[130] 张梦:《家乐福谋划独资版图?》,《中国外资》2005 年第 12 期。

[131] Irena Vida, Ann Fairhurst, "International expancion of retail firms: A theoretical approach for future investigations", *Journal of Retailing and Consumer Services*, 1998, Vol. 5, No. 3, pp. 143 – 151.

[132] 〔美〕迈克尔·波特:《竞争战略》,陈小悦译,华夏出版社,1997。

[133] 樊秀峰、严明义:《跨国零售企业:高控制要求及其多元实现路径——基于企业性质与资源特征的分析》,《当代经济科学》2006 年第 5 期。

[134] Root, F. R (1987), Entry strategies for international Markets, Lexington,

Mass: Heath.

[135] Erramill. M and Raoc, "Service firms' international entry - mode choice: A modified transaction cost approach", *Journal of Marketing*, 1993, 57 (3), pp. 19 - 43.

[136] 郭冬乐、宋则、荆林波主编《中国商业理论前沿Ⅲ》，社会科学文献出版社，2003。

[137] Wal - Mart Annual Report 1996 - 2003.

[138] 〔美〕肯尼·斯通:《对阵：与零售巨人竞争》，机械工业出版社，2001。

[139] 〔美〕杰罗姆·贾尔斯:《沃尔玛连锁经营》，哈尔滨出版社，2004。

[140] 赵凡禹:《零售业连锁经营之王：沃尔玛成功的奥秘》，民主与建设出版社，2002。

[141] 李津编著《山姆·沃尔顿——零售巨擘从乡村走向世界的扩张神话》，中央编译出版社，2005。

[142] 李陈华、柳思维:《流通企业的企业理论新析》，《财经理论与实践》2005 年第 5 期。

[143] 魏爱苗:《沃尔玛全面退出德国市场》，《经济日报》2006 年 8 月 8 日。

[144] Calla Henrico, and Marc Dupuis, "Research and Managerial Issues on Global Retail Competition: Carrefour/ Wal—Mart" *International Journal of Retail& Distribution Management*, 2002, 30 (2/3), pp. 103 - 111.

[145] Agarwal, S., "Socio—cultural distance and the choice of joint ventures: a contingency perspective", *Journal of International Marketing*, 1994, 2 (2), pp. 63 - 68.

[146] Burns D., and Ryman D., "Retailing in Canada and the United States: Historical Comparisons", *The Service Industries Journal*, 1995 (15).

[147] MiChael Geringer, Stephen Tallman and David M. Olsen, "Product and International Diversification among Japaneses Multinational Firms", *Strategies Management Journal*, (2000) 21, pp. 51 - 80.

[148] Wrigley, N., "The globalization of retail capital: themes for economic geography", in Clark, G. L, Feldman, M. P and Gentler, M. S (eds.), *The Oxford handbook of economic geography*, Oxford University Press, 2000, pp. 292 - 313.

[149] 欧阳文和、高政利、李坚飞：《零售企业规模无边界的理论与实证分析——以沃尔玛为例》，《中国工业经济》2006 年第 4 期。

[150] 杨明：《“沃尔玛一路领先”新战略是怎样提出来的》，《经济日报》2006 年 8 月 8 日。

[151] 樊秀峰：《跨国零售企业行为分析框架：以沃尔玛为例》，《商业经济与管理》2009 年第 7 期。

[152] John H. Dunning.，“Multinational Enterprise and The Growth of Services: Some Conceptual and The Theoretical Issues”，*The Service Industries Journal*，1989，9（1），pp. 5－39.

[153] Leifer R.，O’ Connor G. and Rice.，“Impemenenting Radical Innovation In Mature Firms: The Role of Hubs”，*The Academy of Management Executive*，2001，3（15），pp. 102－203.

[154] Danneels E.，“Disruptive Technology Reconsidered: A Critique and Research Agenda”，*Journal of Product Innovation Management*，2004，21（4），pp. 246－258.

[155] 梁能：《国际商务》，上海人民出版社，1999。

[156] 赵凯：《中国零售壁垒演变与跨国公司战略转变关系研究》，《商业经济与管理》2009 年第 6 期。

[157] 樊秀峰：《外资进入对我国零售产业集聚的影响》，《西安交通大学学报》（社会科学版）2010 年第 5 期。

[158] Bruce W. Marion HJN.，“Foreign Investment in U. S. Food－Retailing Industry”，*American Journal of Agricultural Economy*，1983（May），pp. 413－420.

[159] 李晓锦：《开放经济条件下中国零售业市场集中度的变化与思考》，《生产力研究》2004 年第 8 期。

[160] 胡春燕：《FDI 与我国零售业市场集中效应分析》，《商业时代》2006 年第 12 期。

[161] Donald F S，Jr.，“Florida R. Agglomeration and Industrial Location: An Econometric Analysis of Japanese－Affiliated Manufacturing Establishments in Automotive－Related Industries”，*Journal of Urban Economics*，1994，36（1），pp. 23－41.

[162] 马龙龙：《流通产业组织》，清华大学出版社，2006。

[163] 李文秀、谭力文：《服务业集聚的二维评价模型及实证研究——以美国服务业为例》，《中国工业经济》2008 年第 4 期。

[164] 樊秀峰、王美霞：《开放条件下内外资零售业市场绩效评价与比较——基于 DEA 产出模型的实证分析》，《统计与信息论坛》2011 年第 7 期。

[165] 徐淳厚、梁慧敏：《北京零售业对外开放的进程、格局及发展趋势分析》，《北京社会科学》2003 年第 2 期。

[166] 周瑾、周文婕：《外资并购我国零售业的对策研究》，《商讯商业经济文萃》2003 年第 6 期。

[167] 黄学锦、曾德高：《外资进入与重庆零售业发展研究》，《江苏商论》2009 年第 4 期。

[168] 李林芳、曾思渝：《外资零售业对本土企业影响的实证分析》，《时代经贸——2007 年第 S6 期。

[169] 孔令刚、蒋晓岚、张红平：《FDI 对本土零售业市场结构变化影响的理论和实证研究——以安徽市场为例》，《数量经济技术经济研究》2006 年第 12 期。

[170] 尤建新、陈江宁：《基于 DEA 方法的零售企业经营效率的分析》，《上海管理科学》2007 年第 3 期。

[171] 徐健、汪旭晖：《中国区域零售业效率评价及其影响因素：基于 DEA – Tobit 两步法的分析》，《社会科学辑刊》2009 年第 5 期。

[172] 白永秀、惠宁主编《产业经济学基本问题研究》，中国经济出版社，2008 年。

[173] Chames A. , W. W. Cooper, E. Rhodes, "Measuring the efficiency of Decision making units", *European Journal of Operations research*, 1978 (2), pp. 431 – 443.

[174] 祝波、吕文俊：《商业零售企业竞争力评价体系及模型》，《上海大学学报》(自然科学版) 2002 年第 8 期。

[175] 申建刚、杨念梅：《北京市连锁零售企业营销竞争力研究》，《北京市财贸管理干部学院学报》2003 年第 4 期。

[176] 邵一明、钱敏：《零售企业竞争力指标与评价模型》，《统计与决策》2003 年第 6 期。

[177] 石忆邵、朱为峰：《商贸流通业竞争力评价初探——以南通市为例》，

《财经研究》2004 年第 5 期。
[178] 杨亚平、王先庆：《区域流通产业竞争力指标体系设计及测算初探》，《商讯商业经济文萃》2005 年第 1 期。
[179] 李志玲：《流通产业竞争力评价体系初探》，《通讯商业经济文萃》2005 年第 2 期。
[180] 张传忠：《赢得顾客是零售企业的生命线》，《商业经济文荟》2000 年第 5 期。
[181] 岳中刚：《基于因子分析法的区域零售业竞争力研究》，《产业经济研究》2006 年第 2 期。
[182] 吕春成：《我国零售业竞争力状况分析》，《经济问题》2008 年第 8 期。
[183] 冉净斐：《零售业竞争力：构成要素和评价指标》，《集团经济研究》2007 年第 05S 期。
[184] 王延玲：《外资进入对我国零售业竞争力的影响研究》，樊秀峰指导，西安交通大学硕士论文，2010。
[185] 苏金明、傅荣华、周建斌、张莲花：《统计软件 SPSS 系列应用实战篇》，电子工业出版社，2002。
[186] 张丽淑、樊秀峰：《跨国企业行为视角：我国零售产业安全评估》，《当代经济科学》2011 年第 1 期。
[187] 金菊良、魏鸣、丁晶：《基于改进层次分析法的模糊综合评价模型》，《水利学报》2004 年第 3 期。
[188] 何维达、宋胜洲等：《开放市场下的产业安全与政府规制》，江西人民出版社，2003。
[189] 李孟刚：《产业安全理论研究》，经济科学出版社，2006。
[190] 樊秀峰：《零售产业安全视角："万村千乡"市场工程解读》，《中国商务管理创新研究（2009）》（全国高校第二十四次年会论文集），中国市场出版社，2009。
[191] 李飞、王高：《中国零售业发展历程（1981～2005）》，社会科学文献出版社，2006。
[192] 李俊阳、李燕博：《从"末端产业"到"先导产业"——我国流通改革三十年述评》，《贸易经济》2009 年第 2 期。
[193] 林超群：《"万村千乡"市场工程存在的问题及对策》，《农村经济与

科技》2007 年第 1 期。

[194] 刘玉萍、郭郡郡、胡碧玉：《“万村千乡”的推广难题及其解决对策》，《农村经济与科技》2008 年第 10 期。

[195] 张武康：《“万村千乡”市场工程长效机制构建的探索》，《经济论坛》2007 年第 20 期。

[196] 张培军：《切实加强农村流通体系建设》，http://www. Hbjjrb. com/Luentan/LT/200805。

[197] 张采庆：《我国农村商品市场主体的变革和对策建议》，《商经学会通讯》2009 年第 2 期。

[198] 宋则：《发挥现代流通服务业在产业链中的带动与反哺作用（上）》，《商业时代》2006 年第 17 期。

[199] 王勇：《浙江临安市农村连锁超市发展模式的多角度透视》，《江苏商论》2007 年第 1 期。

[200] 杜志渊：《中国零售业存在的问题及其政策选择》，《经济与管理》2007 年第 10 期。

[201] 〔英〕彼得·诺兰、刘春航、张瑾：《全球商业革命：产业集中、系统集成与瀑布效应》，南开大学出版社，2007。

[202] 李金轩：《现代国家商业利益断语》，《商经学会通讯》2008 年第 12 期。

[203] 魏炳麒：《“万村千乡工程”给农村商业发展带来什么?》，《经济导刊》2007 年第 8 期。

[204] 蔡勇：《论对我国大型商业网点设立的规制》，《商业时代》2009 年第 8 期。

[205] 孙前进：《日本〈大店法〉的形成与废止》，《中国流通经济》2005 年第 9 期。

[206] 夏春玉：《国外大型零售店铺的规制政策》，《中国工商管理研究》1998 年第 8 期。

[207] 夏春玉编著《当代流通理论——基于日本流通问题的研究》，东北财经大学出版社，2005。

[208] 王俊：《跨国零售企业在华投资区位变化与政府产业管制》，《探索》2008 年第 1 期。

[209] 冯宗宪等：《国际贸易理论、政策与实务》，西安交通大学出版

社，2004。

[210] 张经：《强化非正式规制　引导国外零售商在中国市场行为》，载人民网，2006年8月23日。

[211] 王伦强、孙尚斌：《如何通过行业协会促进公平贸易秩序的构建》，《商业时代》2006年第32期。

后　记

呈现在您面前的这本书，是我十余年来持续跟踪零售企业国际化、零售产业安全等相关领域的研究成果，具体包括前后两个阶段的研究成果：第一阶段的博士论文；第二阶段的国家社科基金项目成果。由于国家社科基金项目研究是我博士论文研究题目的深入和继续，因此，也就自然形成本书的上下两篇，也正因为此，本书的完成不仅凝聚了我个人的心血，也凝聚了太多人的心血与厚望。

首先，我的导师文启湘教授为我的博士论文付出了太多的心血，他不仅提出了许多中肯的意见和建议，还字斟句酌亲自为其修改润色。其次，是我所在单位的领导——西安交通大学经济与金融学院院长冯根福教授，没有他一直以来的支持与帮助，十余年的研究将可能困难重重。再次，是我所在学院的同事、朋友，没有他们的热情鼓励、大力支持，我的研究工作也难以进行。他们的友谊我终生难忘。另外，参与本书相关内容研究的博士生张丽淑、王美霞，硕士生王延玲，正是他们的积极参与才使我承担的社科基金项目得以如期完成。

当然，本书最终能呈现在您面前，还得力于社会科学文献出版社的大力支持：刘骁军老师对本书的立项起了决定性作用，她不仅积极热情支持本书的出版，还对书名与内容编排提出了宝贵的建议；赵建波等老师对书稿的文字、图表甚至数据都进行了细致缜密的修改与校对，等等。应该说，没有社科文献出版社的编辑老师们付出的辛勤劳动与汗水，此书起码会比目前逊色一些。

最后，借本书出版之际，向我的丈夫与女儿表示深深的谢意，正是他们的关心与支持使我得以全身心投入研究工作，尤其要感谢女儿杨璠，她曾直接参与了我博士论文的研究工作：用数学语言完成了一个经济现象的描述。

谨以此书的出版向所有关心与支持我的人表示衷心的谢意。

樊秀峰

2012 年 3 月于西安交通大学

图书在版编目（CIP）数据

零售企业国际化与产生安全／樊秀峰著．—北京：社会科学文献出版社，2012.6
ISBN 978－7－5097－3253－3

Ⅰ.①零… Ⅱ.①樊… Ⅲ.①零售企业－国际化－研究 ②零售企业－企业安全－研究 Ⅳ.①F713.32

中国版本图书馆CIP数据核字（2012）第054980号

零售企业国际化与产业安全

著　　者／樊秀峰

出 版 人／谢寿光
出 版 者／社会科学文献出版社
地　　址／北京市西城区北三环中路甲29号院3号楼华龙大厦
邮政编码／100029

责任部门／社会政法分社（010）59367156
电子信箱／shekebu@ssap.cn
项目统筹／刘骁军
责任编辑／赵建波　关晶焱
责任校对／宋建勋
责任印制／岳　阳
总 经 销／社会科学文献出版社发行部（010）59367081　59367089
读者服务／读者服务中心（010）59367028

印　　装／三河市尚艺印装有限公司
开　　本／787mm×1092mm　1/16
印　　张／23.25
版　　次／2012年6月第1版
字　　数／400千字
印　　次／2012年6月第1次印刷
书　　号／ISBN 978－7－5097－3253－3
定　　价／69.00元